SYMMAQUE

LETTRES

TOME III

COLLECTION DES UNIVERSITÉS DE FRANCE
publiée sous le patronage de l'ASSOCIATION GUILLAUME BUDÉ

SYMMAQUE

LETTRES

TOME III

(LIVRES VI-VIII)

TEXTE ÉTABLI, TRADUIT ET COMMENTÉ

PAR

Jean-Pierre CALLU

Professeur à l'Université de Paris IV

PARIS

LES BELLES LETTRES

1995

Conformément aux statuts de l'Association Guillaume Budé, ce volume a été soumis à l'approbation de la commission technique, qui a chargé M.J. Fontaine d'en faire la révision et d'en surveiller la correction en collaboration avec M.J.-P. Callu.

© 1995. Société d'édition Les Belles Lettres,
95 bd Raspail 75006 Paris

ISBN: 2-251-01385-7
ISSN: 0184-7155

AVANT-PROPOS

D'autres travaux — éditions de l'*Histoire Auguste*, de Gerbert d'Aurillac — ont retardé la parution de ce troisième tome qui regroupe trois livres très différents: le VIe, aussi homogène que le IIe, s'adresse au couple formé par la fille de Symmaque et son mari Nicomaque Flavien le Jeune; le VIIe, encore conservé par l'ensemble des florilèges, laisse se succéder des ensembles généralement identifiables qui se datent des dernières années de l'épistolier[1]; enfin le VIIIe où règne un grand désordre et qui, par conséquent, n'est pas exempt de beaucoup d'incertitudes.

Sans nous dissimuler le caractère ingrat de l'opération, nous avons tenu, ainsi que nous l'avions fait en 1972, puis en 1982, à vérifier la totalité de la tradition manuscrite[2]: les résultats sont donc limités mais, l'expérience faite, on n'aura plus désormais à s'interroger sur la réception du texte. Le principal témoin, le *Parisinus lat.* 8623, pose un problème particulier: pour la partie qui nous occupe, l'angle supérieur — à droite pour le recto, à gauche pour le verso — est franchement écorné[3].

---

1. Dans le manuscrit de base, *P*, le nominatif *Symmachus* apparaît régulièrement en adresse jusqu'en 7,42; ensuite, il se lit de façon sporadique dans ce livre pour les *Ep.* 73-77 et 80, et dans le suivant en 8,3; nous généralisons le datif pour les destinataires.

2. A été ajouté au *conspectus siglorum* le *F 39: Riccardianus* 766, connu depuis; ont été écartés les florilèges non concernés par les livres VI-VIII (dans cette seconde catégorie rentre le *F 40: Bruxellensis* 3993-4029, fol. 70, où Alexandre Wiltheim, mort en 1684, avait consigné, à partir d'un manuscrit de l'abbaye d'Orval, les *Ep.* 1, 34, 38 et 45; je remercie F. Dolbeau de m'avoir informé sur ce lambeau d'un ensemble de 215 lettres).

3. La restauration des feuillets par une bordure diminue encore la lisibilité actuelle et on doit s'en remettre à la collation d'O. Seeck. L'aggravation du phénomène s'accuse depuis l'*Ep.* 7,90 et plus encore à partir de 8,34.

O. Seeck, dans son apparat critique, s'était attaché à indiquer les lacunes; après hésitation, nous avons renoncé à
reproduire une si minutieuse transcription à laquelle le
spécialiste pourra toujours se reporter. On s'est donc
borné à signaler par un astérisque auprès du sigle *P* les
lettres ainsi endommagées[4].

De 1982 à 1994, la bibliographie de la *Correspondance* s'est enrichie surtout dans trois directions.
L'équipe italienne dirigée par L. Cracco Ruggini avait,
outre les *Relationes* étudiées par D. Vera, entrepris une
analyse systématique de l'œuvre épistolaire, en commençant par les *Commendaticiae* du Livre IX confiées à S.
Roda. Ce *Commento storico... dell' epistolario di Q.
Aurelio Simmaco* a été poursuivi par A. Marcone à qui
l'on doit les *Lib.* VI (Pise 1983) et IV (*ibid.* 1987), ainsi
que par P. Rivolta Tiberga pour le *Lib.* V (*ibid.* 1992)[5].

Le deuxième apport provient du *Colloque genevois sur
Symmaque* publié à Genève par F. Paschoud en 1986. En
voici le sommaire: G.W. Bowersock, «Symmachus and
Ausonius» (p. 1-15); J.-P. Callu, «Symmachus Nicomachis Filiis» (p. 17-40)[6]; A. Cameron, «Pagan Ivories»
(p. 41-72)[7]; A. Chastagnol, «Le Sénat dans l'Œuvre de
Symmaque» (p. 73-96); L. Cracco Ruggini, «Simmaco:
Otia et Negotia di Classe, fra Conservazione e Rinnova-
mento» (p. 97-118)[8]; R. Klein, «Die Romidee bei Symmachus, Claudian und Prudentius» (p. 119-144)[9];

4. On distinguera les «laissé-blanc» intentionnels — sans astérisque — des lacunes dues à la détérioration.

5. Ead., «Due uomini, due capitali: Simmaco e Teodoro, Roma e
Milano», *Atti della Academia delle Scienze di Torino*, 122, 1988, p. 95-114.

6. Id., «Gerbert et Symmaque», *Haut Moyen-Âge. Culture, éducation et société, Études offertes à Pierre Riché*, Paris X - Nanterre,
1990, p. 517-528.

7. *Contra* B. Külerich, «A Different Interpretation of the Nicoma-
chorum-Symmachorum Diptyk», *JbAC*, 34, 1991, p. 114-128.

8. Ead., «Simmaco e la poesia», *Atti del Conv. di Erice 3-7 dic.
1981 «La poesie tardoantica: tra retorica, teologia e politica»*, Mes-
sine, 1984, p. 477-521.

9. Cette communication fut seule à prendre en compte que la
réunion se tenait *à l'occasion du mille six centième anniversaire du
conflit de l'autel de la Victoire*. D'autres faces de la personnalité de
Symmaque intéressent maintenant la recherche.

A. Marcone, «Simmaco e Stilicone» (p. 145-162)[10]; J. Matthews, «Symmachus and his Enemies» (p. 163-175)[11]; S. Roda, «Polifunzionalità della Lettera Commendaticia: Teoria e Prassi nell'Epistolario Simmachiano» (p. 177-207)[12]; J. Straub, «*Germania Provincia*, Reichsidee und Vertragspolitik im Urteil des Symmachus und der Historia Augusta» (p. 209-230); D. Vera, «Simmaco e le sue Proprietà: Struttura e Funzionamento di un Patrimonio Aristocratico del Quarto Secolo d.C.» (p. 231-276); G. Wirth, «Symmachus und einige Germanen» (p. 277-300).

A côté de cette série de commentaires et de ce volume de mélanges à dominante historique, la participation des philologues n'a pas été moindre. Un outil désormais indispensable a été fourni par V. Lomanto qui, sous la direction de N. Marinone et avec le concours d'A. Zampolli, a établi les *Concordantiae in Q. Aurelii Symmachi Opera*, Hildesheim, 1993; dans les *Studia Graeca et Latina Gothoburgensia*, 49, Göteborg, 1988, Gerd Haverling présenta la première synthèse linguistique intitulée *Studies on Symmachus' Language and Style*[13]; enfin P. Bruggisser couronna plusieurs réflexions[14], en publiant, toujours dans cette perspective de latiniste, un *Symmaque ou le rituel épistolaire de l'amitié littéraire. Recherches sur le premier livre de la correspondance*, *Paradosis*, 35, Fribourg, 1993.

10. Id., «Stilicone *parens publicus*», ZPE, 70, p. 222-224; «Due epistolari a confronto. Corpus plinario e corpus simmachiano», *Studi di Storia e Storiagrafia antiche per Emilio Gabba*, Côme, 1988, p. 143-154.

11. Id., «Nicomachus Flavianus' Quaestorship: The Historical Evidence», *Virius Nicomachus Flavianus*, ed. T. Honoré, Constance, 1989, p. 18-25 et 46-48.

12. Id., «Un caso di assenteismo nei quadri della burocrazia imperiale alla fine del IV secolo d. C.», *Index*, 15, 1987, p. 367-379.

13. Ead., «Symmachus and Greek Literature», *Greek and Latin Studies in Memory of Caius Fabricius*, ed. S.T. Teodorson, Göteborg, 1990, p. 188-205; «Symmachus and the genus pingue et floridum in Macr. Sat. 5. 1. 7», *Eranos*, 88, 1990, p. 107-120.

14. Id., «*Gloria noui saeculi*. Symmaque et le siècle de Gratien (epist. 1, 13)», *MH*, 44, 1987, p. 134-149; «*Orator disertissimus*. A propos d'une lettre de Symmaque à Ambroise», *Hermes*, 115, 1987, p. 106-115; «La déclamation de Palladius (Symm. epist. 1,15). Une

D'un même pas l'histoire et la littérature[15] nous font progresser dans une démarche à laquelle participe ce *Symmaque* III. Nous espérons qu'à un intervalle plus serré s'ajoutera le quatrième et dernier tome. A cette occasion, en parallèle à l'index, nous tenterons de dresser une chronologie générale, si du moins des travaux d'approche le permettent.

Fidèle à Symmaque, M. J. Fontaine, membre de l'Institut, a bien voulu nous aider à faire passer son message[16]. Nous lui exprimons notre gratitude ainsi qu'à la Section Latine de l'Institut de Recherche et d'Histoire des Textes où l'accueil est à la hauteur de l'extrême compétence. Nous manquerions à l'équité en ne remerciant pas encore tous ceux qui, durant de longues années, à notre conférence de l'École pratique des Hautes Études, ont accepté de lire en notre compagnie des pages où souvent fut perçue la mélancolie d'un Empire en déclin.

---

note d'histoire littéraire»,, *Hermes*, 116, 1988, p. 499-502; «L'appellation δεσπότης μου τῆς ψυχῆς dans la lettre P. Strasb. III 286», *MH*, 1989, p. 231-236; «Symmaque et la mémoire d'Hercule», *Historia*, 38, 1989, p. 380-383; «Libanios, Symmaque et son père Avianius. Culture littéraire dans les cercles païens tardifs», *Anc. Soc.*, 21, 1990, p. 17-31.

15. J. Arce, «Los caballos de Símmaco», *Faventia*, 4, 1982, p. 35-44; R.A. Kaster, «The echo of a chaste obscenity: Verg. B. VI 26 and Symm. Ep. VI, 22, 1», *A JPh*, 104, 1983, p. 395-397; D.R. Shackleton-Bailey, «Critical Notes on Symmachus' Private Letters», *Classical Philology*, 78, p. 315-323; D. Knecht, «Symmaque, 3, 6 (à Rusticus Julianus), 4, 50 (à Florentinus), 5, 40 (à Néoterius)», *Latomus*, 45, 1986, p. 180-182; F. Unterkircher, «Der Wiener Froumund Codex (Cod. 114 der österreichischen Nationalbibliothek)», *Codices Manuscripti*, 12, 1986, p. 27-40; G. Sabbah, «Présence de la *Naturalis Historia* chez les auteurs de l'Antiquité tardive. L'exemple d'Ammien Marcellin, de Symmaque et d'Ausone», *Helmantica*, 38, 1987, p. 203-221; G. Vismara, «Ancora sulla *episcopalis audientia*. Ambrogio arbitro e giudice», *SDHI*, 53, 1987, p. 53-73; M. Blanchard-Lemée, «A propos des mosaïques de Sidi Ghrib (Tunisie). Vénus, le Gaurus et un poème de Symmaque», *MEFRA*, 100, 1988, p. 367-384; A.M. Ferrero, «Lettura e commento di alcune epistole di Simmaco ad Ausonio», *La storiografia latina del iv secolo d. C.*, ed. I. Lana, Turin, 1990, p. 95-114.

16. Mais le choix d'une traduction maniériste nous est propre.

CONSPECTVS SIGLORVM

I) *Codices nulla defloratione mutilati:*
   P: *Parisinus lat.* 8623, IXe s.
   V: *Palatinus lat.* 1576, XIIe s. (init.).

II) *Codices nulla quidem defloratione mutilati sed nunc desiderandi:*
   Π: *Diuionensis* (ed. Iureti 1580).
   Γ: *Giphaniensis* (*manu script.* ed. Lectii 1587 = *Parmensis* 1383, II, IX, 2; ed. Scioppii 1608).
   Cod. Pithoei (*manu script.* ed. Lypsii 1549 = Paris. Z 2186; ed. Iureti 1580 et 1604).
   Cod. Cuiacii (*manu script.* ed. Iureti 1580 = Paris. Z 33; ed. Lectii 1587 et 1598).
   Cod. Carrionis (*Emendationum et observationum liber primus*, 1583).
   Cod. Wouuerani (ed. Lectii 1598).
   Cod. Pithoeanus Lectii (ed. Lectii 1598).
   Cod. Wallaei (*manu script.* ed Scioppii 1608 = Lug. Bat. 764 C6).

III) *Florilegia pleniora facta:*
   R: *Reginensis lat.* 1620, XIIe s.
   M: *Montepessulanus* 4, XIIe s.

IV) *Florilegia (= F):*
   F1: ed. Knoblouchi, Argentorati, 1511 (= Paris Z 698).
   F2: *Parisinus lat.* 8559, XIIe s. (fine).
   F3: *Reginensis lat.* 1575, XIIIe s. (init.).
   F4: *Michiganus* 154, XVe s. (init.).

F5: *Bambergensis* II, 6, XVe s. (init.).
F6: *Bambergensis* IV, 4, XIVe s.
F7: *Berolinensis lat.* 180, XIIe s. (fine).
F8: *Berolinensis lat.* 184, XIIIe s.
F9: *Bernensis* 484, XIIIe s.
F10: *Cantabrigiensis Corpus Christi Coll.* 202, XIIe s. (fine).
F11: *Cantabrigiensis Iohannis Coll.* 107, XIIe s.
F12: *Chicagensis* 756, XIIIe s. (init.).
F13: *Eboracensis lat.* 1, XIIIe s.
F15: *Neapolitanus* 57, XVe s.
F16: *Oxoniensus Bodleian Bibl. Auct.* F 1, 8, XIIIe s. (init.).
F17: *Oxoniensis Bodleian Bibl. Digby* 209, XIIIe s. (fine).
F18: *Oxoniensis Nou. Coll.* 209, XVe s.
F20: *Parisinus lat.* 2484, XIIIe s.
F21: *Parisinus lat.* 8560, XIVe s. (fine).
F22: *Parisinus lat.* 8624, XIIIe s.
F24: *Rotomagensis* 1040, XIIe s.
F25: *Sangallensis* 897, XIIe s.
F26: *Bertinensis* 686, XIIe s.
F27: *Reginensis lat.* 412, XIIe s.
F28: *Reginensis lat.* 1402, XIIIe s.
F29: *Vaticanus lat.* 3842, XVe s.
F30: *Eligiensis* (*manu script.* ed. Jureti 1604 = Sorbon. 1169).
F31: ed. Lypsii, Basileae, 1549.
F32: ed. Cynischi, Venetiis, 1503.
F33: *Sanctacrucensis* 227, XIIe s.
F35: *Ambrosianus* L 97 Sup., XVe s.
F36: *Vaticanus Barberini* 61, XVe s.
F37: *Vaticanus* 5149, XVe s.
F39: *Riccardianus* 766, XVIe s. (init.).

V) *Excerpta (= Ex):*
  Ex 3: *Oxoniensis Bodleian Bibl.* 678, XIIIe s.

EDITORES ET EMENDATORES

Brakman: *Miscella quarta*, Lugduni Batauorum, 1934, p. 17.
Fontaine: in hac editione.
Gruterus: *Parmensis* 1383, II, IX, 2; cf. Lectius.
Haverling: *Studies on Symmachus' Language and Style*, Gothoburgi, 1988.
Havet: *La prose métrique de Symmaque*, Paris, 1892.
Iuretus: ed. Parisiis, 1580 et 1604.
Kiessling: *Index Scholarum in Universitate Litteraria Gryphiswaldensi*, 1883, p. 3-5.
Kroll: Philologus, 51, 1892, p. 664-669.
Latinius: *Bibliotheca sacra et profana*, Roma, 1677, II, p. 1-4.
Lectius: *Parmensis* 1383, II, IX, 2; ed. Genauae 1587 et 1598.
Lypsius: ed. Basileae, 1549 (= *F 31*).
Mercerus: *Parmensis* 1383, II, IX, 2.
Modius: *ibid.*
Mueller: Jahrbücher für classische Philologie, 73, 1856, p. 324-334.
Rittershusius: *Parmensis* 1383, II, IX, 2.
Salmasius: *Parisinus lat.* 8624 A.
Schenkl: Wochenschrift für classische Philologie, 2, 1885, p. 111-118.
Scioppius: *Parmensis* 1383, II, IX, 2; ed. Mogontiaci, 1608.
Seeck: ed. Berolini, 1883.
Sirmondus: *Parmensis* 1383, II, IX, 2.
Suse: *Susiana ad Symmachum*, Hamburgi, 1816-1818.
Wingendorp: ed. Lugduni Batauorum, 1653.

LIVRES VI-VIII

LIVRE SIXIÈME

À SES ENFANTS NICOMAQUES

I. Symmaque à ses enfants[1] Nicomaques (395)[2]

1. Sur ce qui est d'une transparente clarté, il est plus normal de s'en rapporter à la réalité qu'aux racontars. Dès lors, en ce moment où dans la ville de nos pères les vivres s'amenuisent, la logique de l'esprit humain et non le propos de la multitude doit nous laisser présumer une nouvelle flambée dans l'éloge décerné à la prévoyance du prédécesseur[3]. Lorsque les restrictions succèdent à l'abondance, il est, en effet, inévitable que, par comparaison, on finisse par apprécier des bienfaits dont l'agrément n'avait pas retenu l'attention. **2.** Et notre plèbe que l'acharnement sournois de quelques-uns avait auparavant entraînée à détester un si grand concitoyen, témoigne ouvertement par son repentir qu'elle s'est corrigée. En revanche, comme on le sait trop bien, la jalousie tenace de nos collègues[4] ne leur permet pas d'admettre le jugement auquel contraint la vérité. Pour cette raison, ils sont atteints d'une confusion muette et, tels des gens convaincus d'erreurs, sont incapables de proclamer au grand jour ce qu'ils sont contraints de penser sur votre compte.

3. Mais inutile de développer ce point plus longuement, car c'est assez que par son témoignage le public en soit revenu à vous ménager une bonne réputation. Il suffit que, tant de fois évoquée, l'image paternelle soit pour vous une vivante consolation, il suffit que votre père renaisse vivant dans votre propre sauvegarde[5]. Adieu.

LIBER SEXTVS

AD NICOMACHOS FILIOS

I. SYMMACHVS NICOMACHIS FILIIS

1. De rebus liquidis atque manifestis rectius natura quam fama consulitur. Ergo in tenui patriae uictu superioris prouidentiae laudem refotam non ex ore multitudinis sed ex ratione humani ingenii colligamus. Necesse est enim seros aestimatores beneficiorum, cum succedant angustiae copiis, dissimulatam gratiam conlatione sentire. **2.** Et plebes quidem nostra paucorum studiis antehac in odium tanti ciuis subacta testatur propalam paenitendi correctionem; collegarum uero notissimus peruicax liuor non sinit fateri quod cogit ueritas iudicare. Quare tacito adficiuntur rubore et conuictorum similes proferre de uobis nequeunt quae sentire coguntur.

3. Sed haec longius exequi non est necesse; sufficit enim redisse ad conciliationem famae uestrae publicum testimonium. Viuat modo et in patris celebri memoria solacium tuum et in tua salute paterna reparatio. Valete.

LIVRE VI

Incipit lib. VI ad nichom̄. filios *P*: *om. VM*

I. *PΠΓVM codd. Cuiacii, Pithoeanus Lectii et Wallaei.*
2. liuor *M cod. Pithoeanus Lectii*: liuer *cod. Wallaei* liber *PΠ* ‖ non sinit *M cod. Pithoeanus Lectii*: s. *PΠV* desinit *Suse* ‖ tacito *P cod. Cuiacii*: tam cito *ΠVM*.
3. uiuat *PΓM cod. Pithoeanus Lectii*: iuuat *ΠV*.

II. *Symmaque à ses enfants Nicomaques (395)*

Votre lettre a réjoui ma journée et grâce à ces propos si attendus la fête a redoublé d'allégresse en cet anniversaire de notre Maison[1]. Mais une fois la page lue d'un trait, j'ai froncé les sourcils à cause du mot ajouté à la fin: il m'apprenait qu'une controverse vous agite sur les biens propres de Pétronia. Je pense pourtant que, si la promesse de votre sœur Marciana[2] ne cloche pas, on pourra en famille écarter les ambiguïtés de la succession, lorsque pour un arbitrage qu'elle-même a choisi vous m'aurez envoyé les pièces du dossier[3]. Quant aux arguments principaux avancés par la partie adverse, je vous les ai signalés dans le décompte ci-joint, afin que vos personnes si unies et si chères à mon cœur[4] en soient informées et qu'elles réfléchissent à ce que, pour leur défense, elles doivent à leur tour répondre aux objections. Adieu.

III. *Symmaque à ses enfants Nicomaques (395-398)*

Il faut un préambule quand la requête vise haut. Mais quand c'est aisé et que la pente vous porte, une approche détournée ne s'impose pas. Donc, pour être bref et serrer au plus près, prêtez attention à la faveur que vous réclame mon frère Fulvius: il souhaite sous vos auspices, recevoir en légitime possession la sœur de Pompéianus[1], depuis longtemps en âge de se marier.

Lettre II

1. On ignore la date de naissance du *pater familias*, sans doute vers 340. Par convenance, le compliment a relégué en *post-scriptum* — mais Symmaque fera de même dans sa réponse — ce qui, étant technique, eût rompu l'unité du propos: *subdita*, cf. *infra Ep*. 40: *ex subditis*.
2. Pétronia et Marciana ne sont pas identifiables mais ont des liens — lâches — de parenté avec Nicomaque. O. Seeck, *MGH, AA*, 6, Berlin, 1883, p. CLXII, propose de voir dans l'*Ep*. 22, 2 un épisode antérieur de la même affaire, ce qui, étant donnée l'allusion en deuxième partie à l'éventuelle ambassade du Sénat, daterait la présente lettre de l'automne 395.
3. Autres occurrences où Symmaque intervient comme intermédiaire: *Ep*. 6, 5, 9, 11 et 22, ainsi que 7, 127.

II. SYMMACHVS NICOMACHIS FILIIS

Hilaratus est mihi dies litteris uestris et festiuitatem
nataliciam domus nostrae desideratus sermo geminauit.
Sed decursa paginae lectione conrugauit frontem mihi
adiecta subscriptio quae uos de peculio Petroniae agitari
iurgiis indicauit. Arbitror tamen, si Marcianae sororis
uestrae non sit clauda promissio, successionis ambiguum
domestice posse remoueri, cum ad examen meum quod
ipsa delegit documenta negotii miseritis. Quae autem
capita quaestionum pars aduersa commoueat, subdita
enumeratione signaui, ut sancta unanimitas uestra infor-
mata oppositis inuicem pro se respondenda meditetur.
Valete.

III. SYMMACHVS NICOMACHIS FILIIS

Praefato opus est, si ardua postulentur; pronis ac faci-
libus admoueri ambitum non oportet. Breuiter igitur et
strictim quid frater meus Fuluius de uobis fauoris poscat
aduertite. Sororem Pompeiani olim uiro maturam te aus-
pice in manum optat accipere nec genere minor et re
fortassis uberior. Nam laudabiles uitae eius artes et ex

II.   *P*ΠΓVM codd. Cuiacii, Pithoeanus Lectii et Wallaei.*
nostrae *PΠ*: uostrae *codd. Cuiacii et Wallaei* ‖ petroniae *ΓVM cod.
Cuiacii*: pat- *cod. Wallaei* petriniae *PΠ* ‖ sit *PΓVM cod. Pithoeanus
Lectii*: fit *Π* ‖ domestice *cod. Cuiacii*: -cae *PΠ cod. Wallaei.*

III.   *P*ΠΓVRM cod. Wallaei, F 1-13 15-18 20-22 24-28 30-33 35-37
39, Ex.3.*
et *PΠ, F 21*: ac *M, ceteri F* ‖ maturam *PΠVRMF*: maturo m. *V* ‖
manum *PΠM, F 6*: -nus *R, cet. F* ‖ uberior *PΠVRMF*: uperior *Γ* supe-
rior *Scioppius* ‖ laudabiles (*uel* -lis) *PΠ, al. F*: dabiles *M, F 5* debiles
F 2¹ 3 6 8 11¹ 16 17 26 30 nobiles *F4 12 27 35.*

Lui-même n'est pas d'un milieu moins bon et a peut-être plus grande abondance de biens. En effet, parmi les avantages qu'offre le futur, je ne compte ni sa conduite dans l'existence qui est digne d'éloges, ni les espoirs de réussite qu'il tire de l'amitié des gens de bien, car à son actif chacun a telle ou telle raison de susciter louange ou espoir. Pour ma part, je privilégie tellement la réalisation de cette union que je tiendrai pour un cadeau de poids les services que vos soins rendront à ses vœux. Dès lors, puisque ce à quoi l'on prétend est chose honorable à entreprendre aussi bien qu'aisée à exécuter, je vous prie d'employer votre zèle à faire avancer l'affaire autant que vous imaginez que je le désire. Adieu.

IV. *Symmaque à ses enfants Nicomaques (vers 395)*

Ce qu'il y a d'amer dans ce que vous m'apprenez a multiplié par deux le mal que me font endurer mes douleurs à la main droite[1]; une amertume plus grande toutefois étreint mon inquiétude, de savoir qu'on ne peut persuader ma fille de restreindre aliments et boissons[2]. Dans mon anxiété, l'âme blessée, le corps malade, je n'ai donc pu attendre d'être capable de signer une lettre, mais, en me hâtant de dicter, j'ai sacrifié à l'appréhension plutôt qu'à l'usage. Et tout d'abord, je vous supplie de me répondre en soulageant mes craintes. Ensuite, Madame ma fille, je vous adjure de ne pas céder aux ennemis de votre santé et, à l'aide d'un régime, de restaurer un équilibre ébranlé à tant de reprises. En effet, s'abstenir de substances nocives permet de se bien porter, mais encore contribue à donner un témoignage de sagesse. Adieu.

Lettre IV

    1. La main sans doute paralysée par la goutte, Symmaque ne peut apporter au texte dicté sa propre signature comme l'exige la politesse. Il agit pareillement pour l'*Ep.* 6, 55, peut-être à la fin de 395.
    2. La fille de l'épistolier supporte mal toute forme de diète, comme lui-même le reconnaît ailleurs (*Ep.* 6, 29).

bonorum amictiis spes secundas inter sponsalia ornamenta non numero: sibi enim quisque habet quidquid
laudi et spei ducitur. Mihi autem tanta est perficiendae
coniunctionis huius antiquitas ut in graui dono habiturus
sim, si illius uotis cura uestra profuerit. Cum igitur res
incepto honesta, effectu facilis postuletur, quaeso ut in
promouendo negotio, quantum me uelle conicitis, adhi-
beatis industriam. Valete.

IV. SYMMACHVS NICOMACHIS FILIIS

Aegritudinem meam quam dexterae manus dolore sus-
tineo nuntiorum acerbitate duplicastis. Acrior autem me
cura distringit, quod scio filiae meae ciborum et potuum
continentiam non posse suaderi. Anxius igitur uulnere
animi et corporis morbo usque ad subscribendi possibili-
tatem litteras differre non potui, sed dictatione properata
magis sollicitudini meae quam consuetudini satisfeci. Et
primo ut timorem meum responsis leuetis exoro; dehinc
te, domina filia, precor ut saluti aduersa declines et inter-
pellatam totiens ualetudinem repares auxilio temperan-
tiae, quia non solum sanitati commodat, uerum etiam ad
testimonium prudentiae pertinet noxiis abstinere. Valete.

laudi et spei *P, al. F*: s. et l. *Π* -dis e.s. *F 4 9 10 12 35 37* s.e. -dis *cod. Wallaei, F 22* ‖ ducitur *P²Π, F 2²*: dic- *P¹VRM cod. Wallaei, al. F* meretur *F 4 12 37* ‖ si *P, al. F*: quod *F 2 4 9 10 12 26 30 37* ‖ quan-tum *P¹*: -tam *P²*.

IV. *PΠVM cod. Wallaei.*
repares *P*: -ret *M* sep- *V cod. Wallaei* ‖ quia *P²*: qua *P¹* ‖ commodat *VM*: -da *PΠ*.

V. *Symmaque à ses enfants Nicomaques (avant 401)*

J'ai détourné Sévérien, un notable de la ville de Literne[1], de procéder à une citation publique, afin d'éviter que sa plainte n'entraîne quelque malveillance à l'encontre de notre vénérable ami Sévère[2]. Mais j'ai garanti que par l'intermédiaire de votre personne si chère à mon cœur, ô vous qui faites notre gloire, un terme pourra être mis à tous les conflits qui les séparent et, pour cette raison, je vous prie de daigner, en faveur de l'excellent Sévère, prendre l'initiative de clore le différend en l'évoquant par-devers vous. Adieu.

VI. *Symmaque à ses enfants Nicomaques (397)*

1. Comme si vous continuiez à ignorer vos affaires, vous en êtes à définir les formules qui précèdent l'action en justice. Pourtant, il y a quelque temps, un texte de ma part a donné à nouveau à vos personnes si unies et si chères à mon cœur le résultat des deux procès et, à ce que je crois, les employés du vicariat vous ont remis en mains propres ce que j'avais écrit. J'ai donc le droit de ne pas revenir sur des informations déjà communiquées en détail. Un seul fait jusqu'à maintenant, parce que je répugnais à l'ostentation, avait été soustrait à votre connaissance et c'est que j'avais envoyé les lettres nécessaires pour que nos amis fussent instruits des fourberies du tuteur. Et je pense que, si la fortune seconde notre entreprise, on va prendre des mesures pour briser le coupable[1].

2. Que par ailleurs vous ayez repoussé votre déplacement dans vos domaines proches de la Ville[2], j'ai beau être très désireux de votre présence, je ne puis toutefois le désapprouver. En effet, vous avez pour ce retard allégué l'excuse de la piété[3] et, par conséquent, je fais passer avant mes souhaits la nécessité où vous êtes de chercher à remplir vos obligations. Sait-on jamais, tandis que vous séjournerez en Campanie, quelque invitation pourra-t-elle plutôt nous y attirer nous-mêmes! Mais

V. SYMMACHVS NICOMACHIS FILIIS

Seuerianum primorem Literninae urbis a publica inter-
pellatione reuocaui, ne sancto amico nostro Seuero inuidiae aliquid conquestio eius adferret. Promisi autem
media unanimitate tua, decus nostrum, si quid inter eos
concertationis est, posse finiri atque ideo quaeso ut uiro
optimo Seuero terminandae apud te litis auctor esse
digneris. Valete.

VI. SYMMACHVS NICOMACHIS FILIIS

1. Tamquam adhuc negotiorum uestrorum nescii
agendis rebus formulas praefinitis. Et ego unanimitati
uestrae utriusque exitum causae iampridem retexui et
credo in manus uestras per milites uicarianos delata quae
scripseram. Merito enarrata et conperta non repeto; hoc
solum etiam nunc notitiae uestrae ostentationis pudore
subtraxeram misisse me necessarias litteras quibus amici
de tutoris fraudibus instruantur et puto, si fors inceptum
iuuet, decernendum aliquid quo frangatur obnoxius.
2. Quod uero iter ad proxima Vrbi praedia distulistis,
quamquam uestri cupientissimus inprobare non possum.
Allegastis enim piam causam morarum atque ideo desiderio meo necessitatem religiosae adfectationis antefero.
Haud sci*o* an morantibus uobis aliqua inuitatio nos potius

V.   *PΠVM cod. Wallaei.*
literninae *PΠV*: lint- *M*.

VI.   *PΠΓVM codd. Cuiacii, Pithoeanus Lectii et Wallaei.*
1. praefinitis *PΓVM*: -nistis *Π* ‖ credo *P¹Γ*: quia c. *P²Π*.
2. praedia *om. Scioppius* ‖ religiosae affectationis *P¹*: r. -ctionis *P²* -sa
ea dif- *V* ‖ scio an *Lectius*: sciam *PVΓ codd. Cuiacii et Wallaei* sciens
M etiam *Π*.

remettons-nous en, là-dessus, aux hasards de la conjoncture[4] et, pour l'instant, en nous écrivant, entretenons l'ardeur de nos attentes réciproques, car il faut apaiser le cœur par des consolations, chaque fois que la réalisation de nos vœux est différée. Adieu.

VII. *Symmaque à ses enfants Nicomaques (397)*

1. Taburnius[1] n'a pas tu que j'étais invité et peut-être vous étonnerez-vous que mon message n'ait à ce sujet fourni aucune indication. Mais comme, pour des raisons multiples et impératives, j'avais décidé de rester chez moi, j'ai jugé qu'il ne valait pas la peine de vous transmettre ce qui, laissé de côté, n'a pas abouti[2]. Je crois, au demeurant, que vos vénérables personnes, si unies et si chères à mon cœur, ne sont pas sans savoir pourquoi j'ai été détourné de l'idée de voyager. Vous connaissez en effet la fragilité de ma santé[3]; vous prenez en compte que mon fils unique serait resté tout seul[4]; vous avez appris que les fleuves sont débordé au point de donner à craindre un déluge; de ponts abattus, de collines éboulées la renommée, me semble-t-il, n'a pas non plus fait mystère auprès de vous[5]. **2.** Il en est résulté que d'autres également, qu'un même appel avait convoqués, ont demandé à être excusés; on n'exceptera qu'Arcentius[6] et Évangélus[7]: la vigueur de sa jeunesse a jeté le premier au devant des risques, mais le second, ce fut son tempérament imprudent. Je comprends que vous puissiez être effrayés par le départ d'un homme qui n'est pas votre ami, mais je vous exhorte à vous débarrasser de ce petit tracas, car, d'une part, mes lettres ont pourvu à nombre de choses et, d'autre part, j'ai engagé ceux qui partent à repousser les dénigrements de l'envieux. Par conséquent, vivez en repos, libérés de vos soucis et, comme vous daignez le faire, redonnez-moi des forces en m'écrivant régulièrement. Adieu.

---

4. En 397, Symmaque ne put descendre au-delà de Formies, comme il l'avait fait l'année précédente.

in Campaniam possit educere. Sed hoc relinquatur euen-
tui; nos interim mutua desideria scriptione foueamus.
Solaciis enim leniendus est animus, quotiens protelantur
optata. Valete.

VII. SYMMACHVS NICOMACHIS FILIIS

1. Taburnius euocatum me esse non siluit et fortasse
miremini nihil super ea re meis paginis indicatum; sed
quia multis ac necessariis causis domi manere decreueram, inanis esse operae iudicaui inrita ad uos et dissimu-
lata perferre. Credo autem sanctae unanimitati uestrae
inconperta non esse quae me a peregrinandi consilio
retraxerunt. Nam et fractam ualetudinem meam nostis, et
unici mei solitudinem contemplamini, et eruptiones fluminum usque ad metum diluuii conperistis, pontium
quoque ruinas et montium labes apud uos, ut arbitror,
fama non tacuit. **2.** Ex quo factum est ut ceteri quoque
ueniam postularent, quos similis accitus exciuerat, praeter Arcentium et Euangelum, quorum alterum uigor adu-
lescentiae, alterum incautus animus obiecit incertis. Intellego uos profectione hominis non amici posse terreri; sed
ut hunc scrupulum reiciatis admoneo. Nam et meis litteris multa curata sunt et proficiscentibus datum negotium
est, ut aemuli obtrectatio repellatur. Quare curarum uacui
agite otium meque, ut facere dignamini, scriptorum adsiduitate refouete. Valete.

VII.   *P*ΠΓVM codd. Cuiacii, Pithoeanus Lectii et Wallaei.*
1. taburnius *PΠV*: ra- *M* ‖ et unici *P*: ac u. *VM* ‖ et eruptiones *P*: ac
e. *V*.
2. et euangelum *P*: ac e. *VM* at e. *cod. Wallaei* ‖ nam et *P*: n. e *V* ‖
curata *PV*: procu- *M* ‖ refouete *P*: fo- *VM*.

VIII. *Symmaque à ses enfants Nicomaques (397)*

On nous a remis votre lettre, tandis que nous séjournions au septième mille de la route d'Ostie et immédiatement, à ma demande, l'illustrissime Vicaire a fait procéder à la publication des actes[1]. Mais sans prendre notre avis et même à notre insu, votre valet a quitté la Ville avec l'incorrection habituelle des domestiques[2]. Il vous appartient d'apprécier si vous laisserez cette attitude impunie. En attendant, il n'a pas caché que ma fille était secouée à nouveau d'accès de faiblesse. Cette nouvelle, blessant mon cœur, y a pénétré profondément et ma crainte ne disparaîtra que si, par retour du courrier, j'acquiers la certitude de sa guérison. Faites donc, je vous prie, qu'un message réconfortant, retransmis sans détour, se substitue à mon inquiétude. Adieu.

IX. *Symmaque à ses enfants Nicomaques (395?)*

Mon frère Censorinus tente de relancer la plainte sur le bornage de nos résidences de Baïes[1], tout instruit qu'il soit de ce que, entre moi et les agents de mon fils Pompéianus, elle a depuis un certain temps déjà fait l'objet d'un règlement définitif. Les experts auxquels on a recouru déclarèrent, en effet, que nos terrains sont divisés par le mur qui, du haut de la colline, descend entre les bâtisses. Le nouveau propriétaire croit que leur verdict peut être cassé. Je vous demande par conséquent, en recourant à notre ami Félix et à Castor[2], de daigner être l'arbitre de la vérité et d'étouffer, une fois qu'elle se sera exprimée en présence de Votre Sainteté[3], cette vaine tentative. En suite de quoi, lorsque l'affirmation du jugement passé aura donné toutes explications à mon frère Censorinus, vous permettrez alors que, pour les nouvelles constructions qu'il entreprend, seulement dix pieds[4] soient ajoutés dans le prolongement de ses propres bâtiments: de la sorte, les terres des parties en cause seront délimitées autant par l'accord compris dans la convention que par une séparation édifiée entre elles. Adieu.

VIII. SYMMACHVS NICOMACHIS FILIIS

Redditae sunt nobis litterae uestrae, cum in Ostiensis uiae septimo degeremus, et ilico per inlustrem uirum uicarium petitu meo actorum processit editio. Sed puer uester inconsultis atque ignorantibus nobis Vrbe discessit, ut est seruis familiaris inprobitas. Vestra in manu est utrum hoc inultum esse patiamini. Interea filiam meam iactari instaurato languore non siluit. Cuius nuntii uulnus alte incidit pectori meo nec abolebitur metus, nisi mutua scriptione fidem sanitatis eius accepero. Facite igitur, oro uos, ut formidinem meam securitas protinus reportata commutet. Valete.

IX. SYMMACHVS NICOMACHIS FILIIS

Frater meus Censorinus de confinio Baianorum praetoriorum conquestionem temptat iterare, quam didicit inter me et actores filii mei Pompeiani dudum esse finitam. Adhibiti namque inspectores muro qui inter aedes a summo monte descendit diuidi loca nostra dixerunt; quorum iudicium nouus possessor credit posse rescindi. Quaeso igitur, adhibito Felice amico nostro et Castore, ueri arbiter esse digneris et sanctitate tua coram locuta inanis adtemptatio conprimatur. Dehinc, cum fratri meo Censorino satisfecerit praeteritae iudicationis adsertio, tunc operi eius et molitionibus nouis decem tantum pedum ultra aedificia sua permittatur adiectio, ita ut partium fines et placito conprehensus adsensus et constructio interiecta discriminet. Valete.

VIII.   *P*ΠVM cod. Wallaei.*
in manu *M*: m. *PΠV* ‖ nuntii *P²*: -ntiis *P¹* -nciis *V* ‖ incidit *P²*: inced-*P¹V* insed- *M* ‖ igitur *P*: ergo *V*.

IX.   *PΠ cod. Pithoei.*
et sanctitate tua *P*: ut s. t. *Lectius* et sancto coetui *cod. Pithoei* ‖ locuta *P¹*: -cata *P²Π* ‖ et constructio *P²*: c. *P¹*.

X. *Symmaque à ses enfants Nicomaques (398)*

J'entends dire que nous sommes priés à la cérémonie du consulat. Mais après les fatigues de l'année passée, j'ai l'intention de me reposer et de rester chez moi. Quant à vous, réfléchissez plus à fond à votre décision et pesez-la sagement. Je présume cependant que ceux dont on rapporte qu'ils sont invités ont été triés sur le volet sous l'autorité d'un éminent personnage et que vous-même, la moitié de mon âme, vous leur avez été associé à dessein pour qu'à l'occasion de cette cérémonie consulaire vous vous hâtiez de venir rendre grâce. Il est, par ailleurs, à craindre que, si vous jugez devoir vous excuser, vous ne paraissiez offensé d'avoir reçu le tout récent rescrit. Et pour autant qu'il soit permis d'espérer, dans une situation incertaine, peut-être cette erreur sera-t-elle corrigée, quand il vous aura réussi d'être présent[1]. Je ne sache pas qu'Hispanus[2] ait été invité. Considérez donc les conséquences dans les deux sens. Je vous enverrai un second message, si là-dessus me parvient quelque nouvelle information. Adieu.

XI. *Symmaque à ses enfants Nicomaques (395?)*

1. Je vous écris beaucoup, vous me répondez peu et j'ai peine à supporter que dans les débuts vous manifestiez pour votre mission une ardeur à me rendre inquiet, mais que, bientôt après, votre marche en avant se glace dans le silence. Peut-être me demanderiez-vous quoi d'autre encore je prétends maintenant voir porté à ma connaissance? **2.** Je vous avais écrit que pour ma maison de Capoue le prix en avait été arrangé avec le vendeur: votre réponse ne dit mot d'une confirmation par ce dernier[1]. La remise en état de ma propriété du Samnium[2] et sa récupération vous ont été confiées: vous vous contentez — et avec retard — de m'apprendre qu'on a vidé les terres de leurs dotations; à ce jour pourtant j'ignore les résultats de la citation à comparaître[3] et cette attente ne me permet pas de partir à la campagne. J'ai peur, en effet, comme cela se produit souvent,

X. SYMMACHVS NICOMACHIS FILIIS

Rogatos esse nos audio ad officium consulare. Mihi quiescere et domi manere sententia est post anni superioris laborem; ipse quid statuas altius cogita et sapienter expende. Praesumo autem eos qui dicuntur acciti auctoritate praecelsi uiri edecumatos esse et his unanimitatem tuam consulto esse sociatam, ut ad agendas gratias sub occasione officii consularis excurras. Verendum autem est ne si excusandum putaueris, proximi rescripti impetratione uidearis offensus; et fortasse, quantum de incertis sperare fas est, error iste, cum feliciter adfueris, corrigetur. Hispanum rogatum esse non conperi. Considera igitur euentum partis utriusque. Ego denuo nuntiabo, si quid super hoc nouae cognitionis accesserit. Valete.

XI. SYMMACHVS NICOMACHIS FILIIS

1. Multa mihi ad uos scribenti pauca respondes et moleste fero mandatorum uestrorum calere principia usque ad sollicitudinem meam, mox autem per silentium frigere processus. Fortasse quaeratis quid etiam nunc referri in notitiam meam postulem. **2.** Capuanae domus pretium scripseram cum uenditore decisum: nihil de eius confirmatione rescribitis; Samniticae possessionis reformatio et uindicta mandata est: tantum uacuatos dotibus agros sero docuisti; adhuc tamen nescio quid exhibitio

---

X. *PΠΓ*.
putaueris *PΠ*: -taris *Havet.*

XI. *P*ΠΓ cod. Pithoei.*
1. respondes et *PΠ*: -detis *Suse* ‖ in notitiam *cod. Pithoei*: innocentiam *PΠ* in noscentiam *Iuretus.*
2. docuisti *P¹*: -tis *P²Π*.

qu'en cachette on ne risque quelque manœuvre d'obstruction.
À vous par conséquent, ou bien de m'instruire de ce qu'il faut
encore faire pour débrouiller la question, ou bien, si l'affaire
s'est embourbée, de m'ouvrir la route de la retraite. **3.** Je sup-
porte sans peine qu'au prix pour nous d'une perte insignifiante,
un accord avec mon frère Censorinus[4] ait été arrêté sur l'espace
côtier. Il reste à séparer les résidences par un mur mitoyen,
pour éviter que, si venaient à manquer les preuves de l'arbitrage, à nouveau des voisins à l'étroit ne cherchent à s'étendre
au détriment des limites d'autrui. Adieu.

XII. *Symmaque à ses enfants Nicomaques (396)*

1. J'ai été charmé par la lettre de cet ami dont vous avez
voulu que je fusse le lecteur et je voudrais vous persuader qu'il
n'a pas du tout menti pour ce qui est de me détendre l'esprit[1]:
l'illustre titulaire du Prétoire[2] s'est à moi déclaré offensé à
cause de la contribution du Sénat et des autres remèdes aux restrictions de la Ville[3]. Il s'est, prétend-il, vraiment affligé de la
proclamation par laquelle, le jour des jeux de l'Empereur[4], au
moment où, en notre présence, le Sénat se voyait réclamer de la
viande[5], le Préfet de la Ville[6] rendit public le don volontaire
que nous offrons au peuple en commun. **2.** Il soupçonne que
tout cela a été combiné en vue de ruiner la gloire que lui
avaient value ses propres promesses et tourne sa malveillance
contre moi seul, car tel est le bon plaisir de ceux qui lui font
rapport. J'ai répondu à cet emporté, en conservant ma dignité
comme je l'ai pu, et, à ce qu'affirment les envoyés d'Orient[7]
auxquels lui-même avait communiqué mon texte, nos réponses
ont plu à tous. Mais pour ne pas se taire, vaincu qu'il serait par
la raison et mon autorité, il m'a par la suite expédié une lettre
adoucie qui pourtant contenait les mêmes plaintes. Je vous
remettrai un exemplaire de tout cela, afin que vous sachiez
quelles vagues m'enveloppent de leur tumulte.

4. Voir *supra* l'*Ep.* 9, n. 1; pour la date, cf. *infra Ep.* 70, n. 1.

iniuncta profecerit, cuius me expectatio rus ire non patitur. Vereor enim ne, quod saepe factum est, clandestina
aliquid temptet obreptio. Quare aut instruite quid supersit
negotiis explicandis, aut si res in uado sunt, iam mihi
usurpandae secessionis aperite. **3.** Cum fratre meo Censorino non moleste fero sub quolibet dispendio nostro de
litoralibus spatiis iudicatum. Restat ut interiectu muri
praetoria diuidantur, ne cessante indicio iudicationis rursus uicinae angustiae in alios sese terminos nitantur
extendere. Valete.

XII. SYMMACHVS NICOMACHIS FILIIS

1. Amici litteris delectatus sum, quarum me lectorem
esse uoluisti et uelim credas nihil eum de usurpand*a*
animi remissione mentitum. Mihi uir inlustris iudex prae-
torianus ob conlationem senatus et alia remedia Vrbis
angustae denuntiauit offensas, contristatus, ut adserit,
curione quo praefectus Vrbi ludorum imperialium die,
cum a senatu c*a*ro nobis praesentibus posceretur, oblatio-
nem communem populo publicauit. **2.** Haec omnia ad
destruendam promissorum suorum gloriam conposita
suspicatur et in me solum, quia hoc referentibus placet,
uertit inuidiam. Respondi, ut potui dignitate seruata, eius
calori et, quantum legati Orientales adserunt, quibus ipse
scriptorum meorum fecit indicium, cunctis responsa nostra placuerunt. Sed ne ratione et auctoritate uictus sileret,
molliores postea litteras misit parem querimoniam continentes. Horum tibi omnium tradetur exemplar, ut noueris
quibus fluctibus perstrepamur.

XII.   *P***ΠΓ cod. Pithoei.*
1. usurpanda *Rittershusius*: -di *P* ‖ angustae *P*: aug- *Π* ‖ quo *P*: quod
Mercerus ‖ caro *Iuretus*: curio *PΓ.*

3. Par ailleurs, dans l'affaire suscitée par un second commandement à l'encontre de vos vénérables personnes, si unies et si chères à mon cœur, le conseil à suivre est de faire traîner les versements et de soumettre aux enchères la part qui revient à votre frère germain, pour qu'un semblable procédé, contraire à la justice, ou bien souligne les agissements du jeune homme ou bien assouvisse une fois pour toutes ses désirs. Mais je souhaite connaître les domaines qui, pour sa quote-part, reviennent en droit par priorité à votre vénérable frère, ceci à seule fin d'empêcher que par ignorance l'erreur d'un fonctionnaire ne touche aux ensembles qui vous appartiennent selon la loi[8].

4. Jusqu'à nouvel ordre je garderai votre frère à Rome, puisque la contribution assure une rallonge de vingt jours aux réserves de l'annone. Ma fille doit donc accepter sans trop de peine que je retarde l'équipage prévu pour son déplacement[9]. Tout le reste, mon fils Comazon[10] vous le contera, soit à votre demande, soit de lui-même. **5.** Quant à l'envoi d'une ambassade en raison de la gêne dans l'approvisionnement céréalier, on n'en discutera pas officiellement jusqu'au retour de l'excellentissime Comte[11]. L'avis de Votre Sainteté m'a paru salutaire. Aussi bien ai-je par une lettre à mes gens immédiatement ordonné le transport de céréales en Campanie depuis notre propriété des Pouilles[12]. Adieu.

XIII. *Symmaque à ses enfants Nicomaques (397?)*

La suite fréquente de nos précédentes lettres a épuisé ce qu'il y avait à écrire. Ne reste maintenant que l'obligation globale de vous saluer et bien sûr, si je disposais d'un sujet qui méritât des pages de développement, il serait plus normal de le confier à notre voyageur[1]. On doit en effet s'abandonner à sa plume seulement quand les personnes sur le départ ne sont pas qualifiées pour recevoir le mandat. Mais si jamais vous voyez quelque chose qui vaille d'être sue, vous l'apprendrez de notre voyageur d'une façon plus complète, sans que j'allonge davantage mes propos. Adieu.

3. In negotio autem sanctae unanimitatis uestrae, quod praeceptio iterata commouit, consilio trahendae solutionis utendum est et pars quae ad germanum tuum pertinet subicienda auctioni, ut huiusmodi iniuria factum iuuenis exaggeret aut expleat uoluntatem. Sed scire desidero quae potissimum praedia ad ius sancti fratris tui pro parte pertineant, ne per ignorantiam iuris tui corpora apparitionis error adtrectet.

4. Fratrem uestrum Romae tantisper tenebo, quoniam subsidia annonae in dies uiginti oblatio prorogauit. Moleste igitur filia mea ferre non debet, si iumenta itineri eius deputata tardauero. Cetera filius meus Comazon uel quaerentibus uobis uel sponte narrabit. **5.** De legatione mittenda ob angustias frumentariae rei usque ad reditum uiri excellentissimi comitis tractatus publicus differetur. Consilium sanctitatis tuae salubre mihi uisum est; itaque datis ad homines meos litteris statim iussi ex re nostra Apula ad Campaniam frumenta deferri. Valete.

XIII. SYMMACHVS NICOMACHIS FILIIS

Adsiduitas epistularum superiorum scribenda consumpsit; sola nunc superest salutationis religiosa generalitas. Et sane, si qua suppeterent paginis persequenda, commeanti rectius crederentur. Tunc enim stilo indulgendum est, cum recipiendis mandatis proficiscentium persona non sufficit; nunc si quid scitu dignum putabitis, sine nostri sermonis excursu plenius a commeante discetis. Valete.

4. tantisper tenebo *Seeck*: tantis pertinebo *P* ‖ comazon *Seeck*: cum- *PΠ*.

XIII. *PΠΓRM, F 1-13 15-18 20-22 24-33 35 37 39*.
persequenda *PΓR, alii F*: pros- *M, F 1-3 5-6 18 21 24 29 31-32 37* ‖ recipiendis *PM, alii F*: perficiendis *ΠR, F 31¹* proficiendis *F7* ‖ proficiscentium *PRM, alii F*: -tis *F 4 12 37 om. F 27 35*.

XIV. *Symmaque à ses enfants Nicomaques (396)*

1. Vous vous demandez, je le vois, si le châtiment de Rufin a entraîné aussi la confiscation de ses biens[1]. En voici la preuve véridique, attestée par les ordonnances impériales. Et pourtant, quand on examine la conduite de ce brigand durant tant d'années[2], il ne pouvait y avoir de doute que le Trésor[3] réclamerait ce dont l'univers entier avait été dépossédé. **2.** Ah! si seulement cette joie si grande n'était pas troublée par les défaillances de l'annone[4]: aucune rallonge n'est apportée par la nouvelle récolte! De plus, la qualité même de la nourriture est à faire peur, elle dégrade l'état de l'organisme et pour les gens s'alimenter ainsi devient plus malsain que subir le jeûne. **3.** Dans cette situation, le peuple se console en espérant les grains que les Pères ont offerts et ces pieux sentiments de la part des élites maintiennent la concorde dans la cité. Maintenant il faut souhaiter qu'une assistance venue d'en haut expédie des convois, tandis que les contributions privées prolongent la survie de nos concitoyens. Adieu.

XV. *Symmaque à ses enfants Nicomaques (395)*

Le sort de notre commune patrie s'est dégradé d'une façon si angoissante qu'il faut éviter le pire. C'est pourquoi je souhaite vous envoyer votre frère sans attendre, puisque vous acceptez de lui fournir sous peu vos mulets de litière, pour qu'il fasse vite à l'aide de cet équipage secourable[1]. Au reste, il ne convient pas, comme je vous l'avais écrit auparavant, que ma fille soit secouée dans un voyage, car après son grave malaise ses forces ont besoin d'être ranimées par du calme et du repos. Adieu.

---

1. L'immense fortune (cf. Claudian., *In Ruf.* 2, 436-437; Hier., *Ep.* 60, 16; Eunap., fgrt. 63 = *FHG* IV, 42; Philost. 11.3; Lydus, *De Magistr.* 2, 10; Zos. 5, 7, 6) de l'avide préfet du prétoire fut confisquée le 13 février 396 (*Cod. Theod.* 9, 42, 12). La lettre est donc du mois de mars.
2. La carrière de Flavius Rufinus avait débuté en 382, cf. tome II, p. 73, n. 1. Symmaque qui lui a écrit au moins onze fois (*Ep.* 3, 81-91) n'a aucun état d'âme pour condamner l'adversaire de Stilicon.

XIV. SYMMACHVS NICOMACHIS FILIIS

1. Dubitare uos uideo an Rufini poenam secuta sit etiam publicatio facultatum. Fides praesto est imperialibus signata praeceptis; et tamen praedonis annosi merita pendentibus non fuit ambigendum quod spolia orbis desideraret aerarium. **2.** Atque utinam tanto gaudio non obstreperet defectus annonae, quem nulla producit nouae frugis accessio. Praeterea ipsius cibi qualitas gignit horrorem, corrumpit ualetudinem corporum grauiorque hominibus talis alimonia quam poena ieiunii. **3.** Solatur inter haec populum spes frumenti a patribus oblati et religiosa optimatium uoluntas tenet concordiam ciuitatis. Nunc uotis opus est ut diuina opitulatio inuehat commeatus, dum salus ciuium priuata conlatione producitur. Valete.

XV. SYMMACHVS NICOMACHIS FILIIS

In eas angustias communis patriae fortuna deducta est, ut extrema uitanda sint. Itaque fratrem uestrum continuo ad uos opto dimittere, cui basternarios mox praebere dignamini, ut festinatio eius iumentorum adminiculis adiuuetur. Ceterum filiam meam uexari itinere, sicuti ante scripseram, non oportet, quoniam post incommodum graue ualetudo eius otio et quiete refouenda est. Valete.

XIV. *PΠΓ*.
1. orbis *P¹Γ*: urbis *P²Π* terrarum o. *Suse.*
2. hominibus *P¹*: est h. *P²Π*.

XV. *PΠΓ*.
dignamini *P*: dignem- *Π*.

XVI. Symmaque à ses enfants Nicomaques (397)

J'avais prévu les craintes que provoquerait de votre part la rumeur de mon malaise, car, tandis que d'habitude elle parle des absents en outrant la vérité, les mots, cette fois, ne semblent pas même avoir été à la hauteur du grand péril qui fut le mien[1]. C'est pourquoi, dès que la convalescence m'eut permis de tracer des caractères, ma plume n'a pas attendu pour apaiser chez vous ce qui, je le pensais bien, y avait été propagé. Et quoiqu'une première fois mes propos eussent pu suffire à modérer votre inquiétude, que cette seconde attestation réussisse à vous tranquilliser en toute confiance. Entre-temps faites-moi savoir la décision que vous aurez prise pour organiser votre retour. J'avoue, en effet, me trouver dans une condition affaiblie après ce moment critique pour ma santé et ne pouvoir désormais vous persuader de préférer votre repos au regret de n'être pas avec moi. Adieu.

XVII. Symmaque à ses enfants Nicomaques (avant 401)

Les sentiments, non le temps, jugent de l'amitié. Aussi bien, en les apercevant, ne trouvez pas novices ceux qui vivent depuis des années dans votre culte[1]. Ceci a pour but de vous informer que mes fils Auxence et Marianus[2], ces jeunes gens si réservés, sont inscrits au premier rang de vos admirateurs et que dès lors vous n'avez pas à les connaître comme s'ils venaient à vous pour la première fois, mais à les soigner en retour en vertu des obligations et pactes de l'affection. Leur présent départ a eu pour cause un traitement ordonné sous la pression des médecins. Ils souhaitent, en effet, aller à Stabies pour se débarrasser par du lait de vache des séquelles d'une longue maladie[3]. Mais à leur avis, vous rencontrer sera pour eux meilleure médecine. On vous attribuera par conséquent leur guérison, si aux remèdes d'herbes salutaires vous ajoutez la chaleur de votre bienveillance. Adieu.

XVI. SYMMACHVS NICOMACHIS FILIIS

Praeuidi quem metum uobis fama aegritudinis meae posset incutere, quae cum soleat supra uerum de absentibus
loqui, magnitudinem periculi mei ne fando quidem uidetur
aequasse. Itaque ubi primum mihi formare litteras per ualetudinem licuit, non distuli lenire apud uos stilo quae uulgata
credideram et quamuis modificandae sollicitudini uestrae
prior sermo sufficeret, ad fidem tamen securitatis adtestatio
secunda proficiat. Interea de ordinando reditu facite noue-
rim quid consilii ceperitis. Fateor enim molliore me esse
adfectione post discrimen salutis nec ulterius posse suadere
ut desiderio meo uestrum otium praeferatis. Valete.

XVII. SYMMACHVS NICOMACHIS FILIIS

Amicitia animis non annis aestimatur; rudis igitur tibi
eorum non uideatur aspectus, quorum in te cultus anno-
sus est. Hoc eo spectat, ut noueris Auxentium et Maria-
num filios meos pudentissimos iuuenes inter laudatores
tuos loco priore censeri atque ideo non cognoscendos
nouo aditu, sed amoris foedere et religione recolendos.
Nunc illis proficiscendi adtulit causam medicorum coactu
imperata curatio. Nam Stabias ire desiderant, ut reliquias
longae aegritudinis armentali lacte depellant: sed maio-
rem iudicant in tuo congressu esse medicinam. Tibi igitur
adsignabitur eorum sanitas, si remediis herbarum salubrium fomenta benignitatis adieceris. Valete.

XVI. *P*ΠΓ cod. Pithoei.*
proficiat *P*[1]: -ciet *P*[2] ‖ molliore *P cod. Pithoei*: -rem *Π.*

XVII. *P*ΠΓ.*
animis non annis *Π*: animis *P quod defendit Havet sed supra lineam
quinque fere litteras erasas esse animaduertit Seeck* ‖ aspectus *P*[1]:
affe- *P*[2]*Π* ‖ pudentissimos *PΓ*: pru- *Π* ‖ aegritudinis *Π*: aegi- *P.*

XVIII. *Symmaque à ses enfants Nicomaques (395-398)*

À notre cher Castor qui retourne en Campanie, nous avons, sur nos affaires familiales, confié une commission qui déborde largement ce que nous écrivons. En l'écoutant vous en saurez donc plus qu'en me lisant. Bon nombre de ces choses ont trait à l'état de la ville de nos pères. À cause du manque de ravitaillement dont elle souffre gravement, il est dangereux de l'habiter, mais ce serait impie et cruel de l'abandonner[1]. Adieu.

XIX. *Symmaque à ses enfants Nicomaques (397)*

Puisque vous avez voulu pour lui mon assistance, fût-ce en d'incertaines conditions physiques, j'aurais été au côté du frère de Taburnius, si la chance m'avait accordé la présence de ceux qu'il me fallait rencontrer dans son intérêt. À vous, si unis et si chers à mon cœur, de vous satisfaire de mes intentions, même si le résultat a refusé à mes souhaits d'être efficaces. Quant à moi, je suis encore faible, mais, le Ciel m'entende!, dès ce moment je vous écris sans inquiétude sur mon rétablissement et mes forces se redressent à la mesure de la célérité que, pour le retour de vos vénérables personnes, me promet un espoir qui se rapproche[1]. Adieu.

Lettre XVIII

1. Pour Castor, cf. *supra* l'*Ep.* 9, n. 2. La conjoncture défavorable joue pour toutes les années de 395 à 398.

Lettre XIX

1. Cf. *supra Ep.* 6, n. 1; la lettre datable de 397 se glisse entre les *Ep.* 16 (retour souhaité) et 28 (annulation).

XVIII. SYMMACHVS NICOMACHIS FILIIS

Castori nostro ad Campaniam reuertenti largiora mandata de domesticis rebus quam scripta commisimus. Plura igitur auribus quam lectione noscetis. Horum pleraque ad statum pertinent patriae quam defectu alimentorum grauiter laborantem periculosum est inhabitare, impium et crudele deserere. Valete.

XIX. SYMMACHVS NICOMACHIS FILIIS

Germano Taburni cui me auxilio esse uoluistis etiam salutis dubius adfuissem, si eorum prasentiam fors dedisset, quos ex usu eius oportuit conueniri. Satisfaciat igitur unanimitati uestrae animus meus, etiamsi uoti efficaciam negauit euentus. Ipse adhuc inualidus sed iam praefata dei uenia conualescendi securus haec scribo tantoque magis adsurgo uiribus, quanto mihi celeriorem sanctitatis uestrae reditum spes uicina promittit. Valete.

XVIII. *PΠΓRM cod. Wallaei, F 1-13 15-18 20-21 24-33 35 37 39.* castori *PΠ, F 21*: pas- *RM, alii F* nuntio *F 13* ‖ mandata de domesticis rebus *PΓ*: m. domesticis r. *Π* de domesticis r. m. *RF* de domesticis m. *M* ‖ horum *PRM, alii F*: haec *F 3 4 16 17 37* quorum *F 13* ‖ noscetis *PRM, alii F*: cogno- *F 12* disce- *F 5 6 25¹ 28 33.*

XIX. *PΠΓ.*
taburni *P*: -nio *Γ* ‖ negauit *PΓ*: -uerit *Iuretus* ‖ securus *P²*: -ris *P¹*.

XX. *Symmaque à ses enfants Nicomaques (395)*

Vous m'avez naguère répondu que la santé de ma fille était rétablie, mais bientôt dans une seconde lettre vous avez récidivé en aiguillonnant mon inquiétude. Je suis donc bouleversé par les dernières nouvelles, car on croit davantage à l'adversité. Si la journée apporte une amélioration, j'attends dans l'angoisse que vous m'en informiez. Certes que notre séparation vous mette à la torture, je reconnais là mes propres dispositions d'esprit, il vaut mieux toutefois persuader encore la patience à nos désirs réciproques qu'entreprendre une chose dont, à cause de la faiblesse de son état, nous aurions à nous repentir. Bientôt avec l'arrivée de votre frère, attendu, dites-vous, à très brève échéance, la division de la communauté entre vous sera affaire à provoquer un retour aussi nécessaire qu'heureux pour vous[1]. Adieu.

XXI. *Symmaque à ses enfants Nicomaques (395-396)*

L'impatience de l'amour paternel avait fait venir les enfants de mon frère, le respectable Entréchius, et la disette en ville leur a donné de nouvelles raisons de se hâter. Voilà pourquoi ils ont mis en train leur retour sans attendre la saison convenable. Par conséquent, aussi longtemps que la navigation est impraticable, ils se fixeront un moment sur les rivages de Campanie[1]. Mais votre humanité s'emploiera à ce qu'ils n'aient pas à supporter l'amertume du dépaysement. Aussi, prenez ma place, pour que ceux que la nécessité nous a présentement arrachés se réjouissent d'avoir trouvé en vous mes propres sentiments. Adieu.

Lettre XX

1. La lettre semble écrite dans l'été de 395, avant l'*Ep.* 12, qui suppose déjà effectué le partage de la succession de Nicomaque l'Ancien; malgré la mauvaise santé de la fille de Symmaque, le couple a dû revenir à Rome pour cette affaire, cf. *infra Ep.* 55. L'image de l'aiguillon est employée de façon plus positive en 2, 26 et 7, 9.

XX. SYMMACHVS NICOMACHIS FILIIS

Dudum sanitatem filiae meae integratam esse rescrip-
seras; mox sequentibus litteris sollicitudini nostrae reci-
diuum aculeum subdidisti. Conflictor igitur nuntio recen-
tiore, quia magis aduersa creduntur. Expecto anxie ut, si
quid boni dies adtulit, indicetis. In eo autem quod uos
discessus noster excruciat habitum meae mentis agnosco;
sed adhuc desideriis mutuis praestat suadere patientiam
quam paenitendum aliquid per inbecillitatem adfectionis
ordiri. Mox cum germanus tuus de proximo, ut ais, speratus adfuerit, et felicem uobis et necessarium reditum
diuidendae inter uos communionis causa praestabit.
Valete.

XXI. SYMMACHVS NICOMACHIS FILIIS

Fratris mei Entrec*h*ii spectabilis uiri liberos inpatientia
paterni amoris acciuerat, quibus properandi causas inopia
urbis adiecit; atque ideo recursum sine iusti temporis
expectatione moliti sunt. Quapropter dum nauigatio
intractabilis est, in oris Campaniae paulisper haerebunt;
sed ne peregrinationis amara sustineant, humanitas uestra
praestabit. Quare uicem meam suscipe, ut, qui nunc a
nobis necessitate diuulsi sunt, animum se meum in te rep-
perisse laetentur. Valete.

XX. *PΠ.*

XXI. *PΠΓ.*
entrechii *Seeck*: -cii *codd.*

XXII. *Symmaque à ses enfants Nicomaques (395)*

1. Le choc est brutal quand il naît de l'injustice, mais les remèdes de la patience doivent atténuer la douleur. Il ne vous manque pas non plus l'habitude d'endurer l'adversité, car à maintes reprises vous avez appris à supporter les coups de la Fortune. Vivriez-vous dans la prospérité qu'avec raison votre bonheur se sentirait affecté par des maux inaccoutumés. Je vous écris ceci pour que vous sachiez mon étonnement de voir altérée votre constance par un différend privé que, sous le nom de vos proches, se trouve animer — du moins, c'est mon opinion — le caracolant riverain de Baïes. Mais lui sera payé autrement[1]! **2.** Pourtant votre cause n'a pas manqué de défenses devant le Tribunal, puisqu'on a obtenu du premier juge que ne reste pas impunie la levée des scellés par huissier, et du second que l'héritage soit garanti en sécurité[2]. Quand elle se retirera de sa campagne, j'engagerai la demanderesse, elle aussi, ou bien à renoncer à son entreprise, ou bien à se rendre compte que les conséquences pour elle seront plus graves à supporter en retour. J'en ai dit assez sur nos problèmes familiaux.

3. Au milieu des malheurs que provoque la pénurie de blé, voici que les manœuvres autour de l'ambassade ont, par en-dessous, glissé dans la ville de nos pères un autre brandon, pire encore celui-ci. De fait, au début Postumien et Pinien avaient, par vote, été adjoints aux deux hauts dignitaires de la cour, avec cette clause explicite qu'eux seuls seraient dits constituer l'ambassade en sa totalité. Des jours passèrent, puis, comme on débattait scrupuleusement des mandats donnés par notre Ordre, des intérêts privés leur ajoutèrent Paulin. De là est née une dispute qui, en mon absence, en est venue à des affrontements abominables. J'ai honte de dire les accusations et les injures que se sont jetées entre elles les élites du Sénat. **4.** Mais, dit-on, ils s'en sont remis à mon arbitrage pour mettre un terme à ces discussions partisanes[3]. Au sort de décider l'issue qui sera réservée à une affaire qui intéresse la communauté. En atten-

XXII. SYMMACHVS NICOMACHIS FILIIS

1. Dura commotio est quam gignit iniuria, sed mollire debet dolorem medicina patientiae. Nec deest uobis usus aduersa tolerandi, nam crebro ictum fortunae ferre didicistis. Quod si in secundis rebus ageretis, iure insolitis malis felicitas laederetur. Haec eo scribo, ut miratum me scias quod constantiam tuam lis priuata mutauerit, quam sub adfinium nomine, ut opinio mea est, Baiani litoris persultator animauit. Sed illi aliud mercedis erit. **2.** Causae autem uestrae propugnaculum iudiciale non defuit: impetratum est quippe ab altero cognitorum ne inpune sit quod dissignauit apparitor, ab altero ut hereditas tuta praestetur. Ipsam quoque dominam quaestionis, cum se ex agro receperit, admonebo ut aut desistat incepto aut nouerit sibi grauiora esse referenda. Haec de rebus domesticis satis dicta sint.

3. Patriae uero nostrae inter cetera frumentariae penuriae mala legationis ambitus nequiorem facem subdidit. Nam principio Postumianum et Pinianum duobus aulae summatibus iunxit electio sub ea expressione iudicii, ut in ipsis solis plena esse legatio diceretur. Interiectis diebus, cum mandata ordinis tractatus expenderet, Paulinum illis studia priuata iunxerunt. Hinc orta certatio usque ad nefarias pugnas me absente processit. Pudet dicere quae in se optimates senatus crimina et maledicta proiecerint. **4.** Sed dirimendas partium quaestiones meo dicuntur detulisse iudicio. Fors uiderit qui finis causam publicam

---

XXII. *P*ΠΓRM codd. Pithoei et Wallaei, F ut supra Ep. XIII, Ex.3.*
1. medicina *PRM, alii F*: doctrina *F 4 9 10 12 37, Ex.3* ‖ persultator *P, alii F*: -lcator *cod. Pithoei, F 2-4 8-12 16 26 30 31²*.
2. est quippe *P, F 30*: q. e. *ΠRM, cet. F* ‖ dissignauit *P cod. Wallaei, F 15 21 27 29*: desi- *ΠRM, ceteri F* resi- *Γ* ‖ ut hereditas *PR, alii F*: h. *M, F 2 5-6 9-11 17 28 30 35* ‖ ipsam quoque dominam *PΠRMF*: -sum q. -num *Γ* ‖ ex *P*: ab *ΠRMF* ‖ nouerit *post* referenda (*uel* ferenda) *transp. Π, F 1 15 18 20-21 24 31 39*.

dant, la réputation du Sénat est déchirée et l'infortune se trouve encore doublée d'une faute. Si les comptes rendus[4] des faits viennent entre mes mains, vous apprendrez, en les lisant, ce que, par pudeur, mes propos se sont refusés à développer. Adieu.

XXIII. *Symmaque à ses enfants Nicomaques (397)*

J'aurais dû m'abstenir de cette lettre, puisque le voyageur est mon fils, le respectable Dèce[1] et qu'à notre sujet il contera à vos scrupuleuses personnes plus que n'aurait su en tenir le texte de mes pages. Mais je n'ai pas été mécontent d'accroître par la plume l'agrément dont vous fera bénéficier sa fraternelle présence. C'est pourquoi à vous, si unis et si chers à mon cœur, je fais part de l'hommage de mes salutations, afin que l'attente de ma venue[2] soit adoucie par le don de ces paroles. Adieu.

XXIV. *Symmaque à ses enfants Nicomaques (402)*

Sapricius, un homme distingué de mes amis, eût mérité sans répondant l'affection de votre personne si chère à mon cœur, mais puisque se présenter pour la première fois[1] dessert initialement les gens qui ne sont pas connus, il a souhaité que par mon intermédiaire lui fût ouverte la possibilité de se gagner votre amitié. Il convient donc qu'une prévenante tendresse reçoive un être si épris de vous et que, sans remettre à l'essai d'une longue pratique l'intimité qu'on vous réclame, sur le champ et avec des sentiments identiques vous alliez au-devant des désirs de qui vient à vous. Adieu.

Lettre XXIII

1. Caecina Decius Albinus, le jeune interlocuteur des *Saturnales* de Macrobe (1, 2, 3) — il était fils d'Albinus *senior*, le grand ami de Symmaque — après avoir gouverné la Numidie était alors proconsul de Campanie; sa carrière le mènera ensuite jusqu'à la préfecture de la Ville en 402. Symmaque lui adresse les *Ep.* 7, 35-41: *PRLE*, I, p. 35-36, n° 10, *infra Ep.* 8, 25, n. 1 et G.A. Cecconi, *Governo imperiale e élites dirigenti nell' Italia tardoantica*, Côme, 1994, p. 71-72.
2. Aux premiers jours de juin 397 (cf. *infra Ep.* 52), beau-père et gendre n'étaient pas encore réunis.

maneat. Interim senatus fama laceratur et infortunatis etiam crimen accessit. Si in manus meas uenerint monumenta gestorum, legendo noscetis quae uerborum meorum uerecundia noluit explicare. Valete.

XXIII. SYMMACHVS NICOMACHIS FILIIS

Debui litteris abstinere spectabili uiro filio meo Decio commeante qui de nobis apud religionem uestram plura narrabit quam posset paginarum textus amplecti; sed iucunditatem quam uobis tribuet fraterna praesentia stilo augere non piguit. Idcirco unanimitati uestrae honorem salutationis inpertio, ut aduentus mei expectatio oris munere mitigetur. Valete.

XXIV. SYMMACHVS NICOMACHIS FILIIS

Sapricius uir ornatus ac mihi familiaris diligentiam sanctae unanimitatis tuae sine adstipulatore meruisset; sed quia primus aditus sero commendat incognitos, facilitatem sibi promerendae familiaritatis tuae per me optauit aperiri. Dignum est igitur ut cupidissimum tui obuio amore suscipias et amicitiam postulatam non in longi usus temptamenta procrastines sed statim parili uoluntate desiderio aduentantis occurras. Valete.

XXIII. *PΠ*.

XXIV. *PΠΓ*.
incognitos *Γ*: co- *PΠ*.

XXV. *Symmaque à ses enfants Nicomaques (398-401)*

Avec vous mon fils Zénodore n'a pas encore des relations telles qu'il vous connaisse de près, mais déjà la renommée s'est entremise pour qu'il vous regarde avec admiration. De fait, alors qu'il se hâte de rejoindre la Lucanie et le Bruttium, comme sa magistrature l'y oblige, il brûle néanmoins de se précipiter sous vos yeux, en infléchissant sa route[1]. Je l'introduis dans votre amitié comme son initiateur[2] et prends sur moi de le déclarer digne de votre affection. Si donc vous faites quelque cas du témoignage de votre père, qu'à son arrivée, dès le premier abord, il trouve chez vous un attachement qui ne tarde pas à grandir et que, de votre part, il éprouve immédiatement cette ouverture de cœur, qui n'est jamais accordée, il le sait, à ce qui est nouveau. Adieu.

XXVI. *Symmaque à ses enfants Nicomaques (396)*

1. Je me suis longuement demandé si je devais vous envoyer l'objet commun de notre tendresse. Mais l'affection l'a emporté, maintenant surtout que grandit le mince espoir d'avoir des réserves en suffisance. En effet, d'ici là des économies dans la dépense assurent à la Ville vingt jours de ravitaillement. En outre, une seconde contribution de l'Ordre Très Magnifique promet une certaine marge de sécurité. Ce qui est non moins important, la viande offerte gratuitement a aussi relevé le moral de la plèbe romaine. **2.** J'ai donc décidé le retour chez vous des équipages, en vous remerciant d'avoir aidé par des secours appropriés votre frère dans le besoin[1]. On balance toujours dans le choix des délégués, car à Postumien et Pinien que, dès le début, le Sénat avait reconnus pour ses mandataires, est adjoint Paulin en troisième et, comme les partis se divisent en factions acharnées, à ce jour les mesures d'intérêt général sont encore différées. Quand elles auront reçu une confirmation définitive, elles seront clairement portées à votre connaissance[2]. Adieu.

XXV. SYMMACHVS NICOMACHIS FILIIS

Zenodorus filius meus nondum te consuetudine propiore
cognouit sed fama conciliante iam suspicit. Nam, cum propere Lucanos ac Brittios petat honore cogente, nihilominus
in conspectum tuum flexo itinere gestit excurrere. Hunc in
amicitiam tuam tamquam mystagogus induco atque in me
recipio dignum esse quem diligas. Si quid igitur parentis
testimonio tribuis, adultam mox apud te religionem primus
aditus aduentantis inueniat eamque continuo experiatur
facilitatem pectoris tui, quam scit numquam delatam esse
nouitati. Valete.

XXVI. SYMMACHVS NICOMACHIS FILIIS

1. Diu mecum ipse contendi, ut ad uos pignus commune
dimitterem, sed uicit adfectio maxime adsurgente specula
*suf*ficientium conditorum. Nam uiginti dies Vrbis alimoniis
parca interim promittit expensio. Praeterea amplissimi ordinis secunda conlatio accessurum securitati aliquid pollicetur. Nihilo minus etiam carnis oblatio animos Romanae plebis erexit. **2.** Redire igitur ad uos iumenta praecepi agens
gratias, quod necessitatem fratris uestri congruis adminiculis iuueritis. Legatorum adhuc uacillat electio. Nam Postumiano et Piniano quos a principio mandatis suis senatus
agnouerat tertius Paulinus adseritur et diuisis in studia partibus adhuc differtur utilitas. Quae cum terminum confirmationis acceperit, plana ad te cognitio deferetur. Valete.

XXV. *PΠΓ*.
recipio *Iuretus*: respicio *PΓ*.

XXVI. *PΠΓ*.
1. specula *PΠ*: spe pauca *Γ* ‖ sufficientium *Seeck*: profi- *PΠ* ‖ conditorum *PΠ*: horreorum *Γ*.
2. mandatis suis *PΠ*: -ti sui *coni. Scioppius* ‖ adseritur *codd.*: -scitur
Mercerus ‖ plana *codd.*: plena *Iuretus*.

XXVII. *Symmaque à ses enfants Nicomaques (avant 402)*

Il faut écrire avec abondance, quand on recommande des inconnus. Mais Justin dont le sérieux et l'honorabilité sont extrêmes nous est lié par une intimité de longue date qui n'a pas besoin qu'on s'entremette pour l'aider. Il suffit donc que vous lui accordiez votre affection accoutumée. Quant à ce qui nous concerne, une lettre toute récente a, là-dessus, renseigné vos personnes si unies et si chères à mon cœur et maintenant, lui aussi, de vive voix vous le découvrira[1]. Adieu.

XXVIII. *Symmaque à ses enfants Nicomaques (397)*

S'il existe une certitude pour un humain, je vous annonce que me voici revenu à l'espoir de vivre, après ces douleurs d'entrailles qui brusquement m'avaient arraché à vous. Que l'oubli par conséquent abolisse tout ce que de pénible vous avaient annoncé des racontars incontrôlés. Mais de votre part, je désire obtenir en priorité que vous ne hâtiez pas votre retour par une inquiétude irréfléchie. Au contraire, puisque les choses ont tourné à la guérison, daignez satisfaire à notre désir commun en calculant normalement votre itinéraire[1]. Adieu.

Lettre XXVII

   1. Cf. *supra Ep.* 24, n. 1.

Lettre XXVIII

   1. Cf. *supra Ep.* 7, n. 3 et 16, n. 1.

XXVII. SYMMACHVS NICOMACHIS FILIIS

Vberius scribendum est, si commendentur incogniti; Iustini autem grauissimi atque honestissimi uiri antiqua nobiscum familiaritas conciliationis adminiculum non requirit. Satis est igitur, si ei amorem solitum deferatis. Quae uero ad nos pertinent et proxime unanimitati uestrae litteris indicata sunt et nunc ipsius ore pandentur. Valete.

XXVIII. SYMMACHVS NICOMACHIS FILIIS

Si quid homini tutum est, in spem uitae redisse me nuntio post internorum dolorem qui me uobis repente subtraxerat. Si quid igitur uobis asperum famae licentia nuntiauit, antiquet obliuio. Praecipue autem de uobis impetratum uolo, ne inprouida sollicitudine recurratis; sed quia res uersa est ad salutem, iustis itineris dimensionibus communi desiderio satisfacere dignemini. Valete.

XXVII.   *P*Π*.

XXVIII.   *PΠRM codd. Pithoei et Wallaei, F 1-12 15-18 21-22 24-33 35 37 39, Ex.3.*
uobis *PM, alii F*: nobis *cod. Pithoei, F 31 39* ‖ subtraxerat *PM, alii F*: -traxit *F 3 8 11 16 17* subrepserat *codd. Pithoei, F 31* ‖ uobis asperum *P, alii F*: nobis a. *F 8 17 39* uotis a. *Iuretus* a. *F 22 25 33.*

XXIX. *Symmaque à ses enfants Nicomaques (397)*

1. S'il me manque l'occasion de vous exprimer mes salutations, je dois souvent la chercher et, si j'en dispose, la saisir, surtout en un moment où je m'inquiète de l'état de ma fille dont les forces sont aussi, je le crois, entamées par la diète. Dissipez donc mes craintes par d'heureuses nouvelles. Moi aussi pour l'heure, j'ai de la peine à marcher[1], mais si l'échange de nos lettres m'apporte à votre égard ce que je souhaite, du même coup, mes soucis de santé s'apaiseront.

2. Je ne saurais oublier d'ajouter à cette page qu'une citation en justice a expédié Martinien. À cause de sa longue négligence à partir pour les Gaules, elle l'a frappé d'une terreur si grande qu'il s'est vu contraint de devancer l'injure de la comparution en voyageant sans ordre de mission[2].

Quant à Atellanus, à l'audience, sur l'intervention d'un ami, il nous a été demandé ce que nous voulions dans son cas. J'ai répondu qu'après la sentence sacerdotale, j'attendais seulement de tirer vengeance de la haine qui vient d'être soufflée. Néanmoins j'ai renvoyé à votre arbitrage le soin de statuer. **3.** Je vous demande par conséquent, durant la pause des jours fériés, de bien vouloir me découvrir ce qu'il faut faire, tout en songeant, face à l'intervention de tant de pontifes, plus à ce qu'on peut qu'à ce qu'on doit obtenir. En effet, il n'est pas possible d'accorder beaucoup à la justice et à l'innocence, quand s'y oppose le respect de la religion[3]. Adieu.

Lettre XXIX

1. Cf. *supra Ep.* 4, n. 2. À la fin de l'été 397 (cf. *infra Ep.* 77 et 7, 43), Symmaque se plaint d'une douleur au pied. *Add. infra Ep.* 73, n. 1.
2. Plutôt que d'envisager un véritable exil de Martinien dans les Gaules, on pourrait rapprocher son cas de celui, semble-t-il plus défendable, de Jucundus (*Ep.* 7, 81, 83 et 89): probablement sénateur, Martinien s'est désintéressé d'un procès qui l'aurait obligé à quitter l'Italie; sous la menace d'une comparution forcée (*exhibitio*), il doit répondre à la *conuentio iudicialis*, sans avoir le temps d'obtenir, par ses relations, le droit d'utiliser le *cursus publicus*.

XXIX. SYMMACHVS NICOMACHIS FILIIS

1. Dicendae uobis salutis occasio et quaerenda est
mihi saepe, si desit, et amplectenda, si praesto sit, eo
maxime tempore quo de filiae meae sanitate sollicitor,
cuius ualetudinem credo etiam ieiuniis sauciatam. Absoluite igitur metum nostrum nuntio prosperorum. Mihi
etiam nunc gressus infirmus est, sed si optata de uobis
mutuus sermo pertulerit, protinus corporis mei querella
sedabitur.
2. Non omiserim iungere huic paginae quod Martinia-
num conuentio iudicialis expulerit. Cui tantus terror
incussus est ob omissam diu ad Gallias profectionem, ut
ei necesse fuerit praeuenire itinere priuato exhibitionis
iniuriam.

De Atellano quid fieri uelimus amico interueniente
quaesiuit auditor. Respondi post iudicium sacerdotis
solam me expectare uindictam conflatae nuper inuidiae.
Nihilominus in arbitrium tuum statuenda reieci. **3.**
Quaeso igitur ut inter feriarum moras quid facto opus
sit digneris aperire simulque cogites contra interuentum
tot antistitum quid possit magis quam quid debeat
impetrari. Neque enim iustitiae et innocentiae deferri
plurimum potest, cum illis reuerentia religionis opponi-
tur. Valete.

XXX. *Symmaque à ses enfants Nicomaques (398)*

Nous avions renvoyé votre valet, lorsque se sont répandues nombre de rumeurs, selon lesquelles votre vénérable personne allait être convoquée par une lettre de Sa Majesté, si bien que même le nom d'un certain Gratien, comme porteur présumé d'un tel message, se trouvait dans le public sur toutes les lèvres[1]. Bien que cela me paraisse encore peu sûr, je n'ai pas cru devoir le taire. Il appartiendra à la divinité suprême de statuer à votre égard en confirmant cette succession de prospérités. Adieu.

XXXI. *Symmaque à ses enfants Nicomaques (avant 402)*

L'honorable Principius que mettent en vue sa famille et sa probité ne requiert pas la recommandation d'autrui, puisqu'il se glorifie du témoignage de l'amitié et de l'estime que, vous aussi, vous lui portez. Et avec plus d'ampleur je développerais ses qualités, si ce n'était un soin superflu de répéter ce qui est connu de tous, sans exception. Il suffira d'ajouter seulement ceci: quel que soit le bienfait que vous lui accorderez, ce dernier atteindra, dans leur ensemble, les gens de bien qui l'affectionnent[1]. Adieu.

Lettre XXX

1. Cf. *supra Ep.* 10, n. 1, où, comme dans la lettre 35, il n'est encore question que de rumeurs; déjà le présent billet précise le nom de l'*agens in rebus*; le bref «divin» sera enfin parvenu quand Symmaque rédigera l'*Ep.* 36. Cette insistance témoigne de l'attente respectueuse et inquiète de la famille symmachienne.

Lettre XXXI

1. Cf. *supra Ep.* 24, n. 1.

XXX. SYMMACHVS NICOMACHIS FILIIS

Postquam dimisimus puerum, multus rumor incre-
bruit sanctitatem tuam sacris litteris euocandam ita
ut etiam nomen Gratiani cuiusdam qui huiusmodi
scripta perlaturus adseritur in publico ore uersetur.
Hoc etsi adhuc mihi incertum uidetur, tacendum tamen
esse non credidi. Erit summae diuinitatis statuere
circa uos et confirmare ordinem prosperorum. Valete.

XXXI. SYMMACHVS NICOMACHIS FILIIS

V. c. Principius genere et probitate conspicuus commendationem non requirit alienam, cum tui quoque in se
amoris atque iudicii testimonio glorietur. Cuius bona
latius explicarem, nisi esset operae redundantis cunctis
nota replicare. Hoc unum adiecisse sufficiet, quidquid illi
honorificentiae tribueris, ad omnes bonos qui eum dili-
gunt peruenire. Valete.

XXX. *PΠΓ.*

XXXI. *PΠΓRM cod. Wallaei, F ut supra Ep. XIII.*
u.c. *PΠΓ*: uir consularis *RM cod. Wallaei F* ‖ principius *PΓ*: prae-
cipuus *R, alii F om. F 13* ‖ cunctis nota *P*: cuncta *M cod. Wallaei, alii
F* cognita *F 13 31*[1] ista *F 3* ‖ sufficiet *PRM, alii F*: -ciat *F 5 6 13 25
28 33* ‖ peruenire *PRM, alii F*: -rtinere *F 4 12 37.*

XXXII. *Symmaque à ses enfants Nicomaques (397 ou 398)*

Je vis dans la retraite, hors des murs, car je suis las des fatigues de la Capitale, tandis que je me plais à réaménager d'une façon agréable ce domaine bien approprié à l'automne[1]. En outre, la venue d'amis nous assure cette affluence qui seule à Rome est jugée faire honneur. Mais l'indisposition de ma petite-fille Galla[2] ne trouble pas modérément la tranquillité de notre repos. L'assistance divine m'accordera que promptement vous puissiez à son sujet nous annoncer des nouvelles favorables et conformes à nos vœux. Quant à vous, Madame ma fille, je vous en prie, prenez soin de nous informer des progrès que vous faites chaque jour à vous rétablir. Ce sera un témoignage de vos sentiments scrupuleux envers moi, si tout à la fois vous songez à votre santé et portez à ma connaissance de quoi me réjouir à l'avenir. Adieu.

XXXIII. *Symmaque à ses enfants Nicomaques (401)*

Tout ce qu'à ce jour nous attendons concernant la Sicile est dans l'incertitude. En effet, alors qu'une lettre d'Euscius[1] nous avait annoncé que les professionnels du cirque et de la scène étaient en mer depuis déjà quelque temps, maintenant encore les bruits relatifs à leur arrivée manquent de clarté. Voilà pourquoi j'ai décidé de réclamer qu'un agent arpente tous les rivages et vienne apporter à nos oreilles le résultat de ses recherches[2]. Par ailleurs, l'organisation des jeux a pris de l'ampleur, depuis que le peuple, à cause de l'affluence aux jeux, a réclamé qu'il soit fait rapport sur l'octroi de l'amphithéâtre, ce qui peu après a obtenu l'assentiment du magistrat. La volonté de Dieu fera que sur ce sujet l'autorité de notre divin Prince soit, elle aussi, d'accord[3]. Adieu.

XXXII. SYMMACHVS NICOMACHIS FILIIS

In suburbano dego secessu. Nam et urbanarum taedet molestiarum et uillae autumno commodae iucunda instauratione delector. Praeterea frequentiam mihi, quae sola Romae honorabilis iudicatur, amicorum praestat aduentus. Sed non mediocriter nepticulae meae Gallae infirmitas conturbat otii nostri securitatem; de qua ut mature uotiua et commoda nuntietis, opitulatio diuina praestabit. Tibi autem, domina filia, quantum in dies singulos refectionis accedat quaeso curae habeas indicare. Erit hoc testimonium religiosi in me animi tui, si et consulueris sanitati et in notitiam meam placitura pertuleris. Valete.

XXXIII. SYMMACHVS NICOMACHIS FILIIS

Si qua adhuc de Sicilia speramus, incerta sunt. Nam cum litterae Euscii nuntiauerint dudum circi et scaenae artifices nauigasse, etiam nunc de aduentu eorum rumor in operto est atque ideo apparitorem placuit postulari, qui peragratis ubique litoribus explorata in aures nostras reportet. Creuit autem cura ludorum, postquam frequentibus ludis relationem de amphitheatro promerendo populus postulauit, quae mox iudicis impetrauit adsensum. Dei nutus efficiet ut super hoc etiam diuini principis concordet auctoritas. Valete.

XXXII. *PΠΓ cod. Cuiacii*.
uotiua et commoda *codd*.: -tis acco- *Suse* ‖ in notitiam *P²Π*: innocentiam *P¹* in noscentiam *Iuretus*.

XXXIII. *PΠΓ*.

XXXIV. *Symmaque à ses enfants Nicomaques (401)*

Votre frère, le cœur longtemps endolori par la perte de son maître, commence à prêter l'oreille aux consolations. Sa tristesse m'a moi aussi profondément frappé[1], sans parler de notre préoccupation à l'idée de choisir un précepteur. Par conséquent, si vous l'acceptez, nous pourrions par une lettre commune demander au préfet, l'illustrissime Hadrien[2], le rhéteur gaulois[3] que dernièrement notre cher Eusèbe[4] avait introduit, afin qu'au moment où, chez les objets de notre affection, le talent est en position de progresser[5], il ne soit pas laissé à l'abandon. Pour ma part, les fatigues comme les frais des jeux[6] à venir m'éprouvent: quand je mets de l'ordre dans les récompenses, bien que, pour le nombre des costumes[7], je sois assez abondamment pourvu, je m'aperçois en effet qu'il manque encore certaines choses dans nos préparatifs. Adieu.

XXXV. *Symmaque à ses enfants Nicomaques (398)*

1. Aussi longtemps qu'est remis à plus tard ce que répand la rumeur, soyez en repos, libéré de vos soucis. Si jamais des nouvelles plus fraîches me transmettent quelque chose qui mérite d'être écoutée et se fonde sur du vrai, je ne m'abstiendrai de jouer ni les messagers, ni les conseillers. Avant d'être contraint par la réalité, acceptez seulement de moi l'avis que voici: pour aucune raison, vous ne pouvez décliner l'honneur que vous fait cette invitation[1].

2. Quant à votre frère, hormis la procuration, nous n'avons pas, jusqu'à présent, reçu de quoi savoir ce qu'il pense[2]. Nous-mêmes, c'est depuis Ostie où nous a invités à ses noces le plus jeune fils de l'illustrissime Salluste, que nous avons couché ceci sur une feuille[3]. Mais il nous faut regagner Rome incontinent à cause de la préparation des jeux, car j'ai à me préoccuper longuement de ce que, si vos vénérables personnes avaient été présentes, nos soins communs auraient pu résoudre sans difficulté. Adieu.

XXXIV. SYMMACHVS NICOMACHIS FILIIS

Frater uester diu animi adfectus dolore ob amissum magistrum coepit aurem praebere solantibus, cuius maestitudo me quoque grauiter sauciauit praeter cogitationem quae nos de eligendo praeceptore sollicitat. Si igitur placet, communibus litteris ab inlustri uiro praefecto Hadriano Gallum rhetorem quem proxime Eusebius noster ingesserat postulemus, ne pignorum nostrorum indoles in profectu posita deseratur. Me futurae editionis et labor et sumptus exercet. In disponendis enim praemiis, quamquam numero uestium satis adfluam, nonnulla adhuc deesse apparatui deprehendo. Valete.

XXXV. SYMMACHVS NICOMACHIS FILIIS

1. Quamdiu iactata rumoribus tempore differuntur, curarum uacuus otiare; si quid auditu dignum fideque subnixum recentior sermo peruexerit, neque nuntiandi neque suadendi partibus abstinebo. Vnum hoc ante rei necessitatem de meo sume consilio nulla ratione te posse euocationis honorificentiam deprecari.

2. De fratre autem uestro praeter mandatum nihil etiam nunc opinionis accepimus. Ipsi haec de nuptiis Ostiensibus ad quas nos uiri inlustris Sallustii filius iunior euocauit contulimus in paginam, sed continuo ob ludorum praeparationem Roma repetenda est. Diu enim mihi ista curanda sunt, quae facile, si adesset sanctitas uestra, communis diligentia posset absoluere. Valete.

XXXIV. *P*ΠΓ*.
amissum *Π*: admi- *P*.

XXXV. *P*ΠΓ*.
2. sallustii *P¹*: salu- *P²Π*.

XXXVI. *Symmaque à ses enfants Nicomaques (398)*

1. Au moment où l'on me remettait la lettre de Sa Majesté m'invitant à la prise de fonction de l'éminent consul, à l'adresse de votre nom j'en ai également vu une autre où l'Empereur vous faisait l'honneur de vous convoquer. Le même agent de l'administration nous a présenté aussi un message du consul. Je vous engage donc à préparer promptement votre voyage, auquel ne s'associera pas Hispanus[1]. Il s'ajoute encore autre chose susceptible de vous encourager: mon frère, l'illustrissime Néotérius, admirateur de Monseigneur mon frère, a été prié de venir à cette même occasion et vous assurera assistance et réconfort. **2.** Je ne veux donc pas d'indécision de votre part, quand vous savez que, parmi les amis, les personnes choisies l'ont été sous l'autorité d'un homme éminent[2] et que vous avez là les premières paroles qu'après les incertitudes du sort le divin Prince vous ait fait transmettre[3].

Pour ce qui est, par ailleurs, de votre affaire, j'entreprends, non sans plaisir, la démarche que vous vouliez me voir effectuer auprès du vénérable tribun[4]. Entre-temps poussez votre route jusqu'aux rivages de Formies; ainsi, dès qu'on vous aura porté la lettre, vous accourrez plus rapidement à Rome. Adieu.

XXXVII. *Symmaque à ses enfants Nicomaques (397/398)*

Je commence par vous exprimer mes salutations, ce qui convient par-dessus tout à mes vœux et s'impose dans l'exorde d'une lettre. Après quoi, Madame ma fille, je recommande à vos soins le banquet d'anniversaire de votre frère[1], car notre employé prétend que les rivages sont désertés à cause de la fuite des marins. Cette situation nous a contraints à confier à votre vénérable personne des tâches bien secondaires.

Au sujet des affaires publiques, je n'ai rien sous la main à vous écrire[2], sinon que sur l'esplanade de Trajan un îlot — rien qu'un seul! — s'est écroulé, en écrasant ceux qui l'habitaient. Le peuple, dans son animosité, fait tourner l'événement au détriment du véhicule de fonction, si bien que désormais le conducteur utilise celui qui est sa propriété personnelle[3]. Adieu.

XXXVI. SYMMACHVS NICOMACHIS FILIIS

1. Cum mihi sacrae litterae redderentur, quibus ad officium praecelsi uiri consulis euocamur, uidi alias aeque ad tuum nomen emissas, quibus te honorificentia imperialis acciuit. Consulis quoque scripta idem agens in rebus exhibuit. Suadeo igitur ut mature iter instruas, cui non cohaerebit Hispanus. Aliud quoque accessit, quod te possit hortari: nam uir inlustris frater meus Neoterius domni fratris mei admirator ad eandem causam rogatus solacia tibi et adiumenta praestabit. **2.** Nolo igitur ambigas, cum scias auctoritate praecelsi uiri electas amicorum esse personas *t*ibique haec prima post dubia fortunae diuini principis adloquia deferri.

In negotio autem tuo, quae per me agi uolueras apud sanctum tribunum, non inuitus ingredior. Interea ad Formianum litus iter promoue, ut, cum ad te delatae litterae fuerint, Romam citius excurras. Valete.

XXXVII. SYMMACHVS NICOMACHIS FILIIS

Dictionem salutis antefero, quae et uoto meo supra omnia conuenit et litterario debetur exordio. Dehinc diligentiae tuae, domina filia, natalicium fratris tui commendo conuiuium. Homo enim noster allegat fuga nautarum litora destituta: quae res conpulit ut sanctitati tuae factu minora committam.

De publicis scribenda non suppetunt absque eo quod in Traiani platea ruina unius insulae pressit habitantes; quod adeo ad fortunam uehiculi publici plebeia uertit inuidia, ut iam priuato rector utatur. Valete.

XXXVI. *PΠ cod. Wallaei.*
2. tibique *Mercerus*: sib- *PΠ* ‖ deferri *Mercerus*: diffe- *PΠ*.

XXXVII. *PΠ.*
rector *Latinius*: -tore *codd.* uectore *Rittershusius*.

XXXVIII. *Symmaque à ses enfants Nicomaques (avant 401)*

1. Notre ami Sévère, libéré du poids des affaires, va revenir se reposer au pays natal. Auprès de votre frère, le respectable Vicaire, le billet de Votre Sainteté n'a pas tardé à le servir, aussi bien que la redécouverte d'une vieille amitié mutuelle. De mon côté, la préparation des jeux prétoriens multiplie les soucis[1]. Je vous l'écris, afin que vos personnes si unies et si chères à mon cœur comprennent qu'on désire leur participation et leur soutien. **2.** Mais je n'exige pas comme un agent du fisc[2], car je sais que mes obligations doivent passer après vos intérêts. Pourtant, si j'évalue bien, la trêve du présent mois suffira à vous remettre. En peu de mots je vous ai exposé l'état de mes propres sentiments. Ce qu'il faut faire, j'en laisse la décision à votre jugement, pour que vous tiriez plus de gloire, et moi plus de plaisir, de ce que votre affection aura spontanément choisi. Adieu.

XXXIX. *Symmaque à ses enfants Nicomaques (avant 401)*

À des dates différentes nous avons envoyé nos gens à vos vénérables personnes et je m'étonne de leur retard. Nous ne négligeons pas pour autant nos habitudes épistolaires, car nous désirons savoir vos progrès à vous remettre[1]. Offrez donc sans délai satisfaction à notre attente en nous expédiant un message par retour du courrier. Adieu.

Lettre XXXVIII

1. Cf. *supra Ep.* 5, n. 2. Le vicaire de Rome, en rapports statutaires avec le *praefectus Vrbis*, cf. W.G. Sinningen, *Historia*, 8, 1959, p. 97-112, avait apparemment choisi une voie non-conflictuelle durant les années de préfecture de Nicomaque (399-400).

2. Autres rares emplois métaphoriques d'*exactor* (2, 64) / *exactio* (1, 5).

Lettre XXXIX

1. Le retour du mot *refectio* incite à dater ce billet comme le précédent.

XXXVIII. SYMMACHVS NICOMACHIS FILIIS

1. Amicus noster Seuerus molestia publica liberatus in patriae otium reuertetur, quem mox apud fratrem uestrum uicarium spectabilem uirum et sanctitatis tuae pagina et ueteris inter eos amicitiae iuuit agnitio. Mea circa praetorios apparatus cura crebrescit. Quod eo scribo, ut intellegat unanimitas uestra adminiculi sui societatem desiderari. **2.** Nec sum imperiosus exactor, ut qui sciam necessitates meas post uestrum commodum conlocandas, sed si bene aestimo, satisfacient uobis ad refectionem praesentis mensis indutiae. Paucis habitum propriae uoluntatis exposui; quid facto opus sit uestro relinquo iudicio, ut si uobis laudabili*us*, mihi gratius quod spontaneus adfectus elegerit. Valete.

XXXIX. SYMMACHVS NICOMACHIS FILIIS

Miror pueros nostros quos diuersis diebus ad sanctitatel uestram misimus retardari; nec tamen usum scriptionis omittimus scire cupientes quantum refectio uestra profecerit. Incunctanter igitur expectationi nostrae satisfaciat recursus adloquii. Valete.

XXXVIII. *PΠΓ*.
1. reuertetur *PΓ*: -titur *Π*.
2. habitum *codd.*: ambi- *Gruterus* ‖ laudabilius *Iuretus*: -lis *PΠ*.

XXXIX. *PΠ*.

XL. *Symmaque à ses enfants Nicomaques (401)*

1. Mon premier désir étant de m'informer sur l'état de vos
santés, je placerai en seconde position tout ce que, par ailleurs,
vous estimez depuis un moment devoir me demander. La cité
s'inquiète de présages accablants. Je passe sur les moins
pesants, mais celui-ci, en priorité, fait frémir par une interprétation de mauvaise augure: le jour anniversaire de la Ville, l'attelage du cortège triomphal a dans sa fougue versé le consul suffect hors du char qui le transportait. Et c'est ainsi qu'on l'a
relevé, la jambe cassée, alors qu'il était enveloppé de la toge à
palmettes et paré des insignes du consulat[1]. Cette sinistre histoire m'a choqué et, pour cette raison, je resterai concis en la
rapportant maintenant.
2. Jour après jour, vous qui êtes notre honneur, vous voyez
votre renommée fleurir davantage à l'intérieur comme au
dehors. Et nous sommes témoin de ce qui se passe en notre présence; quant aux témoignages de l'extérieur, Cécilien s'en est
porté garant et il serait fastidieux de faire le compte des détails
transmis par lui, puisque, sans exception, ils convergent, au
total, pour vous glorifier[2]. Veuillez saluer Madame ma fille
ainsi que mes amours de petits-enfants. Elle a voulu de notre
part des instructions exactes sur les costumes à tisser pour
l'équipement des jeux. Elle saura donc d'après les pièces
jointes ce qu'il faut prévoir pour compléter les largesses du préteur[3]. Adieu.

XLI. *Symmaque à ses enfants Nicomaques (398?)*

J'ai mauvais moral, depuis que j'ai appris que ma fille était
secouée par ses habituelles douleurs. Et j'aurais voulu prendre
la route dans votre direction, si nous n'étions retenus, moi par
des lourdeurs de tête, et notre Symmaque par une fièvre inopi-
née. Mais il vaut mieux taire ses ennuis de santé pour ne pas
redoubler l'inquiétude de vos vénérables personnes. Et en tout
cas mon frère Comazon[1] a quitté la Ville et il répondra à votre
attente, en développant surabondamment ce sur quoi nous gar-
dons le silence. Je ne dois pas vous demander — car vous le

XL. SYMMACHVS NICOMACHIS FILIIS

1. Prima mihi uoluptas est sciscitari quem statum sanitatis habeatis, in secundis reliqua conlocabo, quae dudum requirenda duxistis. Grauibus ciuitas sollicitatur ostentis, quorum leuiora praetereo; illud ante omnia interpretatio tristis horrescit, quod natali Vrbis suffectum consulem currus quo uehebatur euoluit per ferociam bigarum quae triumphum uehebant. Itaque palmata amictus et consulari insignis ornatu, fracto crure sublatus est. Offendit me infausta narratio atque ideo in hac expositione seruabo breuitatem. **2.** Tibi in dies singulos, decus nostrum, domi forisque fama florentior est. Et praesentium quidem rerum nos testes sumus; externa iudicia Caecilianus adseruit, a quo singillatim relata enumerare fastidium, cum in summam gloriae tuae cuncta conueniant. Domnam filiam meam salutatam cum dulcissimis nepotibus uolo; quae de contexendis in apparatum ludorum uestibus religiose a nobis uoluit commoneri. Sciet igitur ex subditis quid in supplementum praetoriae largitatis oporteat praeparari. Valete.

XLI. SYMMACHVS NICOMACHIS FILIIS

Male est animo, postquam filiam meam conperi consueto dolore uexari et iter ad uos inchoare uoluissem, nisi et me grauedo capitis et Symmachum nostrum febris inopina retineret. Cuius corporales querellas praestat silere, ne sanctitatis uestrae sollicitudo geminetur; et certe frater meus Comazon desiderio uestro Vrbe digressus cumulatius quae tacemus expediet. Postulare non debeo

XL. *P*ΠΓ*.
1. consulem *P*: -laris *Π* -lari *Sirmondus*.
2. fastidium *P*¹: f. est *P*²*Π* ‖ apparatum *Γ*: -tu *PΠ*.

XLI. *PΠ*.
corporales *Π*: -lis *P*.

ferez spontanément — de réduire par un mot plus joyeux l'importance de nos soucis. Adieu.

XLII. *Symmaque à ses enfants Nicomaques (401)*

Je viens de recevoir une lettre d'Euscius m'annonçant que nos auriges et des acteurs avaient été embarqués et que, selon mes instructions, ils sont dirigés sur la Campanie[1]. Par conséquent, que vos vénérables personnes ordonnent à des gens très attentifs de gagner à leur recherche les rivages de Salerne: ou bien, les ayant accueillis, ils les accompagneront à Naples, ou bien ils rechercheront des informations sur leur venue. Je veux aussi qu'on avertisse Félix[2], notre ami commun, pour que, s'ils sont arrivés sans encombre en Campanie, il les aide par des annones et en les défrayant, car il faut les diriger sur nous, sans interrompre leur navigation. En effet, bien avant les jeux, nous avons, d'une part, à les former eux-mêmes à l'attelage des chevaux, de l'autre, à gagner les faveurs de la plèbe aux inconnus qu'ils sont encore[3]. Voici donc l'essentiel de mes demandes: il revient à votre personnel de s'enquérir à leur sujet et de les transporter rapidement. Adieu.

XLIII. *Symmaque à ses enfants Nicomaques (401)*

Nous avons, jusqu'à ce que vous soyez présents[1], essayé de garder les crocodiles exhibés au public dans le théâtre[2], mais puisqu'ils persévéraient dans un jeûne qui les minait pour s'être prolongé pendant cinquante jours, la seconde journée des jeux[3], on les a achevés en les mettant aux prises, comme c'est l'usage. Deux respirent encore. Nous leur accorderons un délai jusqu'à votre venue, bien que ce refus de nourriture ne garantisse pas qu'ils puissent survivre longtemps. Adieu.

Lettre XLII

1. Cf. *supra Ep.* 33, n. 2. A. Marcone, *op. cit.*, p. 120, cite une phrase signifiante de la *Relatio* 6, 3: *omne uehiculum, omne nauigium scaenicos artifices aduexisse iactatur.* Pour les noms de mimes, danseuses, musiciens sur les contorniates, cf. A. et E. Alföldi, *Die Kontorniat-Medaillons*, 2, Berlin, 1990, p. 222-223.

quod sponte facietis, ut curarum nostrarum magnitudinem scriptis laetioribus conprimatis. Valete.

XLII. SYMMACHVS NICOMACHIS FILIIS

Eus*c*ii nuper litteras sumpsi, quibus aurigas nostros et aliquos scaenicos naui inpositos et secundum praeceptum meum missos ad Campaniam nuntiauit. Iubeat igitur sanctitas uestra diligentissimos scrutatores usque ad Salernitanum litus accedere, ut susceptos Neapolim prosequantur uel aliquod de aduentu eorum scrutentur indicium. Felicem quoque amicum communem monitum uolo, ut si Campaniam feliciter uenerint, annonis et sumptibus adiuuentur continua ad nos nauigatione mittendi; quia longe ante ludos et ipsos iungendis equis erudire debemus et nouitati eorum fauorem plebis adlicere. Summa igitur haec est petitionis meae ut ad homines uestros inquisitio eorum et peruectio celerata pertineat. Valete.

XLIII. SYMMACHVS NICOMACHIS FILIIS

Crocodillos theatrali spectaculo publicatos in praesentiam uestram seruare temptauimus, sed perseuerante inedia quae illos per dies quinquaginta producta macerabat secundis ludis congressionum more confecti sunt. Duos etiam nunc spirantes in uestrum differemus aduentum, licet eos cibi abstinentia longum uiuere posse non spondeat. Valete.

XLII. *PΠ.*
euscii *Suse*: -sebii *codd.*

XLIII. *PΠΓ.*
spirantes *Lectius*: -rentes *Γ* speran- *PΠ.*

XLIV. *Symmaque à ses enfants Nicomaques (avant 402)*

C'est peine superflue de rafraîchir une mémoire qui se souvient, mais les intérêts des amis, quand on s'en charge, ne souffrent absolument pas que nous gardions la mesure. Pour cette raison, je ne cesse de vous prier, afin que vous mettiez votre ardeur à remplir le mandat objet des vœux de notre ami commun, l'honorable Herculius. Le consentement des proches se règle sur le penchant de votre vénérable personne si chère à mon cœur, s'il est vrai que mon fils Valentin a déclaré que, lui aussi, consulté par une lettre de Julien, préconisait au sujet du contrat de mariage les mêmes exigences que nous[1]. Adieu.

XLV. *Symmaque à ses enfants Nicomaques (398?)*

Depuis que j'ai appris que vous étiez secouée par vos habituelles douleurs, toute idée de mes autres préoccupations s'est évanouie. Car, comme dit Hippocrate, les ennuis du moment perdent leur tranchant, quand s'ajoute une douleur plus grande[1]. J'attends donc de recevoir de plus heureuses informations à votre sujet, pour en revenir aux soucis antérieurs. Le reste, je le laisse de côté comme inopportun dans l'abattement actuel de mon esprit. Et pourtant j'ai joint un aide-mémoire[2], en souhaitant que vous le regardiez, une fois votre santé ramenée au calme. Adieu.

XLIV. SYMMACHVS NICOMACHIS FILIIS

Redundantis est operae memorem commonere, sed
suscepta amicorum negotia nequaquam nos modum
seruare patiuntur. Quare ut amici communis Herculii c. u.
uotiua mandata acriter exequaris orare non desino. Facit
autem cum studio sanctae unanimitatis tuae adsensio propinquorum, siquidem filius meus Valentinus adseruit se
quoque consultum litteris Iuliani eadem quae uolumus de
nuptiarum pactione suasisse. Valete.

XLV. SYMMACHVS NICOMACHIS FILIIS

Postquam te iactat*a*m conperi dolore consueto, omnis
reliquarum sollicitudinum mearum sensus euanuit. Nam,
ut ait Hippocrates, praesentia hebetantur incom-
moda, si cui dolor maior accesserit. Expecto igitur ut accepto de te indicio laetiore in priores curas reuer-
tar. Cetera in hac consternatione animi mei tamquam
intempestiua praetereo. Et tamen commonitorium iunxi,
quod uelim redacta in tranquillum sanitate consideres.
Valete.

XLIV. *PΠ.*

XLV. *PΠRM codd. Pithoei, F ut supra Ep. XXVIII.*
iactatam *Scioppius*: -tatum *PΠRMF* ‖ consueto *ΠRMF*: -te *P* ‖ hebetantur *PRM, alii F*: habi- *F 26 30* minuuntur *F 3 8 11¹ 16 17* ‖ cui
P¹RM, alii F: tui *P²F 21* tibi *F 3 22* ‖ de *PR, alii F*: a *M, F 2²-6 8-12
16-17 27-28 31² 35 37* ‖ cetera *P, F 18²*: -rum *RM, alii F* ‖ tamquam
intempestiua *PM, alii F*: tam immerita quam intempestiua *F 4 12 31²
35* tam immeritam quam intempestiuam *F 2² 10 27* tam inimica quam
intempestiua *F 9* t. intempestiuam *F 37* t. intempestus *F 1* t. in tem-
pestate *F 22* t. ut tempestiua *R* ‖ tranquillum *PΠ cod. Pithoei, alii F*: -
lam *F 16¹* -litatem *R, F 7 25 31¹* integrum et t. *F 12* integrum *F 4 37¹*.

XLVI. *Symmaque à ses enfants Nicomaques (397?)*

Vous ne nous avez fait porter aucune lettre par l'intermédiaire de votre agent, mais il ne m'était absolument pas permis d'imiter le silence de vos personnes si unies et si chères à mon cœur, soit que l'exigeât l'inquiétude que vous n'avez pas tort d'entretenir à mon endroit[1], soit qu'une affection véritable me pousse à ces devoirs épistolaires. Que mon geste vous a été agréable me sera témoigné par le mot que vous me récrirez en échange. Adieu.

XLVII. *Symmaque à ses enfants Nicomaques (397)*

Je n'ai ni le loisir de savoir ce qui se passe en ville ni l'envie d'écrire là-dessus, car mon esprit, accaparé par la maladie de mon corps, est incapable de porter son attention sur les affaires d'autrui. Je ne sais qu'une chose: ceux qui ont annoncé des émeutes ont menti et ces rumeurs s'écartent tellement de la vérité que jamais préfecture n'a été célébrée par de plus grands applaudissements. C'est ainsi que dans la faveur qu'il manifeste, lui aussi, au magistrat, notre Ordre rivalise avec l'enthousiasme de la plèbe. Voilà ce qui nous parvient à travers des propos qui tous se ressemblent, chaque fois qu'une trêve à mes douleurs me permet les hommages des visiteurs[1]. Pour le reste, ceux de vos gens qui se trouvent à l'extérieur doivent par la plume s'en ouvrir à vous. Il faudra m'interroger sur autrui, quand mes épreuves personnelles se seront calmées. Adieu.

Lettre XLVI

1. Peut-être assignable à 397, l'année où Symmaque fut particulièrement malade, cf. *supra Ep.* 16, n. 1 et 29, n. 1.

Lettre XLVII

1. En 397, Symmaque affaibli par des coliques néphrétiques attendait dans sa propriété de la *uia Ostiensis* qu'une amélioration lui permît de gagner Formies: O. Seeck, *op. cit.*, p. LX-LXI et LXIII-LXIV. À la mi-juin, Gildon n'était pas encore en révolte ouverte et le préfet Florentinus (cf. *supra Ep.* 6, n. 2), en poste depuis près de deux années, pouvait se targuer d'une prospérité retrouvée qui a son écho dans la deuxième préface du *De raptu Proserpinae* de Claudien (suggestion de Th. Duc, thèse sur ce poème parue à Berne en 1994).

XLVI. SYMMACHVS NICOMACHIS FILIIS

Nullas quidem nobis per hominem uestrum litteras detulistis, sed mihi silentium unanimitatis uestrae nequaquam licuit aemulari, uel quod ita sollicitudo quam de me non frustra geritis postulabat, uel quod me in officia scriptionis amor uerus inpellit. Gratum uobis fuisse factum meum rescripti uicissitudo testabitur. Valete.

XLVII. SYMMACHVS NICOMACHIS FILIIS

Vrbis negotia nec uacat scire nec libet scribere; animus enim morbo corporis occupatus rebus alienis curam nescit intendere. Vnum hoc scio de seditionibus nuntios esse mentitos atque adeo a uero dissentire rumores, ut numquam maiore plausu praefectura celebrata sit. Itaque studia plebis in iudicem fauor quoque ordinis aemulatur. Haec ad nos, si qua dolorum intercapedo admittit officia uisentium, pari omnium sermone perueniunt; cetera hominum uestrorum qui uersantur in publico stilus debet aperire. De me tunc aliena quaerenda sunt, cum propria aduersa requieuerint. Valete.

XLVI.   *P*Π.*
uestrum *P*: nost- *Π.*

XLVII.   *P ΠΓRM cod. Wallaei, F 1-13 15-18 21-22 24-33 35 37 39.*
intendere *PRM, alii F*: impen- *F 4 9 10 12 22 24*[1] *27 29 35 37* ‖ adeo *PΓ, F 12*: ideo *ΠR, alii F om. F 13 22* ‖ uisentium *P*: uirentium (*uel* -ncium) *RM, alii F* uiuentium *F 1 31*[1] *39* uarentium *F 31*[2] uiantium (*uel* -ncium) *F 2*[2]*-4 8-12 16*[2]*-17 27 35* inmantium *F 37* inmanium *coni. Scioppius om. F 22* ‖ aduersa *P, F 2 4 12 27*: -sari *ΠRM, alii F om. F 3* ‖ requieuerint *P, F 27*: quie- *ΠRM, alii F* quieuerunt *F 1-3 15 25 28-30 32-33 39.*

XLVIII. *Symmaque à ses enfants Nicomaques (397/398?)*

Par ce cadeau d'anniversaire que notre commune félicité vous fera renouveler pendant de nombreuses années[1], vous avez réjoui notre cœur et donné la mesure du vôtre. Là-dessus votre réserve n'autorise pas ma plume à s'épancher; pourtant la gratitude durable de nos pensées est plus riche que celle qui s'exprime par nos paroles. Quant à ce qui concerne la Ville, vous serez informés en lisant le petit résumé ci-joint[2]. À vous, Madame ma fille, j'impose le soin d'aider à votre rétablissement avec le scrupule qui convient, pour que, tous, nous nous plaisions à être rassurés sur votre santé. Adieu.

XLIX. *Symmaque à ses enfants Nicomaques (397)*

1. Avec le retour en Campanie de votre agent, j'ai épuisé ce que j'avais à écrire et pourtant je n'ai pas voulu laisser partir votre parent Sévère[1], cet homme vénérable et digne d'estime, sans le munir d'une lettre de moi, à la fois pour satisfaire aux salutations habituelles et pour m'ouvrir de ce que je pense, après examen, de l'ouvrage que vous bâtissez dans votre propriété: l'emplacement des thermes et leur volume m'ont beaucoup plu, mais dans la petite installation de bain, je n'ai pas apprécié que le bassin soit décoré par des peintures plutôt que par une mosaïque[2]. **2.** L'occasion m'invite à vous faire savoir que Messala[3] est parti la nuit précédant les nones de mars. Les autres délégués suivront bientôt[4]. J'ai compris toutefois, par mes conversations avec certaines personnes, qu'il y a eu des adoucissements pour faire plaisir à une Maison où bon nombre des nôtres trouvent de quoi se farcir la panse. Mais je ne manquerai pas de prendre soin que rien ne soit par connivence supprimé des mandats du Sénat. Adieu.

Lettre XLVIII

1. Cf. *supra Ep.* 2 et 37; la formule *per multos annos* est traditionnelle (voir, *v.g.* les piécettes de Trèves en 307: *Mult Natal Fel, RIC*, VI, p. 213, n° 744; *add. infra Ep.* 79).

XLVIII. SYMMACHVS NICOMACHIS FILIIS

Natalicio munere quod frequentari a uobis per multos annos communis felicitas faciet nostrum hilarastis animum, uestrum probastis. De quo me prolixe scribere uerecundia uestra non patitur; copiosior tamen in sensibus manet gratia quam sermone profertur. Quae ad Vrbem pertinent, indiculi cohaerentis lectione noscetis. Tibi, domna filia, eadem religione qua dignum est iniungo curam iuuandae ualetudinis tuae, ut omnibus nobis sanitatis tuae securitas uoluptati sit. Valete.

XLIX. SYMMACHVS NICOMACHIS FILIIS

1. Homine uestro ad Campaniam reuertente scribenda consumpsi, et tamen sanctum atque honorabilem uirum parentem uestrum Seuerum nolui abi*t*ere uacuum litterarum mearum, ut et morem salutationis exsequerer et de opere quod domi construis iudicium meae inspectionis aperirem. Thermarum mihi et situs et amplitudo admodum placuit. In minoribus balneis piscinalem picturis potius quam musiuo excoli non probaui.
2. Res admonet ut profectum Messalam nocte ea quam consecutae sunt nonae Martiae noueritis. Legati ceteri mox sequentur. Aduerti tamen ex quorundam conloquio in gratiam domus de qua plerique nostrates uiri edulibus farciuntur quaedam esse lenita. Sed mea cura non deerit, ne quid mandatis senatus per coniuentiam detrahatur. Valete.

XLVIII. *P*Π.*

XLIX. *PΠΓ cod. Wouuerani.*
1. abitere *Havet*: adhibere *PΠ* abire *Iuretus* ‖ inspectionis *P*: -tationis *Π*.

L. *Symmaque à ses enfants Nicomaques (397/398)*

Je ne refuse pas d'écrire mais j'ai préféré laisser à Monseigneur mon fils Sibidius[1] des choses à raconter tranquillement devant vous. Ce billet se contentera donc de s'acquitter du soin de vous saluer et sa brièveté donnera satisfaction à votre honneur, sans rien déflorer de ce qu'il doit vous rapporter. Adieu.

LI. *Symmaque à ses enfants Nicomaques (397)*

Ma lettre précédente vous a appris ce que maintenant j'aurais pu vous répondre. Il ne me déplaît pas d'être rentré, car, d'une part, nous avons récupéré la santé, de l'autre, grâce aux soins attentifs de ses maîtres, votre frère multiplie les progrès[1]. Une seule chose me ronge l'âme et c'est d'être séparé de vous par une longue route, mais si nous pratiquons l'échange des lettres, en l'exerçant fréquemment, nous raccommoderons entre nous la joie d'être ensemble. Adieu.

LII. *Symmaque à ses enfants Nicomaques (397)*

Nous devons solliciter à nouveau la visite officielle de Notre Seigneur le Prince. En effet, l'illustre Théodore soutient une délégation de Milanais et s'efforce, dit-on, de faire prévaloir sur la demande du Sénat les désirs des provinciaux. Le Préfet de la Ville souhaite pour ce problème avoir recours à votre vénérable personne et je pense qu'il va vous envoyer une lettre à ce sujet. Je vous engage par conséquent, une fois invité par son message, à bien vouloir accourir avant la séance du Sénat qui se tiendra aux ides de juin, car, je le présume, les délégués doivent être élus précisément ce jour-là. Il y a, propres à votre Maison, de nombreux problèmes à résoudre directement par vous à l'occasion de cette affaire d'État[1]; en outre, l'ambassade répond aux vœux, puisqu'on la croit agréable aux oreilles de ceux qui seront invités. Ne tardez plus, je vous prie, à obtenir que vous soit rétablie la faveur de jadis[2]. Adieu.

L. SYMMACHVS NICOMACHIS FILIIS

Scribere non recuso, sed malui domno filio meo Sibi-dio narranda coram per otium reseruare. Sola igitur salutatione fungetur haec pagina cuius breuitas et uestro honori satisfaciet nec illi referenda decerpet. Valete.

LI. SYMMACHVS NICOMACHIS FILIIS

Prioribus litteris conperistis quae nunc respondere potuissem. Redisse non paenitet, nam et salutis compotes sumus et per diligentiam magistrorum fratris uestri profectus adolescit. Hoc tantum mordet animum quod longo a uobis itinere discernimur; sed si scriptorum uices frequens usus exerceat, sarciemus inter nos praesentiae uoluptatem. Valete.

LII. SYMMACHVS NICOMACHIS FILIIS

Aduentus domini et principis nostri denuo postulandus est. Theodorus enim uir inlustris Mediolanensium legatione suscepta eniti dicitur, ut senatus petitionibus prouinciale desiderium praeferatur. Praefectus Vrbi huic negotio sanctitatem tuam optat adhiberi, quem puto super hoc litteras ad uos esse missurum. Hortor igitur ut scripto eius euocatus digneris adcurrere ante senatum qui idibus Iuniis erit. Ipso enim die legatos arbitror eligendos. Multa sunt domus uestrae negotia quae a te coram sub occasione causae publicae terminentur; praeterea uotiua legatio est, quae apud aures euocandorum amabilis futura credatur. Quaeso ne differas, ut reconciliationem praeteritae gratiae consequaris. Valete.

L. *PΠ*.
sibidio *Iuretus*: sibi diu *codd.*

LI. *PΠΓ*.

LII. *PΠΓ*.

LIII. *Symmaque à ses enfants Nicomaques (avant mai 397)*

Accueillez Maxime, un vieil ami mais qui, nouvel agent de l'administration, sert avec ses cheveux blancs au milieu des recrues[1]. Vous apprendrez de lui ce dont vous avez à vous enquérir et voilà pourquoi je dois éviter de peser par une lettre trop longue (exception faite[2] toutefois de la demande de votre venue, qui est souvent l'objet de mes sollicitations) et si le regret que j'ai de votre absence me le permettait, il me faudrait désormais me taire, car réclamer en vain engendre un sentiment de gêne. Mais, pour avoir été souvent déçue, mon affection pour vous me conseille presque l'impudence, — encore que je craigne que vous me promettiez votre retour à seule fin de m'empêcher de courir vers vous —. Adieu.

LIV. *Symmaque à ses enfants Nicomaques (397)*

Nous prions pour votre santé dans l'espoir d'en recevoir confirmation au retour du valet. Mon état pour le moment est exempt de douleur mais manque de solidité, d'autant que s'y ajoutent des soucis accrus depuis le don gratuit que vient de faire le Sénat[1]. Il me coûte d'aller plus avant, car je me repens même de cette ingérence dans votre tranquillité d'esprit. Adieu.

Lettre LIII

1. Maxime figurera *infra* dans l'*Ep.* 63, rédigée vers le mois de mai 397: comme la présente l'introduit auprès de Nicomaque, elle lui est donc antérieure. Pour les *agentes in rebus*, voir en dernier lieu F. Paschoud, «Frumentarii, agentes in rebus, magistriani, curiosi, veredarii: problèmes de terminologie», *Historia Augusta Colloquium Bonn* (= *BHAC*), 1978/81 = *Antiquitas* 4, 15, 1983, p. 215-243; autres *commendationes* de cette catégorie de personnes: *infra Ep.* 7, 34, 59 et 107.

2. *Absque* qui ouvre une parenthèse fait l'objet d'un examen précis de la part de G. Haverling, *op. cit.*, p. 46-48: «*Absque* should be seen as a form of archaism in Fronto and Gellius and as a normal Late Latin expression in texts from the fourth century». — L'émendation *iteratio* suggérée par Seeck n'est pas appuyée par le contexte, d'où notre propre conjecture.

LIII. SYMMACHVS NICOMACHIS FILIIS

Maximum ueterem amicum sed nouum agentem in rebus accipite inter tirones cum canitie militantem. Ab hoc percontanda discetis atque ideo mihi fugienda est prolixae epistulae grau*itas* absque aduentus uestri petitione quam frequenter exambio et, si desiderium uestri sineret, iam silere deberem, quia uerecundiam creant inefficaciter postulata. Sed amor in uos meus prope inpudentiam suadet frequenter elusis. Vereor autem ne ideo uestrum reditum promiseritis, ut nostrum ad uos prohiberetis excursum. Valete.

LIV. SYMMACHVS NICOMACHIS FILIIS

Salutem uobis precamur, cuius indicium puero reuertente optamus accipere. Mea ualetudo caret interim doloribus sed indiget firmitate maxime accedentibus curis quas proxime facta a senatu auxit oblatio. Ire longius piget, cum haec quoque securis ab animo ingessisse paeniteat. Valete.

LIII. *P*ΠΓ*.
discetis *Γ*: directis *P* ‖ grauitas *ego*: gratia *PΠ* iteratio *Seeck* ‖ si *Γ*: om. *P* ‖ *post* suadet *interpunxit Suse* ‖ elusis *P*: -sus *Modius (ut. uid.) Wingendorp*.

LIV. *PΠ*.

LV. *Symmaque à ses enfants Nicomaques (395)*

Hier, mû par la crainte, j'ai écrit par l'intermédiaire de mon agent, après que vous m'ayez transmis sur l'état de ma fille des nouvelles amères à apprendre, et, comme la réponse est encore en suspens, je suis torturé par l'incertitude. Je vous demande donc de m'informer de ses progrès à raffermir sa santé. Quant à la situation présente, j'avais décidé de ne rien vous en révéler, afin que ne revînt pas à vos oreilles ce que vous avez évité par un départ digne d'approbation. Mais puisque l'amour de nos concitoyens vous a mené à nouveau à vous préoccuper des affaires de la Ville, j'ai brièvement passé en revue un certain nombre de données, en les regroupant sous des rubriques, pour que, sans une lecture fastidieuse, vous sachiez ce que l'on m'a communiqué[1]. Adieu.

LVI. *Symmaque à ses enfants Nicomaques (397)*

Je crois qu'à présent, du moins, on vous a remis la première lettre de Monseigneur le Préfet. Si par quelque hasard ou bien par la négligence du porteur, elle vous a échappé, voici pour vous un autre billet de Sa Grandeur qui m'a ordonné d'y joindre le message ci-après: à vous, qui êtes ainsi consulté, d'exposer votre avis sur l'acceptation de l'affaire pour laquelle elle souhaite avoir recours à vous. Je pense, en effet, que vous êtes revenu à une meilleure santé, depuis que vous m'avez fait savoir que la maladie s'opposait à votre retour[1]. Nous aussi, bien sûr, nous préférons que, remis en bon état, vous puissiez promettre de revenir, mais si des ennuis physiques retardent ce vœu, alors, en écrivant clairement, mettez un terme à l'attente de qui vous consulte. Adieu.

LV. SYMMACHVS NICOMACHIS FILIIS

Heri per hominem meum scripsi metu percitus, postquam de ualetudine filiae meae amara cognitu nuntiastis
et adhuc pendente responso crucior incertis. Peto igitur
edoceri quid ei ad confirmationem sanitatis accesserit.
Rerum uero praesentium nullum uobis indicium facere
decreueram, ne in aures uestras redirent quae probabili
discessione uitastis. Sed quia ciuicus amor in negotia
urbana curam uestram reduxit, quaedam conlata in titulos
breuiter percucurri, ut sine fastidio lectionis insinuata
noscatis. Valete.

LVI. SYMMACHVS NICOMACHIS FILIIS

Credo nunc saltem priores domini mei praefecti litteras
tibi redditas. Quae si casu aliquo aut neglegentia portito-
ris elapsae sunt, en tibi aliam sublimissimi uiri paginam
cui me hunc sermonem iussit adiungere, ut quid sententiae tibi sit de suscipiendo negotio cui te optat adhiberi
his consultus expedias. Puto enim uos in meliorem ualetudinem reuertisse, postquam mihi fecistis indicium quod
reuersioni uestrae morbus obstaret. Et nos quidem malu-
mus ut integrato sanitatis statu reditum spondeatis, sed si
querellae corporis uotum morantur, euidentibus scriptis
expectationem consulentis absoluite. Valete.

LV.   *P*ΠΓRM cod. Wallaei, F 1-13 15-18 21 24-26 28-33 37 39.*
nuntiastis *PRM, alii F*: -ti *F 12 16 17 26 30* numeratis *F 24* didicistis *F
5 6 28* ‖ conlata *PR, alii F*: perla- *M, F 5 6 28* collecta *F 2 26 om. F 13*
‖ percucurri *PRM, alii F*: -rit *F 7* percurri *F 1 4 12 21 29 37* pertracturi
F 39 om. F 13 ‖ lectionis *PR, alii F*: -toris *M, F 5 6 28 om. F 13.*

LVI.   *PΠ.*
his: *P¹*: bis *P²*.

LVII. *Symmaque à ses enfants Nicomaques (397)*

Les jours précédents, j'ai, par un grand nombre de lettres, satisfait à votre attente aussi bien qu'à mon respect envers vous. Mais cette page ne requiert pas d'être nourrie, car, pour autant que je sois capable d'un conseil, je me contente de persuader à votre bienveillance de transférer devant les préfets du prétoire[1] l'action engagée dans votre procès sicilien[2], si du moins le don volontaire vous laisse matière à faire valoir vos droits[3]. Adieu.

LVIII. *Symmaque à ses enfants Nicomaques (398)*

1. Depuis que, de retour à Rome, Sibidius, ce gage de notre affection, nous a annoncé les vives douleurs qui secouent ma fille dans sa chair, mon âme, elle aussi, est tombée malade. C'est pourquoi j'ai, dans mon anxiété, envoyé une lettre sans délai: j'y demande tout d'abord qu'elle facilite sa guérison en recourant aux médecins et en s'abstenant de ce qui lui nuit, ensuite qu'en retour un mot digne de foi veille à détruire mes inquiétudes[1]. Quant à nous, après le départ de l'ambassade, nous avons gagné notre campagne du Vatican qui jouxte votre propriété et, si rien ne dérange nos dispositions, nous jouirons de la paix du domaine jusqu'aux calendes d'avril[2].
2. La levée de recrues imposée aux grandes familles de la Ville restera en suspens le temps que réponde notre Prince éternel. Les exemplaires ci-joints vous feront savoir la formulation de chacun des deux décrets[3]. Je vous les ai adressés, puisque votre lettre les réclamait. Autrement la seule, l'unique raison que j'ai eue de dicter ce billet a été que sur la santé de ma fille on puisse nous rapporter des certitudes conformes à nos vœux. Adieu.

Lettre LVII

1. Pour l'emploi de ce pluriel, voir notre article *cit. supra Ep.* 1, n. 1, p. 24, n. 28-30 (avec référence à A. Marcone).
2. Cf. tome II, p. 151, n. 1. Sur les propriétés des *Symmachi Nicomachi* en Sicile: L. Cracco Ruggini, *La Sicilia tra Roma e Bisanzio*, in *Storia della Sicilia* III, Naples, 1979, p. 7, 10, 61, n. 28 et p. 65, n. 49: *apud Hennam* (Castrogiovanni).

LVII. SYMMACHVS NICOMACHIS FILIIS

Superioribus diebus et meae circa uos obseruantiae et uestrae expectationi multo epistularum numero satisfeci. Haec uero pagina copiam non requirit, cum hoc tantum beneuolentiae uestrae pro captu consilii mei suadeam ut ad praefectos praetorio Siciliensis causae uestrae actio transferatur, si tamen aliquid uobis ad experiendum data oblatio reseruabit. Valete.

LVIII. SYMMACHVS NICOMACHIS FILIIS

1. Postquam pignus nostrum Sibidius Romam rediit et nuntius fuit quantus filiam meam uexet corporis dolor, meus quoque animus aegrescit. Itaque litteras nihil moratus emisi anxie petens, primo ut medica ope et abstinentia noxiorum ad sanitatem iuuetur, dehinc ut rescripti fides abolendae sollicitudini meae consulat. Ipsi post legatorum profectionem rus Vaticanum quod uestro praedio cohaeret accessimus et, si nihil disposita conturbet, in Apriles kalendas uillae otio defruemur.
2. Iuniorum dilectus urbanis familiis imperatus usque ad aeterni principis responsa pendebit. De coniunctis exemplaribus formam praecepti utriusque noscetis. Haec quia tuis litteris desiderata sunt misi; ceterum mera atque unica mihi causa dictandae epistulae fuit, ut ad nos super filiae meae ualetudine certa et uot*o* amica referantur. Valete.

LVII. *PΠΓ*.

LVIII. *PΠ*.
2. uoto *Iuretus*: -ta *codd.*

LIX. *Symmaque à ses enfants Nicomaques (397)*

1. Votre lettre précédente — une autre suivit bientôt — m'avait, dans une certaine mesure, laissé espérer votre retour; la seconde a fait place nette de ces promesses, tant et si bien qu'après avoir multiplié vos raisons de refuser, vous vous en remettez à mon jugement sur la conduite à suivre. Mais pour ma part, quand je pense tout d'abord à la santé fortement altérée de ma fille qui ne saurait donc être privée de votre réconfort, à la fragilité ensuite de votre estomac incapable[1], m'écrivez-vous, de supporter un voyage prolongé, quand je pense encore aux suggestions de cet ami de votre père qui donne la préférence à la retraite[2], et puis aussi à cette attente d'un illustre personnage encore longtemps absent, selon vous[3], — sans parler des interprétations des gens qui, comme vous dites, croyaient que vous n'aviez accepté cette charge officielle que pour avoir l'occasion de traiter vos affaires personnelles[4] —, alors je reverse sur vous le soin que vous m'aviez remis d'arrêter une résolution. **2.** Il n'est pas équitable, en effet, que mon avis soit exposé à tant d'interrogations de sens opposé, et la bonne foi du conseiller engagée dans les aléas d'un futur incertain. Pour l'instant, j'estime qu'il faut proroger les délais avant de fixer la décision et, jusqu'à nouvel ordre, je me suis retenu de transmettre votre message au magistrat: car, premièrement, il est dépouillé de toute déférence; ensuite, parce qu'il met en avant des raisons de refus qui ne sont pas à la hauteur d'un grand dévouement[5] et qu'en outre, plus d'un, je le savais, lirait ce que vous auriez écrit. Par conséquent, si vous persistez à vouloir qu'on vous épargne et la peine et le voyage, je veux que vous munissiez vos excuses d'une déférence accrue et de plus de gravité dans les doléances. Adieu.

Lettre LIX

1. Cf. *supra Ep.* 6, n. 3; 52, n. 2 et 56, n. 1 pour les raisons de santé alléguées par les *Nicomachi*; cependant la pression du préfet de la Ville est devenue telle que Symmaque, dans cette affaire où face à Milan les intérêts moraux de Rome sont en jeu, manifeste un réel embarras: il comprend que son gendre préfère rester à l'écart, mais, décidé à ne pas transmettre telle quelle la réponse négative, il demande une nouvelle rédaction mieux argumentée et plus respectueuse.

LIX. SYMMACHVS NICOMACHIS FILIIS

1. Anteriores litterae tuae quas mox aliae consecutae
sunt spem mihi aliquatenus reditus tui fecerant; secundae promissa uacuarunt, ita ut post multas causas negationis meo consilio sequenda committeres. Sed ego
cogitans primo filiae meae conturbatam ualetudinem,
quae spoliari solacio tuo non potest, dehinc stomachi
tui inbecillitatem quam esse inparem scribis itineri
promouendo, tunc consilium amici paterni otium prae-
ferentis, dehinc expectationem inlustris uiri quem
diu existimas afuturum, praeterea interpretationes
hominum qui te, ut ais, opinabantur munus publicum
recepisse in occasionem negotiorum tuorum, permis-
sam mihi deliberationem uobis refundo. **2.** Iniquum
est enim tot oppositis quaestionibus obnoxiam fieri
sententiam meam et fidem suadentis incertis futurorum
casibus obligari. Interea constituendae rei dies existimo
prorogandos et epistulam tuam magistratui tantisper
reddere temperaui; primo quia reuerentiae nuda est,
dehinc quia causas negationis infra deuotionis magnitudinem praetulit et quod nossem pluribus legenda quae
scripseras. Volo igitur ut reuerentia cumulatiore
et grauioribus querellis excusationem tuam munias,
si uoluntas manserit laboris et itineris deprecandi.
Valete.

LIX. *P*ΠΓ*.
1. anteriores *P*[1]: inte- *P*[2].
2. deuotionis magnitudinem praetulit *P*[2]*Π*: diuotioniss tulit *P*[1] d. spem
p. *fortasse legendum.*

LX. *Symmaque à ses enfants Nicomaques (399)*

Une coutume observée depuis des temps très anciens a établi cet ordre en matière de correspondance: ceux qui partent du logis doivent être les premiers à s'acquitter des devoirs de l'épistolier[1]. Mais — sans mettre en cause son retard —, il nous a paru long d'attendre la lettre de votre personne si chère à mon cœur et voilà pourquoi, rompant avec l'usage, nous nous sommes empressé de vous rendre cet hommage. Il vous reste à payer de bon cœur en retour ce dont vous auriez dû prendre l'initiative et, puisque je vous ai défié, à exercer votre plume à m'informer de votre santé. Nous-mêmes sommes à l'Arabique et y attendons l'arrivée de Madame ma fille, encore que de vous aussi, qui faites notre gloire, les traditionnels jours de fête soient une raison de nous promettre au plus tôt la venue[2]. Adieu.

LXI. *Symmaque à ses enfants Nicomaques (398)*

Convier au repos est un thème fécond, mais cette invite requiert une âme qui s'appartienne. Pour nous, les jalousies partisanes ne nous permettent pas de rester sur place[1], ni l'éducation de mon jeune fils de voyager au loin[2]. C'est pourquoi, autant que nous le pouvons, tantôt par un départ, tantôt par un retour, nous varions les séjours en les entrecoupant[3]. À preuve cette lettre qui, partie à l'instant de notre campagne hors les murs, sera suivie, si rien ne trouble nos dispositions, par une autre depuis notre terre de Cora[4]. À vous, par des lettres fréquentes, de rehausser, si elle vous agrée, la situation que crée ainsi notre absence, à vous, si elle ne nous agrée pas, de lui porter secours[5]. Adieu.

Lettre LX

1. Le voyageur doit toujours être le premier à donner de ses nouvelles et Symmaque tient à le répéter: *Ep.* 3, 3; 4, 23; 5, 30, 70, 73; 6, 60; 7, 21, 75; 8, 56, 60, 63, 66 (en particulier les lettres 6, 60; 8, 56 et 9, 63 ont la séquence: *obseruantia(m)... ut domo profecti*).

LX. SYMMACHVS NICOMACHIS FILIIS

Prisca obseruantia hunc scribendi ordinem fecit, ut domo profecti officium litterarii muneris auspicentur. Sed longum uisum est opperiri unanimitatis tuae litteras quarum non arguimus tarditatem atque ideo mutato usu in hoc munus erupimus. Superest ut libens rependas quae inchoare debueras et prouocatus exerceas sanitatis tuae indicem stilum. Ipsi in Arabiana domnae filiae meae expectamus aduentum, licet te etiam, decus nostrum, dierum sollemnium ratio confestim spondeat adfuturum. Valete.

LXI. SYMMACHVS NICOMACHIS FILIIS

Felix materia est suadere otium; sed haec adhortatio animum sui iuris requirit. Nos neque residere patitur liuentium factio nec filii iuuenis institutio longum peregrinari. Quare, ut possumus, modo abscessu modo reditu uariamus locorum distinctionem. Testimonio est haec epistula suburbano agro nuper emissa quam de Corano nostro, si nihil disposita turbauerit, alia consequetur. Vestrum est huiusmodi absentiae nostrae condicionem litteris frequentibus augere, si placet, iuuare, si displicet. Valete.

LX.   *P*ΠΓR, F 1-13 15-18 20-22 24-26 28-33 37 39.*
non *PΓ*: nos *ΠR, alii F om. F 20.*

LXI.   *PΠΓR codd. Pithoeanus Lectii et Wallaei, F ut supra Ep. XXVIII.*
liuentium *R, F 31*[1]: liben- *P, alii F* liten- *F 15 om. F 22 32* ‖ nuper emissa *P*: n. -isa *Γ* propere e. *Iuretus* tantisper e. *Seeck* nostro praemi- *Kiessling* nunc praemi- *Schenkl om. Π.*

LXII. *Symmaque à ses enfants Nicomaques (398)*

Les délégués de notre Ordre sont rentrés, après avoir en tout agi à notre avantage. Non seulement, en effet, la levée des recrues est arrêtée, mais encore on nous a fait grâce de l'argent[1]. Cependant nous continuons d'attendre un message officiel au sujet de ce qui a été obtenu. Et maintenant nous ajouterons des nouvelles de la famille, qui seront chères à votre cœur. La bonne santé ne nous a pas abandonné. Souvent nous coupons nos séjours à la ville en allant tout près à la campagne[2]. Seule votre absence nous consume, mais si vous vous hâtez de paraître à nos yeux, nous aussi, aurons plaisir à vous accompagner à votre retour en Campanie. Adieu.

LXIII. *Symmaque à ses enfants Nicomaques (397)*

J'avais remis une lettre par l'intermédiaire de mon agent mais à l'instant Maxime s'est présenté pour m'en réclamer une autre. Dès lors, je n'ai pas rechigné à redoubler mes salutations. En outre, une nouvelle imprévue, relative à la venue de Notre Seigneur le Prince, m'a imposé de vous rafraîchir la mémoire sur un retour que vous devez presser, si vous ne voulez pas voir vos atermoiements devancés par une ambassade qui est souhaitée et qu'au nom de l'intérêt commun il faut maintenant renouveler[1]. Adieu.

Lettre LXII

1. L'ambassade d'Attale délivre l'*ordo* de ses soucis spécifiques: l'Empereur renonce à lui demander aussi bien des soldats que leur équivalence fixée à 5 livres d'argent par homme (cf. *infra Ep.* 64). Partie en mars, la délégation a dû revenir assez rapidement. Mais les préoccupations frumentaires subsistaient.
2. Cf. *supra Ep.* 61, n. 3. O. Seeck, *op. cit.*, p. CLXVI, constatant qu'aucune lettre n'est assignable dans le livre VI à l'été 398, juge que les Nicomaques sont effectivement montés à Rome, et que Symmaque s'est associé à leur voyage quand ils sont redescendus vers la baie de Naples.

Lettre LXIII

1. Pour Maxime cf. *supra Ep.* 53, n. 1; sur la date, voir *supra Ep.* 52, n. 1.

LXII. SYMMACHVS NICOMACHIS FILIIS

Legati ordinis nostri ex usu actis omnibus reuerterunt. Nam et tironum conquieuit indictio et argenti nobis facta gratia est. Super impetratis tamen adhuc speratur oratio. Nunc domestica et animo uestro amica iungemus. Stat nobiscum ualetudinis bonum. Saepe urbanam commorationem proximo rure distinguimus. Sola nos uestri macerat absentia, sed si in conspectum nostrum propere ueneritis, nos quoque recursum uestrum in Campaniam cum uoluptate comitabimus. Valete.

LXIII. SYMMACHVS NICOMACHIS FILIIS

Per hominem meum litteras dederam: continuo adfuit Maximus, qui alias postularet; quare salutationem geminare non piguit. Praeterea exegit repens nuntius super aduentu domini et principis nostri, ut uos de reditu commonerem, quem maturare debetis, ne moram uestram uotiua legatio iam nunc ex usu publico iteranda praeuertat. Valete.

LXII. *PΠ*.
iungemus *Π*: -mur *P* ‖ comitabimus *P*: -mur *Π*.

LXIII. *PΠ*.
exegit *Iuretus*: exig- *codd.* ‖ aduentu *Iuretus*: -tum *codd.*

LXIV. *Symmaque à ses enfants Nicomaques (398)*

1. Vous m'aviez écrit vous être libéré l'intestin par une médecine purgative, pour que vos yeux se débarrassent de la fièvre avec tout le reste de la surcharge. Je désire apprendre si le susdit traitement a été efficace et si le cas n'a pas contraint à faciliter aussi la circulation par une ponction de sang[1]. Avec autant d'affection, j'essaie de savoir quelle confiance vous inspire la santé de ma fille, afin de déposer le vif de mes inquiétudes si ces informations correspondent à mes vœux. **2.** En effet, j'ai encore d'autres raisons d'aller mal, quand je pense à l'agitation que, dans la ville de nos pères, provoque en particulier la réquisition du personnel de service à des fins militaires[2]. Sans doute par des prières répétées tentons-nous de faire opposition, nous qui passons nos journées à supplier. Déjà par un don déplorable, on en est arrivé à une évaluation à cinq livres d'argent, mais je crains qu'à vouloir éviter une chose sur deux, nous ne soyons doublement spoliés. **3.** Le Préfet a paru trop lent à traiter l'affaire, il a été déplacé avec Lampadius pour successeur, car on a cru que ce dernier, par son caractère, réussirait l'impossible[3]. À présent, anxieux comme je le suis, je vous demande de me soulager de mon principal souci, celui qui vous concerne. De fait je continue à être déchiré par l'incertitude, à cause des retards du petit valet que j'ai naguère envoyé chez vous chercher ces mêmes nouvelles et qui n'est toujours pas revenu. Adieu.

LXV. *Symmaque à ses enfants Nicomaques (397?)*

1. Les choses à écrire ne manquent pas, mais le cœur répugne à parler de ce qui est pénible à évoquer. Pourtant à propos de la situation en Ville, je m'aperçois qu'on ne parvient

---

Lettre LXIV

1. Récidive des ennuis intestinaux dont Nicomaque avait souffert au printemps de l'année précédente, cf. *supra Ep.* 6, n. 3, 52, n. 1 et 59, n. 1: les yeux fiévreux sont les signes d'une affection que Symmaque propose de soigner par l'action conjuguée de la purge et d'une saignée.

LXIV. SYMMACHVS NICOMACHIS FILIIS

1. Purgatorio medicamento aluum uacuasse te scripseras, ut feruor oculorum tuorum cum cetero onere decede-
ret. Scire postulo an praedicta curatio efficax fuerit nec
subegerit causa etiam sanguinis emissione uenas iuuari.
Par requirit adfectio quantam uobis fidem faciat filiae
meae sanitas, ut his ex uoto cognitis sollicitudinum acuta
deponam. **2.** Nam mihi ob alia quoque aegre est turbas
patriae cogitanti, quas praecipue mouent in usum milita-
rem petita seruitia. Et nos quidem crebris precibus obniti-
mur et diem ducimus supplicando iamque ad pretium
argenti quinque librarum misera oblatione peruentum est;
sed uereor ne nos alterius rei fuga utroque despoliet.
3. Praefectus agendo negotio segnior uisus Lampadio
successore mutatus est, cuius moribus crediderunt inpos-
sibilia promoueri. Nunc peto ut me anxium maiore cura
quae uos respicit eleuetis. Nam adhuc discrucior incerto
per moram seruuli qui dudum ad uos ob eadem noscenda
missus necdum reuertit. Valete.

LXV. SYMMACHVS NICOMACHIS FILIIS

1. Scribenda non desunt, sed horret animus loqui dura
memoratu. Video tamen famam rerum urbanarum nequaquam posse cohiberi, quae, ut fieri amat, in maius prae-

LXIV. *P*ΠΓ*.
1. feruor *P¹Γ*: fluor *P²Π* ‖ nec *P¹Γ*: necne *P²ᵗ* necne an *P²ᵐᵍΠ*.
2. mouent *P*: -ueat *Π* -ueant *Iuretus*.
3. eleuetis *PΠ*: ea le- *Seeck*.

LXV. *P*ΠΓR cod. Wallaei, F ut supra Ep. XLVII*.
1. uideo *R, alii F*: -deor *PΠ* -detur *cod. Wallaei, F 2² 4 10 12 27-29
35 37* uestra *F 9*.

absolument pas à réprimer des bruits qui, comme c'est l'habitude, vont majorer les nouvelles sur l'actualité[1]. Pour que cela n'arrive pas, dans un résumé annexe nous passons en revue ce qu'il faut connaître : de la sorte, cette lettre qui vous porte mon salut, ne tirera de ces alarmes aucune morosité, tout en coupant court par un écrit véridique à des racontars arbitraires. **2.** Mais en voilà assez là-dessus. La santé de ma fille a pour moi plus de poids que ce qui, par ailleurs, irrite mon humeur du moment. J'attends donc d'apprendre de vous qu'avec l'aide de la Divinité elle a tout pour guérir. Saurai-je à son sujet ce qui est conforme à mes vœux, que cette consolation partielle atténuera aussi le restant de mes soucis. Adieu.

LXVI. *Symmaque à ses enfants Nicomaques (398)*

1. Pour quelques jours nous nous sommes éloignés de la ville de nos pères et lors des jeux du théâtre nos concitoyens ont par acclamation imploré que nous revenions. Néanmoins nous continuons à séjourner hors des murs, sur la route d'Ostie, retardant notre retour le temps de ne pas sembler avoir attendu d'être prié. En quoi si j'avais eu plus tôt la volonté d'agir selon les avis de votre dévouement, j'aurais tout à la fois évité les périls qui ont suivi et assuré à mon attente plus de dignité ; mais le seul motif de cette attitude a été de ne pas donner à certains l'impression qu'on me faisait reculer, tout en empêchant qu'une honorable retraite ne vînt à être taxée de couardise[1].
2. Pour ce qui est de votre affaire sicilienne, le vénérable Comazon a fourni une réponse à laquelle, moi aussi, je souscris[2]. Que dans nos propres biens de Sicile Nectaire ait mis du

Lettre LXV

1. La thématique de cette lettre recoupe celle de l'*Ep*. 47 et pourrait dès lors dater de la fin du printemps 397 : les mauvaises rumeurs commençaient à circuler, mais Symmaque, dans les deux cas, dément (O. Seeck, *op. cit.*, p. CLXIII, insiste sur d'autres ressemblances, cette fois, avec l'*Ep*. 55 de l'automne 395). *Deo iuuante* (cf. aussi *Ep*. 7, 14 ; 9, 22, 106, 151) alterne avec *diis iuuantibus* (*Ep*. 9, 39 et 125).

sentia nuntiabit. Id ne accidat, breuiario addito noscenda
decur*r*imus, ut neque litterae quae uobis salutationem
ferunt de sollicitis amaritudinem trahant et nihilominus
rumorum licentiam fides scriptionis excludat. Sed de his
hactenus. **2.** Filiae meae ualetudo grauior mihi ceteris
est, quibus nunc animus asperatur. Expecto igitur ut illi
deo iuuante ad salutem esse omnia nuntietis. De qua si
uoto apta conperero, pars ista solacii curarum quoque
mearum reliqua mitigabit. Valete.

LXVI. SYMMACHVS NICOMACHIS FILIIS

1. Paucis a patria diebus afuimus et theatralibus ludis
reditum nostrum suffragia ciuium poposcerunt. Nos
tamen etiam nunc suburbanum uiae Ostiensis incolimus
recursum tantisper morantes, ne preces expectasse uidea-
mur. Quo si facere ex sententia religionis tuae ante
uoluissem, et uitassem periculosa quae post secuta sunt,
et expectatio mei plus dignitatis habuisset. Sed una fuit
huius consilii ratio, ne quibusdam loco pulsus uiderer et
uerecunda discessio uerteretur in notam timiditatis.
2. De Siculo negotio uestro sanctus Comazon me
quoque adsentiente rescripsit. Circa rem nostram Siculam
turbidum esse Nectarium indicio erunt litterae quas nuper
Euscius misit. Peto ergo ut homo rerum nescius, qui cubi-

---

decurrimus *Seeck*: decreui- *PΠR, alii F* descerni- *F 39* discreui- *Mercerus om. F 12 13 22 24* ‖ trahant *PΠ, F 1 16*[1]: tradant *R, alii F*
tribuant *F 5 6 28*.
2. expecto *PΠR, alii F*: excepto *F 8* expeto *coni. Seeck* ‖ iuuante
PΓR, alii F: adiu- *F 1 15 18 21 24 31 39* rimante *F 4* ‖ omnia *ante* illi
transp. F 4 12 37 ante esse *transp. F 3 27 29 32*.

LXVI. *P*ΠΓ*.
1. quo *P*: quod *Iuretus*.

désordre, la lettre récemment envoyée par Euscius vous l'attestera. En personne ignorante des réalités et qui, enfermée dans
sa chambre, couve son repos, je vous prie donc de le tenir en
bride par écrit, pour que, par la suite, vous ne changiez pas de
sentiment au sujet d'Euscius, s'il défend nos droits avec plus
d'énergie. Je vous ai envoyé la propre lettre de notre agent, afin
que vous jugiez de l'insolence de la tentative, d'après la
conduite d'un homme qui certainement ne tient pas à être répri-
mandé par vous[3].

3. Dans un billet précédent, j'avais demandé que dans notre
propriété de Pouzzoles vous équipiez le côté par où nous allons
aux bains d'un dispositif en pente douce[4]. S'il y a eu ajourne-
ment, je vous demande à nouveau de faire faire ce travail; s'il
est terminé, écrivez-le moi en retour, pour que je m'en félicite.
Adieu.

LXVII. *Symmaque à ses enfants Nicomaques (397/398?)*

1. Il est vrai, l'homme ne peut pas partout et toujours obtenir du sort ce qui complaît à ses vœux. Comme ma journée
d'anniversaire en aurait été illuminée, si vous aviez été présents! mais du moins à l'avenir et pour une longue suite
d'années la Fortune l'accordera à mes prières. En attendant,
Madame ma fille, je me réjouis fort de ce somptueux ouvrage
de laine dont vous m'honorez à titre de souvenir, car, tout à la
fois, s'y sont manifestées d'une façon éclatante votre affection
envers votre père et votre activité de mère de famille. **2.** C'est
ainsi, dit-on, qu'autrefois les femmes occupaient leur existence.
Bien sûr, des temps privés d'amusements invitaient-ils à s'intéresser à la quenouille et au tissage, parce que, faute de distrac-
tions, on règle sa vie sur les circonstances, mais vous, même la
proximité de Baïes ne peut vous détourner des soins d'un aus-
tère labeur. Vous renoncez à être de celles qui sillonnent les
lacs[1] et, soit assise, soit allant et venant au milieu des servantes,
parmi les toisons et les fils de marquage, vous pensez que tels
sont les seuls amusements de votre sexe[2]. Aussi méritez-vous
que je vous aime et vous juge digne de votre mari, étant donné
que, dans la même mesure, nous tirons gloire et contentement,
d'une part, de sa perfection que nous avons empruntée, de
l'autre, de votre vertu qui est d'origine[3]. Adieu.

culo clausus otium fouet, scripto a uobis coerceatur, ne post de Euscio aliter sentiatis, si ualidius iusta nostra defenderit. Ipsam hominis nostri epistulam misi, ut temptamenti insolentiam de eius moribus aestimetis, quem certum est a uobis nolle reprehendi.

3. Petieram superioribus scriptis ut Puteolani praetorii mei latus quo imus ad balneas dispositione cliui mollioris ornares. Si dilata res est, peto rursus ut facias, si impleta, rescribe, quo gaudeam. Valete.

LXVII. SYMMACHVS NICOMACHIS FILIIS

1. Verum est nequire hominem cuncta pariter uoto amica sortiri. Quanto luculentius natalem mihi diem, si adfuissetis, egissem! Quod in reliquum saltem numerosis annorum processibus Fors orata praestabit. Interea, domina filia, honoratum me opimo lanificii tui monumento satis gaudeo; una quippe et amor in parentem tuum et industria matronalis inclaruit. **2.** Sic priscae feminae uitam coluisse traduntur. Et illas quidem deliciarum sterile saeculum colo et telis animum iubebat intendere, quia inlecebra cessante <condicione> temporum uiuitur: tibi uero etiam Baiae adpositae curam sobrii operis detrahere non possunt. Renuntias stagna uerrentibus et residens aut obambulans inter pensa et foragines puellarum has solas arbitraris sexus tui esse delicias. Merito igitur te amo dignamque uiro tuo iudico, quando aeque nobis laus et uoluptas ex illius perfectione aduenticia, ex tua probitate genuina est. Valete.

2. iusta *codd.*: -to *Gruterus* iussa *coni. Scioppius.*

LXVII. *PΠΓ*.
2. inlecebra *Π*: -bram *P* ‖ condicione temporum uiuitur *ego*: t. u. *codd.* -ori inseruitur *Mueller.*

LXVIII. *Symmaque à ses enfants Nicomaques (avant 402)*

Quoique bientôt — ceci soit dit avec la permission divine —
nous espérions venir nous voir les uns les autres[1], je ne devais
pas m'abstenir de vous écrire, afin d'empêcher qu'un moment
quelconque fût privé des hommages de l'affection. Recevez
donc en avant-goût nos salutations. En guise de bon augure,
nous nous en acquittons encore par la plume, mais très prochainement nous vous les présenterons de vive voix. Adieu.

LXIX. *Symmaque à ses enfants Nicomaques (avant 402)*

Vous avez voulu justifier votre silence par d'exquises explications: l'argument était qu'il faut se garder des mauvaises
nouvelles, le temps que de bonnes leur succèdent; de la sorte,
ce qu'on aurait caché, en interrompant la correspondance, serait
après coup révélé par de plus riantes informations. Mais, grâce
à des intermédiaires, je n'avais pas été sans connaître les premières, tandis que les secondes m'ont paru passablement tar-
dives. En effet, les soupçons que provoquait l'arrêt de vos hommages majoraient des rumeurs arbitraires[1]. Et pourtant, il nous
est impossible de prendre feu et flamme, maintenant que votre
présente lettre a, par son agrément, supprimé le souvenir de
notre ressentiment passé. Dans vos choix, souvenez-vous seulement de placer au nombre des soucis privilégiés et prioritaires
celui de la plume: ainsi la pensée de ce précédent ne nous coû-
tera pas à nouveau des inquiétudes, qui seraient encore plus
grandes à l'idée que derechef on nous tait quelque épreuve dans
l'attente d'une amélioration. Adieu.

Lettre LXVIII

1. Cf. *supra Ep.* 34, n. 7 pour l'emploi du subjonctif. La lettre est
indatable.

Lettre LXIX

1. Même expression *rumorum licentiam*, dans un contexte différent, cf. *supra Ep.* 65. La lettre est indatable.

LXVIII. SYMMACHVS NICOMACHIS FILIIS

Quamquam sperem, praefata dei uenia, mox in conspectum mutuum nos esse uenturos, tamen litteris abstinere non debui, ne quod tempus familiaribus careret officiis. Sume igitur praelibatam salutationem quam tibi boni auspicii gratia adhuc stilo inpendimus, sed uoce proxime deferemus. Valete.

LXIX. SYMMACHVS NICOMACHIS FILIIS

Eleganti commento silentium uestrum purgare uoluistis: allegata est enim cautela tristium nuntiorum, quamdiu secunda succederent, ut ea quae intermissio scriptionis ante celauerat laetioribus indiciis proderentur. Sed nobis et illa per nuntios incognita non fuerunt et haec sera admodum uisa sunt. Augebat enim rumorum licentiam suspicio cessantis officii. Et tamen suscensere non possumus, postquam gratia praesentium litterarum memoriam praeteriti doloris exemit. Modo memento curam stili inter praecipua et prima sortiri, ne huius exempli recordatio maiores denuo nobis adferat metus, dum credimus sub expectatione meliorum rursus aliqua aduersa reticeri. Valete.

LXVIII. *PΠΓ*.

LXIX. *P*Π*.

LXX. *Symmaque à ses enfants Nicomaques (395?)*

Longtemps, je l'avoue, je me suis abstenu de prendre la plume: rien n'avait surgi qui fût à écrire, et de votre santé je recevais un riant témoignage en conversant avec mes visiteurs de passage. Finalement, les sentiments ont triomphé de cette inaction. Nous reprenons par conséquent l'habitude de vous exprimer nos salutations, bien que nous soyons totalement dépourvu d'engagements: après avoir fait retraite à Tibur, nous prolongeons à Rome des loisirs paresseux. Néanmoins nous ne sommes pas en cessation de toute activité. En effet, dans ma maison, on répare les fissures qui détérioraient les parois[1], vu que le premier constructeur a fait passer la solidité après les possibilités de réception, et que pour lui une utilisation rapide primait sur la sécurité de ceux qui viendraient après. Vous, au contraire, vous bâtissez du neuf qui durera pour l'éternité. De fait, selon les bruits qui circulent, vous avez réalisé des ouvrages à égaler ceux de Lucullus[2] et pourtant, en fin de compte, l'importance de nos dépenses ne le cédera en rien à celle des vôtres; car il y a autant de frais à restaurer souvent ce qui tombe à nouveau qu'à mettre en place une seule fois du solide. Adieu.

LXXI. *Symmaque à ses enfants Nicomaques (avant 402)*

Laissez-vous aller à une vie de délices, puisque vous regorgez des richesses de la terre et de la mer au point que l'opulence des deux éléments vous sert un banquet digne d'être offert aux Dieux. Il nous suffit de jouir d'une part de tout ce que vous prenez[1]: elle est si généreuse que chez nous aussi l'abondance déborde sur les tables. Adieu.

LXX. SYMMACHVS NICOMACHIS FILIIS

Diu me ab stilo fateor temperasse; nihil enim quod
scriberemus emersit, salutis autem uestrae laetam fidem
de aduentantium sermone capiebam. Tandem cessationem uicit adfectio. Reparamus igitur dicendae morem
salutis uacui omnium negotiorum. Post Tiburtem quippe
secessionem Romae oti*a* lenta producimus. Sed non
usquequaque agendarum rerum sumus desides. Nam
domi corruptorum parietum discidia sarciuntur, quia frequentationem soliditati conditor primus antetulit et anti-
quior ei uisa est celeritas utendi quam securitas succe-
dentium. Vos noua et aeuum mansura molimini;
siquidem sermo distulit quaedam uos Lucullanis operibus
aequanda fecisse. Nec tamen uobis inpendii magnitudine
cesserimus. Par enim sumptus est semel solida conlocare
et saepe integrare rec*i*dentia. Valete.

LXXI. SYMMACHVS NICOMACHIS FILIIS

Indulgete deliciis, quando ita terrae ac maris copiis
redundatis, ut uobis pollucibilem uictum utriusque ele-
menti ministret opulentia. Nobis satis est quod omnium
quae capitis parte defruimur adeo largiter, ut ipsi quoque
opimis dapibus adfluamus. Valete.

LXX. *P*ΠΓ*.
otia *Lectius*: otio *PΠ* ‖ frequentationem *PΠ*: festinati- *Γ* ‖ recidentia
coni. Scioppius: reced- *Γ* ced- *P¹* cad- *P²Π*.

LXXI. *P*ΠΓ*.

LXXII. *Symmaque à ses enfants Nicomaques (388)*

Rendu à la ville de nos pères et à nos Pénates, nous trouvons de quoi être choqué car des assauts répétés frappent notre terre d'Ostie[1]. Mais si vos projets ont une heureuse issue, faites-moi cadeau d'une lettre dont l'allégresse puisse effacer la nuée des affronts d'aujourd'hui. Adieu.

LXXIII. *Symmaque à ses enfants Nicomaques (397)*

Des douleurs rénales me torturent[1], mais pour éviter que des bruits majorés ne parviennent à vos oreilles, j'ai brièvement indiqué l'état présent de ma santé. Quand, à leur tour, se présenteront des motifs de se réjouir, suivant mon habitude je vous ferai tenir un billet plus joyeux. Adieu.

Lettre LXXII

1. Le parallèle quasi littéral avec l'*Ep.* 2, 52 (= tome I, p. 189, n. 1): *urget Ostiense praedium nostrum militaris impressio*, oblige à une datation en 388. Cette large antériorité à l'ensemble des autres lettres du livre VI confirme *a contrario* la règle en vertu de laquelle, semble-t-il — et là nous suivons une suggestion d'A. Marcone, *op. cit.*, p. 54 —, du vivant de son père, Nicomaque, s'il habitait la maison de famille, devait, en principe, se contenter d'être implicitement bénéficiaire de la correspondance reçue par le *pater familias* (exceptions ostensibles d'un épistolier particulièrement courtois: *v.g. Ep.* 8, 24 et 26). Dans le cas de la présente lettre, nous avons en 1984, *art. cit. supra* n. 1, p. 22, n. 24, indiqué qu'aux «lendemains des noces de Nicomaque *iunior*, celui-ci était resté en Campanie avec sa jeune femme, tandis que son père devait être à Milan avec Théodose». Symmaque subissait alors les conséquences de son ralliement à l'usurpateur Maxime et devait loger de la troupe (cf. *Ep.* 9, 48). Aucun autre billet de la période 388-392 (en 393-394, gendre et beau-père furent ensemble à Rome), mais on ne sait où résidait alors le couple (cf. *infra Ep.* 74). Si l'épistolier a eu sa fille en 371 (cf. tome I, p. 71, n. 2), celle-ci se serait mariée à l'âge de 17 ans. — La métaphore *nubem tergeat* est reprise *infra* par l'*Ep.* 8, 27.

Lettre LXXIII

1. Cf. *supra Ep.* 7, n. 3; 16, n. 1; 47, n. 1; 51, n. 1; 54, n. 1 et *infra Ep.* 76, n. 1.

LXXII. SYMMACHVS NICOMACHIS FILIIS

Patriae ac Penatibus redditi quaedam quibus offenderemur inuenimus: siquidem Ostiense praedium nostrum frequens pulsat inpressio. Sed si uobis prospere optata procedunt, praestate litteras quarum laetitia nubem tergeat praesentis iniuriae. Valete.

LXXIII. SYMMACHVS NICOMACHIS FILIIS

Rienum dolore discrucior. Sed ne maior ad aures uestras fama perueniat, praesentem statum ualetudinis meae breuiter indicaui. Cum laeta successerint, morem meum secutus dabo ad uos paginam laetiorem. Valete.

LXXII. *PΠΓR codd. Wallaei, F 1-12 15-18 20-22 24-33 35 37 39.*
offenderemur *PR, alii F*: -deremus *F 20* -derimur *F 39* -derimus *F 18 24* -diderimus *F 1* -dimur *Π, F 22 37* ostenderimus *F 21* ‖ pulsat *PR, alii F*: imp- *cod. Wallaei F 20 35* ‖ uobis *F 3 8 11 16 17 22 29² 31*: nobis *PΓR cod. Wallaei, ceteri F* ‖ procedunt *PR, alii F*: succedunt *F 4 9 10 12 22¹ 24 37* ‖ nubem tergeat *P*: t. n. *R, alii F* tegeat n. *F 15 21* tergat n. *cod. Wallaei, F 2 4 7 9 20 22 26-28 31² 33 35 37.*

LXXIII. *PΠR cod. Wallaei, F 1-13 15-18 20-21 24-33 35 37 39.*
rienum (rhi-) *P*: bien- *F 21* bienn- (*uel* ienn-) *alii F* renium *cod. Wallaei, F 1² 10* renum (*uel* remum) *R, F 4 9 12 27¹ 31²* rerum *F 7* benium (*uel* enium) *F 35 37* ‖ discrucior *P²*: -cutior *P¹* distencior *F 4* crucior *F 13 15 18 24 31 39* ‖ aures uestras *P*: u. a. *R, alii F* nostras a. *F 20 37 39* a. *F 2.*

LXXIV. *Symmaque à ses enfants Nicomaques (395-397)*

Ce n'est pas pour rien que nous avons différé jusqu'à ce jour notre réponse, car traiter l'affaire et rechercher les documents exigeaient un délai raisonnable. Mais dès que ce fut achevé, à tout ce que réclame l'instruction du procès[1] nous avons joint l'hommage d'une lettre en retour. En effet, devant l'obstacle de multiples soucis, nous ne pouvons, quant à nous, prendre la route dans votre direction. Il n'empêche, les conseils que nous aurions pu apporter à votre transaction vous seront donnés, de façon plus complète, par une autre personne, aussi paternelle[2]. Bien sûr, celle-ci n'a pas besoin d'un assesseur; à cause, cependant, des inanités de la procédure et du ravaudage des vieilles formules, elle daignera attendre le vénérable Prosdocius qui viendra aussitôt qu'une pleine santé aura effacé les restes de sa maladie. Adieu.

LXXV. *Symmaque à ses enfants Nicomaques (397)*

J'avais l'intention de ne pas m'arrêter à Fundi, au cas où j'aurais appris votre arrivée à Formies, mais comme les choses se sont passées autrement, j'ai décidé de couper mon voyage pour diminuer la fatigue[1]. Il appartiendra au bon pouvoir de la Fortune de ratifier notre espoir d'être le 28 juillet dans notre revivifiante propriété de Formies[2]. Voilà où se sont fixées nos intentions. Aux puissances célestes, maintenant, de réaliser ce vœu. Adieu.

Lettre LXXIV

1. Plus qu'à de véritables actions en justice, comme l'affaire de la tutelle (*Ep.* 6 et 8), ou celle de Sicile (*Ep.* 57 et 66), on songe à un différend qui ne doit pas être celui auquel font allusion les *Ep.* 2 et 22, où Symmaque sera arbitre, mais plutôt se rapporte aux problèmes nés de la succession de Nicomaque *senior*: partage des biens et restitution de salaire, cf. *Ep.* 12 (et sans doute 6, 52, 55, 59).

LXXIV. SYMMACHVS NICOMACHIS FILIIS

Non frustra hactenus responsa distulimus; tractatus enim negotii et chartarum inuestigatio moram iusti temporis exigebant. Haec ubi absoluta sunt, ceteris quae causae poscit instructio reciprocum litterarum munus adiecimus. Ipsi enim multis obstantibus curis iter ad uos nequimus adripere. Consilium tamen, quod transactioni uestrae possemus adhibere, cumulatius ex alio parente capietis. Qui etsi adiutore non indiget, dignabitur tamen ob inania fori et sut*e*las ueterum formularum sanctum Prosdocium praestolari uenturum ad uos protinus, cum reliquias malae ualetudinis plena sanitate limauerit. Valete.

LXXV. SYMMACHVS NICOMACHIS FILIIS

Fuit animus Fundos [oppidum] praeterire, si uos Formias accessisse didicissem: postquam aliter euenit, partiri iter placuit ad minuendum laborem. Erit igitur in arbitrio Fortunae ratum facere ut a. d. quintum kalendas Augustas Formiana sede recreemur. Haec est animi nostri destinatio; nunc in caelestium manu est effectus optati. Valete.

LXXIV. *PΠΓR, F ut supra Ep. LV.*
non *R, alii F:* nos *P, F 12* cum *F 10* ‖ tractatus *RF:* exactans *P* ‖ sutelas *F 31*[1]: -tilas *P* -tulas *R, F 7 25*[1] *29 32 33* situlas (*uel* scitu-) *alii F* siculas *F 8 21 26* -tulas *uel* consulta *s.l. F25*[2] consulta (*post* formularum) *F 5 6 28 om. F 12 13* ‖ prosdocium *P:* prostoci- (*uel* prostoti-) *R, alii F* prostori- *F 2 9 10 26 30* prostorum *F 37* prostoicum *F 28*[1] prostostium *F 31*[2] prostachium *F 1 31*[1] prottocium *F 11* prochorium *F 12* proticum *F 28*[2] *om. F 13.*

LXXV. *PΠ.*
oppidum *iure ut glossema delet Iuretus.*

LXXVI. *Symmaque à ses enfants Nicomaques (397)*

Aucune journée ne s'écoule sans lettre de ma part. Que serait-ce si, en échange, vous m'adressiez la parole à votre tour? Pourtant, je ne regrette pas mon exactitude, malgré cette négligence à m'honorer d'une réponse, car ce qui est fait par amour réjouit même sans profit. Quant à moi, je m'achemine d'un pas encore lent vers la guérison. Pour cette raison, j'hésite à pousser plus avant mon voyage et m'abstiens d'y réfléchir jusqu'à l'amélioration de ma santé. Mais vous, qu'avez-vous résolu, soit sur votre retour, soit sur votre arrêt prolongé hors des murs, voilà ce dont mon cœur est impatient d'être instruit[1]. Adieu.

LXXVII. *Symmaque à ses enfants Nicomaques (397)*

J'avais prévenu vos interrogations, quand je m'étais aperçu que vous seriez inquiets de me savoir atteint par la maladie; et bien que, de moi-même, je vous aie écrit que les disgrâces dont je souffrais s'étaient atténuées, toutefois, afin de supprimer de votre part une inquiétude qui toujours chez les êtres aimants est incrédule, aujourd'hui aussi je vous annonce que, si l'envieuse Fortune ne jette aucun sort sur mes paroles, je suis en train de me raccommoder avec ma santé. Mais le charme du littoral ne pénètre pas encore mes sens. Car, de même qu'après avoir été longuement secoué en mer, on tarde à reprendre une démarche équilibrée, de même il faut du temps, pour qu'un si grand mal, en s'éloignant, laisse place au bien-être. En attendant, je ne prends donc aucun plaisir ni aux rivages ni à mes constructions de Formies[1]. Tout cela, je l'espère cependant, reviendra avec un bon état physique, et bientôt, communiqué par ma plume, vous parviendra de quoi réjouir votre cœur. Adieu.

LXXVI. SYMMACHVS NICOMACHIS FILIIS

Nullus absque epistulis meis dies labitur. Quid si adfatum mutuum redderetis? Nec tamen paenitet diligentiae, quamuis honor uicissitudinis neglegatur. Nam quae ex amore fiunt, etiam gratuita delectant. Ego ad sanitatem lento adhuc gradu prouehor, atque ideo itineris ulterioris ambiguus usque ad profectum sanitatis deliberatione*m* sequestro. Quid ipsi de reditu aut suburbana commoratione statueritis a*u*et animus edoceri. Valete.

LXXVII. SYMMACHVS NICOMACHIS FILIIS

Anteueni inquisitionem, cum uos sollicitos fore, quod essem morbo adtemptatus, aduerterem, et quamuis ultro scripserim doloris mei aduersa tenuari, abolendae tamen sollicitudinis uestrae causa, quae apud amantes semper incredula est, nunc quoque nuntio, si dictum nullus Fortunae liuor effascinet, in concordiam mecum sanitate*m* redire. Sed nondum sensum meum penetrat amoenitas litoralis. Nam ut ex longa maris iactatione stabilis gressus sero reparatur, sic tempore opus est, ut tanti mali decessio locum faciat uoluptati. Ergo neque Formianae orae neque aedificationis meae tantisper ullam capio dulcedinem. Sed haec, ut spero, omnia cum bono ualetudinis reuertentur moxque ad laetitiam uestri animi stilo meo communicata peruenient. Valete.

LXXVI.   *PΠ*.
adhuc *Π*: adhoc *P* ‖ ambiguus *PΠ*: -guum *Suse* ‖ deliberationem *Iuretus*: -ne *P* ‖ auet *Iuretus*: habet *P*.

LXXVII.   *P*ΠΓ*.
sanitatem *Iuretus*: -ate *P* ‖ ut tanti *Γ*: uitanti *P*.

LXXVIII. *Symmaque à ses enfants Nicomaques (395?)*

Après m'avoir remis une seule lettre, votre valet, comme s'il allait rentrer chez vous sans délai, m'a pressé de répondre sur le champ; or, à ce que j'ai appris, lui-même continuant son chemin, a recouru à un artifice de comédie pour que notre billet fût rapporté par Rusticus, son compagnon. Maintenant il est revenu et en a donc touché un second. Cela vous amuse, je pense, qu'abusé par un mauvais tour servile[1], j'ai remboursé au double un unique emprunt, car ce malin d'esclave a reçu à deux reprises ce qu'il a porté une fois unique. Je poursuivrais davantage, si je disposais de choses à rajouter. Quant à vous, à proximité de la Ville, vous vivez dans un calme égal au mien mais avec des nouvelles plus fréquentes de la situation[2]. Il vous revient par conséquent de doter de vos informations les gens installés au loin. Adieu.

LXXIX. *Symmaque à ses enfants Nicomaques (avant 402)*

Que demeure à jamais ce jour qui vous a donnée à nous pour fille. Je souhaite au retour de maints anniversaires le célébrer avec vous dans la joie de mon cœur et par l'hommage de mes paroles. Je souhaite aussi y ajouter ces petits cadeaux sans grand poids pour moi, mais qui vous soient agréables, comme le collier qu'aujourd'hui je vous ai envoyé. Ce présent peut ne pas avoir trop mince apparence, s'il est estimé moins à la valeur de son prix qu'à celle de mes sentiments à votre endroit[1]. Adieu.

Lettre LXXVIII

1. La comédie du *Querolus* prouve la permanence de la typologie héritée de Plaute et de Térence (le premier use quatre fois du mot *techna*, le second une fois). Pour *stropha*, voir aussi l'*Ep.* 5, 63.
2. La lettre est écrite à un moment où les *Nicomachi* séjournent dans la banlieue romaine et Symmaque, un peu plus loin, dans le Latium; si nos suppositions émises *supra Ep.* 20, n. 1, 55, n. 1 et 70, n. 1 ne sont pas démenties, une datation en 395 n'irait pas contre la vraisemblance.

LXXVIII. SYMMACHVS NICOMACHIS FILIIS

Cum mihi puer uester unam epistulam reddidisset, ut rescriberem protinus, tamquam mox ad uos rediturus incubuit. Sed ut didici, ipse ad ulteriora contendens mimica usus est techna, ut paginam nostram comes eius Rusticus reportaret. Ille alteram nunc regressus accepit. Ridere uos arbitror, quod seruili circumscriptus stropha pro sorte simplici duplum soluerim. Nam callidus uernula quod semel pertulit bis recepit. Pergerem longius, si adicienda suppeterent. Vos in propinquo urbis celebriore fama rerum agitis et pari otio: uestrum est procul positos ditare conpertis. Valete.

LXXIX. SYMMACHVS NICOMACHIS FILIIS

Aeuum maneat hic dies qui te nobis filiam dedit. Hunc ego et gaudiis mentis et uerborum honoribus per multos annorum recursus uobiscum opto celebrare, adicere etiam mihi ingrauata, tibi iucunda munuscula, ut nunc lineam misi, cuius potest oblatio exigua non uideri, si magis mei in uos animi quam sui pretii aestimatione pendatur. Valete.

LXXVIII. *P*ΠΓR, F ut supra Ep. LV.*
rescriberem *P*: scri- *RF* ‖ techna *F 2 8 11² 26 31*: thecna *P* tegna (*uel* thegna) *alii F* regna *F 24¹ 39* ‖ circumscriptus *PR, alii F*: -mspectus *F 4 10 39* -muentus *F 12.*

LXXIX. *PΠR cod. Pithoei, F 1-13 15-18 20-21 24-26 28-33 37 39.*
aeuum *P, F 31²*: anum *F 5* unum *F 6 28* cum *F 1 21 24 31¹ 39* dum *F 20* diu *F 25¹ 33* diutunum *F 25²* haustus in a. *F 4 12* austus meum *F 37* in perpetuum *alii F om. F 13* ‖ adicere *PR, alii F*: addi- *F 1* -rem *Γ, F 5 28 29 33* mittere *F 4 37* ‖ ut *P, F 2²*: et *F 1-2¹ 20 24 26 30* aut *R, F 7 om. F 13 15 18 21 39.*

LXXX. *Symmaque à ses enfants Nicomaques (397)*

Cet anniversaire de Madame ma fille — notre souhait est qu'il revienne de nombreuses fois au cours des années — nous aurions voulu le passer avec vous et y prendre part, si des pluies continuelles ne s'étaient opposées à cette intention[1]. Nous sommes néanmoins exact à nous acquitter de nos hommages, en vous faisant le plaisir de ce tout petit présent et vous demandons de grossir la minceur du cadeau par votre bienveillance à le recevoir. Adieu.

LXXXI. *Symmaque à ses enfants Nicomaques (397?)*

Dans leur totalité, vous avez transporté chez nous les richesses du repas d'anniversaire; une seule chose pourtant a manqué, empêchant que la joie des festivités rejaillisse pleinement dans notre cœur: ce n'est pas plutôt en votre compagnie que nous avons consommé tout cela! Or d'habitude, vous voir, manger avec vous fait parfois valoir même des repas frugaux. C'est pourquoi à vous, à l'objet de notre commune affection dont avec un zèle religieux vous célébrez solennellement la naissance, nous souhaitons de fécondes années et le retour, maintes fois, de fêtes comme celle d'aujourd'hui, car un bonheur sans atteinte sied à des parents pieux.

Nous, les brises de Tibur nous caressent[1], mais, à l'inverse, l'humeur s'exaspère de la mauvaise façon dont les régisseurs tiennent les comptes. L'exploitation des terres n'est pas brillante, une grande partie des revenus sont à verser et les colons n'ont plus désormais les moyens de concourir soit à la gestion, soit à la culture[2]. Adieu[3].

Lettre LXXX

1. Les inondations de l'automne 397 (cf. *supra Ep.* 7) doivent être contemporaines de ce billet.

LXXX. SYMMACHVS NICOMACHIS FILIIS

Natalem domnae filiae meae, quem per annorum recursus optamus esse numerosum, uobiscum agere et participare uoluissem, nisi proposito restitisset imbrium continuatio. Fungimur tamen religioso honore, iucunditate munusculi petentes ut susceptionis benignitate oblationis exilitas augeatur. Valete.

LXXXI. SYMMACHVS NICOMACHIS FILIIS

Omnes ad nos natalicii conuiuii copias transtulistis; sed unum defuit, quominus ad nostrum animum redundaret plena festiuitas, quod non uobiscum potius cuncta consumpsimus, quorum contuitus atque conuictus commendare nonnumquam solet etiam parca conuiuia. Quare et uobis et communi pignori cuius sollemnem diem sedula religione celebrastis uberes precamur annos et recursum in haec eadem festa numerosum. Decet enim pios parentes inoffensa felicitas.

Nobis Tiburis aura blanditur, sed contra exasperat animum male gesta ratio uilicorum. Neque ager cultura nitet et fructuum pars magna debetur nihilque iam colonis superest facultatum, quod aut rationi opituletur aut cultui. Valete.

LXXX. *PΠR, F ut supra Ep. LXXIX.*

LXXXI. *PΠΓ.*
consumpsimus *Γ*: sum- *PΠ* ‖ exasperat animum *Iuretus*: -rata nimium *P* ‖ .q̄. aur̄ symmachi. ūc̄. consulis ordinarii explic̄. liber. VI. *P*.

LIVRE SEPTIÈME

À SON FILS SYMMAQUE

I. Symmaque à symmaque[1] son fils (399)

Soyez prompt à saisir les paroles dont votre père prend l'initiative, et par la suite montrez nous autant de générosité dans vos égards. En même temps, recevez la nouvelle, conforme à vos vœux, que par chance les faisceaux de votre préture vont être reportés pour une année où je puisse, si les Dieux veulent bien répondre à mon appel, avoir moi aussi la joie d'être parmi vous[2]. Réjouissez-vous donc d'un succès que nous souhaitions; voyez-y une multiplication des années de votre vie passées dans les honneurs — car il est vrai qu'ajourner fait durer —, et ne doutez pas qu'à chacun de nous la Fortune n'ait été attentive: votre magistrature aura ainsi l'appui d'une présence paternelle et, pour ma part, je jouirai pleinement du plaisir d'assister à vos festivités. Adieu.

II. *Symmaque à Symmaque, son fils (402)*

Aussitôt qu'une amicale opportunité m'a donné l'occasion de vous écrire, je n'ai pas attendu pour témoigner par écrit du regret de votre absence: ainsi rassuré sur ma santé, vous pourrez vous occuper de la vôtre et par le plaisir d'une lettre me consoler aussitôt de n'être pas avec vous[1]. Adieu.

LIBER SEPTIMVS

AD SYMMACHVM FILIVM

I. SYMMACHVS SYMMACHO FILIO

Sume alacer paterni sermonis auspicium et deinceps officii parilis in nos esto munificus. Simul accipe, quod uoto tuo congruit, fasces praeturae tuae in eum annum feliciter proferendos, cui aduocata numinum uoluntate ego quoque laetus intersim. Optato igitur laetare processu et propagatos tibi annos uitae atque honoris interpretare (longiora enim fiunt, quae differuntur) nec dubites utrique nostrum prospexisse Fortunam, ut et tuus magistratus iuuetur praesentia patris et ego festorum tuorum coram defruar uoluptate. Vale.

II. SYMMACHVS SYMMACHO FILIO

Vbi primum scribendi mihi ad uos copiam familiaris ingessit occasio, non distuli desiderium tui scriptione testari, ut salutis meae certus tuam cures et subinde absentiam meam litteraria uoluptate soleris. Vale.

LIVRE VII

   Incipit liber VII *P*.

I. *PΠΓ*.
honoris *codd.*: -res *coni. Havet* ‖ longiora... differuntur *uncis inclusit Seeck.*

II.   *PΠΓR cod. Pithoei, F 2-13 15-18-20-22 24-26 28-33 37 39.*
litteraria (*uel* -rea) *PR, alii F*: -ratoria *cod. Pithoei, F 1 18 20-21 24 31²39.*

III. *Symmaque à Symmaque, son fils (402)*

À votre aimable personne, j'envoie une seconde lettre avec l'intention que la fréquence de mes propos soit pour tous deux une consolation. Vous aussi, imitez mon empressement, chaque fois que Monsieur votre frère vous en trouvera l'occasion[1]. Dès lors votre bonne santé me rassurera en même temps que l'agrément de vos écrits me fera plaisir. Adieu.

IV. *Symmaque à Symmaque, son fils (400)*

La magnificence du consul a satisfait à la solennité des courses du cirque. Il reste encore — et c'est imminent — le splendide spectacle des jeux et des combats. Quand ils seront achevés — à mon avis avant les nones de février[1] —, nous reprendrons la route vers chez nous. Voilà ce que je vous écris pour que votre aimable personne ait la joie de se nourrir de meilleurs espoirs. Adieu.

V. *Symmaque à Symmaque, son fils (399-402)*

Mon autre lettre, je crois, viendra auparavant aux mains de votre aimable personne, car les porteurs de la présente missive accompagneront le retour des mulets et le voyage prendra du temps[1].Cependant je n'ai pu m'abstenir du devoir de vous saluer: j'ai préféré que vous parviennent avec retard des compliments qui seront de trop plutôt que de vous en laisser regretter l'oubli. Je n'ai encore reçu aucune lettre de votre aimable personne. Je vous demande de prendre le plus grand soin de cette obligation. D'après vos propres sentiments, vous pouvez en effet mesurer le soulagement qu'apporte aux absents de la régularité dans la correspondance. Adieu.

Lettre III

1. Cf. lettre précédente; exclusivité de l'appellatif *amabilitas tua* réservé à Memmius, voir *Colloque genevois sur Symmaque*, 1986, p. 35, n. 83, où nous avons noté le contraste avec le protocolaire *domnus frater tuus* désignant Nicomaque *iunior*; même sorti de sa charge de la préfecture de la Ville, celui-ci conservait assez d'entregent pour disposer d'un courrier.

III. SYMMACHVS SYMMACHO FILIO

Secundas ad amabilitatem tuam litteras mitto, ut sit adsiduitas sermonis mei utrique solacio. Tu quoque studium meum, quotiens domnus frater tuus occasiones reppererit, aemulare, ut et salus tua mihi securitatem tribuat et scriptorum iucunditas uoluptatem. Vale.

IV. SYMMACHVS SYMMACHO FILIO

Circensium sollemnitati consularis magnificentia satisfecit; ludorum adhuc et muneris splendidissimae imminent functiones quibus ante Februarias nonas, ut opinamur, inpletis iter ad nostra relegemus. Haec eo scribo, ut laetitia amabilitatis tuae spe meliore pascatur. Vale.

V. SYMMACHVS SYMMACHO FILIO

Credo alias litteras meas in manus amabilitatis tuae ante uenturas; huius namque epistulae portitores lento itinere mulos reduces prosequentur. Ego tamen salutationis munere abstinere non potui: malui enim ut redundaret officium sero peruectum, quam ut deside*ra*retur omissum. Tuae amabilitatis necdum ullam epistulam sumpsi. Quaeso ut huius tibi muneris summa curatio sit; ex tuo enim metiri animo potes quid leuaminis absentibus tribuat adsiduitas scriptionis. Vale.

III.   *P*ΠΓR, F ut supra Ep. II*.
frater tuus *ΠΓ*: ac f. meus *F 33* et f. meus *R, ceteri F*.

IV.   *PΠ*.

V.   *P*ΠΓ*.
desideraretur *Iuretus*: -deretur *PΠ*.

VI. *Symmaque à Symmaque, son fils (399-402)*

Je viens juste de recevoir de votre aimable personne la lettre tant souhaitée qui traduisait et la ferveur de vos sentiments et les progrès de votre talent. Seule la brièveté de la missive n'a pas du tout contenté les souhaits d'un père. Je vous l'écris, pour que vous compreniez le grand plaisir que je prends à vos propos par mes regrets d'y voir manquer l'abondance. Et vraiment qui se voudrait rassasié, hormis de bonnes choses? Soyez donc désormais plus complaisant à écrire, ô vous, mon soleil[1], pour combler l'affection de votre lecteur, en le régalant d'une plume plus généreuse. Adieu.

VII. *Symmaque à Symmaque, son fils (400)*

À notre voyage s'est ajoutée une durée supplémentaire à cause du report des jeux, ajournés en raison de pluies intempestives[1]; mais je veux que, rassuré sur ma santé, vous supportiez le présent retard avec calme et que, sans lâcher la plume, vous me consoliez de votre absence, un sentiment qu'accroissent en moi ces délais. Adieu.

VIII. *Symmaque à Symmaque, son fils (400)*

Je suis persuadé que l'assiduité de mes propos peut suffire à consoler votre cœur. En effet, à mes lettres de naguère j'ajoute maintenant un propos dont la lecture vous promettra l'espoir de mon retour, si la Fortune confirme mes présomptions. Le principe de ce raisonnement est évident, puisqu'après le magnifique spectacle des jeux consulaires il ne reste plus désormais que les représentations de l'arène[1]. Tournez donc votre cœur à la joie et croyez avoir obtenu ce que vous laisse attendre une conjecture probable. Adieu.

Lettre VI

1. Même fourchette chronologique que la lettre précédente; la *copia* souhaitée n'est pas une référence littéraire mais relève d'une topique affective, bien perceptible dans le vocatif: *lux mea*.

VI. SYMMACHVS SYMMACHO FILIO

Desideratas proxime amabilitatis tuae litteras sumpsi, quibus indicabatur et sedulitas animi tui et profectus ingenii. Sola epistulae breuitas nequaquam paterno desiderio satisfecit. Quod eo scribo, ut intellegas quantum ex sermone tuo ceperim uoluptatis, qui queror copiam defuisse. Quis enim optet satietatem nisi rerum bonarum? Posthac igitur indulgentius scribe, lux mea, ut pleniore stili tui munere legentis animus expleatur. Vale.

VII. SYMMACHVS SYMMACHO FILIO

Accessit peregrinationi nostrae largior dies ex conperendinatione ludorum quos pluuiarum interuentus retardat. Sed uolo ut hanc dilationem salutis meae certus leniter feras et desiderium tui, quod apud me crescit ex mora, stili adsiduitate soleris. Vale.

VIII. SYMMACHVS SYMMACHO FILIO

Confido solando animo tuo sermonis mei adsiduitatem posse sufficere; nam recentibus scriptis hunc addo sermonem cuius tibi lectio spem reditus mei pollicebitur, si fors praesumpta confirmet. Ratio autem huius aestimationis in aperto est, quia post magnificam ludorum consularium functionem sola adhuc arenae restat editio. Mutetur igitur animus in gaudium, et adeptum esse te crede quod possibilis coniectura promittit. Vale.

VI. *PII*.

VII. *PII*.
retardat *P*: -dant *Scioppius*.

VIII. *PIIΓ*.

IX. *Symmaque à Symmaque, son fils (399-402)*

Vos billets étincellent de pointes et de traits, je m'en réjouis; car à l'ardeur d'une jeune homme il sied de parler avec transport. Mais autant je veux que sur d'autres sujets vous recouriez aux élans du discours, autant dans ce genre d'écriture il vous faut mêler le plaisant au sérieux. C'est aussi, me semble-t-il, ce que vous recommande votre professeur. De fait, pour s'habiller et dans tout leur train de vie, les gens choisissent ce qui est adapté au moment et à l'endroit; de même, un talent aux ressources variées doit dans ses écrits privés imiter une sorte de nonchalance, alors qu'il agitera les armes de l'éloquence devant les tribunaux[1]. Mais je n'irai pas plus loin là-dessus. Poursuivez, en attendant, là où vous entraînent les emportements de l'âge et le feu de votre naturel. L'essentiel de mes vœux est que vous vous portiez bien et que, dépassant vos années, vous vous enrichissiez des apports des belles-lettres. Adieu.

X. *Symmaque à Symmaque, son fils (399-402)*

Notre ami Annius[1] passait en courant et je n'ai pu que lui enjoindre de vous dire mes compliments. Mais la lecture de la présente[2] lettre doit vous rassurer sur ma santé. Ayez donc le cœur joyeux et vous qui êtes toute ma gloire, attendez-vous à ce que par de multiples écrits parviennent à votre connaissance pareils sujets de vous réjouir. Adieu.

Lettre IX

1. Memmius a mis trop d'éloquence, de figures dans ses lettres; en écho aux conseils de Philostrate et de Julius Victor — cf. D. Raios, *Philostrateia* (en grec), Joannina, 1992, p. 174-175 et Ph. Bruggisser, *Symmaque ou le rituel épistolaire de l'amitié littéraire, Recherches sur le premier livre de la correspondance*, Fribourg, 1993, p. 18-19 et 363 (qui cite encore, p. 160, un Pseudo-Démétrios de Phalère et, ultérieurement, on lit chez Ennodius, *Ep.* 2, 13: *lex est in epistulis negligentia*) —, son père lui rappelle que le genre épistolaire veut un style familier, sans apprêt, proche de celui d'une comédie, disons: à la Térence. Les reproches adressés à Naucellius, cf. *Ep.* 3, 10-12, ne sont guère différents. Datation postérieure à 399, puisque le jeune homme reçoit l'enseignement d'un rhéteur.

IX. SYMMACHVS SYMMACHO FILIO

Scintillare acuminibus atque sententiis epistulas tuas gaudeo; decet enim loqui exultantius iuuenalem calorem. Sed uolo ut in aliis materiis aculeis orationis utaris, huic autem generi scriptionis maturum aliquid et comicum misceas: quod tibi etiam rhetorem tuum credo praecipere. Nam ut in uestitu hominum ceteroque uitae cultu loco ac tempori apta sumuntur, ita ingeniorum uarietas in familiaribus scriptis neglegentiam quandam debet imitari, in forensibus uero quatere arma facundiae. Sed de his non ibo longius. Perge interim quo te aetatis impetus et naturae ardor inpellit. Mei uoti caput est ut bene ualeas et supra annos tuos litterarum dote ditescas. Vale.

X. SYMMACHVS SYMMACHO FILIO

Amico nostro Annio cursim praetereunti potui solam dictionem salutis iniungere: sed debuit tibi sanitatis meae fidem facere lectio <praesentium> litterarum. Esto igitur animo laetiore et spera, decus meum, frequentibus scriptis in notitiam tuam similiter uentura quae gaudeas. Vale.

IX.   *PΠΓR*, *F 1-13 15-18 20-22 24-33 35 37 39*, *Ex.3*.
iuuenalem *PR*, *F 15 18 21 24 29 32*: -nilem *ceteri F* ‖ etiam *PΠRF*: et
Γ ‖ quatere *PΠΓ*: acuere *RF*.

X.   *PΠ*.
praesentium *coni. Seeck*: *ante* litterarum *lacunam unius uocis ind. P*
mearum *coni. Salmasius*.

XI. *Symmaque à Symmaque, son fils (399-402)*

Mon courage se redresse, chaque fois qu'on m'apporte un mot de votre aimable personne. En effet, à la fois il me transmet un témoignage fidèle sur votre santé et me montre les progrès de votre talent[1]. Je vous engage donc à me jeter souvent les tendres fleurs de votre style, sans vous arroger aucune interruption en me croyant près d'arriver: tout, pour revenir, me sera aplani et facilité, si, sur le chemin du retour, des pages de vous me stimulent de leurs encouragements. Adieu.

XII. *Symmaque à Symmaque, son fils (400 ou 402)*

La nouvelle de votre malaise m'a inquiété d'une façon considérable, bien que la même lettre m'eût simultanément rassuré sur votre état. Aussi, je me hâte dans l'inquiétude, en priant nos divins protecteurs, pour que ma missive et moi-même, à mon retour[1], nous vous trouvions en possession d'une bonne santé. Une telle satisfaction de mes vœux paternels fera, en effet, que je me réjouisse d'être revenu. Adieu.

XIII. *Symmaque à Symmaque, son fils (402)*

Des bruits contradictoires ont retardé ma route. En effet, le temps de reconnaître des zones sûres et de couper la longueur du chemin par des jours d'intervalle, je suis enfin arrivé le 24 février à Milan, en traversant longuement le territoire de Pavie.

Lettre XI

1. Reprise littérale de *profectus ingenii* déjà employé *supra Ep.* 6 et donc date analogue; *flosculus* n'apparaît pas ailleurs dans la correspondance symmachienne.

Lettre XII

1. Seeck pense à un retour de Milan et date en conséquence.

XI. SYMMACHVS SYMMACHO FILIO

Adsurgit animus meus, quotiens amabilitatis tuae sermo defertur; nam et sanitatis tuae adportat fidem et profectum ostentat ingenii. Hortor igitur ut me istiusmodi linguae tuae flosculis frequenter aspergas nec ullam cessationem tibi uindices, dum me breui aestimas adfuturum. Planiora enim mihi fient et faciliora omnia ad recurrendum, si paginis tuis reuertentis animus incitetur. Vale.

XII. SYMMACHVS SYMMACHO FILIO

Magnum in modum sollicitauit me inaequalitatis tuae nuntius, licet securitas sanitatis iisdem litteris esset adiuncta. Quare animi incertus adpropero orans diuina praesidia ut te conpotem bonae ualetudinis et epistula mea et recursus inueniat. Haec enim uoti paterni impetratio faciet ut redisse delectet. Vale.

XIII. SYMMACHVS SYMMACHO FILIO

Iter meum famae uarietas retardauit. Nam dum exploro tuta et longitudinem uiae dierum interpositione distinguo, tandem sextum kalendas Martias Mediolanium per Ticeni longinqua perueni. Nunc laborem meum domini et prin-

---

XI.   *P*ΠR cod. Wouuerani, F 1-13 15-18 21-22 24-26 28-33 37 39.* reuertentis *R, alii F*: -rentis *PΠ, F 1 11 15 18 21 24* -rendis *F 22* -renrentis *F 3* -uertendi *cod. Wouuerani, F* 2² *4 9 10 12 37 om. F 13.*

XII.   *P*Π.*
multa nunc in P lectioni deesse casu aliquo non ind. Seeck.

À présent, les aimables propos du Prince, notre Maître, m'ont consolé de mes peines. J'espère que l'objet de l'ambassade sera lui aussi rapidement porté à l'audience sacrée du Prince, s'il est vrai qu'est annoncée pour bientôt l'arrivée, avec de très valeureux renforts, de la personne parfaitement éminente à laquelle notre Ordre a confié le rôle principal dans cette mission officielle[1]. Votre silence me heurte vivement et, pour cette raison, je vous demande de m'aider à supporter mon voyage en m'entretenant sans relâche. Adieu.

XIV. *Symmaque à Symmaque, son fils (402)*

Faute de l'occasion d'un courrier de la Poste, j'ai envoyé un homme de mon personnel vous remettre un mot. Quant au présent porteur, je pense qu'il mettra du temps à vous rejoindre. Le contenu des deux lettres est identique: après un grand détour et un trajet sinueux[1], je suis entré à Milan le 24 février et, maintenant que j'ai présenté mes respects au Prince, notre Maître, dont les divins propos ont racheté les fatigues de mon voyage, je repousse mes obligations jusqu'à la venue du très éminent Comte. Le témoignage des messagers confirme qu'avec l'aide de Dieu il arrivera bientôt. Pour le moment, vous qui êtes ma gloire, souciez-vous de me consoler des soucis[2] de la route par votre régularité à m'écrire. Adieu.

Lettre XIII

1. Alaric avait envahi l'Italie en novembre 401, coupant la péninsule selon l'axe de la *uia Postumia*, prolongée sur Asti par la *uia Fuluia*. L'arrêt fut donné le jour de Pâques, 6 avril 402, à Pollentia, en Ligurie, par Stilicon redescendu de Rhétie, cf. S. Mazzarino, *Stilicone*, 2ᵉ éd. Milan, 1990, p. 195-196 et 382-384. Pour l'objet de la mission de Symmaque à la cour, son retour, sa disparition, voir les *Ep.* 4, 13 et 5, 94-96 (cf. tome II, p. 92 = 236, n. 1, p. 95, n. 1 et p. 222, n. 2). Les titres de courtoisie attribués à Stilicon sont traités par A. Marcone, «Simmaco e Stilicone», *Colloque genevois sur Symmaque*, 1986, p. 145-162. Sur l'indispensable participation de Stilicon comme légat privilégié du Sénat, cf. *Ep.* 6, 52 et 59.

cipis nostri blandus sermo solatus est. Spero etiam lega-
tionem breui in notitiam diuini principis perferendam;
siquidem uir cuncta praecelsus cui primas partes causae
publicae noster ordo mandauit mox cum praesidiis uali-
dissimis adfore nunti*a*tur. Vestro silentio uehementer
offendor atque ideo peto ut peregrinationis meae patientiam crebro iuuetis adfatu. Vale.

XIV. SYMMACHVS SYMMACHO FILIO

Cum ueredarii deesset occasio, priuato homini red-
denda scripta commisi. Hunc ad uos arbitror sero uenturum. Vtrisque autem litteris eadem continentur quod sextum kalendas Martias Mediolan*i*um multo anfracto
circumuectus intrauerim ueneratusque dominum et prin-
cipem nostrum cuius sermo diuinus itineris mei conpen-
sauit laborem, in praesentiam uiri cuncta praecelsi comitis agenda produco; quem mox deo iuuante adfore
nuntiorum confirmat adsertio. Nunc tuae curae sit, decus
nostrum, peregrinationis meae curas stili adsiduitate
solari. Vale.

XIII.   *P*ΠΓ*.
nuntiatur *Iuretus*: -tietur *P*.

XIV.   *PΠ*.
mediolanium *Seeck*: -num *codd*.

À ATTALE[1]

XV. *Symmaque à Attale (397)*

À considérer notre amitié, j'avais conçu l'espoir de votre venue, mais je ne suis pas loin de penser m'être trompé, en espérant que de vous-même vous vous présenteriez aux regards d'un père. Ainsi donc, puisque vous ne savez bien agir sans que nous fassions votre siège, hâtez-vous de répondre à nos prières et, si l'altière Tibur[2] vous a comblé, troquez ses agréments contre les forêts des Laurentes. Et n'allez pas craindre qu'on vous convoque dans une campagne hideuse: sous les yeux des chasseurs, il y a la mer et la propriété est bordée d'une route fréquentée; on a donc, de plain-pied, un large accès aux tanières mêmes du gibier et, ferait-il défaut, que nos échanges de propos et ces généreuses contributions de lettrés surpasseraient, sans nul doute, les plaisirs de Tarente ou ceux de la Sicile[3]. À vous, dès lors, si également vous levez la main en faveur de ce projet[4], de vous joindre au nombre des campagnards, en imitant un temps les Catons et les Atilius que le manche et le soc amenèrent aux faisceaux du consulat[5]. Adieu.

XVI. *Symmaque à Attale (avant 399)*

1. Vous souhaitiez un mot de moi en retour, je m'en réjouis mais j'écarte l'idée d'une maligne paresse: la réponse était prête, pourtant votre messager l'a laissée car, selon ce que j'ai appris par ouï-dire, votre santé incertaine l'avait fait partir. Vous reconnaissez, n'est-ce pas?, que les raisons de ma lenteur sont dépourvues de tout artifice, et qu'elles ne sont pas non plus tirées par les cheveux. Je n'irai pas plus loin, car on est bref quand on affirme la vérité.

Lettre XV

1. Compléter tome I, p. 207 (= 238), n. 1 — lettre de recommandation à Nicomaque *senior* — par A. Chastagnol, *Les fastes de la préfecture de Rome au Bas Empire*, Paris, 1962, p. 266-268. Pour la date possible et les *siluae Laurentes*, voir tome II, p. 125, n. 2 et *infra Ep.* 26-27.

AD ATTALVM

XV. SYMMACHVS ATTALO

Amicitiae nostrae contemplatio spem mihi aduentus tui fecerat: prope est ut errasse me credam, qui te speraui in conspectum parentis sponte uenturum. Quando igitur sine ambitu nostro recte facere nescis, oratus adpropera, et si te superbum Tibur expleuit, Laurentibus siluis amoena commuta. Nec uerearis ruris horridi denuntiationem: in oculis est uenantibus mare, celebri itinere uilla praestringitur; in ipsa igitur ferarum cubilia planus ac patulus accessus est, et si haec abessent, anteiret nimirum sermo inter nos mutuus et litterarum liberalis conlatio Tarentinas aut Siculas uoluptates. Quare si tu quoque huic sententiae manum porrigis, adde te rusticantium numero et paulisper Catones atque Atilios aemulare, quos uomis et stiua ad consulares misit secures. Vale.

XVI. SYMMACHVS ATTALO

1. Vicem sermonis mei desiderasse te gaudeo, sed amolior inuidiam neglegentiae. Parata enim responsa deseruit tabellarius tuus excitus, ut fando conperi, ualetudinis tuae dubio. Agnoscis nempe infucatas esse neque ex alto trahi cessationis meae causas. Non ibo longius, quia breuis est adsertio ueritatis.

XV. *Testimonium*: cf. SIDON., *Ep.* 8, 8, 2.
PΠΓ.
incipit ad attalum *Γ*: XIIII i. ad a. *P* ǀǀ planus *Iuretus*: plen- *P* ǀǀ uomis et *Γ*: u. *PΠ*.

XVI. *P*ΠΓR, F ut supra Ep. XI, Ex.3.*

À présent je me félicite de votre guérison: l'apprendre après des craintes extrêmes a dans mon cœur allumé beaucoup de joie; **2.** au reste, l'enjouement de votre lettre porte témoignage d'un second souffle plein de vigueur. Vous me demandez en effet de vous administrer les remèdes de ma plume, afin d'affermir vos forces. Voilà bien la verve de Baïes: trop de sel vous a gâté sur les bords du Lucrin. Y a-t-il dans mes paroles de quoi préserver vos oreilles et soigner vos idées? Je le crois, j'y consens, puisque bien des fois les potions amères ont une vertu salutaire et que des organes atteints sont revivifiés par d'âcres décoctions. **3.** Mais vraiment vous êtes trop avide: vous réclamez encore, quand vous avez en face de vous mon cher Flavien[1], si riche cependant d'aimables séductions que vous me paraissez comme envoûté chez les Sirènes ou les Lotophages[2]. Plût au Ciel que je partageasse votre loisir! J'y recevrais de vous plus de réconfort que vous n'en souhaitez, s'il est vrai que vous n'exigez de moi que des lettres. Adieu.

XVII. *Symmaque à Attale (avant 399)*

Eh oui! jusqu'à présent je me suis tu pour rien à vous attendre, sûr de votre promesse; mais finalement, renonçant à de meilleures, je dois en revenir aux habituelles consolations.

Lettre XVI

1. À Baïes, Attale profite du voisinage des *Nicomachi*, d'où la probabilité que la lettre date de 397-398 (plutôt que de 400-401); si la métaphore est bien filée, il a eu l'oreille infectée par le sel de la plaisanterie.
2. Mieux que les Lotophages d'Afrique, les Sirènes sont évoquées à bon droit, car leur nom s'attache aux rochers de Capri et de Sorrente, cf. tome I, p. 110 (= 224), p. 3 (*add.* Auson., *Griphus* 21, dédié à Symmaque).

Nunc sanitatem tibi gratulor, qua post nimium metum
cognita multum diluxit in pectore meo gaudii. **2.** Indicium autem respirantis uigoris litterarum tuarum iucunditas praetulit. Petis namque ut tibi ad confirmandam ualetudinem stili mei remedia subministrem. Festiuitas ista
Baiana est; nimiis te salibus sinus Lucrinus infecit. Estne
aliquid in uerbis meis, quod aures tuas sospitet, quod
medicinam sensibus faciat? Credo, consentio. Nam plerumque amara haustu ad salutem ualent et sucis tristibus
adfecta refouentur. **3.** Sed nimium quantum auarus es qui
Flauiano meo praesente quicquam requiris, in quo tanta
rerum bonarum delenimenta sunt, ut mihi quasi apud Sire-
nas aut Lotophagos haesisse uidearis. Atque utinam uestro
otio iungerer; plus de uobis caperem salubritatis, quam tu
desideras, qui a me solas litteras poposcisti. Vale.

XVII. SYMMACHVS ATTALO

Ne ego frustra hactenus tacui, dum te promissi certus
opperior. Tandem redeundum mihi est ad consueta solacia meliorum desperatione. Et fortasse suscenses diuturno

---

1. sanitatem tibi gratulor *P*: s. g. t. redditam *F 22* s. t. g. esse redditam
F 12 s. g. t. redditam esse *F 4 37* s. g. t. redditam fore *R, alii F* s. g.
redditam t. fore *F 7* g. s. t. redditam fore *F 39* s. g. t. redditam prius
fere *F 29* s. g. t. redditam foro *F 5* s. g. mihi redditam fore *F 26 30 om.
F 13* ‖ qua *R, F 2-3 5-6 16 26 28 31*: quia *F 4 25 33* que *F 7* quam *P,
alii F om. F 13* ‖ cognita *R, alii F*: -tam *P, F 10 15 18 21 24 29 32 39
om. F 13*.
2. praetulit *PR, alii F*: attu- *F 1 15 18 21² 22 24 31 39* detulit *F 21¹
om. F 13* ‖ refouentur *PR, alii F*: -focillantur *F 2-4 8²-12 17² 26 37,
Ex.3* aluntur *F 16²*.
3. lotophagos *F 1 3 31*: lotho- *F 29* lotofa- *F 4 6-7 9-10 12 18 28*
lotoua- *F 15 21 24* lotona- *F 33* late uagos *F 22* locofa *PR, alii F*
lochofa- *F 2²* lucofa- *F 2¹ 26 30 om. F 13*.

XVII. *PΠΓ.*

Et puis, peut-être vous irritez-vous de mon silence prolongé? Mais il reste encore une autre solution: c'est, puisque je suis déçu dans mes espérances, de me faire inviter[1]. Ainsi donc l'héritier de vos droits, je serai prêt à tenir la promesse d'entreprendre le voyage[2]. Me contenter d'un semblable réconfort ne me contrariera pas. En tout cas, à procéder à de tels échanges de bons offices, ou bien je me consolerai de ce que vous ne venez pas, ou bien je mériterai que vous veniez. Adieu.

XVIII. *Symmaque à Attale (397)*

1. Dernièrement revenu du golfe de Formies auprès de mes lares du Caelius[1], j'apprends que depuis quelque temps vous êtes absent du logis. Sans tarder, à Théophile[2], notre ami commun et maintenant mon compagnon de route[3], j'ai donné mission de poursuivre jusqu'en pays tiburtin[4] pour vous annoncer mon retour et vous porter un mot de salutation. Avec votre curiosité de ce qui me touche et comme si un décret officiel vous avait confié droit d'enquête sur nous, à force de le malmener vous l'avez contraint à divulguer ce que j'avais fait à l'extérieur. Voilà de fait ce que m'avoue la lettre que, de votre part, m'a rapportée cet excellent Théophile.

2. Ce fut, admettons-le, un effet de votre bonté que de vous enquérir de mes hauts faits, chapitre par chapitre: ma santé avait-elle profité de mes fréquentes promenades en mer[5] ou dans la campagne, ou bien avions-nous amélioré les cultures de nos champs, l'élégance des bâtiments, les chiffres du cheptel? De quel flux avaient grossi nos produits de consommation[6]? Une modération voulue resserrait-elle mon train de maison

Lettre XVII

1. Le contexte paraît proche de l'épître précédente où la dernière phrase, un peu dépitée, a l'air de regretter qu'Attale ne demande pas la venue de Symmaque.

2. Scioppius ayant tiré *arcessar* de *arcesseres* et Seeck supposé — après une lacune plutôt mal placée — un *eres* à restituer par haplographie, nous suggérons une proposition commençant par *heres* avec, lié ou non à un verbe, un attribut comme *promptus*, qui a pu sauter en fin de phrase devant *stare promissis*. Ce n'est qu'un pis-aller.

silentio meo? Id uero etiam reliquum est ut inritus *ex*pec-
tationis arcess*ar*. *H*eres igitur iuris tui super ordiendo itinere <promptus ero> stare promissis. Me esse contentum
tali leuamine non pigebit; hoc certe officiorum conmercio
aut solabor quod non uenis, aut merebor ut uenias. Vale.

XVIII. SYMMACHVS ATTALO

1. Proxime de Formiano sinu regressus in larem Caelium domo iamdiu abesse te conperi. Datum mox negotium est Theo*ph*ilo communi amico et nunc itineris mei
socio, ut et ad te in Tibur*t*em agrum reditus mei nuntius
pergeret et salutationis uerba perferret. Hunc tu, ut es
curiosus rerum mearum, quasi aliqua tibi in nos decreto
publico inquisitio esset tributa, uersando palam facere
coegisti quae foris gesseram. Nam hoc confessae sunt litterae tuae quas idem uir optimus Theo*ph*ilus reportauit.
2. Fuerit benignitatis tuae actuum meorum fastigia et
capita disquirere — utrum crebra uectatio campi aut
maris ualetudinem meam iuuerit, an ullus agris nostris
cultus, aedibus nitor, pecori numeris accesserit, quid
adfluxerit edulium copiarum, utrum consularem mensam
succinxerit modus uoluntarius, an umquam Formias uicina
urbe aut longinquiore mutauerim —: etiamne explorare te

---

irritus exspectationis *Modius*: i. spec- *codd.* -tum e. *Lectius* -ta spe
conciliationis *coni. Scioppius* i. spei cunctationis *Iuretus (1604)* ‖
arcessar heres *coni. ego*: -cesseres *codd.* -cesseris *Lectius* -cessas *uel*
accuses oris *coni. Modius* -cessar noris *coni. Scioppius* - cessar est
Iuretus (1604) inter -cessar *et* eres *lacunam ind. Seeck* ‖ promptus ero
stare promissis *coni. ego*: s. promissis *codd.*

XVIII.   *P*ΠΓ*.
1. theophilo... theophilus *Iuretus*: -ofilo... ofilus *P* ‖ tiburtem *Mueller*:
-rem *PΠ* ‖ uersando *PΠ*: scrutando *Mercerus* quaeritando *Seeck* inues-
tigando *Mueller* ‖ gesseram *Π*: -rim *Mueller*.
2. actuum *P*[1]: -tutum *P*[2] ‖ longinquiore *Scioppius*: -quo ire *codd.* -quo
rure *Iuretus* l. ora *Mueller*.

comme celui d'un ancien consul[7]? Avais-je parfois déménagé de Formies pour une ville proche ou plus lointaine? Mais encore, de quel droit avez-vous guetté ce qu'à l'écart de témoins le souci de mes recherches a couché par écrit[8], et si un regard souvent fixe et des marques blafardes trahissaient mon labeur sur les tablettes[9]? **3.** Ma plume souffre que vous soyez ce guetteur. Vous enseignez aux amis à dépister les indices et, si l'on peut dire, vous traquez notre littérature au fumet et à la trace[10]. Est-ce que moi, j'exige de connaître vos exercices de style dans les vergers de Tibur? La rumeur m'a seulement appris que vous veniez de construire des thermes où, raconte-t-on, un seul tison suffit à entretenir une chaleur régulière[11]. Dans vos nombreux loisirs vous avez multiplié — l'information vient de vous — les lectures d'écrivains dans les deux langues[12]. **4.** Mais moi, je ne demande pas si, vous aussi, vous avez écrit quelque chose. Je remarque en effet qu'enflammé par une superbe que vous donne la conscience de votre propre ouvrage, vous avez voulu savoir si j'en ai fait autant, pour ma part.

Trêve cependant de missives; je voudrais que vous reveniez, à moins peut-être que vos modestes dépenses thermales ne vous engagent à ne pas abandonner vos habitudes d'économie. Adieu.

XIX. *Symmaque à Attale (397)*

Le piquant de votre lettre rachète deux fautes simultanées contre l'amitié: votre absence se prolongeait et vous n'écriviez rien. Aurait-on en Colchide ou en Thessalie trouvé une formule, un geste pour soulager de telles offenses[1]? À cause, donc, de cette lettre charmante, vous emporterez votre pardon en récompense. J'admets que, l'esprit libre, vous fêtiez avec entrain le mariage de votre ami, en faisant de cette ville de Tibur, qui naguère a porté les torches devant vous, le bien commun de Junon et d'Hercule[2]. Après le retour de noces[3], vous reviendrez, j'espère, vers nos lares du Caelius. Ou bien, s'il vous plaît encore de passer les jours d'été dans vos vergers, à nouveau mon amertume devra être adoucie par le miel de vos épîtres. Adieu.

fas fuit, quid procul ab arbitris studiorum meorum cura contulerit in paginas, utrum me operatum ceris stantes plerumque oculi et palloris signa detexerint? **3.** Exploratorem te stilus meus patitur. Doces amicos suspicionum uias, et si dici potest, odore atque uestigiis scripta nostra uenaris. Num ego scire postulo quid in Tiburtibus pomariis litterarii operis exerceas? Solum hoc fama attulit balineum tibi nuper extructum, cui torris unus ad iusti caloris pabulum satisfacere narratur; lectitasse autem te in multo otio utriusque linguae auctores, ipse index fuisti. **4.** Ego tamen non quaero an aliquid et scripseris. Animaduerto enim te conscientiae gloria proprii operis accensum uoluisse cognoscere an ego quoque idem fecerim.

Sed iam omissis epistulis uelim redeas, nisi forte balnei tui breuis sumptus hortatur ne deseras parsimoniae consuetudinem. Vale.

XIX. SYMMACHVS ATTALO

Duo pariter commissa in amicitiam redemisti epistulae tuae salibus: diu afueras, nihil scripseras. Quis Colchus aut Thessalus cantu aut manu has offensiones leuasset? Ergo ob epistulae delenimentum ueniae pretium feres. Sino ut amici tui nuptiale festum curae uacuus exerceas et urbem Tiburtem quae nuper tibi faces praetulit communem Iunoni et Herculi facias. Reuerteris, ut spero, post repotia in Caelium larem: uel si adhuc iuuat aestiuos dies in pomariis tuis ducere, iterum tibi indignatio mea litterarum tuarum melle placanda est. Vale.

4. accensum *Iuretus*: accessum *codd.* successum *Gruterus* successu *Salmasius.*

XIX. *PΠΓR cod. Pithoei, F 1-12 15-18 21 24-26 28-33 37 39.*
diu *ante* epistulae *transp. RF* ‖ repetas *post* tiburtem *inser. R, alii F ante* t. *F 15 18 21 24 25 31 33 39* ‖ facias *om. RF.*

XX. *Symmaque à Attale (397)*

Le domaine de Tibur, qui vient de vous échoir en propriété, requiert d'être vanté par un plus grand talent; pourtant, en dépit des modestes ressources de mon verbe, je rendrai en paroles, comme je le pourrai, un hommage à ces lieux. Que de charme dans la position de la demeure! Quelle vaste plongée de l'œil depuis les hauteurs sur la plaine[1]! Je dirais volontiers que les divinités d'Orchomène hantent ce séjour et qu'elles ont peiné sans retenue afin de ménager à leurs demeures un maître tel que vous. Poursuivez donc votre action et redonnez un air neuf à ce que le temps a vaincu. C'est bien plus aisé à faire que de retrouver, comme on le dit d'Hésiode, la verdeur des ans, en dépouillant la vieillesse[2]. En attendant, félicitez-nous de notre bonne santé. Que vous aussi — et pour longtemps — vous en soyez favorisé est au nombre des vœux que je formule par-dessus tout. Adieu.

XXI. *Symmaque à Attale (398)*

Maintenant que mon cocher[1] m'a rendu votre lettre et que ce salut renvoyé en cours de retour s'acquitte avec scrupule de vos obligations à notre endroit, me voici, le temps de votre absence, gratifié d'un accès fréquent à des entretiens avec vous. Je commence en conséquence par ce qui est au premier rang de vos vœux. Grâce aux Dieux, ma santé et celle de mon fils unique sont bonnes. Autant qu'il est permis, je me dérobe aux foules de la Ville, en gagnant ma campagne du Vatican[2]. Néanmoins, les fois où nous sommes convoqué à l'Assemblée, j'y reporte mes pas, aux ordres du Conseil de la République. Je sais que vous ne voulez rien de plus à notre sujet. La modicité de mes désirs réclame d'en apprendre autant de vos affaires. Adieu.

Lettre XX

1. Lettre légèrement antérieure aux *Ep*. 15, 18 et 19: esquisse, à cause de la brièveté épistolaire, d'un *elogium* à la manière de Stace. En fait, Symmaque s'en tient à l'impression primordiale de verticalité qui séduira les paysagistes modernes, cf. Horat., *Carm.* 1, 7, 13-14: *Et praeceps Anio ac Tiburni lucus et uda / mobilibus pomaria riuis*. — Pour *linguae modicus*, cf. G. Haverling, *op. cit.*, p. 195.

XX. SYMMACHVS ATTALO

Villa Tiburs quae proxime in ius tuum uenit maioris ingenii praedicatorem requirit; ego tamen linguae modicus, ut potero, uerbis honorem loco faciam. Quid hic in positu aedium uenustatis est! Quantus ex edito late in plana iactus oculorum! Frequentare has sedes Orchomenias dixerim deas, atque eas sedulo adnisas u*t* te conciliarent aedibus suis dominum. Perge igitur, ut facis, et uictis aeuo redde nouitatem. Multo hoc factu promptius, quam quod Hesiodum ferunt posito senio in uirides annos redisse. Interea gratulare nobis bonam ualetudinem quae ut tibi quoque longum secundet inter fastigia est uotorum meorum. Vale.

XXI. SYMMACHVS ATTALO

Postquam mihi litteras tuas raedarius meus reddidit et salutatio ex itinere reportata obseruantiam nostram soluit religione, datus est mihi aditus crebro, dum aberis, tecum loquendi. Quare ab iis ordior, quae in uoto tuo prima sunt. Deum pace mea atque unici mei sanitas uiget. Vrbanas turbas Vaticano, in quantum licet, rure declino et tamen, si quando in coetum uocamur, ad obsequium consilii publici pedem refero. Scio te nihil amplius uelle de nobis. Tantumdem pernoscere rerum tuarum desiderii modus postulat. Vale.

XX. *PΠΓ*.
tiburs *Seeck*: -buris *P* ‖ quantus *Γ*: quas situs *P* quis situs *Iuretus* quis situ *Haupt* ‖ ex edito late *Scioppius*: et edito l. *Γ* ex aedito sit *P* ex edito fit *Haupt* ‖ ut te *Lectius*: uitae *codd.*

XXI. *P*ΠΓR, F 1-12 15-18 21-22 24-26 28-33 37 39*.
iis *P, F 16*[1]: hiis *F 3 4 6 11 12 17 39* his *ceteri F* ‖ desiderii *PR, alii F*: d. nostri *F 4 12 37*.

XXII. *Symmaque à Attale (398)*

Je me suis longuement demandé si, dans l'attente légitime de votre retour[1], je devais vous rendre hommage. Je craignais, en effet, que votre hâte ne fût brisée, si des consolations allaient au-devant de vous. Mais une raison contraire a levé cette hésitation: elle m'a donné l'espoir que ma lettre, tandis que vous reveniez, ferait office d'éperon, non de frein. Et à dessein je cherche à être bref, en vous transmettant seulement l'expression de mon salut, afin qu'une petite gorgée de mes propos réussisse mieux à attiser votre soif qu'à l'étancher. Adieu.

XXIII. *Symmaque à Attale (396?)*

Vos yeux, je crois, me cherchent, mais votre pensée ne saurait douter de ma présence. L'affection que j'ai pour vous m'accompagne effectivement en voyage, et par ce qu'éprouve mon cœur, vous êtes tout entier dans mes pérégrinations[1]. Ma plume ne s'en livre pas moins aux plaisirs de l'amitié. Si, à votre tour, vous agissez de même, il m'écherra de jouir pour longtemps d'un repos qui m'appartiendra[2], puisque vous ne m'opposerez pas le refus qui pourrait m'en déposséder. Adieu.

Lettre XXII

1. Probablement la suite de la lettre précédente: Attale va revenir à Rome.

Lettre XXIII

1. Lettre peut-être à joindre à celle qui suit.
2. Construction transitive, si l'on accepte la *lectio difficilior*, cf. G. Haverling, *op. cit.*, p. 212.

XXII. SYMMACHVS ATTALO

Longa me deliberatio habuit an tibi honorem facere
sub iusta reditus uestri expectatione deberem. Verebar
enim ne festinatio tua solaciis obuiis frangeretur. Sed hoc
ambiguum soluit ratio contraria quae spem dedit has litteras reuertenti stimulorum, non frenorum instar futuras.
Et consulto adfecto breuitatem solam tibi deferens dictionem salutis, ut uerborum meorum haustus exiguus effica-
cior sit ad sollicitandam sitim quam ad explendam. Vale.

XXIII. SYMMACHVS ATTALO

Requir*u*nt me, credo, oculi tui, mens adesse non dubitet. Mecum enim diligentia tui peregrinatur totumque
animi adfectione circumfero. Nihilominus exerceo stilo
amicitiae uoluptatem; quod si tu quoque inuicem feceris,
*e*ueniet ut longum fruar otii possessionem, quia non
negabis quod me posset abducere. Vale.

XXII. *PΠΓR, F 1-13 15-18 21 24-26 28-33 37 39*.
reuertenti *Π, F 3 11 16 29*: -tendi *R, alii F* -uerenti *P* -uerendi *F 32* ‖
et *PΠR, alii F*: ex *F 5 6 12 25 28 33* quod *F 11* sed *Seeck* ‖ deferens
P: praef- *R, alii F* praefero *F 8 11 13 16 17* prosequens *F 9*.

XXIII. *P*ΠΓ*.
requirunt *Iuretus*: -rant *Π* ‖ eueniet *Wingendorp*: ue- *PΠ* ‖ possessionem *P*[1]: -ne *P*[2] ‖ posset *P*[1]: -sit *P²Π*.

XXIV. *Symmaque à Attale (396)*

M'avançant jusqu'aux rivages de Naples, j'y ai pris la lettre où vous nous invitiez à nous arrêter à Baïes, le temps que vous fussiez arrivé. Le porteur de la missive assurait votre départ imminent, sur ses talons. Que faire, maintenant que ne me retenait plus le même endroit? Il a paru plus expédient que nous sollicitions de vous la faveur de poursuivre votre route vers nous[1]. De fait, ce sont les amis et non pas Baïes que vous désirez, à moins peut-être que vous ne soyez attiré là-bas par les fameuses voluptés du golfe. Nous vous accompagnerons, si vous préférez y retourner, encore que la région que vous dépréciez ait un climat plus salubre et autant de ressources[2]. Ce sera à vous de choisir si nous devons continuer notre chemin ou bien revenir sur nos pas. Pour me faire pardonner, il est opportun que je vous suive, en retournant là même où je n'ai pu attendre votre arrivée. Adieu.

XXV. *Symmaque à Attale (396-399)*

Si vous aviez répondu à ma lettre, vous auriez soulagé d'un poids votre conscience. En réalité, c'est la mienne que votre silence a confortée: quand on me paie de mes hommages, j'en tire de la joie; quand on me les refuse, je triomphe. Et pourtant, je sais que vous pouvez produire d'abondance ce que nous ne faisons qu'effleurer avec force suées. Mais puisque vous refusez de beaux discours à vos lecteurs, pour que vous ne pensiez pas que je fais violence à votre parcimonie, je ravale là mes frais[1]. Adieu.

Lettre XXIV

1. À la fin d'octobre 396, Symmaque était à Naples et se disposait à rentrer à Rome en passant par Capoue. Le billet d'Attale, reçu trop tard, fixait un rendez-vous à Baïes, alors que déjà l'épistolier avait quitté cette station, cf. O. Seeck, *op. cit.*, p. LXI-LXII (avec les réserves de S. Roda, *op. cit.*, p. 283-284).
2. Attale qui préfère Baïes est ainsi invité à Formies, car, en dépit de sa politesse, Symmaque aimerait mieux ne pas trop modifier ses plans (vantée par Horace ou Stace, critiquée par Sénèque, une villégiature à Baïes attirait par la chaleur des eaux du golfe, cf. tome I, p. 73, n. 1).

Lettre XXV

1. Lettre indatable; la métaphore finale est sans parallèle (tradition manuscrite non univoque).

XXIV. SYMMACHVS ATTALO

Ad Neapolitanam prouectus oram litteras sumpsi, quibus nos in aduentum tuum Bais residere iussisti. Adsere-
bat perlator epistulae imminere excursum tuum calcibus
suis. Quid facerem, cum me nec locus idem teneret?
Expeditius uisum est ut a te potius gratiam continuandi
ad nos itineris posceremus. Amicos enim, non Baias desi-
derasti, nisi forte illo luxuriae sinu traheris. Comitabimur
te, si eo redire malueris, quamuis regionis istius caelum
salubrius et pares copiae sint. Erit optio tua intendere iter
an relegere debeamus. Ad defensionem meam pertinet eo
redeuntem te sequi, ubi aduentantem expectare non potui.
Vale.

XXV. SYMMACHVS ATTALO

Si respondisses epistulae meae, leuasses onere
conscientiam tuam: nunc nostram taciturnitate iuuisti.
Repensa enim officia laetitiam mihi praestant, negata uic-
toriam. Et scio ex abundanti posse te facere quod nos
multo sudore destringimus. Sed quia inuides bona uerba
lectoribus, ne uim facere existimer auaritiae tuae, dispendium meum deuoro. Vale.

XXIV. *PΠΓ*.
idem *codd.*: idem iam *Mueller* ‖ nos *codd.*: uos *Scioppius*.

XXV. *PΠΓR cod. Pithoei, F ut supra Ep. XXII*.
taciturnitate *Wingendorp*: -tem *PΓ* per -tem *ΠR, alii F om. F 4 9 10 12
37 39* ‖ deuoro *PR, alii F*: deuero *F 29* deuoueo *Γ cod. Pithoei, F 31*[2]
‖ explic̄. ad attalum *PΠ*.

À MACÉDONIUS[1]

XXVI. *Symmaque à Macédonius (397)*

J'ose vous inviter, après les délices de Tibur, sur ma terre de Lavinium, mais je n'insiste pas pour implorer ce que désire mon attachement[2]. Telle, en effet, doit être la règle des demandes entre amis: qu'au donateur paraisse aller de soi ce qui compte beaucoup pour l'impétrant. Adieu.

XXVII. *Symmaque à Macédonius (397?)*

D'habitude, vous prétendez me préférer à vous[1]. Ce pourrait être crédible, si vous souffriez que vienne à nous mon fils[2] Attale. Il est, en effet, sous vos lois, il obéit à vos directives. J'accepte qu'il doive en être ainsi, mais vous ne sauriez à ce point étendre à notre détriment votre autorité de pontife[3]. Est-ce trop peu que vous-même, tout autant désiré, vous délaissiez notre compagnie, en refusant à nos souhaits si vifs d'y joindre votre personne. Par-dessus le marché, vous en retenez aussi un autre par les artifices d'une séduisante amitié[4], car, je présume, vous vous imaginez que j'avancerai mon retour, si je suis privé de vous deux. Pourtant, je vous le notifie; il faut des encouragements pour ramener de force qui s'attarde: comme vous le savez, j'aime la retraite et me repais de tranquillité. Je vous donne donc des armes contre ma lenteur: si désormais vous souhaitez le retour de l'ami absent, souffrez la brève escapade de celui qui est près[5]. Adieu.

Lettre XXVI

1. Cf. tome I, p. 183, n. 2 (recommandation du fils de Macédonius auprès de Nicomaque l'Ancien); R. Delmaire, *op. cit.*, *supra Ep.* 6, 12, n. 2, p. 182, n'exclut pas une identification avec le *comes rerum priuatarum* en 411 pour l'Orient; à notre avis, Macédonius est davantage de la génération de Symmaque.

AD MACEDONIVM

XXVI. SYMMACHVS MACEDONIO

Audeo te in agrum Lauinatem meum post Tiburtes rogare delicias, nec sum religiosi desiderii longus precator. Ea quippe inter amicos petitionum debet esse condicio, ut praestantibus prona uideantur quae sunt magna poscentibus. Vale.

XXVII. SYMMACHVS MACEDONIO

Soles adfirmare quod me tibi praeferas. Posset hoc esse credibile, si filium meum Attalum ad nos uenire patereris. In tuo enim iure est, tuis monitis adquiescit; quod quidem fieri oportere consentio, sed non eatenus pontificium tuum in nostra damna protendas! Parumne est quod ipse aeque desiderandus consortium meum deseris et inuides nobis exoptatissimam tui societatem? Insuper alterum quoque deleni*fi*cis amoris artibus retines, credo coniciens adceleraturum esse me reditum, si utroque destituar. At ego denuntio opus esse monitore qui retrahat haerentem; nam, ut scis, amo otium, pascor quiete. Instruo itaque te aduersum lentitudinem meam: si absentis amici iam desideras reditum, patere breuem praesentis excursum. Vale.

XXVI.   *PΠΓ, F 29 32.*
incipit eiusdem ad macedonium *PΓ*.

XXVII.   *PΠΓ.*
eatenus *P*[1]: e. ut *P*[2] ‖ delenificis *Iuretus*: -nicis *P* ‖ adceleraturum *Iuretus*: adcelebra- *P*.

XXVIII. *Symmaque à Macédonius (396)*

Bien qu'entravé par des fièvres très pénibles[1], je n'ai pu vous dénier l'hommage d'une lettre, pour n'être pas jugé négligent dans mes devoirs. Je n'ai cependant pas eu la force de prolonger ma lettre sur plusieurs lignes. Sa brièveté ne m'est donc pas imputable, puisqu'elle découle, non de ma volonté, mais des atteintes à ma santé. Adieu.

XXIX. *Symmaque à Macédonius (396-399?)*

Le départ de mon frère, l'honorable Proclianus[1], ne souffrait pas mon silence et pas davantage notre affection ne m'autorisait à mesurer mes hommages. Recevez donc, comme il se doit, l'offrande de cette adresse et, pour me rendre plus prompt, prenez souvent la peine de me favoriser de vos salutations. Adieu.

À ATTICUS[1]

XXX. *Symmaque à Atticus (396)*

J'ai, bien sûr, plaisir à me reposer à la campagne, mais je juge que vos désirs passent avant. Si donc la Fortune exauce mon propos, je ne faillirai pas aux devoirs du spectateur et du convive, lors de votre prise de consulat. Adieu.

Lettre XXVIII

1. À l'automne 396, cf. *infra Ep.* 32, Symmaque parle de *febrium noxa.*

Lettre XXIX

1. Peut-être identifiable avec le vicaire des Cinq-Provinces (appellation anachronique de la Gaule méridionale) attesté en 399, cf. *PLRE,* II, p. 914; la lettre n'en serait pas pour autant datée avec moins d'approximation.

XXVIII. SYMMACHVS MACEDONIO

Licet grauissimis febribus inpedirer, non potui dene-
gare tibi honorificentiam litterarum, ne religionis negle-
gens iudicarer. Nec tamen in multam seriem propagare
litteras ualui, quarum breuitas inculpabilis est, cum ex
iniuria ualetudinis, non ex uoluntate descendat. Vale.

XXIX. SYMMACHVS MACEDONIO

Neque fratris nostri u. c. Procliani profectio passa est
ut silerem neque nostra siuit adfectio ut officiis tempera-
rem. Cape igitur debitum munus adloquii et, ut me facias
promptiorem, inpertiendae salutationis operam frequenter
usurpa. Vale.

AD ATTICVM

XXX. SYMMACHVS ATTICO

Est quidem mihi ruris otium uoluptati, se*d* antiquiorem
t*u*i iudico uoluntatem; quare officiis consularibus, si fors
dictum iuuet, spectator et conuiua non deero. Vale.

XXVIII. *P*Π*.

XXIX. *P*ΠΓ*.
explic̄. ad macedonium *P*.

XXX. *PΠ*.
incip̄ eiusdem ad atticum *P* ‖ uoluptati sed *Iuretus*: -tis et *P* ‖ tui *Scioppius*: tibi *codd*.

XXXI. *Symmaque à Atticus (396?)*

Vous cherchez par l'éloge du pays tiburtin[1] à nous retirer du sein de la Campanie. Selon vos louanges, ce pays est, dans votre campagne, bien fourni en cyprès, riche de sources, et sa position en altitude le rafraîchit. Toutes choses qui m'eussent été désirables, si elles vous avaient retenu pour un plus long séjour. Mais avec ce retour précipité en Ville, vous m'avez donné je ne sais quel soupçon que l'endroit vous ennuyait[2]. Souvent, c'est vrai, les plaisirs ont de quoi blaser. Si c'est le cas, Formies, auquel vous aviez renoncé, vous a, je pense, pardonné, puisque même vous déplaît ce qui fut l'objet de votre préférence. Adieu.

XXXII. *Symmaque à Atticus (396)*

Nous projetons de refaire la route et de reparaître enfin à vos yeux, bien que nos enfants soient sans forces et moi-même, harcelé par des fièvres pernicieuses[1]. Mais des étapes à de courts intervalles atténueront la fatigue. Du changement d'air, j'espère quelques progrès pour ce que nous souhaitons. À l'expérience, vous prouvez la sollicitude de votre affection à mon égard et je me réjouis de la voir croître de jour en jour. Je lui rendrais grâces sans compter les paroles, si vous agissiez par recherche des louanges plutôt que par un sincère attachement. Adieu.

XXXIII. *Symmaque à Atticus (397?)*

Il y a peu, je vous ai fait porter des nouvelles de ma santé, sans qu'à cette heure encore vous m'ayez renvoyé de quoi lire à mon tour sur vos prospérités. Je ne suis pas pour autant contrarié de renouveler avant paiement le prêt de l'affection, car si sûrs sont vos sentiments à mon endroit que j'estime acquitté tout ce qui est dû par un ami[1]. Adieu.

XXXI. SYMMACHVS ATTICO

Retrahere nos e Campaniae gremio Tiburtis agri laudibus studes. Est ille, ut praedicas, in tuo rure densus cupressis et fontium largus et montano situ frigidus. Sed haec mihi desideranda, si te mora uberiore tenuissent; nunc properato in Vrbem reditu nescio quam mihi fastiditi loci suspicionem dedisti. Habent enim saepe uoluptates satietatem. Quod si ita est, satisfactum Formiis puto, quibus renuntiaueras, cum tibi etiam praelata displiceant. Vale.

XXXII. SYMMACHVS ATTICO

Relegere iter et in conspectum uestrum tandem redire meditamur, licet filii nostri uirium uacui sint et me febrium noxa temptauerit. Minuetur tamen labor interuallis breuibus mansionum. Spero locorum mutatione processurum aliquid optatis. Curam in me diligentiae tuae usu probatam crescere in dies gaudeo; cui inpense uerbis gratias agerem, si id laudis potius adfectatione quam sincera pietate faceres. Vale.

XXXIII. SYMMACHVS ATTICO

Proxime ad te indicium salutis meae pertuli necdum quod inuicem de prosperis tuis legerem reddidisti: non piget tamen ante solutionem religiosum fenus iterare. Tanta est enim securitas animi in nos tui, ut repensum putem quidquid ab amante debetur. Vale.

XXXI. *P*Π.*

XXXII. *PΠΓ.*
tuae *codd.*: uestrae *Havet* ‖ faceres *P¹*: -retis *P²Π*.

XXXIII. *PΠR, F 1-10 12 15-18 20-22 24-26 28-33 37 39.*

XXXIV. *Symmaque à Atticus (384-402)*

Après avoir exprimé l'hommage de mes salutations, j'accompagne la requête de Gétulicus, cet agent de l'administration qui, par mon entremise, souhaite obtenir de vous une juste faveur. Il appartient à votre grand cœur d'accueillir chaleureusement des vœux dignes de louanges et, par l'admission d'un nouveau zélateur, d'accroître le nombre de ceux qui ont raison de vous vénérer[1]. Adieu.

À DÈCE[1]

XXXV. *Symmaque à Dèce (397)*

1. Vous cherchez à troubler mon esprit, en lui rappelant les rivages de la Campanie. Mais dans notre séjour campagnard de Préneste nous ne disposons, nous non plus, de pas moins de plaisirs. Certes les gens sont-ils plus nombreux à juger préférable la mer à la montagne; moi, pourtant, je trouve que pour éviter la grosse chaleur les forêts conviennent mieux que les terres déboisées par la culture. **2.** En vue de presser notre départ, vous aviez ajouté que mon fils Flavien serait sous peu avec vous; il y a longtemps que je profite de sa présence[2] et c'est pourquoi mon lot, vous le comprenez, est bien meilleur. En fait, j'ai, tout ensemble, jeté l'incertitude sur la comparaison des deux sites et fait passer à mon profit personnel cette compagnie d'un être cher dont vous tiriez si grande gloire. **3.** La situation ayant changé, vous devriez donc plutôt venir vers nous, en arpentant la route en sens inverse. Comptez encore avec la lassitude que vous a apportée un long usage de l'opulence, car, aussi vrai qu'elle est désirable vue de loin, la Campanie rassasie facilement qui s'y attarde. Mais je n'irai pas plus loin sur ce sujet, par crainte, si

XXXIV. SYMMACHVS ATTICO

Salutationis honorificentiam praelocutus Gaetulici agentis in rebus exequor postulatum, qui a te iustum fauorem per me optat adipisci. Humanitatis tuae est amplecti probabilem uoluntatem numerumque eorum qui te iure suspiciunt adiectione noui cultoris augere. Vale.

AD DECIVM

XXXV. SYMMACHVS DECIO

1. Animum meum Campani litoris commemoratione sollicitas; sed nobis quoque in Praenestino rure degentibus non minus suppetit uoluptatum. Sint licet plures hominum sententiae quae maritimis montana postponant, ego tamen uitandis aestibus magis iudico nemorosa quam cultu aperta congruere.

2. Adieceras ad inritamentum profectionis nostrae filium meum Flauianum breui tecum futurum. Huius ego praesentia iam diu defruor. Ex quo intellegis sortem meam multo esse potiorem; nam et conparationem loci utriusque in ambiguo conlocaui et societatem pignoris mei, qua maxime gloriabare, in fructum meum transtuli. **3.** Ergo tu potius remetiri ad nos uiam mutata condicione deberes. Ad*de* satietatem quam tibi adtulit copiarum longus usus; nam Campania, ut est absentibus desiderabilis, ita facile explet morantes. Sed

---

XXXIV. *PΠΓV cod. Wallaei.*
salutationis *denuo incipit V* ‖ adiectione *Γ*: affec- *P* ‖ explicit ad atticum *PV*.

XXXV. *PΠΓVM cod. Wallaei.*
1. incipit eiusdem ad decium *PV*: *om. M* ‖ animum *PV*: amicum *denuo incipiens M cod. Wallaei* ‖ postponant *P*: praepo- *V*.
3. adde *Seeck*: ad *PVM* ob *Latinius* ‖ satietatem (*uel* sacie-) *PM*: socie- *V*.

je viens, de paraître signifier mon ennui à une région qui nous
est si agréable. Adieu.

XXXVI. *Symmaque à Dèce (396)*

Nous n'avons pas encore approché les rivages de Naples
pour visiter les hauts lieux de vos délices[1]. Il n'empêche, tout
ce que baigne la mer Tyrrhénienne est rempli de votre nom.
Pour le dire d'un mot, vous avez, dans la renommée, succédé à
Lucullus[2]. Je n'en suis que plus étonné, si parfois vous pouvez
passer ailleurs. À moins peut-être que par dégoût vous ne
fuyiez l'abondance et qu'en changeant vous ne corrigiez votre
désabusement. Mais à ce jour, votre absence a trop duré. Je
pense que déjà une longue parcimonie vous a réconcilié avec le
désir de l'opulence. Pourquoi donc ne point vers nous porter
vos pas? Ou bien, si là-bas il vous plaît de vous attarder dans
une frugalité à notre manière, nous devons nous hâter de revenir, puisqu'il ne convient pas que nous recherchions des délices
qui vous sont devenues étrangères[3]. Adieu.

XXXVII. *Symmaque à Dèce (397)*

Votre bonne santé me fait plaisir, mais quand à notre chère
Formies sont préférés les rivages de Naples, je me rends bien
compte que ce n'est pas l'effet de votre jugement; car c'est
pour obliger ceux qui sont près de vous que vous avez changé,
non pas de sentiment, mais de langage. À moins peut-être que
la comparaison des propriétés ne vous rende plus agréable celle
où le profit est plus abondant? Mais il nous faut apprécier la
nature des régions d'après leurs mérites, et non selon nos
gains[1]. Mais pourquoi m'étendre là-dessus? Votre séjour prouvera si vous avez davantage de contentement à vous y reposer,
puisqu'on ne met pas en doute que vous m'ayez quitté à contre-
cœur. Adieu.

de hoc non ibo longius, ne regioni illi quae nobis acceptis-
sima est denuntiare, si uenero, fastidium meum uidear. Vale.

XXXVI. SYMMACHVS DECIO

Nondum Neapolitanum litus accessimus uisuri arcem
deliciarum tuarum, sed tamen omnia quae Tyrrhenus adluit
nominis tui plena sunt. Quid multa? Successisti in famam
Luculli. Quo magis miror ad alia te nonnumquam posse
transire; nisi forte fastidio fugis copias et mutatione casti-
gas satietatem. Sed nimium hactenus afuisti; puto iam parsimoniae diuturnitate conciliatum tibi desiderium copiarum. Quin ergo ad nos gradum promoues? Aut si libenter
illic nostrae immoraris frugalitati, redeundum propere
nobis est, quos non decet alienas adfectare delicias. Vale.

XXXVII. SYMMACHVS DECIO

Voluptati mihi est quod uales. Sed quod Formiis nostris Neapolitana ora praefertur animaduerto tui non esse
iudicii. In gratiam quippe praesentium non sententiam
sed uerba mutasti, nisi forte rerum tuarum conlatio facit
illud tibi esse iucundius, ubi fructus uberior est. Sed
natura regionum suis meritis, non nostris quaestibus aestimanda est. *Sed* quid de hoc multa? Testabitur commo-
ratio tua an ibi libentius otieris, cum in dubium non
ueniat quod a me inuitus abscesseris. Vale.

---

regioni *M*[2]: religio- *PVM*[1].

XXXVI.   *P*ΠΓVM cod. Wallaei.*
tamen *PM*: iam *V* ‖ fastidio *M*: -tigio *PV* ‖ afuisti (*uel* abfu-) *PΓM*:
adfu- *V* ‖ delicias *P*: deuitias *V*.

XXXVII.   *P*ΠVM cod. Wallaei.*
neapolitana *P*: -nam *M* ‖ ora *P*: -ram *M* ‖ conlatio *codd.*: conputatio
coni. Seeck ‖ sed *Kiessling*: et *codd.* ‖ inuitus *om. VM*.

XXXVIII. *Symmaque à Dèce (398)*

1. Vous m'avez paru plaisanter, quand vous m'écriviez avoir redouté la rencontre de troupes en armes. C'était, je crois, pour m'empêcher d'aller sur vos traces jusqu'au bout de la Campanie, car, si vous-même, qui fûtes longtemps dans les camps[1], aviez éprouvé un peu de crainte, dans quelles mésaventures serais-je tombé, moi, un civil? Mais je ne souffre pas que de prétendues alarmes profitent à vos atermoiements. L'Appia, dans sa totalité, est vide et déjà ont été rapatriés tous les soldats qui, après la restauration de la paix en Afrique, s'en sont revenus servir notre divin Prince[2]. **2.** Et puis, encore ceci: quand la situation est angoissante, la cité de nos pères ne requiert-elle pas l'appui et la solidarité des gens de biens[3]? En effet, ses moments heureux ne sont pas seuls à attendre notre présence. Partager les incertitudes de nos concitoyens relève d'un devoir plus louable. Mais déjà de meilleures conjectures rassérènent le visage de notre Ville et le ravitaillement, un temps soutenu par des subsides provisoires, se promet d'y ajouter l'arrivée des moissons de Libye[4]. Adieu.

XXXIX. *Symmaque à Dèce (397)*

Bien souvent la Fortune bouleverse les projets: j'en fais maintenant l'expérience, moi qui, retenu par les affaires de la Ville, n'ai pu me rendre aux sources chaudes d'Étrurie pour m'y soigner[1]. Par conséquent, aucune prolongation ne s'impose à vous à cause de moi: bien au contraire, je vous invite instamment à revoir Rome, en hâtant votre route. Ainsi, vous nous rendrez le plaisir d'une présence dont je n'ai pas eu la chance de profiter à plein lors d'un séjour hors les murs. Adieu.

XXXVIII. SYMMACHVS DECIO

1. Iocari mihi uisus es, cum te scriberes obuia militum
arma timuisse, credo, ne iter tuum in Campaniae longinqua sequeremur. Nam si ipse diu uersatus in castris non-
nihil timoris expertus es, quid ego togae adsuetus amari-
tudinis incidissem? Sed non patior ut tibi ad moram
prosit *si*mulata trepidatio. Caret Appia tota militibus
transuectis omnibus qui pacato Africae statu in obsequium diuini principis reuerterunt. **2.** Quid quod etiam
patria in rebus angustis uel opem bonorum uel societatem
rẻquirit? Neque enim praesentiam nostram sola prospera
eius expectant; laudabilioris officii est participare dubia
cum ciuibus. Sed iam spes melior Vrbis nostrae uultum
serenat et alimonia interim prouiso fulta subsidio etiam
frugis Libycae stipulatur aduentum. Vale.

XXXIX. SYMMACHVS DECIO

Plerumque fors disposita conturbat; quod nunc mihi
usu uenit, qui Etruscos uapores salubritatis causa adire
non potui rebus retentus urbanis. Nulla igitur tibi per me
indicitur mora: quin immo et hortor et postulo ut festi-
nato itinere Romam reuisas reddasque nobis iucunditatem praesentiae tuae qua defrui in suburbanitate non
contigit. Vale.

XXXVIII. *P*ΠVM codd. Pithoeanus Lectii et Wallaei.*
1. obuia *P*: -uiam *VM* ‖ arma timuisse *P*: armatim isse *V* armatum isse
M ‖ simulata *Salmasius*: emu- *P¹* aemu- *P²Π* ‖ caret... reuerterunt *om. M*.
2. libycae *Iuretus*: lybic- *P* libic- *V* ‖ aduentum *codd.*: -tu *Kiessling*.

XXXIX. *PΠVM.*
urbanis *PV*: subitis et tumultuariis *M* ‖ nulla... contigit *om. M* ‖ mora...
itinere *om. V*.

XL. Symmaque à Dèce (398)

Depuis le temps que vous êtes dégagé des soucis de l'État[1], vous eussiez dû refaire la route au lieu d'adoucir les regrets de vos amis par des lettres de bon augure. Car si vous disposez d'une santé à votre convenance, quelle raison invoquerai-je pour ce séjour qui se prolonge en Campanie? Serait-ce pour que durablement encore notre grande affection à votre égard soit frustrée[2] de ces biens auxquels, en votre personne, nous aimons ouvrir les bras. Souvenez-vous bien plutôt de la Ville et de nous et, tandis qu'à propos l'été vous y invite, hâtez-vous de prendre la route, pour enfin réparer par un retour qu'appellent nos vœux les dommages de votre longue absence. Adieu.

XLI. Symmaque à Dèce (398)

Où s'en est allée la fidélité aux promesses? J'espérais votre retour et vous m'accordez les consolations d'une lettre[1]. À recevoir ce don, j'eusse pu trouver de l'agrément, si vous ne m'aviez promis bien davantage. Avez-vous craint d'avoir un ancien consul pour témoin de vos plaisirs[2]? Cette précaution n'y a rien fait: mes oreilles surprennent les merveilles dérobées à nos yeux, car autant tout un chacun se choque de notre parci-monie, autant il soupire devant votre absence et ostensiblement on vous regrette pour faire honte à ma table. Le Sénat le saura, le peuple en entendra parler, puisque je ne peux autrement me venger de la douleur légitime que me cause votre absence! Adieu.

Lettre XL

1. *Iamdudum curis publicis absolutus*: à vrai dire, cette indication est seule à prouver que Dèce, à l'été 398, venait d'achever en Campa-nie un mandat de magistrat et non pas, uniquement, une saison de vil-légiature (un de ses prédécesseurs avait été le gendre de Symmaque, qui, lui aussi, était resté attaché à la province qu'il avait gouvernée).
2. G. Haverling, *op. cit.*, p. 100, souligne à bon droit la couleur archaïsante du préfixe dans *demoraris* et *defraudes* (pour *deprecor*, cf. *infra Ep.* 57 et 62).

XL. SYMMACHVS DECIO

Iamdudum curis publicis absolutus relegere iter potius quam auspiciis litterarum lenire amicorum desideria debuisti. Nam si tibi ualetudo ex sententia suppetit, quid causae esse dicam quod diu in Campania demoraris? An ut nos amantissimos tui diu defraude*s h*is bonis quae in te solemus amplecti? Quin immo urbis nostrique reminiscere et, dum oportunitas aestatis inuitat, iter festinus usurpa, ut longa absentiae tuae damna tandem optato reditu sarciantur. Vale.

XLI. SYMMACHVS DECIO

Quo abiit promissorum fides? Speranti mihi *re*cursum tuum litteraria leuamenta tribuisti. Potuit iucunda nobis huius muneris esse perceptio, si nihil grandius spopondisses. An ueritus es deliciarum tuarum consularem uirum testem? Nihil egit haec cautio: oculis subtracta miracula auribus deprehendo. Nam ut quisque nostra offenditur parsimonia, te abesse suspirat atque in contumeliam conuiuii mei palam desideraris. Sciet haec senatus, audiet populus! Neque enim possum aliter ulcisci absentiae tuae iustum dolorem. Vale.

XL. *P∏VM cod. Wallaei.*
defraudes his (iis) *Seeck*: -deris *P∏V* frauderis *M* -dares *Salmasius* ‖ iter *P*: esse *V*.

XLI. *P∏ΓVM cod. Wallaei.*
recursum *Iuretus*: cur- *codd.* ‖ spopondisses *P*: -sem *V* ‖ auribus *P*: uiribus *V* mentis uiribus *M* ‖ quisque nostra offenditur *PV*: cuique nostrum ostenditur *M* ‖ atque in *P*: itaque in *ΓV* inque *M*.

\<À HADRIEN\>[1]

XLII. *\<Symmaque à Hadrien\> (401)*

Il faut rompre la pause[2] et diriger nos soins vers de mutuels entretiens, si nous voulons éviter que de la négligence à écrire n'estompe le souvenir de notre vieille amitié. Pour que désormais vous la chérissiez plus volontiers, prenez l'initiative à mon exemple. Voici une lettre qui vous présente mes salutations. En rivalisant avec elle, votre courtoisie prouvera le plaisir que vous en avez ressenti. Bien mieux, si ce discours en est à demander que le porteur également profite de votre patronage, j'en accuserai le gaspillage de mon précédent silence. Il apparaîtra, en effet, que plus d'un eût pu être l'objet de ma sollicitude, si auparavant j'avais entrepris de m'adresser à vous. Adieu.

XLIII. *\<Symmaque à Hadrien\> (397)*

J'étais à la campagne, me remettant sur mes jambes[1], grâce aux libéralités de ce climat dont, depuis mes douleurs, je profite longuement, quand \<...\>, un proche familier, prêt à prendre la route, s'est mis à ma disposition pour que je puisse écrire. Saisissant sur le champ une communauté de pensée amie de mes désirs, je vous écris, sans plus tarder, de quoi tout à la fois entretenir entre nous les échanges d'un mutuel attachement et ouvrir au voyageur un premier accès à la connaissance de votre personne. Si vous pensez recevables les raisons de cette lettre, il m'écherra la faveur de vos propos et à lui la jouissance de votre amitié. Adieu.

\<AD HADRIANVM\>

XLII. \<SYMMACHVS HADRIANO\>

Abrumpenda cessatio est et in affatus mutuos cura ten-
denda, ne ueteris inter nos amicitiae memoriam scribendi
neglectus adtenuet; quam ut libentius dehinc *foue*as, a
me sume principium. En tibi litteras salutationem
ferentes quas sensibus tuis uoluptati esse testabitur officii
aemulatio. Qui*n* si etiam portitori fructum patrocinii tui
sermo iste quaesiuerit, praecedentis silentii mei accusabo
dispendia. Constabit enim pluribus me potuisse consu-
lere, si te adloqui ante coepissem. Vale.

XLIII. \<SYMMACHVS HADRIANO\>

Cum ruri agerem libertate caeli gressum reformans,
cuius me usus post dolorem moratur, \<…\> familiarissimus meus ordiendo itineri paratus fecit mihi ad scribendum sui copiam. Ilico amicam studio meo amplexus
communionem scripta non distuli, quae et inter nos agerent commercium religionis et commeanti primum apud
te notitiae limen aperirent. Si probabil*es* huius epistulae
putas causas, mihi sermonis tui gratia, illi amoris fructus
eueniat. Vale.

XLII. *PΠΓVM codd. Pithoeanus Lectii et Wallaei.*
foueas *Seeck*: facias *codd.* ‖ quin si *coni. Scioppius*: quia si *PΠ* quasi
V quodsi *M.*

XLIII. *P*ΠΓVM.*
ante familiarissimus *nomen om. codd.* ‖ agerent *codd.*: auge- *Scioppius*
‖ probabiles *Iuretus*: -bilis *PV.*

XLIV. <Symmaque à Hadrien> (397-402)

Je récompense les salutations que vous m'avez adressées, bien que, ces derniers jours, j'aie de moi-même été assidu à pratiquer notre amitié, la plume à la main. Ce rappel ne jette pas l'opprobre sur votre courtoisie, car mon cœur se repaît du plaisir de son exactitude. À vous donc de choisir si souvent vous voulez être pour moi un correspondant généreux — et je le souhaite au plus haut point —. Si jamais, au contraire, cette jouissance nous fait défaut, ce sera à nos propos de m'offrir la même joie: celle de causer avec vous[1]. Adieu.

XLV. <Symmaque à Hadrien> (398-399)

Voici la seule voie pour me rendre le plus utile à mes concitoyens et intimes: c'est de les introduire comme un initiateur parmi vos protégés. Je le fais présentement pour Gaudentius[1], un homme de souche sénatoriale dont vous trouverez la modestie, si vous la regardez de près, égale à l'illustration de naissance. Sans tarder et avant même qu'il ait pleinement gagné une confiance que, bientôt, vous lui accorderez à l'examen de sa conduite, recevez donc ses hommages, pour qu'il comprenne qu'on l'a accrédité sur mon témoignage. Adieu.

Lettre XLIV

1. Lettre impossible à dater avec davantage de précision.

Lettre XLV

1. Cf. tome II, p. 121, n. 2 (à rectifier pour ce qui est du destinataire). *Add.* pour la date R. Delmaire, *op. cit., supra,* p. 151. Pour *mystagogus,* cf. tome II, p. 200, n. 1. La *commendatio* n'est pas assortie d'une demande précise.

XLIV. <SYMMACHVS HADRIANO>

Remuneror dictam mihi a te salutem, quamuis diebus proximis ultro amicitiam nostram stili opere frequentauerim. Quae commemoratio non exprobrat officia; huius enim diligentiae uoluptate animus meus pascitur. Est igitur tua optio an in me uelis saepe litterarum esse munificus, quam quidem maxime cupio, sed si quando nobis fructus iste defuerit, eadem mihi gaudia tecum loquendi noster sermo praestabit. Vale.

XLV. <SYMMACHVS HADRIANO>

Vna haec uia est, qua maxime ciuibus ac familiaribus meis prosim, si eos in clientelam tuam quasi mystagogus inducam. Quod nunc pro Gaudentio facio uiro generis senatorii, cuius modestiam si propius inspexeris, reperies claris natalibus parem. Igitur in obsequia tua incunctanter receptus ante plenam tui fiduciam, quam mox illi morum praestabit inspectio, intellegat de se testimonio meo creditum. Vale.

XLIV.   *P*ΠΓVRM cod. Wallaei, F 1-10 12 15-18 21-22 24-26 28-33 37 39.*
quam quidem *PV, alii F*: quam *F 21* quam uel quod quidem *F 4* quod quidem *F 3 10 31* quam quod *F 15* quod quam *R, F 12* quas quidem *M* quid *F 37.*

XLV.   *P*ΠΓVM codd. Cuiacii et Wallaei.*
propius *P²*: proprius *P¹VM* ‖ receptus *PV*: admissus *M* ‖ tui *codd.*: sui *coni. Scioppius.*

XLVI. *<Symmaque à Hadrien> (401-402)*

La singulière bonté de vos sentiments invite souvent ma confiance à de justes requêtes. Je n'ai donc pas à craindre que me soit reprochée une intervention pour des intimes, quand vous-même, par la bienveillance de vos souhaits, vous y engagez mon zèle. J'ai par conséquent le ferme espoir que vous plaira la lettre dont j'accompagne Didier[1], un vieil ami à moi, doté de tous les dons. Une affaire de famille l'a mis dans la nécessité d'interrompre son repos. J'aurais pu facilement dissimuler ces déboires, si la mesquinerie de fortune se prêtait à la magnanimité. De lui-même, plus en détail, vous apprendrez tout ce que la brièveté d'une lettre empêche de parachever. Il me suffit d'intercéder globalement pour lui. Recevez, je vous prie, cette mission de bienfaiteur qui impute[2] les mérites des hommes à la Divinité et, des avantages que vous lui donnerez, tirez de plus éclatantes jouissances; car faire le bien me paraît apporter davantage à celui qui en est l'auteur. Adieu.

XLVII. *<Symmaque à Hadrien> (398)*

Je ne puis m'abstenir d'écrire, lorsque part vous trouver Monseigneur mon fils Flavien que je dois accompagner de ce viatique[1], mais sans rien y adjoindre, car l'affection que vous

Lettre XLVI

1. Cf. tome II, p. 122, n. 2 (avec modification identique à celle de l'*Ep.* 45) et aussi n. 1, car l'*Ep.* 7, 94 envoyée à Longinianus recommande Didier et non Nicomaque; *add.* encore l'*Ep.* 7, 103 adressée à Patruinus. La date est donc 401-402, car ces deux années-là, Hadrien était préfet du prétoire d'Italie, Longinianus, préfet de la Ville et Patruinus, comte des largesses sacrées. Didier, en procès (avec le fisc?), avait besoin d'être appuyé à Rome mais aussi à Milan pour sauvegarder son patrimoine, dont on ne dit pas qu'il était celui d'un clarissime.
2. Le sens d'*adplicat* est éclairé par son emploi *infra* dans la lettre 119 (L. Havet).

XLVI. <SYMMACHVS HADRIANO>

1. Singularis animi tui bonitas uocat saepe ad iustas petitiones fiduciam meam. Non est igitur mihi commendationum familiarium uerenda reprehensio, cum ipse ad hoc meum studium uoti benignitate sollicites. Spes ergo certa est gratas fore tibi litteras quibus ornatissimum uirum Desiderium ueterem amicum meum prosequor. Domestica huic causa rumpendi otii admouit necessitatem. **2.** Eam facile iacturam dissimulare potuissem, si admitteret magnum animum angusta fortuna. Ex ipso latius audies quicquid epistulae breuitas recusat absoluere; mihi satis est pro eo in uniuersum rogare. Suscipe, oro, benefaciendi prouinciam quae hominum merita deo adplicat clarioresque fructus ex huius commodo cape. Mihi enim uidentur beneficia plus conferre praestanti. Vale.

XLVII. <SYMMACHVS HADRIANO>

Nec abstinere litteris possum proficiscente ad uos domino et filio meo Flauiano quem prosequi hoc uiatico debeo nec aliquid adiungere, quia tua erga eum diligentia

XLVI. *P*ΠΓVM cod. Wallaei.*
1. uerenda *P²M*: ueneranda *P¹ΠV* ‖ meum studium *codd.*: me s. *Mercerus.*
2. eam *Mercerus*: iam *codd.* quam *Scioppius* pecuniariam *coni. Seeck* ‖ potuissem *cod.*: -set *Mercerus* ‖ in *om. VM* ‖ hominum merita *codd.*: -nem -to *Kiessling* ‖ clarioresque fructus *P²*: -riorque f. *P¹V* -rioremque -tum *M.*

XLVII. *PΠΓVRM, F 1-10 12-13 15-18 20-21 24-26 28-33 37 39, Ex.3.*
abstinere *PVM, alii F*: -sistere *F 1 5 12 20-21 24 28-29 31-33 37 39* ‖ adiungere *P*: iun- *V* ausus sum iniun- *M.*

lui portez n'admet pas de complément. Je veux donc que vous le sachiez: si à son sujet ma lettre est la plus courte qui soit, c'est l'effet, non de l'ennui, mais de la certitude qu'à l'avance j'ai de vos sentiments. Veuillez, en conséquence, être à son égard tel que me le promet une vieille amitié; à quoi votre rang dans la hiérarchie ajoute que vous ne disiez pas ne pas pouvoir ce que vous devez vouloir dans son intérêt. Adieu.

XLVIII. *<Symmaque à Hadrien> (399)*

Votre appui nous a fait recevoir l'appui des transports publics pour le voyage en Espagne des amis qui vont m'acheter des attelages de course[1]. Je vous prie donc d'ordonner le passage au plus tôt des émissaires[2]. Il faut, en effet, bien du temps pour que, dans chaque province, un choix sélectionne les meilleurs et que ceux-ci soient ensuite conduits jusqu'à destination avec des précautions assez fatigantes[3]. Je vous serai encore plus grandement obligé si, en fournissant deux autres chevaux de poste, vous aidez à leurs déplacements. Ils se disperseront, en effet, chacun de son côté, en vue de trier les premiers choix des diverses provinces[4]. Après l'illustre et très excellent Comte[5], reviendra à votre bienveillance tout l'éclat qu'auront ajouté à notre Maison les jeux prétoriens de mon fils. Adieu.

Lettre XLVIII

1. Cf. tome II, p. 89 (= 233), n. 2 *add. infra Ep.* 97, 105-106) et J. Arce, «Los caballos de Símmaco», *Faventia* 4, 1, 1982, p. 35-44. À cette date — printemps 399 —, Symmaque croyait que les jeux prétoriens de Memmius auraient lieu en 400. Hadrien est encore attesté le 16 mars comme *magister officiorum* et a pu intervenir pour l'obtention des *euectiones* en cette qualité, cf. R. Delmaire, *op. cit.*, *supra Ep.* 6, 14, n. 3, p. 250, n. 26.

2. Pour la correction *in rem missos* — ici dans une proposition paratactique —, cf. *Ep.* 105 et 9, 12 et 18; le passage s'entend comme «traversée maritime», par opposition au parcours terrestre facilité par les *euectiones*, cf. *Ep.* 9, 22: *uelocitas transeundi et euectionum praestetur adiectio* (*add. Ep.* 7, 105 et 9, 20).

non recipit augmentum. Volo igitur noueris non esse fastidii quod quam *mi*nim*um* de eo scribimus, sed securitatis de tua mente praesumptae. Talis igitur in eum esse dignare, qualem te uetus amicitia pollicetur; cui adiecit honoris tui gradus, ut quae pro eo uelle debes posse te non neges. Vale.

XLVIII. <SYMMACHVS HADRIANO>

Fauore tuo factum est ut euectionum adminicula sumeremus, quibus familiares mei empturi equos curules ad Hispaniam commearent. Quaeso igitur <in> re*m* missos mox transire praecipias; longo enim tempore opus est, ut de singulis prouinciis optimos quosque excerpat electio et morosior cautela perducat. Praeterea tibi ualidius obligabor, si duobus aliis ueredis eorundem iuueris iter; diuidentur enim singuli, ut ex diuersis prouinciis edecument lectiores. Erit tui beneficii post inlustrem et praecellentissimum uirum comitem, quidquid domui nostrae praetoria filii mei editio splendoris adiecerit. Vale.

---

uolo *P*: nolo *V om. M* ‖ quod quam minimum *Iuretus*: quamquam enim *PΠV, F 15 20-21 24 39* quoque enim *F 18* quicquid *F 7 31* quod nihil (*uel* nil) *M, alii F om. F 13* ‖ praesumptae *PV, alii F*: -tio *F 32* -sumo *F 13* sumpte *F 28* note *F 37* confidentiam -sume *M om. F 4* ‖ amicitia *P, alii F*: animi *F 37* conuicia *V* conuiua *M om. F 4*.

XLVIII.   *PΠΓVM codd. Cuiacii et Wallaei.*
sumeremus *P*: -rem *VM* ‖ in rem missos *coni. Scioppius*: **remissos** *PΠVM* emissos *Kroll* ne m. *Seeck* ‖ ut de *ΓVM cod. Cuiacii*: de *PΠ* ‖ lectiores *M*: -toris *PV*.

XLIX. <*Symmaque à Hadrien*> (401-402?)

Votre cœur est un havre très sûr contre toutes les bourrasques. Voilà pourquoi accourt vers vous, avec une espérance assurée, le fils de ma sœur. Le genre de l'affaire attend de l'humanité de notre temps une aide dont, à la lecture du placet, la nature se révélera à vos mérites. Je ne dois pas m'étendre à raconter la violation du droit, car, avec véracité, la supplique développe la suite de ses vœux. Un seul rôle m'est imparti par l'affection: solliciter les suffrages de votre crédit pour l'époux d'une personne qui m'est chère, quand pour son dénuement se prépare une ruine accablante[1]. Adieu.

L. <*Symmaque à Hadrien*> (401)

1. Par respect, je ne puis moi-même afficher la joie que vous me faites éprouver, ni ne cite non plus un second témoin[1]. Il me suffira, en effet, que vous mesuriez mon affection sur vos sentiments. Je dois cependant avouer ma joie (d'une promotion) qui a remis les rênes de la préfecture à un homme de bonne volonté. Cependant, je ne déborde d'une allégresse nullement moindre, à voir Monseigneur mon fils Flavien jouir à bon droit d'un repos souhaité après ses fatigues prolongées d'administrateur. Et de fait, il n'était pas équitable de différer longtemps (votre) récompense, ni de retarder davantage sa retraite[2].

Lettre XLIX

1. De même que *frater*, *soror* semble ici employé au sens large: Symmaque montre son affection à deux femmes séparées par une génération, la mère et l'épouse de l'impétrant. Cette attitude, dans une recommandation, est exceptionnelle (le seul éventuel neveu, dans une acception stricte, serait Aurélius Anicius Symmachus, «probably a nephew by a brother or sister who married a member of the Anician family», cf. *PLRE*, II, p. 1043-1044, n. 6). Date possible: 401-402, plutôt que *ante* 397. Pour la métaphore du *portus*, cf. *infra Ep.* 109, n. 2.

Lettre L

1. Symmaque, jouant les juristes, ne cherche pas un deuxième témoignage: Hadrien est déjà par ses propres réactions le garant de son ami.

XLIX. <SYMMACHVS HADRIANO>

Certissimus contra omnes procellas animi tui portus est. Ideo ad te sororis meae filius spei certus adcurrit. Negotii autem genus de humanitate saeculi exspectat auxilium, cuius qualitas uirtutibus tuis precum lectione pandetur. Ego prolixus esse non debeo enarrator iniuriae, cum seriem desiderii fides supplicationis exponat. Has autem solas partes mihi iniungit adfectio, ut pro coniuge pignoris mei cuius paupertati grauis paratur ruina suffragium tui fauoris exambiam. Vale.

L. <SYMMACHVS HADRIANO>

1. Gaudii de te mei nec ipse ostentator esse per uerecundiam possum nec testem alterum cito; sufficiet enim mihi quod amorem meum de tua mente metiris. Debeo tamen laetitiam confiteri <prouectionis> quae praefecturae habenas ad bonam transtulit uoluntatem. Interea non minore abundo laetitia, quod domini et filii mei Flauiani prolixus in iudicando labor optata quiete perfrui meruit. Neque enim <te> differri diu ab hoc praemio par fuit neque illum ab otio retardari.

XLIX.   *P ΠΓVRM cod. Wallaei, F 1-10 12-13 15-18 21-22 24-26 28-33 37 39.*
saeculi *P, alii F*: secundum *V, F 16-17 om. M, F 22 29 32* ‖ qualitas *PVRM, alii F*: -ta *F 4* -tatem *F 37* ‖ ego *P, alii F*: ergo *VM, F 1 18 31 39* ‖ enarrator *P, alii F*: nar- *VM, F 2 4 9 12 22 26 30 33 37* ‖ paupertati *M, F 31*: -ate *PV, alii F om. F 13.*

L.   *P*ΠΓVM codd. Pithoeanus Lectii et Wallaei.*
1. cito *P²*: scio *VM* ‖ confiteri prouectionis *ego*: c. *codd.* c. admirationemque sacrae circumspectionis *exempli causa coni. Seeck* ‖ quiete perfrui meruit *cod. Pithoeanus Lectii*: q. frui m. *M* q. perfruitur *Γ* q. *V* q. mutatus est *coni. Seeck* ‖ neque enim *Γ cod. Pithoeanus Lectii*: *om. V* ‖ te differri *Wingendorp*: d. *V* -re *M cod. Pithoeanus Lectii.*

2. Je vous écris de la sorte, pour que vous sachiez que nous, nous rendons grâces de votre nomination à notre Prince éternel, mais que vous, vous devez en faire autant pour la tranquillité qu'il a procurée à Flavien. En attendant, je vous prie de garder vos habitudes d'assiduité dans votre correspondance, sans invoquer les activités publiques comme des obstacles aux devoirs personnels, car toujours vous avez été à la hauteur de multiples obligations et il n'est aucun genre d'épreuves dont la grandeur ou la nouveauté puisse vous détourner des tâches dues à l'amitié. Adieu.

LI. <*Symmaque à Hadrien*> *(397-399 ou 401-402)*

D'autres recommandations venant de moi peuvent s'expliquer par la bienveillance, celle-ci ne relève que du jugement, car je confie à la probité de votre cœur mon frère, l'évêque Sévère, qui vaut d'être loué, au témoignage de toutes les confessions[1]. En dire davantage sur lui m'est interdit par mon désespoir d'égaler ses mérites, ainsi que par sa propre retenue. En outre, j'ai reçu mission de témoigner, non de glorifier, et vous réserve l'examen de sa conduite. Quand vous l'aurez sondée à fond, vous trouverez que, devant son éloge, je n'ai pas failli par négligence mais plutôt cédé le terrain. Adieu.

Lettre LI

1. Cf. tome I, p. 121 (= 228), n. 4. Le mot *secta*, à prendre dans son acception philosophique, atteste chez Symmaque le refus de tout «sectarisme». Dans la *relatio* 21, le préfet de 384 invoque à deux reprises la caution du pape Damase. Latinius n'hésite pas à identifier cet évêque Sévère avec le correspondant d'Ambroise (*Ep.* 59, *PL* 16, col. 1181-1183: la paix campanienne dont jouit le prélat napolitain y est opposée aux tumultes de Milan en 393).

2. Haec eo scribo, ut noueris nos pro tuo honore agere aeterno principi gratias, te idem facere pro illius securitate debere. Interea quaeso ut in epistulis frequentandis morem tuum teneas nec priuatis officiis actus publicos obstare causeris. Nam *sem*per multiiugis necessitatibus par fuisti nullumque experientiae genus est cuius te possit magnitudo uel nouitas a negotiis amicitiae debitis auocare. Vale.

LI. <SYMMACHVS HADRIANO>

Habeant fortassis aliae commendationes meae interpretationem benignitatis: ista iudicii est. Trado enim sancto pectori tuo fratrem meum Seuerum episcopum omnium sectarum adtestatione laudabilem. De quo plura me dicere et desperatio aequandi meriti et ipsius pudor non sinit. Praeterea testis non laudatoris partes recepi tibi reseruans morum eius inspectionem. Quam cum penitus expenderis, reperies cessisse me potius eius laudibus quam per neglegentiam defuisse. Vale.

---

2. aeterno *PV*: summo *M* ‖ actus *V*: -tos *P* ‖ semper multiiugis *Seeck*: per m. *PM* per multis iugis *V*.

LI. *P*ΠΓVRM cod. Wallaei, F ut supra Ep. XLVII.*
trado... seuerum *om. RF* ‖ sinit *P, alii F*: siuit *V* sint *F 21* ‖ inspectionem *PVRM, alii F*: -ctationem *F 2 8 10 26 30* ‖ cum *PVRM, alii F*: ut *F 2^2 9 10 12 37 om. F 2^1 26 30*.

LII. <*Symmaque à Hadrien*> *(401-402?)*

Comment m'acquitter envers vous d'une sollicitude si grande pour moi et les miens[1]? En vérité, je ne puis égaler votre obligeance; je m'engage, cependant, à ne jamais vous le céder pour l'affection et la fidélité en esprit, et ne doute pas que vous de même, vous ne souhaitiez que de bonnes dispositions pour prix de ces bienfaits. Mais, à vous protester de ma gratitude, votre réserve ne me permet pas de m'attarder plus longtemps, car vous jugez comme des obligations de notre amitié tout ce que moi, je crois des services rendus par vous. Adieu.

LIII. <*Symmaque à Hadrien*> *(401-402?)*

Ce que j'écris ne peut être que d'un faible soutien[1], puisque sa vie irréprochable et ses années de service concilient à mon ami Eusèbe toutes les personnes honorables. Pourvu de par son propre mérite, il m'a donc réclamé un témoignage en sa faveur et non pas des circonlocutions. Et dès lors je ne dois pas m'abstenir de ce genre de lettre, cela pour satisfaire à la fidélité plutôt que pour soutenir de mon crédit des pas chancelants. Voici donc l'essentiel de ma requête: qu'il puisse trouver dans votre cœur excellent la marque de ma bonne volonté à son égard. Adieu.

Lettre LII

1. O. Seeck, *op. cit.*, p. CLXXXIV, propose un rapprochement avec *supra Ep.* 49: une suggestion qui séduit, bien que la parenté puisse être de pure forme.

Lettre LIII

1. Cf. tome I, p. 199, n. 1. Nicomaque l'Ancien avait reçu une lettre écrite pour une bonne part dans les mêmes termes. Maintenant qu'il était mort, Symmaque se permet une indélicatesse qui n'est pas unique dans sa Correspondance, cf. tome II, p. 47, n. 1 et p. 156, n. 1, ainsi que *infra Ep.* 113, n. 1. L'Eusèbe, recommandé à si peu de frais d'imagination, s'identifie mal, en dépit de son *annosa militia*, avec les homonymes des lettres 4, 43 (*uetus miles*) et 9, 59 (*antiquitate militiae*), cf. A. Marcone, *Commento storico al libro IV dell'epistolario di Q. Aurelio Simmaco*, Pise, 1987, p. 82-83. Le billet, expédié au préfet du prétoire, pourrait être jumelé avec *infra* l'*Ep.* 101.

LII. <SYMMACHVS HADRIANO>

Quid tibi pro tanta in me meosque cura dignum rependam? Officia tua reuera aequare non possum, spondeo
tamen numquam me tibi cultu mentis et adfectione cessu-
rum nec ambigo etiam te pro benefactis solam boni animi
exoptare mercedem. Sed in hac contestatione gratiae
morari me longius pudor tuus non sinit: deberi enim iudi-
cas amicitiae nostrae quidquid ego credo praestari. Vale.

LIII. <SYMMACHVS HADRIANO>

Parua est commendatio scriptorum meorum, cum
Eusebium familiarem meum uita innocens et annosa militia bonis quibusque conciliet. Suo igitur praeditus merito
testimonium pro se meum, non ambitum postulauit; et
tamen abstinere non debeo tali genere litterarum, magis
ut fidei satisfaciam, quam ut labantem gratificatione sus-
tentem. Haec igitur petitionis meae summa est, ut in prae-
claro pectore tuo formam circa se meae uoluntatis inueniat. Vale.

LII.   *PΠΓVRM, F 1-10 12-13 15-18 20-22 24-26 28-33 37 39.*
exoptare *PVR, alii F*: exspectare *F2² 10 12 37* expetere *F 13* ‖ morari
me *P², alii F*: memorari me *P¹ΠV* tuae morari me *M* maiori me *F 22*
inmorari me *Scioppius*.

LIII.   *PΠΓVRM cod. Wallaei, F ut supra Ep. LII.*
igitur *PVRM, alii F*: ergo *F 1 18 21 31* ‖ praeditus *M, alii F*: -dictus
PΓVR, F 7 25 33 ‖ labantem *P², alii F*: lauan- *P¹V, F 15 21 39* lassan-
F 24 laudan- *F 1 31* laudabilem *M* laudis *F 22* ‖ uolutatis *PVRM, alii
F*: uoluptatis *F 15* dilectionis *F 4 12 37*.

LIV. *<Symmaque à Hadrien> (398)*

Avisé en tout comme vous l'êtes, vous savez ce qu'une ambassade comporte de soucis, et un voyage de difficultés. Cela, votre affection le rendra facile et sans danger à Monseigneur mon fils Attale qui accompagne les vœux du Sénat[1]. Acceptez donc ce rôle de bienfaiteur que vous devez à ma requête autant qu'il convient à votre caractère. Il paraîtra suffisant à mon cher Attale, quelle que soit l'issue de sa mission, de s'être gagné l'intérêt d'une personne de qualité. Adieu.

LV. *<Symmaque à Hadrien> (399)*

Souvent, comme il convient, vous nous gratifiez d'une lettre, car vous pensez qu'entre les cœurs les liens s'altèrent, lorsqu'ils rouillent en quelque sorte à force de silence[1]. Vous accomplissez un devoir conforme aux sincères attachements de votre cœur. C'est pourquoi je n'ai pas attendu pour vous rendre la pareille par mes paroles. M'être ainsi acquitté a cependant pour résultat qu'aujourd'hui encore je me sens en compte avec votre affection. Tout, en effet, se redonne facilement par échange et compensation, mais les contrats d'une amitié scrupuleuse sont éternels. Adieu, et continuez à montrer votre zèle à m'écrire. Nous vous apporterons les consolations de nos lettres: si vous êtes en charge, elles vous apaiseront l'esprit ou bien, dans le loisir, vous leur rendrez la pareille[2]. Adieu.

Lettre LIV

   1. Cf. *supra Ep.* 21, n. 2, et *infra Ep.* 113-114.

Lettre LV

   1. Voir *Testimonium* pour la métaphore.
   2. Hadrien fut *priuatus* entre 399 et 401.

LIV. <SYMMACHVS HADRIANO>

Vt es rerum omnium sollers, scis quantum legatio habeat sollicitudinis, quantum peregrinatio difficultatis. Haec domino et filio meo Attalo senatus desideria prosequenti amor tuus leuia et tuta praestabit. Suscipe igitur partes benignitatis et meae petitioni debitas et tuo ingenio congruentes. Satis Attalo meo uidebitur, quisquis erit euentus officii, curam pro se meruisse potioris. Vale.

LV. <SYMMACHVS HADRIANO>

Saepe nos, ut condecet, litteris muneraris; obsolescere enim quadam silentii rubigine animorum foedus existimas. Facis officium germanis studiis animisque conueniens, pro qua re uicem tibi sermonis referre non distuli; cuius ea solutio est, ut me adfectui tuo etiam nunc sentiam debitorem. Omnia enim facili uicissitudine et conpensatione redduntur. Contractus uero amicitiae et religionis aeternus est. Vale et ad scribendum esse diligens perseuera. Nos litterarum solacia suggeremus, quibus aut animum mulceas occupatus aut uicem referas otiosus. Vale.

LIV. *PΠΓVRM codd. Cuiacii, Pithoeanus Lectii et Wallaei, F ut supra Ep. XLIV.*

LV. *Testimonium*: cf. SIDON., *Ep.*, 6, 6, 1.
PΠΓVM.
animorum *PV*: amicorum *M* ‖ uale *P*: ualde *V* ualere *M* ‖ suggeremus *Scioppius*: -rimus *VM* sugerimus *P*.

LVI. *<Symmaque à Hadrien>* (398)

Votre humanité nous exhorte à ne pas refuser notre aide à ceux qui la demandent. Or, dans le cas de Théodule[1], mes raisons de vous écrire ont davantage de force, parce qu'il est colon sur mes domaines et que lui prêter soin est une obligation plus que l'objet d'une prière. Gardez donc vos habitudes et, comme votre comportement me le promet, laissez-vous fléchir, lorsque je vous prie. Ainsi, quelle que soit la faute ou l'erreur dans laquelle il s'est précipité, à l'encontre de ce qu'il mérite vous daignerez l'en dégager sur mon intervention. Adieu.

LVII. *<Symmaque à Hadrien>* (401?)

Il est de votre vertu comme de vos intentions d'accueillir tous les gens de bien. Parmi eux Alexandre[1] s'inscrit à bon droit, au regard de son honorabilité. À la fois pour l'aider et parce que je vous aime, je l'accompagne d'une lettre d'amitié, en vous priant sans compter de lui accorder la faveur qui convient et de me payer par un mot en échange. Adieu.

Lettre LVI

1. Cf. tome II, p. 142 (= 241), n. 3 et p. 186, n. 1. L'attribution à Hadrien autorise à dater ce billet et l'*Ep.* 5, 48 du printemps 398 (la vraisemblance invoquée, *supra* n. 2 à l'*Ep.* 42, amène à ne considérer la fourchette 395-397 que comme une seconde possibilité: Félix, le destinataire de l'*Ep.* 5, 48, était alors questeur avant d'occuper la préfecture de la Ville au début de l'année suivante). Autre intervention de Symmaque en faveur d'un de ses dépendants: *Ep.* 9, 11, cf. S. Roda, *op. cit.*, p. 113-114.

Lettre LVII

1. Si cet Alexandre se confond avec l'ami d'Aquilée, auprès duquel, dans le feu de la préparation des jeux prétoriens de Memmius, Symmaque cherche à justifier son silence, cette missive et l'*Ep.* 9, 27 pourraient se placer dans la première moitié de 401, cf. *PLRE*, II, p. 55, n° 1 et tome II, p. 90 (= 234-235), n. 3. S. Roda, *op. cit.*, p. 116, au conditionnel, évoque l'historien Sulpicius Alexander, continuateur d'Ammien, *PLRE*, II, p. 59, n° 25.

LVI. \<SYMMACHVS HADRIANO\>

Tua nos hortatur humanitas opem poscentibus non negare. Pro Theodulo autem scribendi mihi ad te causa propensior est, cum sit colonus agrorum meorum atque illi debita magis quam precaria cura praestetur. Serua igitur consuetudinem tuam et precibus meis, ut mos tuus promittit, inflectere, ut quidquid culpae aut erroris incurrit contra illius meritum meo digneris interuentui relaxare. Vale.

LVII. \<SYMMACHVS HADRIANO\>

Et uirtutis et propositi tui est bonos quosque suscipere; inter quos Alexander contemplatione honestatis iure censetur. Hunc et in adiumentum sui et amoris in te mei gratia familiaribus litteris prosecutus inpendio deprecor ut illi fauorem congruum tribuas, mihi uicissitudinem sermonis exsoluas. Vale.

LVI. *PΠΓΠVRM, F ut supra Ep. LII.*
pro theodulo *F 31* (= *Lypsius*): p. -dolo *PΠΓVRM, alii F* p. -dola *F 20* p. -dosio *F 28* p. thedolo *F 18 22* p. te dolo *F 15 21* p. tholomeo *F 4 12 37* ptholomeo *F 2 10 26 30* tholomeo *F 9* ‖ quidquid *P*: quid *V* si quid *M* ‖ incurrit *PVRM, alii F*: -rat *F3 8 16¹ 17¹ om. F 9* ‖ interuentui *PΠVM, F 29*: -tu *R, ceteri F*.

LVII. *P*ΠΓVM.*

LVIII. *<Symmaque à Hadrien> (397-398?)*

À Félix et Minervius, ces illustres personnages préposés au culte des vertus et des lettres, j'ai envoyé mes deux petits discours qui viennent de paraître[1]. Puisque vous m'aimez, je souhaite que vous aussi, si du moins vous n'êtes pas heurté par de médiocres talents, vous soyez leur lecteur. Eux-mêmes mettront le volume à votre disposition. Ils ont, en effet, tant de zèle à nourrir ma réputation qu'ils ne savent pas m'envier les suffrages des gens de bien. Adieu.

LIX. *<Symmaque à Hadrien> (401)*

L'agent d'administration Julius m'a présenté le bref sacré contenant l'octroi des léopards[1]. En même temps, il nous a remis votre lettre si attendue. Je commence donc par m'acquitter envers vous de mes respectueuses salutations, pour vous demander ensuite de remercier en mon nom l'auteur d'une libéralité qu'appelaient mes vœux: le compliment sera plus agréable, si une escorte appropriée le met en valeur, vos paroles affables faisant cortège à ce que ma timidité aurait eu peine à exprimer suffisamment. Parce que j'apprécie l'affection dont vous me faites profiter, j'espère avec une pleine mesure atteindre à la dimension de notre reconnaissance[2]. Adieu.

Lettre LVIII

1. Cf. tome II, p. 111, n. 1 (la simultanéité des charges de Félix et de Minervius serait à ramener à l'été 397, s'il y eut solution de continuité dans le *cursus* de Félix). Pour Minervius, consulter en dernier lieu R. Delmaire, *op. cit.*, *supra Ep.* 6, 12, n. 2, p. 149-152. Il y a implicitement un chiasme car *uirtutum* convient au responsable financier Minervius, tandis que *litterarum* est plutôt le privilège du questeur Félix.

Lettre LIX

1. Cf. tome II, p. 94 = *Ep.* 4, 12, probablement à descendre dans les premiers mois de 401, à en juger par le début, *consulatum... continuas*. On mesure à nouveau l'intimité qui unissait le préfet Hadrien au tout puissant Stilicon, véritable *auctor* de la faveur accordée par le bref impérial. Le mot *prosecutio* appartient, comme l'usage qu'il désigne, au code de la politesse traditionnelle. *Add. infra Ep.* 110, n. 3.

2. G. Haverling, *op. cit.*, p. 244, remarque, comme en 4, 31, la construction de *sperare* avec *quod*, suivi du subjonctif. — Les métaphores ressortissent à la métrologie commerciale; l'adjonction de *res* a paru utile.

LVIII. <SYMMACHVS HADRIANO>

Duas oratiunculas meas nuper editas ad inlustres uiros uirtutum ac litterarum praeditos sacerdotio Felicem et Mineruium misi. Harum etiam te ut amantem mei, si mediocribus ingeniis non offenderis, opto esse lectorem. Ipsi uoluminis copiam facient; ita enim studiose famam meam nutriunt, ut suffragia bonorum mihi nesciant inuidere. Vale.

LIX. <SYMMACHVS HADRIANO>

Sacras mihi litteras Iulius agens in rebus exhibuit leopardorum munificentiam continentes; idem tuam desideratam nobis paginam simul tradidit. Principe igitur loco salutationis tibi soluo reuerentiam; dehinc postulo ut pro me gratias agas uotiuae largitatis auctori — quae <res> iucundior erit, si ei commendationem prosecutio oportuna praestiterit — et quod uerecundia mea uix implere potuisset oris tui adfabilitas prosequatur. Spero ex mensura adfectionis quam de te mereor quod cumulatissime possim magnitudinem nostrae gratulationis inplere. Vale.

LVIII.   *P*ΠΓVM*.
praeditos sacerdotio *P²*: s. p. *M* prod- s. *P¹ΓV* ‖ facient *VM*: -ciant *P*.

LIX.   *P*ΠΓVM cod. Wallaei*.
quae res *ego*: q. *codd*. ‖ quam *codd*.: qua *Lectius* ‖ possim *PΓ*: -sum *V* -sis *cod. Wallaei* -sit *Lectius om. M*.

À PATRICE

LX. *Symmaque à Patrice (avant 402)*

1. Il pesait sur ma honte que vous m'ayez écrit le premier; une seconde lettre de vous, immédiatement après, a chargé mon front alourdi d'une dette redoublée. Je crains — autant que je désire — qu'avant d'avoir réglé mes deux engagements, vous ne m'accordiez un troisième entretien. Car la richesse du verbe, qui, chez vous a tant d'efficace, comporte une impatience qui refuse les intervalles à la réponse et prévient les hommages, avant qu'ils s'équilibrent. Il ne me reste donc qu'une issue pour donner satisfaction: vous avouer l'infériorité de ma plume, bien que, dans le culte de l'amitié, je ne refuse pas d'être votre égal. **2.** Et ne croyez pas que j'agisse avec insolence parce que je compare aux vôtres mes sentiments empressés. Autrement, vous m'aimez en vain, si vous ne souffrez pas qu'au moins notre affection soit mise en parallèle.

Aussi, après une telle déclaration de ma part, multipliez les dons de cette éloquence si vantée. Quant à moi, si je me fais plus rare, rappelez-vous que j'ai cédé le pas. Irais-je, contre le jugement du public, provoquer par mes écrits le maître des épîtres impériales[1]? Il nous appartient de souffler dans des chalumeaux de berger, à vous d'entonner les chants sur la flûte sacrée. La retraite nous enroue, l'activité vous exerce, **3.** à moins peut-être que vous ne jugiez plus favorables au commerce des lettres les loisirs d'une vie de simple particulier. En fait, vous le constatez: les rivières n'ont pas le même débit pour se traîner hors d'un lac ou jaillir de source. Tout ce qui suit son cours est vivace; une expérience ininterrompue renouvelle ses forces[2].

On vous a enlevé ce que vous auriez pu répondre. Faites en sorte désormais, avec l'abondance d'écriture dont vous êtes susceptible, de m'offrir de vos capacités un exemple à la mesure de ce que mon talent ne m'a pas donné. Adieu.

AD PATRICIVM

LX. SYMMACHVS PATRICIO

1. Onerabat uerecundiam meam quod prior scripseras;
continuo altera epistula tua grauatae fronti duplex fenus
inposuit. Formido, quod cupio, ne mihi ante solutionem
duorum contractuum tertius a te sermo tribuatur. Habet
quippe hanc *in*patientiam quae in te pollet oris ubertas, ut
interuallum uicissitudini neget et officia nondum conpen-
sata praeueniat. Vna igitur mihi ad satisfactionem uia
superest, ut inparem me stilo fatear, quamuis cultu amicitiae parem non negem. **2.** Nec contumaciter fieri putes,
quod tibi animi mei diligentiam confero: alioquin frustra
a te diligor, nisi adfectione saltem nos pateris comparari.

Quare post hanc professionem meam laudatae facundiae
donum frequenta; me, si rarior fuero, memento cessisse.
An ego aduersum iudicium publicum prouocem scriptis
epistularum regiarum magistrum? Nostrum est pastorales
inflare calamos, tuum sacris tibiis carmen incinere; nos
obtundit otium, te usus exercet. **3.** Nisi forte hanc nostram
priuatae uitae uacationem magis oportunam frequentandis
litteris putas. Vides non eodem motu flumina de stagno
serpere et de fonte properare. Omne quod in cursu est
uiget; continuatio experientiae uires suas renouat.

Sublatum tibi est quod respondere potuisses. Fac deinceps,
qua uales scribendi copia, ut tantum mihi adferat facultatis
exemplum tuum, quantum ingenium meum non dedit. Vale.

LX.   *P*ΠΓVRM codd. Pithoei, Cuiacii et Wallaei, F 1-10 12-13 15-
18 20-22 24-26 28-33 35 37 39, Ex.3.*
1. inpatientiam *cod. Pithoei, F 8 16 17 31²*: patien- *PR, alii F* poten-
VM codd. Cuiacii et Wallaei, F 12 37 om. F 4.
2. pateris *PΓVRM, alii F*: -tiaris *F 1 31 33* -tieris *F 32* poteris *F 15 21
24* poterimus *F 39* ‖ aduersum *PVM, alii F*: -sus *R, F 2 3 7 10 17 21
26 35* ‖ tibiis *PVRF*: auribus *M* ‖ incinere *PVR, alii F*: -cidere *F 4 12*
concin- *M, F 5-6 22 25² 28 31²* succin- *F 7* monere *F 15 om. F 37.*
3. tibi est *PVM*: e. t. *RF* ‖ potuisses *PVM*: posses *R, alii F* possis *F
12² 17* ‖ qua... copia *om. RF* ‖ qua uales *Lectius*: qui u. *P²Π* preualeas
M quales *P¹ΓV cod. Wallaei* qua es *coni. Scioppius.*

LXI. *Symmaque à Patrice (avant 402)*

Je vous avais notifié que je serais plus rare à vous écrire. Mais que faire contre l'amitié qui me force à mentir? Je me suis départi de ma promesse, croyant cependant que vous approuvez une tromperie de ce genre. Maintenant, je voudrais que vous réfléchissiez à l'assiduité qui doit être la vôtre, après m'avoir offert davantage d'espérance. N'avez-vous pas été le premier à projeter sur moi les trésors de votre verbe? J'y réponds avec demande d'indulgence, comme si je vous cédais la palme[1]. Persistez, je vous prie, dans vos promesses et conservez-moi le zèle de vos débuts. J'en appelle à votre bonne foi, moi qui, pour un peu, me vante de mes mensonges. Adieu.

LXII. *Symmaque à Patrice (avant 402)*

L'amitié s'acquiert pour que des services réciproques conduisent à bon port de mutuels intérêts[1]. Le susdit propos vise une affaire d'actualité. Je présume, en effet, vu l'empressement de Votre Excellence, que la supplique de mon frère Callistianus et de sa femme ne manquera d'obtenir une auguste faveur, puisque l'appuient l'équité du souhait aussi bien que la formulation régulière de la requête. Rien ne s'opposant donc à ce qui est sollicité, pour seconder cette prière usez d'une bienveillance qui, innée chez vous, m'épargne la peine de vous prier instamment, car on fait une quasi-injure à la bonté, quand on demande avec anxiété ce que promet le naturel du donateur. Adieu.

Lettre LXI

1. Cf. tome II, p. 51, n. 2. Construction anormale de *denuntiare* avec *quod* et le subjonctif, cf. G. Haverling, *op. cit.*, p. 243-244; J.C. Fredouille, «Niveau de langue et niveau de style: Note sur l'alternance A. c. I. / *Quod* dans Cyprien, *Ad Demetrianum*», *Mélanges offerts à Jacques Fontaine*, Paris, 1992, I, p. 517-523.

Lettre LXII

1. Citation de Cicéron, *Pro Sex. Roscio Amerino* 111: *Idcirco amicitiae comparantur, ut commune commodum mutuis officiis gubernetur*, cf. Ph. Bruggisser, *op. cit.*, *supra Ep.* 7, 9, n. 1, p. 6. Voir *infra Ep.* 8, 43.

LXI. SYMMACHVS PATRICIO

Denuntiaueram tibi quod rarior in scribendo essem
futurus: quid amicitiae faciam, quae cogit ut mentiar?
Desciui a promisso, sed credo te huiusmodi probare falla-
ciam. Nunc uelim cogites quam frequens esse debeas qui
spei amplius optulisti. An non prior in me iaculatus es
oris tui munera? Quibus ego ueluti herbam porrigens
cum ueniae petitione respondeo. Maneas oro promissis et
coeptorum tuorum diligentiam teneas. Fidem tuam
conuenio, qui me paene iacto mentitum. Vale.

LXII. SYMMACHVS PATRICIO

Ideo amicitia conparatur, ut officiorum uicibus mutua
gubernetur utilitas. In rem praesentem spectat praefata
sententia. Praesumo namque eximietatis tuae studio sup-
plicationem fratris mei Callistiani atque eius uxoris exor-
tem sacri beneficii non futuram, cui et aequitas desiderii
et usitata inpetrationis forma suffragio est. Quando igitur
nihil obstat oratis, admoue iuuandis precibus beniuolen-
tiam; quae cum tibi innata sit, remittit mihi deprecandi
laborem. Nam paene iniuriam facit benignitati, si quis
anxie petat, quod praestantis natura promittit. Vale.

LXI. *PΠΓVRM codd. Cuiacii et Wallaei, F ut supra Ep. XLIV.*
denuntiaueram *PV, F 29*: ren- *RM, ceteri F* ‖ amicitiae *codd.*: -tia
Latinius ‖ herbam porrigens *P, F 29*: -ba moriens *VRM codd. Wallaei,
alii F* moriens -ba *F 21* -ba mordens *F 3 8 16-17 37* ‖ iacto *PF*: -tito
V.

LXII. *PΠΓVM cod. Wallaei.*
conparatur *Γ*: -tum est *P* -ta est *coni. Lectius* ‖ callistiani *P*: calis- *VM*
calustiani *cod. Wallaei* ‖ promittit *PV*: sponte p. *M*.

LXIII. *Symmaque à Patrice (avant 402)*

Je me réjouis que mon cher Aurèle tienne auprès de vous tant de place qu'après vous l'avoir confié, je le récupère avec votre recommandation en retour[1]. Vous l'avez emporté sur le zèle que nous lui apportons et que vous me commandez d'accroître. Aussi suis-je attentif à vos paroles, car aucune tendresse n'est si accomplie qu'elle ne puisse recevoir de complément. Vous apprendrez volontiers que je suis loin de chez moi et me repais de tranquillité en terre campanienne[2], car, à votre habitude, vous vous plaisez à partager les prospérités de vos amis. Que pour vous les honneurs du service soient à l'origine d'heureuses satisfactions. À nous de vivre sans soucis, à vous de le faire dans un poste en vue. Adieu.

LXIV. *Symmaque à Patrice (401-402?)*

Martyrius, qui a mérité de moi cette lettre de soutien, va suivre les affaires de mes proches[1]. Je demande qu'il obtienne effectivement la faveur qu'il espère de vous. Adieu.

LXV. *Symmaque à Patrice (397)*

En vos mains va venir la cause de l'objet de mon affection, pour que vous la souteniez en tant qu'elle est amie des lois. Mais comme la plupart du temps la perfidie des tuteurs revêt mille formes[1], elle se tourne souvent en des artifices de toutes sortes. Cependant, je crois qu'à présent, du moins, les coupables s'inclineront devant l'oracle sacré, si Votre Équité rend public ce qu'il importe de produire. Adieu.

Lettre LXIII

1. Cf. tome II, p. 168, n. 1: les lettres à Magnilius (5, 21 et 22) qui datent certainement de l'usurpation d'Eugène nous ont incliné à supposer la même époque pour celle à Félix (5, 50). Voir cependant la note suivante.
2. Mention aussi d'Aurèle dans l'*Ep.* 9, 45, parvenue à Symmaque quand, dit-il, *in Campanis litoribus otiarer*: ce pourrait être une présomption en faveur de l'année 396. *Add. infra Ep.* 65.

LXIII. SYMMACHVS PATRICIO

Tantum esse apud te loci Aurelio meo gaudeo, ut a me
tibi traditus inuicem sub commendatione reddatur. Vicisti
nostram pro eo diligentiam quam iubes crescere. Itaque
sum dicto audiens. Nulla enim caritas ita plena est, ut aug-
menta non capiat. Me domo abesse et in regione Campaniae pasci otio libens audies; nam soles amicorum prospera uoluptate partiri. Tibi honor militiae pariat fructus
secundos; sit uita nostra secura, uestra conspicua. Vale.

LXIV. SYMMACHVS PATRICIO

Propinquorum meorum causas Martyrius prosequetur,
qui has a me litteras in suffragium suum meruit. Quaeso
ut effectum sperati de te fauoris optineat. Vale.

LXV. SYMMACHVS PATRICIO

In manuas tuas ueniet causa pignoris mei *i*deo <a te>
ut amica legibus fulciatur. Sed ut est multiformis plerumque perfidia tutorum, in uarias se frequenter artes
uertit. *At* noxios credo nunc saltem sacro cessur*o*s ora-
culo, si uestra aequitas suggerenda celebrauerit. Vale.

LXIII.   *P*ΠΓVM cod. Wallaei.*
me domo *P*: m. e d. *V.*

LXIV.   *P*ΠΓVRM, F ut supra Ep. LII.*
martyrius (*uel* martir-) *PV, alii F*: -tiris *F 39* -tius *M* ‖ prosequetur *PV,
alii F*: -quitur *R, F 2¹ 7 13 18 22 26 31 39* -quuntur *M* exsequitur *F 2²
4 9 10 37* ‖ quaeso *PVRM, alii F*: q. ergo *F 4 12* q. igitur *F 37.*

LXV.   *PΠΓVM codd. Wouuerani et Wallaei.*
ideo a te ut amica *ego*: adeo ut amica *PΠV* adeo amica ut *M* ut ea ut
amica *coni. Fontaine post* adeo *lacunam ind. et exempli causa* igitur
eximietatem tuam ut tuo sufficio quamuis *coni. Seeck* ‖ at noxios
Mueller: obno- *PΠVM* ‖ nunc *VM cod. Wouueranus*: ne *PΠΓ* ‖ ces-
suros *Iuretus*: -rus *PV* ‖ explicit ad patricium *P.*

À ALYPIUS[1]

LXVI. *Symmaque à Alypius (378)*

Une fois exprimé l'hommage de mon salut, sans inquiétude pour vous, j'y joins aussitôt une amicale requête. Nous possédons des domaines en Maurétanie Césarienne[2], mais, comme cela se passe d'habitude quand les propriétaires sont absents[3], la malhonnêteté des bureaux du gouverneur n'y laisse rien de reste. Déférées à plusieurs reprises devant l'administration de la province, nos doléances n'ont pas eu beaucoup de poids à cause de l'inertie du juge[4]. Or donc, puisque les petits remèdes n'ont aucun effet, nous recourons aux grands. Apportez-moi votre concours, je vous prie, pour que ne se perde pas un bien épuisé par tant d'injustices. À votre réputation ainsi qu'à mon amitié vous devez de bien vouloir donner une aide particulière à cette juste réclamation. Adieu.

LXVII. *Symmaque à Alypius (396?)*

Qui espère sous peu se présenter aux yeux de ses amis[1], s'abstient d'habitude de leur écrire des lettres. Mais, pour ma part, même si l'espoir de vous voir n'est pas entamé, le maniement de la plume n'en devient pas pour autant un devoir ennuyeux. J'exprime donc mes hommages par un mot de salutation et pour le moment ne réclame aucune réponse, puisque très prochainement vous me paierez mes intérêts de correspondant en me gratifiant de votre conversation. Adieu.

Lettre LXVI

1. Cf. tome I, p. 207, n. 2 (comme Attale, Patrice, Aurèle, Alypius avait été introduit par Symmaque auprès de Nicomaque l'Ancien, cependant il appartient à la génération précédente, celle de l'épistolier).
2. En 380, Symmaque plaide pour Césarée, en écrivant à son frère Celsinus Titianus (*Ep.* 1, 64); ce dernier, vicaire d'Afrique, était, à deux ans de distance, le successeur d'Alypius, ce qui date la lettre (l'intrusion d'une missive très antérieure a, moins sensiblement, un parallèle dans le livre VI avec l'*Ep.* 72). *Add. infra Ep.* 8, 20.

AD ALYPIVM

LXVI. SYMMACHVS ALYPIO

Salutationis honore praefato familiarem precationem
tui iam securus adnecto. Agris meis quos in Caesariensi
Mauretania possidemus, ut fieri per dominorum absentiam solet, nihil reliqui facit officii praesidalis improbitas.
Saepe ad rectorem prouinciae delata querimonia parui
habita est per ignauiam iudicantis. Ergo quoniam remedia
minora non prosunt, ad maiora confugimus. Feras opem,
quaeso te, ne res tot iniuriis exhausta succumbat. Debes
hoc et tuae famae et amicitiae meae, ut peculiariter iuuare
digneris iustitiam postulati. Vale.

LXVII. SYMMACHVS ALYPIO

Qui sperat breui in conspectum se amicorum esse uenturum, solet scribendis epistulis abstinere; mihi et illa
spes uisendi te integra est et fastidium non creat litterarii
usus officii. Celebro igitur honorem tuum salute dicenda
nec interim posco rescriptum, quia fenus stili mei fabula-
rum munere ex proximo repensabis. Vale.

LXVI. *P*ΠΓVRM codd. Cuiacii, Pithoeanus Lectii et Wallaei, F ut
supra Ep. LII, Ex.3.*
incipit ad alypium (*uel* alip-) *PΓ*: *om. VMF* ‖ mauretania *P*: maurit-
VMR, alii F in amicanis *F 39 om. F 13 22* ‖ possidemus *P, alii F*: -dem
V -deo *M, F 4 12 37* ‖ praesidalis *PΓVM, F 5 24*[1] 26: -dialis *F 1-2 4 7 9-
10 12-13 20-22 24*[2] *31 37* ‖ prosunt *P*[2]*M, F 39*: possunt *P*[1]*ΓR, F 1-2 5-7
18 20-22 24-26 28-29 32* posset *V* ‖ postulati *P*[1]*Γ cod. Pithoeanus Lectii*:
-lanti *P*[2]*R codd. Cuiacii et Wallaei, alii F* -lantem *F 18 31* -lantis *M.*

LXVII. *PΠΓVRM cod. Wallaei, F 1-10 12 15-18 21-22 24-26 28-33
37 39, Ex.3.*
uisendi *PΠVM*: uidendi *R, alii F* uiuendi *F 3* ‖ ex proximo repensabis
VΓ cod. Wallaei: et p. ore pensabis *PΠ* e. p. recompen- *M, F 15* exprimo r. *alii F* exprimo recompen- *F 1 24 39* exprimo conpen- *F 21*
exprimo repensabilis *F 5-6 10 25 33* exprimo repensabile *F 28* estimo
r. *R, F 7 22* exprimo (*uel*-remo) *F 4 12 37.*

LXVIII. *Symmaque à Alypius (396)*

Je me rends compte que l'affection que je porte à votre vénérable Maison vous est fort bien connue. De là vient que vous partagez les joies avec moi, votre plume m'informant que la santé de Madame ma fille en est revenue à laisser espérer une amélioration[1]. Je vous en témoigne une large gratitude et prie les Dieux d'accroître vos prospérités.

Le retard dans l'approvisionnement par les bateaux d'Afrique nous assène des soucis de même que les greniers qui se vident. Aussi, appelés à une contribution, avons-nous promis les remèdes habituels à la ville de nos pères. Mais il faut faire des vœux pour qu'à ces assurances spontanées répondent de rapides versements[2]. Adieu.

LXIX. *Symmaque à Alypius (397)*

1. Ceux qui parlèrent d'histoire ancienne ont laissé le souvenir d'un homme traduit en justice, puisqu'ayant emprunté à titre précaire le hongre d'un ami pour aller jusqu'à Aricie, il avait dépassé les hauteurs de la pente au-delà. S'entendre dire qu'on a péché contre l'amitié, parce qu'une monture vous a porté plus loin que l'endroit fixé, ce fut peut-être dans l'esprit d'économie et d'exactitude d'un siècle pauvre[1]. Quant à moi, bien que j'aie retenu l'attelage que vous m'aviez donné, je ne crains pas d'être inculpé d'usage illicite, vu les si grandes disponibilités de votre fortune et la bienveillance de vos sentiments. **2.** Je me suis donc approprié ce que votre affection me proposait, et suis si éloigné de redouter votre courroux que j'espère pour ma hardiesse vos bonnes grâces spontanées. En effet, il est nécessaire que vous approuviez ce que vous-même eussiez fait.

Lettre LXVIII

1. Malade en 395 et en 397-398, la fille de Symmaque paraît s'être à peu près bien portée en 396 (il est vrai que les lettres de cette année-là sont sous-représentées dans le livre VI, car le père passa plusieurs mois avec ses enfants).

2. Cf. *supra* Ep. 6, 12 (*ob conlationem senatus et alia remedia*) et 26 (*secunda conlatio... etiam carnis oblatio*).

LXVIII. SYMMACHVS ALYPIO

Intellego diligentiam quam sanctae domui tuae defero nimium tibi esse compertam. Hinc est quod mecum laeta communicas et dominae ac filiae meae ualetudinem stilo indicas in spem redisse meliorem. Ago igitur uberes gratias et deos precor ut tua secunda proficiant.

Nobis tardior Africanarum nauium commeatus incutit curas et sterilitas conditorum. Quapropter ad conlationem uocati remedia patriae usitata promisimus. Sed uotis opus est, ut uoluntariae sponsioni solutio prompta respondeat. Vale.

LXIX. SYMMACHVS ALYPIO

1. Tradiderunt memoriae, qui res priscas locuti sunt, in iudicium quendam uocatum, quod Aricia tenus precarium de amico cantherium mutuatus ulterioris cliui ardua praeterisset. Fuerit haec parsimonia et diligentia pauperis saeculi, ut praeteruectus decretum locum commisisse in amicitiam diceretur; at ego non uereor iumenta quae dederas demoratus, ne in tantis fortunae tuae copiis et animi beneuolentia usurpationis arcessar. **2.** Adsumpsi igitur quod amor tuus ingerebat tantumque absum a metu suscensionis tuae, ut sperem de te ultro bonam fiduciae meae gratiam. Necesse est enim probes quod ipse fecisses.

LXVIII. *PΠΓVM codd. Pithoeanus Lectii et Wallaei.*
defero *PΠ*: -rum *V* -runt *M* ‖ conlationem *P*: lat- *V cod. Wallaei* opem ferendam *M* ‖ promisimus *P*: -si *V* -sistis *M* -ssum *cod. Wallaei* ‖ sponsioni *M*: -nis *PΠV*.

LXIX. *PΠΓVM codd. Cuiacii et Wallaei.*
1. priscas *ΓVM codd. Cuiacii et Wallaei*: ipsas *PΠ* ‖ uocatum *ΓM cod. Cuiacii*: -ati *PΠ* -at *V cod. Wallaei* u. furti *coni. Seeck* ‖ arcessar *P*: -cersar *V* accersiar *M*.

Mais pourquoi continuer, comme si je devais m'excuser? La santé intacte, je vous écris de ma maison de Formies et c'est de là que je vous ai renvoyé votre paire de chevaux, en fait après plus d'exercice que de fatigue. Je garderai un moment les mulets, car vous m'aviez donné le choix[2]. L'eussé-je refusé que je paraîtrais avoir plus de plaisir à suivre illicitement mes volontés qu'à céder aux vôtres avec votre permission. Adieu.

LXX. *Symmaque à Alypius (397?)*

Quand je repense aux difficultés de la Ville, je suis charmé de ne pas y être, mais lorsque je vous vois par la pensée, j'ai du déplaisir de mon absence[1]. Le juste milieu est une lettre qui soulage. C'est pourquoi, je vous l'ai envoyée afin que, tout à la fois satisfaisant à l'amitié et suivant mon exemple, vous me fassiez tenir des missives où, vous le voyez, il y a davantage de consolation. Adieu.

LXXI. *Symmaque à Alypius (397)*

Votre lettre me communique beaucoup d'énergie et de soutien pour raffermir ma santé, d'abord parce qu'elle atteste que vous vous souvenez de nous, ensuite parce qu'elle m'apporte la preuve de vos prospérités. J'avoue donc que mes forces encore fragiles[1] sont revigorées par l'assiduité de vos billets, et j'en

---

2. Les mulets portent une litière, ce qui convient à une personne en fin de convalescence (cf. *supra Ep.* 6, 15). Symmaque n'avait guère usé des chevaux que les valets d'écurie avaient régulièrement sortis sans qu'ils servissent à de longs déplacements. Le contexte plaide pour 397, le sénateur ayant alors recouvré la santé à Formies (*integer ualetudinis*, où le génitif est de relation). Pour l'emploi de *uester* (et de *uos* dans la lettre suivante), cf. *Colloque genevois...*, p. 21, n. 21.

Lettre LXX

1. La lettre est vraisemblablement contemporaine de la précédente: le ravitaillement se détériorait à cause de la rupture avec Gildon.

Lettre LXXI

1. Le rétablissement constaté *supra Ep.* 69 commençait à peine.

Sed quid haec tamquam purga*nd*a produco? De Formiano ad te scribo integer ualetudinis, unde equorum
uestrorum copulam magis exercitam quam fatigatam
remisi. Mul*os* paulisper tenebo; hanc enim dederas optio-
nem. Quam si repudiassem, uiderer libentius in usurpan-
dis uti animo meo quam in permissis tuo cedere. Vale.

LXX. SYMMACHVS ALYPIO

Cum molestias urbanas retracto, abesse delectat; cum
uos cogitatione contemplor, taedet absentiae meae.
Medium est igitur leuamen in litteris quas ideo ad te dedi,
ut simul et amicitiae satisfaciens et secutus exemplum
tuas mihi epistulas praestes, in quibus uides plus esse
solacii. Vale.

LXXI. SYMMACHVS ALYPIO

Plurimum mihi opis atque adiumenti tuae litterae ad
confirmationem sanitatis inpertiunt; primo quod te memorem nostri esse testantur, dehinc quod indicia tuae prosperi-
tatis adportant. Fateor igitur adhuc infirmam ualetudinem
meam scriptorum tuorum adsiduitate refoueri atque ex hoc

---

2. purganda *Mueller*: -gata *PΠVM* ‖ remisi mulos *Iuretus*: r. -lus *P*[1]
remi simulus *V om. M cod. Wallaei* ‖ permissis *Scioppius*: prom- *codd.*

LXX.   *PΠVM cod. Wallaei.*
satisfaciens *P*[1]*V cod. Wallaei*: -ciam *P*[2]*Π* -cerem *M.*

LXXI.   *P*ΠΓVRM codd. Pithoeanus Lectii et Wallaei, F 1-10 12-13
15-18 20-22 24-26 28 30-33 36-37 39.*
atque *PVR, alii F*: et *M, F 4 12 37 om. F 28* ‖ primo *PVRMF*: -mum
cod. Pithoeanus Lectii ‖ dehinc *PVRM, alii F*: de hic *F 21* dein *F 4 12
32 36* deinde *F 17 37* ‖ atque *PVRM, alii F*: et *F 4 12 37.*

déduis le profit que je tirerai de votre présence, puisque je reçois de votre lettre un effet aussi salutaire. Adieu.

AUX FRÈRES[1]

LXXII. *Symmaque aux frères (400 ou 402)*

Parvenu à Milan[2], je vous mets ce mot, en vous présentant de ce lieu l'hommage obligé de mes salutations. Il est juste que vous apaisiez mon souci à votre sujet par un compte rendu où s'exprime à son tour votre dévouement. Adieu.

LXXIII. *Symmaque aux frères (396)*

Nous sommes arrivés, mais déjà je regrette d'être venu, car dès que j'ai foulé le sol des rives de Baïes, j'ai sur le champ été saisi d'une douleur au pied[1]; et voilà pourquoi j'ai dicté quelques mots seulement, me réservant de bientôt vous en écrire plus long, si me sourit la santé que je souhaite et qu'à son tour votre lettre m'y incite. Adieu.

Lettre LXXII

1. L'emploi systématique de la 2ᵉ personne du pluriel confirme que les destinataires sont au moins deux personnes d'un rang et d'un âge similaire à ceux de Symmaque. Probablement, de l'*Ep.* 72 à l'*Ep.* 80, la paire est inchangée et les noms ont disparu au cours de la transmission, ou mieux, n'étaient même pas déterminables pour l'éditeur antique. L'arc chronologique s'étend sur plusieurs années, avec une certaine focalisation sur 396-397.

2. Symmaque vint à Milan pour le *processus consularis* de Stilicon en janvier 400, puis en février 402.

Lettre LXXIII

1. Cette lettre et la suivante informent d'une attaque de goutte survenue à Baïes, c'est-à-dire dans l'été 396. Récidive probable un an plus tard, cf. *supra Ep.* 6, 29, 47 et 77; 7, 43.

intellego quid ex praesentia tua commoditatis habiturus
sim, cum tantum ex litteris salubritatis accipiam. Vale.

AD FRATRES

LXXII. SYMMACHVS FRATRIBUS

Mediolanium peruectus haec scribo et hinc honorificentiam uobis debitae salutationis exhibeo. Aequum est ut mea
cura de uobis relatu piae uicissitudinis mitigetur. Valete.

LXXIII. SYMMACHVS FRATRIBUS

Peruenimus, sed uenisse iam paenitet. Nam ubi primum solum Baiani litoris contigi, statim pedis dolore
correptus sum atque ideo pauca dictaui mox in scribendo
futurus uberior, si me sanitas optata respexerit et uestrae
inuicem litterae prouocarint. Valete.

quid *PVRM cod. Wallaei, alii F*: quod *F 15 36* quantum *F 1 13 31* ‖ accipiam *PVM, alii F*: -perim *F 9* excip- *R, F 1 7 13 15 20-22 24-25 31 33 39*
‖ explicit ad alipium *P, F 2*: e. a. elpidium *F 10 om. VRM, ceteri F*.

LXXII.   *P*ΠΓVRM cod. Wallaei, F 1-10 12 15-18 20-21 24-26 28
30-33 36-37 39.*
incipit ad fratres *P, F 2 10*: *om. VRM, ceteri F* ‖ mediolanium *PVRM,
alii F*: -num *F 1 2 6 9 18² 21 25-26 31 37 39 om. F 33* ‖ peruectus
PVM, alii F: perfec- *F 39* profec- *R, F 1 7 18 24-25 31-32* projec- *cod.
Wallaei* praefec- *F 15 21* praeueniens *F 2 4 9-10 12 26 30 37*.

LXXIII.   *P*ΠΓVRM cod. Wallaei, F 1-10 12-13 15-18 20-21 24-26
28 30-33 36-37 39.*
baiani *codd.*: formiani *coni. Seeck* ‖ prouocarint *PVR, alii F*: -cauerint
M, F 5 8 12 16 18 24-26 37 -cauerit *F 39* -cauerunt *F 21* -cabunt *F 32
36.*

LXXIV. *Symmaque aux frères (396)*

Dès mon arrivée, comme nous vous l'indiquions dans une précédente missive, notre santé a été fortement ébranlée. Est-ce l'insalubrité de l'eau ou le changement d'air? au hasard d'en décider. Maintenant, l'état s'améliore et mes disgrâces commencent à s'atténuer[1]. Mais plus que le reste, ce qui pour nous fut un remède a été de vous savoir bien portant. Au cas même où vous vous enquerriez du moment de notre retour, c'est aux ides d'octobre, si du moins la Fortune seconde mon propos, que nous souhaitons prendre la route[2]. Adieu.

LXXV. *Symmaque aux frères (avant 402)*

Je sais que vous désirez, que vous attendez ma lettre, car l'usage veut que ce genre d'offrande soit à l'initiative des partants[1]. J'inaugure donc en votre direction cet échange de saluts, sans douter le moins du monde que, pour ainsi dire au signal donné, vous ne lambinerez pas à me répondre. Adieu.

Lettre LXXIV

1. Clairement rattaché au précédent (*scripto superiore*, ce billet contient l'expression *aduersa tenuare*, à l'évidence un doublet de *aduersa tenuari* de l'*Ep.* 6, 77. La coïncidence verbale, relevée par O. Seeck, *op. cit.*, p. LXXX, n. 194, n'implique pas obligatoirement la contemporanéité des deux plis. Au demeurant, la lettre aux *Nicomachi* est envoyée de Formies.
2. Cf. tome II, p. 213, n. 2; *Ep.* 24, n. 1 et *infra Ep.* 8, 2 et 27.

Lettre LXXV

1. Pour la thématique cf. tome II, p. 17, n. 1; en particulier l'*Ep.* 5, 70: *... ut qui ad peregrina discedit alternandis epistulis praestet auspicium* soutient la restitution d'O. Seeck. La lettre n'est pas datable.

LXXIV. SYMMACHVS FRATRIBUS

Primo aduentu, ut scripto superiore signauimus, ualetudo nostra perculsa est, seu insalubribus aquis siue aëris
mutatione fors uiderit. N*unc* status melior coepit aduersa
tenuare; sed prae ceteris remedio nobis fuit quod uos
saluere cognouimus. Quod si etiam reditus nostri tempus
inquiritis, ad idus Octobres legere iter, si dicto Fortuna
adsit, optamus. Valete.

LXXV. SYMMACHVS FRATRIBUS

Scio et desiderari et expectari a uobis litteras meas,
quia moris est ut munus huiusmodi a proficiscentibus
inchoet*ur*. Auspicium e*r*go uobis alt*ern*andae inter nos
salutationis emitto, nequaquam dubitans, tamquam
signo dato ad respondendum uos desides non futuros.
Valete.

LXXIV.   *P*ΠVM cod. Wallaei.*
scripto *VM*: -tu *P* ‖ signauimus *PV*: -gnificauimus *M* ‖ nunc *Iuretus*:
noster *codd.* ‖ saluere *PVM*: -uos *cod. Wallaei* ‖ legere *PV*: relig- *M*.

LXXV.   *P*ΠΓVM cod. Wallaei.*
inchoetur *Seeck*: -etis *V* inauspicemur *M* ‖ ergo *Lectius*: ego *codd.* ‖
alternandae *Seeck*: salutandae *V cod. Wallaei* salutanda et *P*
saluandae *M* soluendae *Salmasius om. Γ* ‖ inter nos *P*: inte sinos
V uitae si nos *cod. Wallaei* uitae si non *M om. Γ* ‖ dubitans *P*: -taris
V -tas *M*.

LXXVI. *Symmaque aux frères (394)*

Il est rituel et souhaité que les questeurs candidats offrent les dons d'usage aux personnes éminentes et très chères: à bon droit, vous êtes censé de leur nombre. Au nom de mon fils qui a présenté sa liturgie de questeur, je vous offre donc un diptyque d'ivoire et une corbeille en argent de deux livres, en vous priant avec instance de bien vouloir accueillir avec joie cette marque de déférence[1]. Adieu.

LXXVII. *Symmaque aux frères (397?)*

De vous-même, vous avez pu deviner qu'il y avait des raisons derrière mon silence. À quel instant, de fait, aurais-je omis un devoir sacré, si j'eusse été en bonne santé? Maintenant que peu à peu la douleur cède le pas[1], je n'ai pu retarder l'hommage de mon salut. Il vous reviendra de me rendre la pareille en échange. Ce faisant, si le temps m'apporte ce que je souhaite, vous contribuerez par vos topiques à ma convalescence. Adieu.

Lettre LXXVI

1. Cf. tome II, p. 184, n. 1, où les références sont données (en particulier *Ep.* 2, 81 et 9, 119); *add. Ep.* 2, 59. L'argenterie est offerte au poids: équivalence de 10 solidi. — Contrairement à O. Seeck, je maintiens, dans la leçon de *Γ cod. Carrionis*, ce qui n'est pas une glose: Memmius a exhibé des gladiateurs.

Lettre LXXVII

1. O. Seeck, *op. cit.*, p. CLXXXVI, pense avec vraisemblance pour cette lettre et la suivante à la néfaste année 397.

LXXVI. SYMMACHVS FRATRIBUS

Religiosum atque uotiuum est ut a quaestoribus candidatis dona sollemnia potissimis atque amicissimis offerantur, quo in numero iure censemini. Offero igitur uobis eburneum diptychum et canistellum argenteum librarum duarum filii mei nomine qui quaestorium munus exhibuit et inpendio precor ut hanc honorificentiam dignemini gratanter amplecti. Valete.

LXXVII. SYMMACHVS FRATRIBUS

Subesse aliquas silentio meo causas sponte aestimare potuistis; nam quando omisissem religionis munia, si ualerem? Nunc paulatim dolore cedente officium salutationis differre non potui. Vestri erit muneris referre mutuam uicem quae mihi, si dies optata pertulerit, ad conualescendum fomenta praestabit. Valete.

LXXVI. *PΓVM codd. Carrionis et Cuiacii.*
post offerantur *epistulae textum om.* P ‖ quo in *ΓVM*: in eo *cod. Carrionis* in quorum *Lectius* ‖ qui *post* nomine *om. VM* ‖ quaestorium munus exhibuit *ΓV cod. Carrionis*: q. m. -bui *M uncis inclusit Seeck* ‖ et *om. M.*

LXXVII. *PΠΓVM codd. Pithoeanus Lectii et Wallaei.*
quando *codd.*: quomodo *coni. Scioppius* ‖ nunc *M*: nostrum *PΠV* ‖ differre *ΠΓVM*: deferre *P.*

LXXVIII. *Symmaque aux frères (397?)*

J'avais envoyé le billet devant vous porter mes salutations, lorsque, opportunément, on est arrivé me présenter votre lettre. Au début, je me suis réjoui de la recevoir, mais quand j'ai appris que le gage de notre mutuelle affection gardait la chambre, cette pénible lecture m'a soudain bouleversé. Puisque cependant un post-scriptum m'apprend que notre fils a recouvré ses forces, à nouveau mon esprit est revenu au calme. Un mot précédent[1] vous a indiqué l'état de ma santé: une nouvelle allusion ne s'impose donc pas car il faut éviter de vous bouleverser en répétant des paroles d'inquiétude. Adieu.

LXXIX. *Symmaque aux frères (397)*

Peu auparavant, je vous ai envoyé une lettre annonciatrice du retour de notre fils Faustus[1]: ainsi ma rapidité à vous rassurer calmerait l'impatience de votre attente mais alors que lui-même est sur le départ, je n'ai pas répugné à renouveler l'offrande de mon salut. Recevez donc un double plaisir: d'abord de son propre retour, ensuite de ces propos fraternels par lesquels nous vous informons que sont rendus à la santé les enfants qui nous sont communs[2]. Adieu.

Lettre LXXVIII

1. Mentionnant la lettre précédente (*scriptis superioribus*), celle-ci confirme la guérison de Symmaque; aux *fratres* est témoignée la sollicitude qu'éprouve le scripteur à l'égard de tous ses «fils», les jeunes gens honorables de l'ordre sénatorial. Pour être choisie, la sympathie de part et d'autre n'en a pas moins une charge d'émotion (*conturbatus sum* doublé par *conturbet*). Scioppius, dans son édition de 1608, p. 212, note la couleur plautinienne de *remigrauit* (cf. *Epid.* 557).

Lettre LXXIX

1. Peut-être le malade de l'*Ep.* 78.
2. Les *fratres* s'étaient, à leur tour, inquiétés de la santé des *Nicomachi* qui avait été affectée dans l'été 397, cf. *Ep.* 6, 59.

LXXVIII. SYMMACHVS FRATRIBUS

Postquam paginam quae uobis salutationem ferret emisi, in tempore adfuit qui mihi uestras litteras exhiberet. Quarum principio perceptione laetatus, ubi commune pignus decubuisse cognoui, conturbatus sum repente amaritudine lectionis. Sed quia filium nostrum redditum sanitati subiuncta docuerunt, in tranquillum denuo animus remigrauit. Meae ualetudinis statum scriptis superioribus indicaui, cuius denuo meminisse non opus est, ne uos sollicitae scriptionis conturbet iterario. Valete.

LXXIX. SYMMACHVS FRATRIBUS

De reditu filii nostri Fausti praenuntias paulo ante litteras misi, ut adcelerata securitas desiderii uestri inpatientiam mitigaret, sed munus salutationis iterare ipso etiam proficiscente non piguit. Capite igitur geminam uoluptatem primo ex ipsius reditu, dehinc ex sermone fraterno quo uobis redditos sanitati communes filios indicamus. Valete.

LXXVIII. *PΠΓVRM cod. Wallaei, F ut supra Ep. LXXI.*
quarum *RM, alii F*: quorum *PV, F 3 7 8 13 17 21 om. F 20* ‖ principio *PVRM, alii F*: in p. *F 4 12 13 37* -pii *F 22 33* ‖ quia *P, alii F*: quod *VRM cod. Wallaei, F 7.*

LXXIX. *PΠΓVM cod. Wallaei.*
indicamus *P*: -caui *V* -cauimus *M*.

LXXX. *Symmaque aux frères (397)*

Les jours précédents, j'ai multiplié mes lettres, mais il n'est pas de soins assidus qui puissent combler un cœur aimant. Je pense que vous pouvez en savoir assez, quand nous vous écrivons être en bonne santé, encore que, souffrante quelques jours d'une fluxion, celle qui est l'objet de notre commune affection ait atténué pour nous les plaisirs du farniente[1]. Mais déjà, avec l'aide des Dieux, elle a commencé à reprendre pied, en voie d'un complet rétablissement. Adieu.

À MESSALA

LXXXI. *Symmaque à Messala (399)*

La Fortune s'est réconciliée avec nos concitoyens, depuis que la République s'est approprié votre personne. Au nombre de tous ceux qui espèrent en l'équité, il faut donc ajouter Jucundus, mon grand ami, que l'éminente Préfecture avait convoqué pour l'instruction d'une affaire privée, alors que, depuis longtemps, il est accablé par la maladie. Il serait selon ses vœux de répondre à des questions posées sous votre contrôle, mais son état fait obstacle à sa volonté, car, atteint par une hémorragie, il ne lui permet pas l'incertitude des voyages. Et puis, la justice ne desservira pas la demande de la partie adverse, si les débats viennent à être transférés auprès de votre vicaire[1]. En bref, voici donc ce qui est souhaité: puisque la cause ne perdrait rien à changer de siège, en annulant le déplacement on assurerait ainsi la survie d'un homme. Adieu.

Lettre LXXX

1. Symmaque, *Ep.* 6, 75, devait retrouver le couple de ses enfants à Formies le 28 juillet 397.

LXXX. SYMMACHVS FRATRIBUS

Superioribus diebus litteras frequentaui, sed nulla adsiduitas animum potest amantis explere. Puto autem uobis
ad cognitionem posse sufficere quod ualere nos scribimus, licet commune pignus paucis diebus effusione
uexata otii nostri minuerit uoluptatem. Quae iam diuina
ope ad plenam sanitatem coepit emergere. Valete.

AD MESSALAM

LXXXI. SYMMACHVS MESSALAE

Fortuna cum ciuibus nostris reuertit in gratiam, postquam te sibi respublica uindicauit. Adnumerandus est igitur ceteris sperantibus aequitatem Iucundus amicissimus
meus, quem morbo iam diu grauem praefectura eminens
ad cognitionem priuatae litis exciuerat. Et illi quidem
uotiuum sub examine tuo respondere propositis, sed ualetudo obnititur uoluntati quae effusione sanguinis sauciata
itinerum recusat incertum. Nec deerit ius aduersantis petitioni, si ad uicarium tuum disceptatio transferatur. Haec
igitur summa est postulati ut, cum causae nihil de loco per-
eat, salutem homini peregrinatio remota conciliet. Vale.

LXXX.   *PΠΓVRM cod. Wallaei, F 1-10 12 15-18 21 24-26 30-33 36-
37 39.*
uexata otii (*uel* ocii) *P²VR, alii F*: -to o. *P¹* -tum o. *F 4 12 32 36-37* -
tiori *M* ‖ quae *PVRM, alii F*: quod *F 32* sed *F 4 12 37* ‖ VIIII explic̄
ad fratres *P*: *om. VMRF.*

LXXXI.   *PΠΓVM cod. Pithoeanus Lectii et Wallaei.*
incipit ad messalam *P*: et i. a. m. *Γ om. VM* ‖ reuertit *P*: -uenit *V* uer-
titur *M* ‖ res publica (*uel* r. p.) *VM cod. Wallaei*: re spiritu *P* ‖ et illi
codd.: est i. *Mercerus* ‖ incertum *PV*: -ta *M*.

LXXXII. *Symmaque à Messala (399)*

Il me faut organiser, aménager cette préture et la promotion de Votre Grandeur m'a donné du courage pour en préparer les jeux. Mon entreprise, en effet, va profiter des ressources d'un frère. Je vous demande donc de partager scrupuleusement avec moi des obligations auxquelles je suis engagé, et puisque mes intimes sont en route vers le plus loin de l'Espagne afin d'acheter des chevaux de course, de daigner consentir des suffrages qui fassent avancer leur affaire[1]. Ce deviendrait trop long, si ma lettre voulait passer en revue ce qui est à fournir. J'ai donc, à la volée, noté les têtes de chapitre dans le petit sommaire ci-joint[2]. Vous aurez toute latitude d'y ajouter des faveurs, si la plume du requérant en a oublié. Adieu.

LXXXIII. *Symmaque à Messala (399-400)*

Si ma précédente lettre avait été de quelque effet pour la moitié de mon âme, mon ami Jucundus, j'eusse consacré mes propos à rendre grâce plutôt qu'à renouveler ma demande, mais puisque dans cette affaire de droit civil des convocations répétées[1] aggravent la maladie, ce n'est plus pour le procès mais pour la santé de mon intime que je reprends mon propos. Et pourtant, ma requête n'aurait dû causer aucune difficulté, après qu'un divin prononcé lui a fait remise de ce long déplacement. Mais la mise à exécution en est difficile, ce dont je m'étonne, alors que d'ordinaire Votre Mansuétude accorde de pareilles décisions sans même l'autorité d'un rescrit. Je mets donc encore plus d'empressement à vous prier de renvoyer à la juridiction de votre vicaire un cas maintes fois plaidé devant les tribunaux d'ici, étant donné que le bref sacré l'ordonne et que l'humanité des tribunaux ne s'y oppose pas[2]. Adieu.

Lettre LXXXXII

1. Au nouveau préfet du prétoire, Symmaque demande toutes facilités pour ses émissaires en Espagne, cf. *supra Ep*. 48: cela devait aller des autorisations administratives, en particulier celles concernant le transport, aux lettres de recommandation auprès des grands propriétaires de la péninsule.

2. Cf. *supra Ep*. 6, 48, n. 2.

LXXXII. SYMMACHVS MESSALAE

Instruenda mihi atque adornanda praetura est, ad cuius nos editionem magnitudinis tuae processus animauit; inceptum enim meum uiribus fratris utetur. Quaeso igitur ut mecum religiose uotiua officia partiaris et familiaribus meis ad Hispaniae longinqua pergentibus ob equorum curulium coemptionem suffragia promouendi negotii digneris adnuere. Longum fiat, si uelim litteris praestanda percurrere; capita igitur rerum subiecto indiculo strictim notaui. Tibi integrum erit adicere beneficia, si qua stilus petentis omisit. Vale.

LXXXIII. SYMMACHVS MESSALAE

Si quid pro amico atque unanimo meo Iucundo priora scripta ualuissent, agendis magis gratiis quam renouandae petitioni a me sermo inpenderetur; sed quia in ciuili nego-tio auget eius infirmitatem crebra conuentio, non iam pro causa sed pro ualetudine familiaris mei instauro sermonem. Et certe difficilis impetratio mea esse non debuit, postquam illi diuinus adfatus longae peregrinationis gratiam fecit. Cuius rei exsecutionem miror esse difficilem, cum lenitas tua soleat talia etiam sine rescripti auctoritate praestare. Inpensius igitur quaeso ut uicarii foro saepe in his iudiciis agitata causa reddatur, quando hoc et sacrae litterae impe-rant et iudiciorum non refutat humanitas. Vale.

LXXXII.   *P∏ΓVM codd. Cuiacii et Wallaei.*
negotii *ΓVM cod. Cuiacii*: *om. P (lacunam indicans) ∏* ‖ praestanda *M*: rest- *P*[1] -di *V cod. Wallaei* -dae *Γ* res tantas *P*[2]*∏.*

LXXXIII.   *P∏ΓVM codd. Cuiacii, Pithoeanus Lectii et Wallaei.*
renouandae petitioni *P*[1]*ΓVM*: -dis -nibus *P*[2]*∏* ‖ a me *om. P (lacunam indicans) ∏* ‖ quia *P*: quod *VM* ‖ crebra *om. P (lacunam indicans) ∏* ‖ imperant (inp-) *M*: -petrant *P∏V.*

LXXXIV. *Symmaque à Messala (399-400?)*

Mes scrupules me font une première raison d'écrire, et c'est de cultiver par lettre notre amitié; la seconde m'est suggérée par des sentiments de bonne compagnie, à savoir concilier votre affection à mon familier, l'excellent Thalassus. Il reste à désirer et que par un échange de courrier vous me répondiez et que mon protégé voie ses souhaits aller de l'avant comme il l'entend[1]. Adieu.

LXXXV. *Symmaque à Messala (399-400?)*

Notre intimité à vos côtés doit aider Numida: je le confie à vos suffrages pour que votre souci de notre personne le dédommage, comme il le mérite, des avoirs que par d'honorables services il a placés chez nous. D'après mon jugement, pesez la conduite de l'homme et sur tout ce qu'exigent ses intérêts, rangez-vous aux vœux de qui le recommande[1]. Adieu.

LXXXVI. *Symmaque à Messala (399-400?)*

La prise en compte de mes dispositions à votre égard réclamait que j'écrivisse, mais aussi il ne fallait pas que ma caution manquât à l'honorable Eusèbe, cet homme si distingué[1]. Il a parfaitement mérité des êtres d'élite et je vous prie de le gratifier de votre

Lettre LXXXIV

1. Cette missive et les trois suivantes sollicitent l'appui du préfet pour des personnes soit de rang secondaire, soit en début de carrière, venues à Milan défendre des intérêts ou chercher une place. Ce Thalassus — le manuscrit M orthographie *Thalasio* — ne semble pas appartenir à une famille sénatoriale (dans l'*Ep.* 5, 58 nous avons pris la forme *Thalassi* pour un génitif contracte). Sa seule carte est l'*humanitas* de Symmaque.

Lettre LXXXV

1. Ami de Magnillus, cf. tome II, p. 171, n. 1, Numida a rendu des services à Symmaque et il attend d'en être récompensé par l'appui de Messala dans ses affaires.

LXXXIV. SYMMACHVS MESSALAE

Primam mihi scribendi causam religio fecit, ut amicitia nostra litteris excolatur; secundam suggessit humanitas, ut uiro optimo Thalasso familiari meo tua concilietur adfectio. Superest ut et mihi sermonis tui uicissitudo respondeat et commendato ex sententia procedat optatum. Vale.

LXXXV. SYMMACHVS MESSALAE

Numidam familiaritas nostra apud te debet iuuare; quem tuo trado suffragio, ut meritum quod apud nos honestis officiis conlocauit tua pro me cura conpenset. Mores hominis ex meo pende iudicio et in omnibus quae utilitas eius exquirit uotum commendantis imitare. Vale.

LXXXVI. SYMMACHVS MESSALAE

Et mei circa te propositi ratio poposcit ut scriberem et u. c. atque ornatissimo Eusebio adstipulatio mea deesse non debuit; quem probe de optimis uiris meritum quaeso tua <. . .> benignitas muneretur. Nam laudabilis quisque

LXXXIV. *PΠΓVM.*
thalasso *PV*: -assio *Γ* -asio *M*.

LXXXV. *PΠΓVRM codd. Wallaei, F 1-10 12 15-18 21-22 24-26 30-33 36-37 39.*
iuuare *PΠΓVRM, alii F*: adiu- *F 1 6 15 18 21-22 24 31-32 36 39* ‖ trado suffragio *om. lacunam indicans P* ‖ officiis *om. lacunam indicans P* ‖ cura *om. lacunam indicans P* ‖ eius *P*: enim *V om. F 2 4 9 10 12 26 37* ‖ uotum *VM*: totum *P* ‖ commendantis *VM*: -andis *P* -ationis *R, F 7 15 17-18 21 39.*

LXXXVI. *PΠΓVM codd. Cuiacii et Wallaei.*
scriberem *PΓM*: -re *V* ‖ et u. c. (uir. clar.) *Γ*: u. *M cod. Cuiacii* e. q̄ c̄ *PΠ* non metuam *V* ‖ atque *PΓV*: tamen *M* ‖ quem *om. lacunam indicans P* ‖ meritum *VM*: et m. *P* eme- *Iuretus* ‖ *post* tua *lacunam ind. P.*

bienveillance <...>. En effet, toutes les personnes estimables souhaitent pour seul salaire de leur vertueuse délicatesse de pénétrer par une entremise de bon aloi au sein de la compagnie des gens de bien, c'est-à-dire de ceux qui vous ressemblent. Adieu.

LXXXVII. *Symmaque à Messala (399-400?)*

Toute recommandation accorde un témoignage aux amis et aux inconnus procure un suffrage. Par conséquent, mon fils Processus, cet homme si distingué, n'est pas à compter dans le lot de ceux auxquels on procure un billet par bonté. Au contraire, il est plutôt de ceux auxquels par affection on rend sans réserve la pareille. D'ores et déjà, je pense, vous voyez clairement le type de jugement où, dans l'intimité, vous devez vous tenir sur celui que je recommande sans partialité. C'est donc convenable qu'il trouve chez vous une bienveillance à la mesure du capital de mérites[1] qu'il a placé chez moi. Adieu.

LXXXVIII. *Symmaque à Messala (399-400)*

L'amitié des parents passe justement sur les enfants, afin que les relations d'affection, une fois engagées, profitent à leur postérité, comme par droit héréditaire. À ce titre, j'ai reçu à chérir autant qu'à protéger le fils de feu l'excellent Grégoire[1]. Il y avait, en effet, entre son père et moi des liens de cœur très fidèles. Mais je souhaite partager avec vous cette dette sacrée et, pour cette raison, je vous prie, là où son intérêt l'exigera, de m'accompagner dans le souci que je prends de lui. Or parmi les vœux du jeune homme, voici le principal, qui est la marque d'un esprit généreux: en tant qu'avocat d'une naissance qui n'est point obscure, il désire accéder à votre tribunal. L'éclat de votre éloquence, je l'espère, lui procurera un maître, et la bonté de votre âme un patron[2]. Adieu.

Lettre LXXXVII

1. Processus est de la même catégorie que Numida (*Ep.* 85) et instinctivement Symmaque reprend une métaphore identique: comparer *quantum apud me meriti conlocauit* avec *meritum quod apud nos... conlocauit*.

hanc solam mercedem pudoris atque honestatis exoptat, ut ad intimam familiaritatem bonorum tuique similium pura conciliatione perueniat. Vale.

LXXXVII. SYMMACHVS MESSALAE

Omnis commendatio amicis testimonium tribuit, suffragium praestat incognitis. Processus igitur uir ornatissimus filius meus non est in ea parte numerandus, cui ex beneficio scripta praestantur, sed potius in ea cui uicissitudo ex amore persoluitur. Puto iam liquere tibi quae circa illum familiariter tenenda sit a te forma iudicii, quem sine fauore commendo. Dignum est igitur ut, quantum apud me meriti conlocauit, tantum apud te benignitatis inueniat. Vale.

LXXXVIII. SYMMACHVS MESSALAE

Amicitiae parentum recte in liberos transferuntur, ut caritas semel inita successoribus eorum uelut hereditario iure proficiat. Quo nomine optimi quondam uiri Gregorii filium diligendum pariter ac tuendum recepi; fuit enim mihi cum patre eius fidum foedus animorum. Sed religionis debitum tecum opto partiri. Quapropter quaeso ut curam meam pro eo in his quae usus poposcerit exequaris. Inter cetera autem uota iuuenis praecipuum liberalis animi signum est quod cupit foro tuo non obscurus ortu actor accedere; cui, ut spero, et magisterium splendore dicendi et suffragium mentis bonitate praestabis. Vale.

LXXXVII. *PΠΓVM cod. Pithoeanus Lectii.*
conlocauit *ΓVM*: -ui *PΠ*.

LXXXVIII. *PΠΓVRM codd. Pithoei, Pithoeanus Lectii et Wallaei, F 1-10 12-13 15-18 20-22 24-26 30-33 37 39.*
religionis *RMF*: -osi *PV* -osi fenoris *coni. Seeck* ‖ his *PVRM, alii F*: hiis *F 3 6 15 17 39* iis *F 16[1] 32* ‖ actor *PΠ, F 3 8[1] 32[2]*: auct- (*uel* aut) *V, F 2 4 8[2]-10 13 16-17 26 30 37 39* auctore *cod. Wallaei* orator *F 31[1] om. M.*

LXXXIX. *Symmaque à Messala (399)*

Je pense que depuis déjà quelque temps vous a été remise en mains la lettre où je faisais valoir — et ce fut validé par les tribunaux[1] — que mon ami Jucundus, en dépit de son désir d'être soumis à votre examen, ne pouvait partir pour raison de santé. De jour en jour sa maladie s'aggrave et, pour ce motif, je formule à nouveau ma demande de ne pas voir tomber dans une odieuse contumace celui qui mérite la pitié. Sans aucun doute, l'humanité n'enlèvera rien au procès civil, si vous transférez l'examen à votre vicaire, car tout à la fois on épargnera une injustice à un homme qui souffre et l'affaire trouvera son terme[2]. Adieu.

XC. *Symmaque à Messala (399)*

Les faits ont donné la preuve que je n'avais pas tort d'espérer ce que vous avez bien voulu me procurer, mais que plutôt j'aurais pu me charger d'une faute, si, par pudeur, j'avais tu à un être aimant les nécessités que dans sa préture rencontre l'objet de notre affection[1]. Je me réjouis donc de ce que nous soyons dotés des témoignages répétés de votre amour et veux vous laisser l'espoir que toute la faveur acquise par nos jeux sera, moi-même cédant le pas, mis au compte de vos bienfaits. Adieu.

Lettre LXXXIX

1. Le «certificat de maladie» a été entériné par la *iudiciorum humanitas*, cf. *supra Ep.* 83, n. 2. Ce document était déjà une protection contre la contumace encourable à ne pas se présenter devant le tribunal milanais.
2. L'attitude de Jucundus n'a rien de dilatoire.

Lettre XC

1. Messala ayant répondu favorablement à l'*Ep.* 82, Symmaque le remercie d'avoir déjà à plusieurs reprises bien voulu ainsi s'associer à la préparation des jeux de Memmius.

LXXXIX. SYMMACHVS MESSALAE

Iamdudum litteras meas in manus tuas credo perlatas, quibus allegaui, quod iudiciis adprobatum est, amicum meum Iucundum quamquam tui examinis cupidum per ualetudinem non posse proficisci. Huius in dies morbus augescit et ideo repeto postulatum ne incidat inuidiam contumaciae qui miserationem meretur. Et sane ciuili causae nihil decerpet humanitas, si ad uicarium uestrum transferatis examen. Nam pariter et laboranti detrahetur iniuria et negotio finis eueniet. Vale.

XC. SYMMACHVS MESSALAE

Probauit effectus non inmerito a me sperata quae praestare dignatus es, magisque me culpam potuisse contrahere, si apud amantem praetorias pignoris nostri necessitates pudore tacuissem. Ornari ergo nos gaudeo frequentibus amoris tui testimoniis et uolo speres quidquid gratiae editio nostra quaesiuerit ad tua beneficia me cedente referendum. Vale.

LXXXIX.   *P*ΠΓVM codd. Pithoeanus Lectii et Wallaei.*
per ualetudinem *PVM*: pro -ne *cod. Wallaei* ‖ transferatis *ΓVM*: -tur
Iuretus ‖ detrahetur *PV*: -hentur *M* ‖ finis *PVM*: f. debitus *cod.
Pithoeanus Lectii.*

XC.   *P*ΠΓVM.*

XCI. Symmaque à Messala (399)

Grâce à l'éclat de votre vie et de votre production littéraire, vous aviez toujours été à l'honneur[1]. Mais maintenant tous les gens de bien se réjouissent, car de surcroît une illustration publique vous a été conférée. Je souhaite donc que vous jouissiez d'une distinction qui répond à vos vœux et que, promu au comble de la gloire[2], vous atteigniez à la grandeur de ce jugement impérial. Adieu.

XCII. Symmaque à Messala (avant 402)

Il est de mon devoir de vous annoncer que je vais bien, et de mes vœux de vous savoir sain et sauf. En vous informant de ma félicité, j'ai rempli mon rôle d'ami, tandis que vous me devez encore les joies que j'aurai de votre bonne santé. Avec la fidélité accoutumée, elles viendront à ma connaissance et ce sera un cadeau de votre plume aussi bien que de la faveur des Dieux[1]. Adieu.

À LONGINIANUS

XCIII. Symmaque à Longinianus (399)

Vos sentiments amicaux prennent leur part de notre joie et votre lettre de félicitation fait cortège à la réintégration de mon fils Flavien dans la carrière des honneurs: vous méritez que toujours vous échoient des prospérités. Mais je sais que cette

Lettre XCI

1. Cf. Rut. Nam., *De reditu* 1, 268: *... carmine Messalae nobilitatus ager*. Voir encore *supra Ep.* 6, 49, n. 3, et la référence au passage où Sidoine Apollinaire place Messala au nombre de ses modèles avec Paulin, Ampélius (cf. *supra Ep.* 18, n. 8) et Symmaque lui-même. — La clausule ne serait pas favorable à la conjecture de Seeck.

2. *Cumulum gloriae*: l'hyperbole désigne la préfecture du prétoire, mais Symmaque adapte l'éloge aux circonstances; Protadius, nommé préfet de la ville, atteignait pour sa part *honorum culmen*. On ne glosera pas sur ces formules de politesse.

XCI. SYMMACHVS MESSALAE

Honores quidem semper uitae ac litterarum splendore gessisti, sed bonorum nunc omnium gratulatio est etiam publicum tibi decus esse delatum. Opto igitur ex sententia partis fruaris insignibus et prouectus in cumulum gloriae magnitudinem iudicii imperialis aequiperes. Vale.

XCII. SYMMACHVS MESSALAE

Officii mei est nuntiare quod ualeam, uoti ut te saluere cognoscam. Ego indicio prosperorum meorum partes amantis inpleui, tu mihi adhuc debes sanitatis tuae gaudia. Quae ut solita fide in notitiam meam ueniant et deorum fauor et tua scripta praestabunt. Vale.

AD LONGINIANVM

XCIII. SYMMACHVS LONGINIANO

Amico animo gaudia nostra participas et integratum Flauiani filii mei honorem stili gratulatione prosequeris.

XCI. *PΠVM cod. Cuiacii.*
gessisti *codd.*: praecessisti *Seeck* ‖ ex *PV*: ut e. *M.*

XCII. *P*ΠΓVRM cod. Cuiacii, F ut supra Ep. LXXXVIII.*
uoti ut *ΓVM cod. Cuiacii, alii F*: uoti tui ut *Π lacunam inter* uoti *et* ut *ind. F 39* et uoti ut *F 32* tui ut *F 31*[1] non ut *F 1 6* ‖ saluere *PVRM, alii F*: -uare *F 15 20 24* -uari *F 22* s. uel ualere *F 13* ualere *F 1* saluum *F 4 7 37* ‖ //plicit ad messalam *P: om. VRMF.*

XCIII. *PΠΓVRM cod. Cuiacii, F 1-10 12-13 15-18 21-22 24-26 30-33 37 39.*

courtoise bienveillance vous vient des enseignements de celui qui se trouve être le meilleur[1]. Ainsi suivez-vous, sous les éloges, les leçons d'une si bonne volonté. Gardez, je vous prie, comme vous le faites, cette constance dans le bien. Imitez le grand homme et chérissez nous. Adieu.

XCIV. *Symmaque à Longinianus (401-402)*

L'honorabilité de vos fonctions tire son éclat des bienfaits qu'elle accorde. Puisqu'ainsi la prise en compte de vos mérites vous rend proche des sommets, à vous d'acquérir par votre bonté la réputation et le crédit qui vous soient une illustration. Et vous n'avez pas à chercher loin ce dont vous pourriez vous servir pour atteindre à de pareilles jouissances, car ma lettre introduit pour que vous l'aidiez mon fils Didier[1], un être doté, hormis la Fortune, de tout ce que peut se procurer l'activité humaine. Mais celle-là aussi, pour peu que vous le favorisiez, reviendra faire sa paix avec lui. Il vous reste à vouloir ce que vous pouvez en raison même de votre poste et de vos mérites: en écartant l'action en justice, vous redresserez facilement la mauvaise pente que prend l'affaire de notre ami[2]. Adieu.

Lettre XCIII

1. Sur Longinianus, voir en dernier lieu — mais avec des réserves (cf. *supra Ep.* 94) — R. Delmaire, *op. cit.*, *supra Ep.* 6, 12, n. 2, p. 154-157. Dès cette lettre, postérieure à la nomination de Nicomaque à la préfecture de la Ville, le destinataire apparaît comme le fidèle de Stilicon. Au plus tard, à la fin de l'année 399, il deviendra comte des largesses sacrées, avant de présider comme *p. u.*, en 401-402, à la restauration des murs et à l'édification d'un baptistère (on discute encore pour savoir s'il fut l'interlocuteur païen de saint Augustin, auquel cas une conversion aurait suivi). Après la mort de Symmaque, il fut à la tête du prétoire des Gaules en 402, ensuite de celui d'Italie, jusqu'à son massacre lors de la mutinerie de Ticinum en août 408.

Dignus es cui laeta semper eueniant. Hanc autem dignationis tuae benignitatem scio ex illius instituto uenire, qui praestitit. Laudabiliter igitur magisterium sequeris optimae uoluntatis. Tene, quaeso, ut facis, constantiam rerum bonarum: illum imitare, nos dilige. Vale.

XCIV. SYMMACHVS LONGINIANO

Honor militiae uestrae dandis beneficiis enitescit. Cum igitur te meritorum ratio summis proximum faciat, famae et gratiae decus benignitate conquire. Nec procul abest, de quo huiusmodi fructum capessas. Iuuandum enim tibi filium meum Desiderium litterae meae ingerunt, uirum praeter Fortunam cunctis rebus ornatum, quas sibi potest hominum cura praestare. Sed illa quoque cum eo in gratiam, si faueris, reuertetur. Restat ut uelis quod pro loci ac meriti tui uiribus potes: facile inclinatum amici nostri negotium depulsa lite sanabis. Vale.

incip (*uel* /nc̄) ad longinianum (*uel* long.) *PΓ*: *om. VRMF* ‖ ex *VM*: *om. P.*

XCIV. *PΠΓVRM, F ut supra Ep. LXXXVIII.*
enitescit — iuuan (*sic*) *om. P spatio 6 uersuum uacuo relicto* ‖ enitescit *VM, alii F*: -cat *F 13* semper inuigilat *Π* ‖ famae *VM*: f. ergo *Γ* ‖ sed *PVM*: et *R, alii F om. F 4 10 12 37* ‖ ac *PVRF*: aut *M* ‖ inclinatum *PVM, F 33*[1]: -tam *R, alii F* ac datam *F 22* ‖ negotium *PV*: -ocicium *Π* felicitatem *R, alii F* facilitatem *F 15 21 39* facilitates *F 18.*

XCV. *Symmaque à Longinianus (398)*

Précédemment vous avez bien voulu ouvrir les bras à l'amitié de Monseigneur mon fils Flavien, mais maintenant l'occasion est donnée de lui offrir les preuves d'un attachement sincère. Invité, en effet, à l'entrée en charge du noble consul par un bref sacré de Sa Majesté le Très Auguste Prince Honorius[1], il donnera à ses propres mérites la possibilité de se découvrir à votre jugement en même temps qu'à votre affection celle de se manifester à son égard. D'ici là, par mon intervention, je remplis le rôle d'un père et ne viens pas à douter du poids d'une recommandation qui, lorsqu'il s'agit d'êtres chers, s'adresse à quelqu'un de si attentif pour les siens. Or voici l'essentiel de mes désirs: qu'il trouve dans votre cœur un amour semblable au mien. Adieu.

XCVI. *Symmaque à Longinianus (400)*

1. Vous m'engagez à m'intéresser à Dynamius, encore que mon affection pour lui ne puisse en rien céder à la vôtre. C'est, en effet, un homme paré de l'éclat de ses qualités. Pour cette raison, je me range volontiers à votre avis et déclare bien haut qu'il est digne d'être rattaché à notre Ordre[1], mais il faut, de surcroît, lui donner les privilèges militaires, pour qu'il profite des avantages de cette admission, **2.** car les décrets divins ont voulu l'exemption des charges pour ceux-là seulement qu'illustre la gloire des camps. Si donc vous lui conférez également cette distinction que parfait, en sus, l'octroi des annones et des facilités de transport[2], il sera admis par une promotion accélérée au nombre des consulaires[3]. Ainsi est-il en votre pouvoir d'aider à la fois par de tels compléments ses mérites et mon zèle.

Lettre XCV

1. À la fin de 398 — et c'était la fin de son exil intérieur — Nicomaque le Jeune fut invité au *processus consularis* de Mallius Théodorus, cf. *supra* (en sus des *Ep.* 6, 30, 35 et 36), l'*Ep.* 6, 10, n. 1, où est dressée la liste des recommandations à Stilicon, Théodore, Minervius, Hadrien, Pétrone et Patruinus (*add. supra Ep.* 47, n. 1). La charge alors détenue par Longinianus au *comitatus* n'est pas précisable. Les relations entre les deux hommes par la suite s'envenimèrent: voir la lettre suivante.

XCV. SYMMACHVS LONGINIANO

Amplecti amicitias domini et filii mei Flauiani ante dignatus es, sed nunc tempus datur, ut illi documenta uerae familiaritatis exhibeas. Sacris enim d. n. Honorii augustissimi principis litteris ad officium magnifici consulis euocatus occasionem dabit, qua et ipsius meritum iudicio tuo pateat et tua in eum clarescat adfectio. Interea partes parentis meus interuentus exequitur nec in dubium uenit quid habeat ponderis pignorum commendatio apud eum qui suos diligit. Haec autem summa est desiderii mei ut in animo tuo reperiat amorem meo similem. Vale.

XCVI. SYMMACHVS LONGINIANO

1. In fauorem me Dynami cohortaris, cuius tibi amore non cesserim. Est enim uir artium bonarum cultus ornatu. Libens itaque in tuam concedo sententiam dignumque esse praedico, qui nostro ordini copuletur; sed adicienda est ei praerogatiua militiae, ut beneficio allectionis utatur. **2.** His quippe tantum munia relaxari diualia statuta uoluerunt, quos honor castrensis inluminat. Si igitur et hoc insigne detuleris, quod annonarum et euectionum cumulet adiectio, prono cursu in consulares legetur. Quare in tua manu est et illius meritum et meum studium supplementis talibus adiuuare.

XCV. *PΠVM.*

XCVI. *P*ΠΓVM codd. Pithoei et Wallaei.*
2. statuta *PVM*: constituta *Π*.

3. Entre-temps, je m'étonne à l'extrême que dans le cas de l'Illustrissime Monseigneur Flavien, mon fils, vous n'ayez songé ni au degré des honneurs ni aux droits de l'amitié, car dans la réclamation des sommes dues au chapitre des vins, votre éminente autorité en est allée jusqu'à sanctionner le bureau par l'amende[4]. Souffrez de m'accorder qu'aussi bien la Préfecture qu'un homme si affectionné pour vous n'auraient pas dû être effleurés par un pareil affront. Je vous prie donc de bien vouloir dorénavant avoir pour lui autant de déférence qu'il convient, à l'inverse, de vous être manifesté. Pour moi, du moins, en tant que votre père à tous deux, je ne tolère pas qu'une rumeur[5] s'élève de votre côté; que dis-je, j'ai le vif souhait que grandissent entre vous par une exacte courtoisie les raisons d'une mutuelle affection. Adieu.

XCVII. *Symmaque à Longinianus (399)*

J'ai conçu de la joie à vous lire, depuis que vous m'apprenez qu'un mot de recommandation a aidé mes amis en route vers l'Espagne[1]. Aussi bien d'avoir reçu cette faveur je garde le souvenir et ma bouche vous en rend témoignage. Mais votre discrétion fait que j'économiserai mes paroles, car vous désirez de l'affection et non pas des discours. Adieu.

XCVIII. *Symmaque à Longinianus (avant 402)*

Depuis longtemps, j'attendais votre lettre[1]: je la reçois maintenant d'un cœur sans mesure reconnaissant. Vous répondant par conséquent avec le respect et l'affection que je vous dois, je

3. Interea nimis miror quod in uiro inlustri Flauiano domino et filio meo nec gradum honoris nec ius amicitiae cogitasti. Nam cum praestans auctoritas tua uinarii tituli debita flagitaret, usque ad officii multa condempnationem progressa est. Patienter admitte neque praefecturam neque amantissimum tui uirum tali contumelia debuisse perstringi. Quaeso igitur ut, tantum ei posthac deferre digneris, quantum tibi inuicem conuenit exhiberi. Ego certe amborum parens nihil a te patior stridoris emergere, quin immo officiis religionis crescere inter uos causas mutui amoris exopto. Vale.

XCVII. SYMMACHVS LONGINIANO

Cepi ex litteris tuis gaudium, postquam familiares meos ad Hispaniam commeantes adiutos epistulari commendatione docuisti. Quare acceptam gratiam et mente contineo et ore contestor. Facit autem uerecundia tua ut de hoc parcius loquar: adfectum enim, non uerba desideras. Vale.

XCVIII. SYMMACHVS LONGINIANO

Iamdudum desiderabam litteras tuas: nunc inmodica animi gratulatione suscepi. Debita igitur reuerentia et

---

3. multa condempnationem *ego*: m. -ne *ΓV cod. Wallaei* c. m. *Iuretus* - tam c. *Scioppius* -tam contemptione *Seeck* -tam contempu eius *Haverling* -tam deprauationem *M* ‖ religionis *VM cod. Wallaei*: -giosis *Iuretus*.

XCVII.   *P*ΠVM cod. Wallaei.*

XCVIII.   *P*ΠΓVRM codd. Cuiacii et Wallaei, F 1-10 12-13 15-18 20-21 24-26 30-33 39.*
desiderabam *PV, alii F*: -ratas *M* -raui *cod. Wallaei, F 31² 32.*

demande de surcroît qu'à l'avenir vous daigniez assidûment accorder à mes vœux ce que de vous-même vous avez octroyé. Mais à demander ainsi il ne faut pas s'attarder, car ma requête n'a pas non plus à arracher ce que vous me promettez en homme de bonne compagnie. Adieu.

XCIX. *Symmaque à Longinianus (avant 402)*

J'aime pratiquer le culte de l'amitié, car je vois que vous ne refusez pas de me payer le talion[1] par des soins identiques. C'est un grand appel à la conscience que votre affection! Aussi ne puis-je critiquer, comme s'il s'agissait d'une faveur, l'hommage qui vient des exigences de mon devoir. Vous êtes vous-même, en effet, à l'origine des devoirs que je vous rends, puisque les sollicite votre assiduité à m'écrire. Adieu.

C. *Symmaque à Longinianus (400)*

Je suis sensible à l'affection que vous daignez me concéder à votre tour, mais je m'étonne beaucoup à l'idée que vous soupçonniez Monseigneur Flavien, mon fils, qui pourtant vous embrasse d'un pareil amour, de n'être pas à la hauteur de votre amitié. Si donc vous pensez que je suis un garant de quelque poids, je vous prie de renoncer, sur cette garantie, à des convictions de la sorte et, sans accueillir certains chuchotements, de

Lettre XCIX

1. Cf. tome II, p. 16, n. 1 (à compléter par *Ep.* 1, 95; 3, 26 et 9, 31).

amore respondens adicio postulatum, ut in reliquum frequentare digneris munus optabile quod sponte tribuisti. Sed in hac postulatione non opus est conmorari. Neque enim petitio mea debet elicere quod tua promittit humanitas. Vale.

XCIX. SYMMACHVS LONGINIANO

Cultum amicitiae libenter exerceo. Video enim mihi a te talionem curae parilis non negari; magnus autem diligentiae incentor est amor tuus. Quare beneficii loco exprobrare non possum quod ex debito officio defero. Ipse enim tibi auctor es officiorum meorum quae scribendi adsiduitate sollicitas. Vale.

C. SYMMACHVS LONGINIANO

Sentio, quid mihi adfectionis inuicem deferre digneris, sed uehementer admiror quod dominum <et> filium meum Flauianum qui te parili amore conplectitur erga amicitiam tuam esse inparem suspiceris. Si igitur aliquid in adsertione mea putas esse grauitatis, te oro ut huiusmodi persuasionem me adsertore deponas et exclusis aliquorum

non opus est *alii F*: n. e. o. *M, F 3 16 17* o. n. e. *V, F 1 15 18 20-21 24 31-32 39* n. e. *F 13* ‖ conmorari *VM, alii F*: inmo- *F 4 9 10 12 31²* -moneri *F 39* te -monere *F 32* ‖ tua *om. Γ.*

XCIX. *P*ΠVRM cod. Wallaei, F 1-10 12-13 15-18 20-22 24-26 30-33 39.*
amor tuus *PΠV*: a. *M* animus tuus *RF* a. mutuus *Havet.*

C. *PΠΓVM codd. Cuiacii et Wallaei.*
et *Seeck*: *om. codd.* ‖ parili *P*: pari *VM cod. Wallaei* ‖ amicitiam tuam *P*: -tias tuas *VM* ‖ te oro *ego*: uostro *Γ* uestrae *V* uolo *M om. lacunam indicans P* ‖ me *VM*: ne *PΠ* ‖ deponas *om. lacunam indicans P.*

conserver la fidélité qui convient à la loyauté de votre conduite ainsi qu'à l'amitié. En tout cas, si jamais des propos envieux sont portés à votre connaissance, veuillez m'en faire part, pour qu'une amertume conçue sur les incriminations d'autrui soit dissipée par les médecines de la bonne foi[1]. Adieu.

CI. *Symmaque à Longinianus (401-402?)*

Au loyal Eusèbe il suffit, je pense, pour toute recommandation, que je le proclame muni de mon approbation et, dès lors, je n'ai pas à m'appliquer à un plus long discours, afin de lui concilier votre bonne volonté. Je tiens, en effet, pour acquis que ceux qui m'ont accordé une fidèle déférence ne manqueront pas le moins du monde de votre faveur[1]. Quant à nous, nous nous portons à souhait, prêt, si, de votre côté, vous ne me les refusez pas, à recevoir avec plaisir des nouvelles de votre bonne santé. Adieu.

À PÉTRONE ET PATRUINUS[1]

CII. *Symmaque à Pétrone et Patruinus (398)*

En faveur de ceux qu'on connaît et estime, il y a peu à dire: ils apportent, en effet, le témoignage de mes bons offices, non celui de leurs mérites. Aussi ne dois-je pas peiner à recomman-

---

Lettre C

1. Cf. *supra Ep.* 96, n. 4. Le présent billet, antérieur, date des débuts de la brouille, lorsqu'on en était encore aux *aliquorum susurris*.

Lettre CI

1. Cf. *supra Ep.* 53. Si les deux Eusèbes se confondent, Hadrien et Longinianus sont simultanément priés d'intervenir, comme dans le cas de Didier (*Ep.* 94).

susurris constantiam serues sanctis moribus tuis et amicitiae congruentem. Certe si quid in notitiam tuam aemulus
sermo peruexit, mecum, quaeso, participes, ut amaritudo
quae ex aliorum *in*simulatione concepta est fidis purgationibus diluatur. Vale.

CI. SYMMACHVS LONGINIANO

Sancto Eusebio arbitror pro summa commendatione
sufficere quod eum mihi profiteor adprobatum et ideo
uerbis pluribus elaborare non debeo, ut ei tuam conciliem
uoluntatem. Praesumptum quippe teneo his qui mihi fida
obsequia detulerunt fauorem tuum minime defuturum.
Nos ex sententia ualemus, libenter habituri si ipse sospitatis tuae litteras non negaris. Vale.

AD PETRONIVM ET PATRVINVM

CII. SYMMACHVS PETRONIO ET PATRVINO

Pro cognitis et probatis pauca dicenda sunt; mei enim
officii, non sui meriti testimonium ferunt. Quapropter

constantiam *VM cod. Cuiacii*: constat *P om. Π* ‖ amicitiae *VM cod.
Cuiacii*: -tias *P²Π* -tia *P¹* ‖ congruentem *om. lacunam indicans P* ‖
aemulus *P²*: e (*uel* ex) multis *VM* ‖ sermo *om. P (lacunam indicans) Π*
‖ participes *PVM*: partiaris *Π* ‖ ut amaritudo *om. lacunam indicans P*
‖ insimulatione *Lectius*: si- *codd.* ‖ purgationibus *VM*: -toribus *P*.

CI. *PΠΓVM*.
his *codd.*: iis *Seeck* ‖ ipse *codd.*: ipse indices (*uel* nuntias) *Kroll* ‖
VIIII explic̄ (*uel* expl.) ad longinianum (*uel* long.) *PΓ*: *om. VM*.

CII. *PΠΓVRM cod. Wallaei, F 1-3 7-10 13 15-18 21 24-25 31-33 39*.
inc̄ ad petronium (*uel* petr.) et patruinum (*uel* patr.) *PΓ*: *om. VMRF* ‖ pro
cognitis *PM*: perco- *ΓVR, alii F* superco- *cod. Wallaei* co- *F 25 33*.

der à Vos Éminences les mérites de Monseigneur Flavien, mon fils, puisque la vieille amitié qui vous lie va en revenir à une pratique plus heureuse. L'essentiel de mon propos est que, de retour dans la ville de nos pères, il ramène à lui votre affection pour toujours et à moi vos salutations en retour[2]. Adieu.

CIII. *Symmaque à Patruinus (401-402)*

Je souhaite que vous receviez mes salutations en pleine vigueur et dans les joies de la félicité. L'excellent Didier[1], un homme auquel l'intégrité de sa vie ménage les plus grandes louanges, vous transmettra ce billet qui, témoin de ma courtoisie, m'apportera en retour un bonheur extrême si, en vous le transmettant, il vous attire à son extrême amitié. Car, eu égard à votre affection, je n'ai pas, je pense, à faire effort afin que vous daigniez me répondre. Mes vœux ont pour unique souci que, sur ma recommandation, il acquière vos faveurs et s'en revienne, en louant, donnés par vous, ces bienfaits dont l'utilité rejaillira[2] sur ses intérêts aussi bien qu'elle réjouira mon cœur. Adieu.

CIV. *Symmaque à Pétrone et Patruinus (399)*

1. Je vois que si jusqu'à maintenant, l'honneur de mon fils Flavien était à terre, c'était pour que pût lui échoir un meilleur témoignage. Le hasard avait mené dans les faveurs du tyran celui qui devait être réservé au jugement d'une ère heureuse. Et la perte de la Préfecture lui a valu de changer de patronage[1]. Quelles paroles seront dès lors à la hauteur d'un si grand don[2]? Joignez-vous à nous, je vous prie, pour rendre grâce à cet

2. Cf. tome II, p. 122, n. 1 (avec la rectification indiquée *supra Ep.* 45, n. 1), Flavien connaît déjà les deux frères et aura le plaisir de renouer avec eux de vive voix.

Lettre CIII

1. Cf. *supra Ep.* 46, n. 1.
2. Mot prisé par Symmaque: 21 occurrences.

laborare non debeo, ut praestantiae uestrae domini et filii mei Flauiani merita commendem, siquidem uetus inter *u*os amicitia reuertetur ad usum feliciorem. Mei sermonis haec summa est ut in patriam redux sibi perpetuum amorem uestrum, mihi mutuam reportet salutationem. Valete.

CIII. SYMMACHVS PATRVINO

Opto ut hanc salutationem uigoris integer et prosperis laetus accipias. Tradetur autem per optimum uirum Desiderium cui maximam laudem pura uita conciliat testis haec officii mei pagina relatura ad me plurimum boni, si te plurimum in amicitiam tradentis adtraxerit. Nam ut respondere digneris, enitendum mihi prae tuo amore non arbitror. Haec una uoti mei cura est ut tuum fauorem commendatus adquirat redeatque laudator beneficiorum tuorum quorum utilitas ad illius commodum, ad meum sensum gratulatio redundabit. Vale.

CIV. SYMMACHVS PETRONIO ET PATRVINO

1. Video Flauiani filii mei honorem propterea hucusque iacuisse, ut ei testis melior eueniret. Inciderat in tyranni beneficium iudicio bonorum temporum reseruandus e*t* praestitit illi amissio praefecturae quod mutauit auctorem. Quae igitur uerba tantum munus

---

inter uos *Scioppius*: i. nos *M, F 3 8 16 17* internos *PΠ* in nos *V om. ceteri F* ‖ redux *PVR, alii F*: -ducat *M* -duxit *F 1 15 18 21 32 39* reddat *F 3 8 16 17.*

CIII. *PΠΓVM.*

CIV. *P*ΠΓVM codd. Pithoeanus Lectii et Wallaei.*
1. et *Seeck*: sed *codd.*

homme d'exception[3]. En effet, puisque, chacun de notre côté, nous sommes vaincus par l'ampleur de ce geste, il est besoin de multiplier les louanges, pour qu'un don à plusieurs satisfasse au poids de la dette. **2.** Sans doute le maître de mon cœur[4], lui qui est à l'origine du bienfait, n'infère-t-il pas la mesure de son acte des paroles d'autrui mais de la joie de sa propre conscience; sans doute n'ignore-t-il pas que ce qu'il accorde est de nature à vaincre tout espoir d'être solvable. Il n'en reste pas moins qu'avec la fidélité d'une respectueuse amitié nous paierons en retour la contrepartie de cette grâce, en donnant pour garants de notre engagement des sentiments d'enfants envers les auteurs de leurs jours: au contrat de l'affection l'amour suffit. Adieu.

CV. *Symmaque à Patruinus (399)*

1. À rendre grâce à Son Excellence Monseigneur le Comte, la médiocrité de mon discours ne saurait être de force. Je vous impose donc la tâche de lui exprimer plus pleinement l'état de mes pensées sur l'obtention de ces permis de transport, tant secourables pour les festivités de la préture; et celle, en même temps, de daigner faire effort afin qu'un prompt passage vers les Espagnes soit obtenu par ceux que j'ai envoyés à cette fin[1]. Voici qu'approche, en effet, le moment des festivités prétoriennes, et j'ai crainte qu'un achat tardif des chevaux de course, compte tenu des difficultés à les ramener, ne soit entravé de façon alarmante par un intervalle trop court. **2.** Là-dessus

3. Stilicon est à l'origine du retour en grâce de Nicomaque. Ce *beneficium*, au-delà de toute réciprocité et reconnaissance, engage néanmoins ses amis à seconder Symmaque dans l'expression de ce qu'il ressent (la comparaison *liberi lucis auctoribus* fait écho au titre de *parens publicus* décerné au régent par les *Ep.* 4, 12 et 14, cf. tome II, p. 94, n. 1). *Add. infra Ep.* 8, 29, référée dans la note suivante.

4. Ph. Bruggisser, *op. cit.*, p. 185, n. 29, qui, renvoyant à son étude «L'appellation δεσπότης μου τῆς ψυχῆς dans la lettre P. Strasb. III, 286», *MH*, 46, 1989, p. 231-236, observe que l'expression *dominus pectoris mei* est à nouveau employée pour désigner Stilicon dans l'*Ep.* 8, 29 et qu'elle avait déjà été sous son stylet en 383, en apposition à *Flauianus*, Nicomaque l'Ancien (*Ep.* 3, 86).

aequabunt? Coniungite, oro, uos nobis ad referendas
praecelso uiro gratias. Nam cum singuli uincamur rei
magnitudine, opus est laudatoribus multis, ut numero*s*um
munus impleat onus debiti. **2.** Et sane dominus pectoris
mei, a quo profectum est beneficium, non ex alterius uerbis sed ex gaudio conscientiae mensuram facti sui colligit
nec ignorat *t*alia esse quae praestat, ut uincat spem solutionis. Nos tamen gratiae uicem fide amicitiae et obseruantiae repende*mus* damusque huius rei animos obsides
quibus satisfaciunt liberi lucis auctoribus. Piis enim
contractibus amor sufficit. Vale.

CV. SYMMACHVS PATRVINO

1. Agendis d. m. comiti excellentissimo uiro gratiis
par esse non potest mediocritas uerborum meorum. Tibi
igitur hoc munus iniungo ut de impetratis euectionibus in
adminiculum praetoriae functionis habitum mentis meae
apud eum plenius exequaris simulque digneris eniti ut in
rem missis celer ad Hispanias transitus impetretur. Adpe-
tit enim tempus praetoriae functionis metusque est mihi
ne equorum cu̇rulium tarda emptio et morosa deductio
sollicitis artetur angustiis. **2.** De hoc etiam sublimem

numerosum *Seeck*: -rum *ΓV* -rus *M* -ri *Iuretus* -ro *Salmasius* ‖ munus
om. VM.
2. talia *Iuretus*: alia *VM om. P* ‖ uincat *P¹VM*: -cant *P²* ‖ rependemus
Iuretus: -dere *V* -de *M*.

CV.   *P*ΠVRM codd. Pithoei, Cuiacii et Wallaei, F 1-3 7-10 13 15-
18 20-21 24-25 31-33 39.*
1. d. m. *PV*: domino *M* domini mei *cod. Wallaei om. RF* ‖ in rem missis *RM, F 7 24*: i. remissis *cod. Wallaei, alii F* i. r. misis *V* i. remissu *F
9 10* inmissis *cod. Pithoei, F 31²* nunc missis *F 39 om. F 33* ‖ hispanias
PVM: -niam *R, alii F om. F 33* ‖ emptio *P*: contio *V* coemptio (*uel
-mtio) ΠM cod. Wallaei* ‖ deductio *VM, alii F*: edu- *Π* sedu- *F 10 20*.

aussi, sans inquiétude pour ma demande, j'ai supplié Sa Grandeur le Comte Éminentissime. J'ai, en outre, ajouté un rappel
dont vous daignerez vous faire le défenseur, je veux dire que, si
la requête ne paraît pas une gêne, il accompagne mes gens
d'une lettre à l'intention des notables espagnols[2]. J'en ai assez
dit. S'il y a autre chose que portent à vos oreilles les propos de
mes amis, je vous prie de ne pas trouver importun de le recevoir en charge de votre cœur si dévoué et fidèle. Adieu.

CVI. *Symmaque à <Pétrone> (399)*

Notre mutuelle affection fait que je vous délègue ce qu'il faut
régler dans mon intérêt. Puisque donc les jeux prétoriens de mon
fils sont imminents et que l'Illustre Comte, au faîte de la grandeur par toutes sortes de vertus, a daigné les aider par des facilités de transport, il convient d'appliquer de la célérité à l'achat
des chevaux en provenance d'Espagne. Cela étant, je vous
demande qu'aucun retard n'arrête les amis que j'ai envoyés dans
les Espagnes; je désire, au contraire, que vous les aidiez d'une
lettre, pour que vos mérites, bien ancrés dans l'esprit des Espagnols, soient pour eux une recommandation[1]. Adieu.

CVII. *Symmaque à Patruinus (397-402)*

Je connais la modestie de Julien, l'agent d'administration[1],
j'ai la preuve de ses origines, je m'attriste de son infortune, car
depuis longtemps le voici épuisé sous le poids d'un méchant
destin. Mais je le crois, tout à nouveau ira bien pour lui, si vous
l'entourez des prévenances de votre patronage. Je n'en dirai pas
davantage, puisqu'il est habituel à votre conduite éclatante de
soulager ceux qui manquent d'assistance, et qu'avec la requête
que je vous présente s'accordent aussi les dispositions naturelles de votre âme. Adieu.

2. Par sa femme, Séréna, Stilicon touchait au clan espagnol de
Théodose, cf. J.F. Matthews, *Western Aristocracies and Imperial
Court AD 361-425*, Oxford, 1975, p. 93-94.

Lettre CVI

1. Lettre parallèle à la précédente, adressée cette fois au second des
frères, vicaire d'Espagne deux années auparavant.

uirum et praecellentissimum comitem securus impetrationis oraui. Adieci praeterea commonitionem cuius suffragator esse dignaberis, ut, si molesta petitio non uidetur, familiares meos datis ad potissimos Hispanorum litteris prosequatur. Satis dictum est. Si quid aliud tuis auribus amicorum meorum sermo suggesserit, oro ut in curam sancti et fidissimi pectoris tui recipere non graueris. Vale.

CVI. SYMMACHVS <PETRONIO>

Amor mutuus facit ut tibi ex usu meo agenda delegem. Cum igitur filii mei praetoria instet editio quam uir inlustris comes omni uirtutum genere sublimissimus euectionibus iuuare dignatus est, coemptioni equorum ex Hispania celeritas admouenda est. Quare quaeso te ut familiares meos ad Hispanias missos nulla tarditas demoretur, quos iuuari tuis litteris uolo, ut illis merita tua Hispanorum mentibus inpressa suffragio sint. Vale.

CVII. SYMMACHVS PATRVINO

Iuliani agentis in rebus modestiam noui, natales probo, doleo fortunam; fatalibus enim malis diu et grauiter exhaustus est. Sed credo cum eo omnia in gratiam esse reditura, si tuo patrocinio et humanitate foueatur. Plura non dicam, cum praeclaris moribus tuis familiare sit opis indigos subleuare et huic petitioni meae etiam tuae mentis natura consentiat. Vale.

2. dignaberis *P²RF:* -naueris *P¹V* -neris *M* ‖ fidissimi *PΠVM*: -delissimi *RF* ‖ non graueris *PΠVM*: digneris *RF*.

CVI. *PΠVM.*
sublimissimus *P²*: -missimis *P¹V* -mis *M* ‖ coemptioni *PV*: emp- *M*.

CVII. *PΠVRM, F 1-3 7-10 13 15-18 20-22 24-25 31-33 39.*
noui natales *om. RF* ‖ doleo fortunam *PV*: f. d. *RMF*.

CVIII. *Symmaque à Patruinus (398-402)*

Après l'assentiment des parties, après les liens de la convention, après la production devant le juge des pièces du contrat, mon fils Cécilien est une nouvelle fois entraîné vers les incertitudes d'un procès. Vous savez la nature de la cause; à bon droit, je néglige donc d'exposer par écrit des faits connus. Je veux seulement obtenir de vos sentiments dévoués qu'avec la même vigueur par laquelle vous avez, en sa faveur, apaisé les premiers différends[1], vous remédiez à une injustice qui se répète, car la rupture du contrat à l'encontre de la bonne foi des accords doit plus vivement stimuler votre sens de la justice. Adieu.

CIX. *Symmaque à <Pétrone> (398-402)*

La malhonnêteté est flagrante chez ceux qui, remettant en question ce que les accords ont déterminé, substituent, faute de bien vouloir rester tranquilles, à la cessation d'une querelle un second procès. Imaginez donc le ressentiment de mon fils Cécilien auquel une entente achetée aux dépens de son patrimoine n'a pu concilier le repos[1]. Et de fait, il est ramené à de longs litiges d'où il sera facilement arraché, si vous lui apportez votre suffrage, car en vous et en votre frère se trouve le havre de ceux que l'infortune tourmente[2]. Je ne dois pas trop m'étendre dans ma requête, puisque la nature de la cause et votre justice tireront de vous plus de faveurs que mon intervention. Adieu.

Lettre CVIII

1. Intervention couplée avec l'*Ep.* 109, cf. *PLRE*, II, p. 843: «he had helped Caecilianus once before but his brother had not, perhaps because he was absent in Spain». Sur Cécilien, cf. tome II, p. 44, n. 1, où l'*Ep.* 3, 36 informe d'un «procès de finance», qu'Ambroise, peu avant sa mort, était enclin à revendiquer au nom de l'*episcopalis audientia*. L'affaire réglée en 397 menaçait de resurgir, malgré *Cod. Theod.* 2, 9, 1: *Litigia sententiis uel transactionibus terminata non sinimus restaurari.* Voir aussi *SDHI* 53, 1987, p. 53-73.

CVIII. SYMMACHVS PATRVINO

Post consensum partium, post uinculum pactionis alle-
gataque in iudicio monumenta placitorum filius meus
Caecilianus denuo ad incerta litis adtrahitur. Nota est tibi
qualitas causae: merito omitto conperta stilo exequi. Hoc
tantum de sancto animo tuo inpetratum uolo, ut *i*isdem
uiribus quibus pro eo luctamina prima sedasti repetitae
medearis iniuriae, quia iustitiam tuam debet acrius inci-
tare aduersum fidem placiti rupta concordia. Vale.

CIX. SYMMACHVS <PETRONIO>

Aperta est inprobitas eorum qui reducunt in quaestio-
nem pactionibus terminata et per inpatientiam quietis
finem iurgii secunda lite commutant. Aestima igitur filii
mei Caeciliani dolorem, cui otium conciliare non potuit
damnis patrimonii empta concordia. Nam reducitur in
longinqua iudicia quibus facile, si suffragium tuleris,
eruetur. Est enim in te atque in fratre portus omnium
quos fortuita sollicitant. Prolixus in petendo esse non
debeo, cum causae qualitas et tua iustitia plus de te fauoris quam meus interuentus eliciat. Vale.

CVIII.   *PΠVM cod. Wallaei.*
iisdem *Iuretus*: hisdem *PVM* ‖ quia *PM*: quod *V* ‖ aduersum *PV*: -sus
M.

CIX.   *PΠVRM codd. Pithoei et Wallaei, F 1-3 7-10 13 15-18 21-22
24-25 31-33 39.*
aperta *VMF*: comp- *PΠ* ‖ damnis *PVRF*: -no *M* ‖ atque in *alii F*: a. *PV*
et i. *RM om. F 22 33.*

CX. *Symmaque à <Pétrone et> Patruinus (401)*

1. Deux bonnes nouvelles qu'on vient de m'apporter me causent un plaisir égal: vous avez gravi à juste titre un degré dans les honneurs et Monseigneur Flavien, mon fils, reçoit en jouissance les loisirs de la vie privée. J'ai donc ajouté foi à ce doublé[1] et, par conséquent, ne pouvais là-dessus attendre votre lettre, à différer, je pense, par discrétion. Aussi je vous laisse à estimer mon contentement, puisque vous en inférez la mesure d'après l'amour que vous avez à notre endroit. **2.** Mais à ces marques de joie, je souhaite adjoindre en outre ce que naguère — et vous vous en souvenez — j'avais sollicité à propos des jeux prétoriens de mon fils. En effet, je m'étonne vivement de ne pas voir encore un rescrit sourire à des vœux justifiés et traditionnels. Pour cette raison, j'ai par une seconde lettre prié à nouveau (Son Excellence le Comte) d'avoir la bonté d'ordonner — comme c'est son usage — que soient mises à exécution des demandes, qui, ne grevant personne et m'étant agréables[2], se recommandent de précédentes permissions tout autant accordées à même des magistratures mineures. Mais j'espère que ce grand homme, qui toujours dans ses dons a plaisir à dépasser les espérances, s'acquittera promptement de ses bienfaits, si, comme je l'ai plus d'une fois réclamé, vous l'y incitez par vos rappels[3]. Adieu.

CXI. *Symmaque à Patruinus (397-402)*

J'accompagnerais mon frère Sévère[1] d'un long discours, s'il cherchait à accéder pour la première fois à votre amitié ou si mes talents suffisaient à le célébrer. Je ménage donc mes ressources et m'incline devant votre jugement, pour que le zèle que vous lui apporterez dépende de votre volonté plutôt que de ma missive. Adieu.

Lettre CX

1. Cf. *supra Ep.* 42, n. 1 pour le jeu des concomitances.
2. Variation sur Cic., *De off.* 1, 16, 52: *quae sunt iis utilia qui accipiunt, danti non molesta* (noté par F. Juret, ed. 1604, p. 210).
3. Première demande présentée à Stilicon: *Ep.* 4, 12; la seconde, ici évoquée, est l'*Ep.* 4, 8, cf. tome II, p. 90-91, 94, 235, n. 5, 236, n. 6 ainsi que *supra Ep.* 6, 33, n. 3 et *Ep.* 7, 59, n. 1.

CX. SYMMACHVS <PETRONIO ET> PATRVINO

1. Duo ad me bona parilis uoluptatis recentes nuntii pertulerunt et uos iustis honorum creuisse processibus et
domino ac filio meo Flauiano fructum priuati otii esse delatum. Sumpta igitur gemina fide uestras litteras super his
expectare non debui, quas aestimaui per uerecundiam differendas. Quare aestimationem laetitiae meae uobis relinquo,
quia mensuram eius de uestro in nos amore colligitis. **2.**
Sed his gaudiis etiam illa opto coniungi, quae de praetoria
editione filii mei iam pridem postulata meministis. Nam
uehementer admiror iustis et sollemnibus desideriis nondum adrisisse rescriptum. Itaque secundis litteris <uirum
praecellentissimum comitem> rursus oraui, ut petitiones
nulli graues, mihi uero iucundas, quibus *per*missa pariter
etiam minorum magistratuum suffragantur exempla,
benigne, ut mos eius est, tradi iubeat effectu*i*. Sed beneficentiam tanti uiri, cui semper uoluptas est supra spem
magna praestare, promptiorem spero reddendam, si, ut frequenter poposci, uestris admonitionibus prouocetur. Valete.

CXI. SYMMACHVS PATRVINO

Fratrem meum Seuerum multo sermone prosequerer, si
nouo aditu amicitiam tuam peteret aut praedicationi eius
meum ingenium conueniret. Parco igitur copiae tuoque
cedo iudicio, ut diligentia eius tuae potius uoluntati quam
meis litteris adplicetur. Vale.

CX. *P*ΠΓVM codd. Pithoeanus Lectii et Wallaei.*
1. his *Π*: hoc *ΓVM* ‖ quia *Π*: quod *V* quoniam *M.*
2. et *Π*: ut *P* ‖ adrisisse *Iuretus*: arrissi- *Π* arrisere *V cod. Wallaei*
arridere *M* ‖ uirum praecellentissimum comitem *add. Seeck* ‖ permissa
Seeck: missa *codd.* ‖ effectui *Lectius*: -tus *PΠ om. M.*

CXI. *P*ΠΓVM cod. Wallaei.*
diligentia eius tuae *Iuretus*: -tiae iusticiae *ΓV* -ter iusticiae *cod. Wallaei* -tis
iusticiae tua *M* iustitia -tiae tuae *Wingendorp* ‖ uoluntati *V*: -tas *M.*

CXII. *Symmaque à Patruinus (397)*

Puisque vous avez un soin particulier de tous les miens, je présume qu'à mon fils, le respectable Arcentius qui m'est lié par la parenté, pourra s'ouvrir l'intimité de votre Maison, ce que lui concilient à bon droit et sa vie honorable et l'antiquité de sa famille[1]. Aux qualités qui lui sont propres, mes prières s'ajoutent encore pour faire valoir la recommandation: alors ne pourrai-je absolument pas douter du surcroît d'avantages dont le combleront aussi bien mon témoignage que votre jugement. Adieu.

CXIII. *Symmaque à Patruinus (398)*

Monseigneur mon fils Attale appartient à l'élite de la société et la Très Noble Assemblée l'a délégué vers Nos Seigneurs et Princes, muni, selon l'usage, de différentes instructions qui ont été jugées regarder le bien public[1]. Si, en outre, vous venez lui donner votre appui, je pense qu'il récoltera pour elle en proportion de sa propre peine. Que vous le fassiez en raison des mérites de cette délégation ou bien à cause de moi, je vous prie donc de veiller sur cet excellent homme plus que convaincu en son for intérieur que la réussite sera le résultat de vos suffrages. Adieu.

Lettre CXII

1. Cf. *supra Ep.* 6, 7, n. 6, relative aux mêmes circonstances.

Lettre CXIII

1. Cf. *supra Ep.* 6, 58, n. 2; 7, 21, n. 2 et 54, n. 1. D.R. Shackleton Bailey, «Critical Notes on Symmachus' Private Letters», *CPh* 78, 1983, p. 315-323, constate que l'épistolier a pour ainsi dire recopié l'*Ep.* 1, 17, jadis expédiée à Ausone: le poète était disparu depuis trois ou quatre ans, ce qui délivrait Symmaque de tout scrupule. À comparer avec *supra Ep.* 53, n. 1, si ce n'est que le *commendatus* Attale eût mérité, plus qu'un obscur Eusèbe, un petit effort rédactionnel.

CXII. SYMMACHVS PATRVINO

Cum tibi omnium meorum cura praecipua sit, praesumo filio meo Arcentio spectabili uiro quem mihi iungit
adfinitas intimam familiaritatem tuam posse reserari,
quam merito illi et uitae decus et familiae conciliat antiquitas. His propriis eius bonis etiam meae preces in augmentum commendationis accedunt, ut plane dubitare non
possim cumulatius ei et meum testimonium et tuum iudicium profuturum. Vale.

CXIII. SYMMACHVS PATRVINO

Dominum et filium meum Attalum de summatibus
uiris ad dominos et principes nostros amplissimus ordo
legauit instructum uariis de more mandatis quae
spectare uisa sunt bonum publicum. Huic si fautor
accesseris, futurum reor ut illi pro labore fructus
accommodet. Quaeso igitur uel legationis merito uel
meo nomine in optimum uirum bene consulas, qui satis
animi confirmatus est suffragio tuo successuram felicitatem. Vale.

CXII. *P*ΠΓVM.*
iungit *VM*: adiun- *Γ* ‖ reserari *Iuretus*: -seruari *ΠVM*.

CXIII. *P*ΠVM codd. Pithoeanus Lectii et Wallaei.*
spectare uisa sunt *P*: spectare causa sunt *V* spectant et causas et *M* ‖
accommodet *P cod. Pithoeanus Lectii*: -detur *Π* respondeat *M*.

CXIV. *Symmaque à <Pétrone> (398)*

Heureux homme que vous êtes, dans un repos bien mérité après vos charges[1]! Pour notre part, dans la ville de nos pères nous vivons dans la houle, battus des flots de la Fortune[2]. À quelle fin m'exprimer ainsi? Monseigneur Attale, mon fils, vous le dira, lui que l'espoir de rendre visite à une personne de votre sagesse a fait souhaiter prendre la peine de ce voyage. Adieu.

CXV. *Symmaque à Patruinus (399-401)*

Deux plaisirs à la fois m'ont été apportés: il s'agit d'abord de vos propos qui, pourraient-ils être incessants, n'entraîneraient aucune satiété, ensuite de l'arrivée si attendue de notre frère Frumentius. Avant de mettre à l'épreuve sa conduite personnelle, je l'avais, sur le choix préalable de votre témoignage, jugé digne d'être compté au nombre des honnêtes gens, mais depuis que, l'ayant rencontré de plus près, j'ai découvert son insigne moralité, je me suis aperçu qu'en ce qui le concerne, les louanges étaient inférieures aux exigences de la raison, parce que sa discrétion craignait de paraître imposer l'éloge que transmettait la lettre. Pour toutes ces munificences, je m'acquitte donc de la réponse que vous attendez. Ainsi saurez-vous que je mène la vie de ma convenance et profite avec les miens de l'avantage d'être bien portant[1]. Il n'y a rien, je pense, à ajouter à ceci, car seules de bonnes nouvelles de notre santé peuvent pleinement satisfaire votre fraternel contentement. Adieu.

Lettre CXIV

1. Doublet à l'intention de Pétrone, dès lors déchargé de son vicariat d'Espagne; *emeritus* est suivi du génitif comme en *Ep.* 10, 1, cf. G. Haverling, *op. cit.*, p. 184, qui ne connaît pas de parallèle hors de Symmaque.
2. Emploi métaphorique similaire indiqué par F. Juret (ed. 1604, p. 210) chez Ambroise, *Enar. in ps.* CXVIII, 5, 33 (*PL* 15, col. 1263) et Paulin de Nole, *Ep.* 16, 8 (*ibid.* 61, col. 232).

Lettre CXV

1. Probablement à l'époque de la préfecture urbaine de Nicomaque Flavien; Frumentius n'est pas autrement connu. Moins fréquente que la lettre de *commendatio*, celle qui en accuse réception se concentre sur l'idée que le protégé est encore supérieur au mot d'introduction dont il s'est prévalu, cf. S. Roda, *art. cit., supra Ep.* 6, 24, n. 1, p. 177-207, p. 185, n. 17.

CXIV. SYMMACHVS <PETRONIO>

Beatum te qui honorum emeritus otiaris; nos in patriae
salo uiuimus et fortunae fluctibus uerberamur. Quorsum
ista protulerim dominus et filius meus Attalus eloquetur,
cui spes uisendae prudentiae tuae laborem peregrinationis
fecit optabilem. Vale.

CXV. SYMMACHVS PATRVINO

Duo mihi pariter iucunda delata sunt: primo sermo tuus
qui, etiamsi posset esse continuus, fastidium non moueret,
dehinc fratris nostri Frumentii exoptatus aduentus. Quem
ego in numerum bonorum esse referendum, priusquam
morum ipsius periculum facerem, ex praerogatiua tui testimonii iudicaui; sed ubi propiore congressu probitatis eius
ornamenta patuerunt, aduerti minus eum, quam ratio postulauit, per uerecundiam praedicatum, ne ipse laudationem
suam mandatam litteris uideretur ingerere. Pro his ergo
muneribus optatum tibi soluo responsum, quo me agere ex
sententia et frui commoda cum meis ualetudine recognoscas. Huic autem rei nihil adiciendum puto, cum solo nostrae salutis indicio gratulatio fraterna possit expleri. Vale.

CXIV. *PΠΓVRM codd. Pithoei et Pithoeanus Lectii, F ut supra Ep.
CIX.*
te *PVRM, alii F*: t. dico *cod. Pithoei, F 8 17 31² om. F 22* ‖ honorum
PV, alii F: bono- *Π cod. Pithoei R, F 8 17 31²* ‖ emeritus *PΓV, alii F*:
-tum *F 1 15 25 32* mer- *F 31²* meritis *R, F 7* merito *cod. Pithoei, F 16-
17* ‖ salo *M*: solo *PΠVRF* ‖ prudentiae tuae *PVM cod. Pithoeanus Lectii, alii F*: prouinciae uel p. *F 39* praesentiae uel (*uel* et) p. t. *Π, F 1 8
15-18 21 31* praesentiae uel p. *F 24* praesentiae t. *F 33* praesentiae
meae *R, F 7* praescientiae t. *F 25.*

CXV. *PΠΓVM cod. Cuiacii.*
primo *PV*: -mum *M* ‖ periculum *P²ΠM*: -clum *P¹* ‖ in uoce iudicaui
desinit M ‖ propiore *V*: propriore *P* ‖ commoda *ΓV*: -do *PΠ.*

CXVI. *Symmaque à Patruinus (397)*

Avec l'humanité qui vous est naturelle, vous savez quelle bienveillance et quelle pitié sont dues à de jeunes êtres privés de l'assistance de leurs parents. À bon droit je pense n'avoir pas besoin de recourir à de longues circonlocutions épistolaires pour défendre les enfants de Sévère, d'illustre mémoire: s'ils ne sont secourus par l'aide de juges honnêtes, ils succomberont, devenus la proie de l'injustice[1]. Tout ce que réclament leurs intérêts, que votre faveur ne trouve donc pas pénible de le dépenser, afin que du moins un appui de l'État protège ceux qui n'ont plus le soutien de leur famille. Adieu.

CXVII. *Symmaque à Patruinus (401?)*

Vous voir privé de mes propos m'est insupportable et je ne saurais, en imitant votre silence, me laisser détourner de ma persévérance à vous écrire. Je sais, en effet, que la plupart du temps on prend du retard dans ses obligations, non que l'amitié soit négligente, mais parce que le fracas des soucis s'y oppose[1]. Je voudrais de vous aussi être cru et que dorénavant, à frais nouveaux, vous cherchiez à vous soucier de ce don que vous-même depuis longtemps vous différez. J'en serai d'autant plus prompt à vous faire tenir mes lettres, que même aujourd'hui je ne m'en abstiens pas, alors que je n'en rapporte aucune faveur en échange. Adieu.

Lettre CXVI

1. Selon A. Chastagnol, *op. cit.*, *supra Ep.* 7, 15, n. 1, p. 209-211 et *PLRE*, I, p. 837, n° 29, le défunt serait Valérius Sévérus, *p. u.* en 382, le grand malade de l'*Ep.* 8, 6 (voir *infra*, p. 187, la discussion sur ses choix religieux). En conséquence, on reconnaîtrait dans les *paruuli* Valérius Pinianus et Sévérus *iunior*, cf. *PLRE*, I, p. 702, n° 2 et II, p. 1001, n° 2. Né en 380, le premier — sans doute peu après cette lettre — épousera Mélanie et, quand, en 404, lui et sa femme décideront de tout vendre pour les pauvres, Sévérus *iunior* s'interposera, ce qui prouve l'importance du patrimoine paternel. Symmaque agit donc par humanité mais aussi comme garant des fortunes sénatoriales (à l'époque il redoutait seulement de mauvais tuteurs).

CXVI. SYMMACHVS PATRVINO

Scis pro insita tibi humanitate quid paruulis et parentum suffragio destitutis benignitatis ac misericordiae
debeatur. Merito mihi apud te utendum esse non arbitror
longo ambitu litterarum pro inlustris memoriae uiri
Seueri filiis qui, nisi bonorum iudicum iuuentur auxilio,
praedae atque iniuriae subiacebunt. Quidquid igitur
eorum poscit utilitas, fauor tuus non grauetur inpendere,
ut publico saltem defendantur adiutu, qui familiaribus
adminiculis deseruntur. Vale.

CXVII. SYMMACHVS PATRVINO

Exsortem te sermonis mei esse non patior neque ab
scribendi perseuerantia silentii tui imitatione deducar.
Scio enim plerumque non amicitiae neglegentia sed
obstrepentibus curis officia retardari. Velim <idem>
credas et in posterum curam capessas integrandi istius
muneris quod ipse iam pridem moraris. <Tunc> ero
promptior litteris exhibendis, qui ne nunc quidem
tempero, cum gratiam mutuam non reporto. Vale.

CXVI. *PΠV.*
saltem *P*: -tim *V.*

CXVII. *P*ΠΓVR, F ut supra Ep. CVII.*
ab *PV, alii F*: a *R, F 7-8 24 31² 33* ad *F 1 15-18 21-22 31¹ 39* ‖ deducar *P¹*: -cor *P²* ‖ idem credas *Wingendorp*: c. *codd.* tamen me offen-
sum c. *exempli causa coni. Seeck* ‖ tunc ero *Wingendorp*: e. *codd.*
quod si feceris e. *exempli causa coni. Seeck.*

CXVIII. *Symmaque à Patruinus (après 397)*

Je tiens pour assuré qu'à un cœur comme le vôtre rien n'est plus agréable qu'une lettre d'ami et pour cette raison je m'empresse de multiplier[1] des entretiens que je sais de grande importance pour un homme d'exception. Il vous reste à envoyer vous-même des nouvelles de votre propre santé avec autant de plaisir que vous mettez de bonté à accueillir mes lettres. Adieu.

CXIX. *Symmaque à <Pétrone et> Patruinus (398?)*

J'ai à cœur de souvent vous adresser la parole, de crainte que chez moi le souci des devoirs amicaux ne paraisse s'être attiédi; et, par conséquent, ma lettre vous dit le bonjour comme mes vœux vous le souhaitent. Et si parfois mon activité épistolaire se ralentit, avec des intervalles qui se prolongent, je vous demande d'imputer ce silence non pas à ma volonté ni à ma paresse, mais bien à ce qui m'accapare[1]. Adieu.

CXX. *Symmaque à Patruinus (397-402)*

L'honorable Athanase a conçu un juste ressentiment du déni de justice qu'a été son voyage. En effet, on lui refuse des noces qui, convenues sous mon arbitrage, avaient été scellées par le lien des engagements. Je gonflerais l'iniquité du procédé, si les mots n'étaient pas en-dessous de la réalité: lui-même, en votre présence, vous expliquera plus à fond les points à instruire: je ne dois pas vous prier de l'assister d'une aide que votre affection lui promet autant que la lui vaut une cause protégée par les lois[1]. Adieu.

Lettre CXVIII

1. Indice, peut-être, qu'on est au début de la correspondance entre Symmaque et Patruinus.

Lettre CXIX

1. L'année 398 serait possible, car les deux frères étaient réunis à Milan et Symmaque empêtré dans la crise du *bellum Gildonicum*.

CXVIII. SYMMACHVS PATRVINO

Certum habeo nihil apud animum tuum amicorum litteris esse iucundius et ideo promptissime frequento conloquia quae scio apud eximium uirum magni esse momenti. Superest ut ipse, quam benigne litteras meas sumis, tam libenter indicia propriae sospitatis emittas. Vale.

CXIX. SYMMACHVS <PETRONIO ET> PATRVINO

Cordi mihi est frequenter adloqui uos, ne uideatur apud me officiorum familiarium cura tepuisse; atque ideo salutem uobis uotis opto, litteris dico, petens ut, si quando epistularum mearum usus interuallo longiore cessauerit, causam silentii non uoluntati aut desidiae meae sed occupationibus adplicetis. Valete.

CXX. SYMMACHVS PATRVINO

Athanasius u. c. peregrinationis iniuriam iusto dolore suscepit. Nam pactae ei et nobis arbitris uinctae obligatione pignorum nuptiae denegantur. Exaggerarem facti huius inuidiam, *ni*si uerba rebus essent minora. Ipse apud te, quod quaesito opus est, plenius eloquetur. Orare non debeo ut tuo iuuetur auxilio quod illi et amor tuus spondet et munita legibus causa conciliat. Vale.

CXVIII. *P*ΠV*.

CXIX.   *P*ΠVR, F 1-3 7-10 13 15-18 20-22 24 31-32 39.*
uos *codd.*: meos *coni. Havet.*

CXX.   *P*ΠΓV*.
u. c. *Π*: uir consularis *V* ‖ uinctae *VΓ*: iunc- *Π* ‖ huius *Π*: eius *V* ‖ nisi *Iuretus*: si *VΠ* ‖ munita *Iuretus*: minuta *Π* munia *V*.

CXXI. *Symmaque à Patruinus (401)*

Je sais que concourt à montrer mon amitié la part que je donne à votre attachement dans les difficultés qui sont les nôtres. Recevez donc, je vous prie, comme allant de soi, une commission dont, même si je ne le demandais pas, vous devriez prendre soin, eu égard à notre mutuelle affection. Des ours, en grand nombre, sont transportés depuis la Dalmatie pour la célébration de nos jeux et nous désirons les avoir rapidement pour les besoins de cette célébration qui approche. Daignez donc réclamer leur passage, avec la diligence de votre zèle[1] et, en même temps, assurer leur surveillance, pour empêcher que des gens avides ne pratiquent parmi eux des échanges frauduleux. Plus que tout il faut couper court aux délais, car la date toute proche des festivités[2] n'accorde aucune trêve au rassemblement de ce qui entre dans les préparatifs. Adieu.

CXXII. *Symmaque à Patruinus (400)*

1. J'approuve votre modestie, mais elle n'aurait pas dû m'être dommageable, tandis que mes espérances attendaient d'être satisfaites. Et à coup sûr, maintenant que la réalité a effectivement mis fin à ce silence, votre plume se doit par une assiduité plus grande de réparer mes pertes[1]. Il y a une autre façon de compenser cette longue négligence dans nos échanges: quand vous remercierez pour ses bienfaits Monseigneur le Consul, adjugez-vous notre personnage avec ces sentiments qui vous font revendiquer les joies de vos amis. Mais, comme je le sais, vous célébrerez la joie de l'absent en des termes plus brillants à cause de votre grand talent et aussi parce que vous n'avez pas à rougir de la flatterie.

CXXI. SYMMACHVS PATRVINO

Scio ad indicium amicitiae pertinere quod religionem tuam participem nostrae necessitatis adsumo. Suscipe igitur, quaeso te, procliue mandatum quod pro mutua diligentia etiam non rogatus curare deberes. Vrsi quam plurimi ad editionem muneris nostri ex *Dalma*tia deuehuntur, quos cupimus celeriter in usum propinqui muneris exhiberi. Dignare igitur eorum transitum studio et diligentiae uindicare simulque adhibere custodiam, ne qua eos fraus auara commutet. Maxime autem rumpendae sunt morae, quia dies proximus functionis cogendo apparatui non relaxat indutias. Vale.

CXXII. SYMMACHVS PATRVINO

1. Probo modestiam tuam, sed damno mihi esse non debuit, dum sperata expecta*n*t impleri; et certe nunc, postquam rei effectus finem silentio dedit, dispendium meum frequentior stilus sarciat. Est aliud quo di*s*iuncta scripta conpenses: in agendis d. m. consuli pro beneficio suo gratiis nostram sortire personam eo adfectu quo amicorum gaudia tibi uindicas. Sed ut scio, luculentioribus uerbis et propter ingenii tui magnitudinem et sine adulationis pudore absentis gaudium prosequeris.

CXXI. *P*ΠV cod. Cuiacii.*
ursi *cod. Cuiacii*: ut si *ΠV* ‖ dalmatia *coni. ego*: italia *codd.* apulia *coni. Havet* praevalitana *coni. Seeck* ‖ diligentiae *V*: -tia *P* ‖ quia *P*: quod *V* ‖ apparatui *P*: -tu *V*.

CXXII. *Testimonium*: cf. SIDON., *Ep.*, 1, 3, 3.
PΠΓV.
1. exspectant *ego*: -ctat *codd.* ‖ quo disiuncta *Suse*: quod iuncta *codd.* q. cuncta *Wingendorp* q. diu neglecta *Seeck* ‖ eo *P*: ex *V*.

2. N'oubliez pas non plus, s'il vous plaît, la demande que j'ai déposée entre vos mains: veuillent les instances sacrées m'accorder l'achat d'autres bêtes en Libye[2]. Cela obtenu, je tiendrai pour cadeau tout ce que je recevrai.

À propos de mon jeune homme, je ne me fatigue pas à reprendre dans sa trame ce que spontanément vous avez mentionné. Je comprends, en effet, que remise est faite à ma modestie de la nécessité d'une prière, puisque l'être sublime qui porte à l'extrême sa générosité préfère donner sans être sollicité[3]. Adieu.

CXXIII. *Symmaque à <Pétrone et> Patruinus (après 397)*

Chez l'excellent Pétrucius, mon grand ami, il y a la simplicité du Romain. Je ne parle pas de l'honorabilité d'un long service irréprochable, car tout le reste devient secondaire, quand on considère sa conduite. Si donc vous, de tout cœur avec moi, n'avez pas encore appris à le connaître, recevez-le en conséquence de cet avis[1]; si, au contraire, vous avez eu déjà l'occasion de le mettre à l'épreuve, c'est à lui, par ce témoignage honorifique que je lui rends, de se concilier auprès de vous un surcroît d'affection. Adieu.

CXXIV. *Symmaque à Patruinus (399-402)*

Nous devons être utiles aux enfants de nos amis: même si personnellement je l'ignorais, je l'aurais appris à votre exemple, à votre imitation[1]. Celui qui vous présentera cette lettre est concerné par ladite maxime. Il s'acquitte de son service dans les bureaux de la Correspondance[2]. Aide et chance lui écherront à suffisance, s'il mérite en fin de compte d'accéder à la clientèle de votre si éclatante Maison. Adieu.

2. Stilicon, consul en 400, ainsi sollicité par l'entremise de Patruinus, répondit favorablement: d'où l'*Ep.* 4, 12 où Symmaque le remercie d'avoir permis des courses de léopards d'Afrique; encouragé par ce premier succès, le père de Memmius voulut le Colisée, cf. *supra Ep.* 110, n. 3 (où à nouveau Patruinus fut mis à contribution).

3. Le *iuuenis meus* est Memmius, le *uir sublimis et magnificentissimus*, Stilicon qui donne et surtout permet.

2. Adde, si placet, quod a me postulatum tenes, ut aliarum Libycarum mihi emptio sacra auctoritate praestetur. Quo impetrato omnium perceptio*n*em donum putabo.

De iuuene autem meo retexere non laboro, quae sponte meministi. Intellego enim remitti modestiae meae precandi necessitatem, cum libentius a sublimi et magnificentissimo uiro non expetita praestentur. Vale.

CXXIII. SYMMACHVS <PETRONIO ET> PATRVINO

In uiro optimo et amicissimo meo Petrucio Romana simplicitas est. Taceo quod illum longa militia et inculpata cohonestat; minora enim cetera facit morum eius inspectio. Hunc si unanimitas uestra ante non didicit, iudicium meum secuta suscipiat, si usu aliquo iam proba*ui*t, quaeso ut illi honor testimonii mei conciliet apud uos amoris augmentum. Valete.

CXXIV. SYMMACHVS PATRVINO

Amicorum liberis usui esse debemus, quod etiamsi ipse nescirem, tuo exemplo et imitatione didicissem. Ad hanc sententiam pertinet qui tibi litteras exhibebit. Fungitur autem militia in scriniis litterarum. Cui satis opis et felicitatis eueniet, si ad clientelam splendidissimae domus tuae meruerit peruenire. Vale.

2. libycarum *Iuretus*: lybic- *P* lybitarii *V* ‖ perceptionem *Iuretus*: -num *codd.*

CXXIII. *PΠΓV*.
petrucio *V*: petrocio *P*¹ petro *P*² ‖ si *om. P* ‖ uestra *V*: -tri *P* ‖ probauit *Seeck*: -batum *V om. lacunam indicans P*.

CXXIV. *PΠV*.

CXXV. *Symmaque à Patruinus (397-402)*

Athanase s'illustre par sa culture et je me suis pris d'affection pour lui en toute assurance, une fois connu votre jugement à son égard. C'est, en effet, un préjugé bien favorable que d'avoir plu à un sage. Dès lors, je m'abstiens de le recommander, de crainte que mon apport ne soit inférieur à ce que je crois être votre sentiment. Voici où plutôt m'amène la pente de mon discours: aimez en lui l'attente que vous avez suscitée[1] et portez à son achèvement votre bienveillante entreprise. Si un incident a là-dessus causé une déception, faites, je vous prie, en concédant davantage, qu'il lui serve d'avoir perdu ses premières espérances[2]. Adieu.

CXXVI. *Symmaque à Patruinus (401-402)*

Je vous transmets derechef une requête qui n'a rien de neuf et n'est pas sans avoir déjà été risquée. Puisque cependant je l'ai imposée à vos oreilles, vous avez à l'examiner. Par affection paternelle je défends les filles de Rufin, l'ancien Préfet de la Ville, d'illustre mémoire[1]. Vous êtes en charge de la République et grâce à votre entremise, je l'espère, leur isolement trouvera une protection. En conséquence de quoi, je viens en quémandeur, afin que tout ce qu'exige l'intérêt d'une Maison certes brillante, mais surtout digne de pitié, leur soit acquis et facilement obtenu. Elles disposent, en effet, çà et là en Apulie, de biens dont les revenus sont d'un montant sans comparaison avec leur déclaration. Ces biens, s'ils ne s'appuient sur le soutien de bons juges, s'effondreront, épuisés sous le poids des charges publiques. Ils attendent donc le réconfort de votre assistance et feront de moi l'obligé de vos faveurs si, défendant leur sauvegarde, vous relevez ces femmes des chaînes qui pèsent sur elles lourdement[2]. Adieu.

Lettre CXXV

1. Athanase, cf. *supra Ep.* 120, avait d'abord été introduit par le «sage» Patruinus auprès de Symmaque qui, à son tour, le confie aux soins de son protecteur initial.
2. Ses fiançailles rompues, Athanase est promis à une compensation majeure, soit un nouveau projet de mariage, soit, plutôt, une promotion qui surpasse sa déconvenue.

CXXV. SYMMACHVS PATRVINO

Athanasium bonis artibus clarum securius amare coepi, postquam de eo iudicium tuum conperi. Magna enim praerogatiua est placuisse sapienti. Quare commendatione eius abstineo, ne minora adferam quam tibi credo sentir*i*. Illa pars mihi pronior dictu est, ut ames in eo spem quam dedisti addasque inchoato beneficio perfectionem. Quam si aliquis euentus eluserit, effice, oro te, maiora praestando, ut illi prioris uoti prosit amissio. Vale.

CXXVI. SYMMACHVS PATRVINO

Non nouum atque intemptatum ad te refero postulatum, sed quod ingestum tuis auribus recognoscas. Inlustris memoriae uiri Rufini expraefecti Vrbi filias paterna adfectione defendo, quarum solitudinem per uos quibus reip. cura est opto tutari et ideo precator accedo ut quidquid clarae quidem sed miserabilis domus usus exegerit facili impetratione mereantur. Res namque illis est per Apuliam non tam reditu ampla quam censu. Haec nisi bonorum iudicum fulciatur auxilio, publicis oneribus fessa subcumbet. Opis igitur tuae leuamen expectat meque tibi gratiae faciet debitorem, si graui onere uincta*s* salutaris defensor erexeris. Vale.

CXXV. *P*ΠΓVR cod. Pithoei, F ut supra Ep. CXIX.*
securius *PΠV*: -rus *RF* ‖ tibi *V*: te *RF* ‖ sentiri *Seeck*: -re *VRF* ‖ dictu *R, alii F*: -tum *V, F 7¹ 17* ‖ perfectionem *R, F 3 7-8 16 20 22 31*: prof- *V, F 1-2 13 18 21 24* promissionis p. *coni. Havet* ‖ aliquis *PF*: -qui *ΓV*.

CXXVI. *P*ΠΓV.*
urbi *Iuretus*: -bis *V* ‖ precator *Π*: -tur *Γ* -tus *V* ‖ uinctas *Iuretus*: iuncta *V* -tam *Wingendorp* inclinatas *Seeck*.

CXXVII. *Symmaque à <Pétrone et> Patruinus (398-402)*

Vos jugements ont accru ma promptitude à défendre l'estimable Hérennius: avoir été choisi[1] me cause très grand plaisir et les concours escomptés invitent au courage. Mais mon propos n'est pas d'étaler par écrit l'apport de nos soins au succès de l'entreprise. Vous en aurez le récit de l'objet de notre assistance. En parallèle, l'issue même de l'affaire attestera nos bons offices. De fait, la totalité de ce que le pillage avait dispersé a été recherchée et mise au clair. Ainsi cette succession qui légalement lui était due mais qui avait pour son père un goût amer sera restituée aux droits d'Hérennius. À présent je vous exprime pour votre opinion sur moi la gratitude que je ressens et j'espère que les personnes de qualité continueront à nous manifester une confiance dont vous avez reçu la justification. Adieu.

CXXVIII. *Symmaque à Patruinus (avant 402)*

1. Mon affection pour vous s'efforce avec une extrême énergie de vous rallier jour après jour le commerce des gens de bien, sans que, pour autant, je laisse de méchantes accusations vous arracher vos vieux amis. Parmi ces derniers, l'honorable Scipion[1], un homme qui, j'en peux moi-même témoigner, est le chantre de vos vertus, déplore d'être par des jaloux dépouillé de votre affection. Mais il ne me paraît pas croyable qu'un esprit solide comme le vôtre ait pu être ébranlé par de fausses rumeurs, alors que la bonne conscience qu'il a de sa vie lui permet d'estimer que les propos de la médisance n'ont sur lui aucun droit. **2.** Aussi bien je vous y engage et je vous en sup-

Lettre CXXVII

1. Symmaque paraît avoir été retenu comme arbitre dans une succession où l'héritier naturel avait été grugé, le père ayant favorisé le morcellement du patrimoine. Avec l'aide de ses correspondants, il espère régler les modalités juridiques, maintenant que l'enquête a prouvé la matérialité des faits. Cf. aussi *supra Ep.* 6, 2, n. 3.

CXXVII. SYMMACHVS <PETRONIO>

Promptiorem me circa Herennii laudabilis uiri defensionem iudicia uestra fecerunt. Habet enim plurimum uoluptatis electio et prouocant animum sperata praesidia. Sed meum non est scripto ostentare quid negotio promouendo cura nostra contulerit. Narrabit haec uobis ille quem iuuimus; simul ipsius rei exitus officia nostra testabitur. Cuncta enim quae direptio sparserat inuestigata patuerunt. Itaque in ius Herennii reuertetur legibus quidem debita, sed patris sensui acerba successio. Nunc uestrae de me existimationi ago atque habeo gratias et spero fiduciam nostri apud optimates uiros esse mansuram, cuius documenta cepistis. Vale.

CXXVIII. SYMMACHVS PATRVINO

1. Amor in te meus ex summis opibus adnititur ut in dies singulos bonorum tibi cultus accedat, tantum abest ut sinam ueteres tibi amicos insimulationum inprobitate decerpi. Inter quos u. c. Scipio, uirtutum tuarum me quoque teste laudator, spoliatum se amore tuo per aemulos ingemiscit. Sed mihi uerisimile non uidetur stabilitatem animi tui falsis rumoribus potuisse mutari, cum bene conscius uitae nihil in se maledicis licere sermonibus debeat aestimare. **2.** Quare hortor et deprecor despuas, si

CXXVII. *P*ΠΓV.*
haec *Π*: hoc *V* ‖ sensui acerba *Γ*: -su asseruata *Π* s. acerua *V* ‖ successio *V*: seces- *Π*.

CXXVIII. *PΠΓVR cod. Pithoei, F ut supra Ep. CXIX.*
1. ut *om. P¹ΠVRF* ‖ enim *add. P¹ΠVRF* ‖ accedat *PΓ*: -dit *R, alii F* accidit *F 21* ‖ tantum — decerpi *om. ΠRF* ‖ tantum *ΓV*: tanti *P* ‖ u. c. *PV*: uir consularis *ΠRF* ‖ potuisse *PΓV*: posse *ΠRF*.
2. despuas *P¹, alii F*: respuas *P², F 2 9-10* despicias *F 8 13 17*.

plie, expulsez[2] tous les mensonges qu'on vous a mis en tête et restituez à vos mérites l'honneur de vous faire comprendre que tel vous êtes vous-même, tel partout on vous juge. Que nul ne vous transmette les germes de sa haine. Depuis longtemps déjà provoquer la peur des puissants est, en effet, une manière artificieuse d'alimenter les forces de sa propre querelle. Je n'irai pas plus loin, puisque la sagesse de votre conduite me promet d'obtenir gain de cause. Ce faisant, elle répondra, je pense, à ma lettre, dans la mesure où vous affirmez non pas tant pardonner à l'honorable Scipion que n'avoir rien cru de tel sur son compte. Adieu.

À SIBIDIUS[1]

CXXIX. *Symmaque à Sibidius (avant 402)*

Je ne veux pas que vous mesuriez sur ma lettre le soin que j'ai de vous. Celui qui salue parle peu mais ses vœux sont prolixes. Qu'il me soit donc permis d'imiter à votre endroit la discrétion des rites auxquels on compare à bon droit l'amitié et par une brève page comme par une mince (obole) de satisfaire (en pensée) autant que de vive voix à de pieux devoirs. Et de fait, le discours ne requiert aucun développement. Mais à votre plume voici les bornes qu'à l'avance je fixe: ce que vous m'écrirez à votre sujet sera d'une longueur plus que suffisante, si j'y trouve de quoi me réjouir. Adieu.

2. Le mot, un *hapax* dans la Correspondance, traduit l'irritation de Symmaque.

Lettre CXXIX

1. Cf. *supra Ep.* 6, 50, n. 1. — *Pectore* fait couple avec *ore* (cf. *Ep.* 4, 21), lequel dans les florilèges alterne avec *aere* — peut-être reconnaissable derrière *ac*, car Havet a raison d'émender en *atque*.

qua sunt inculcata mendacia atque hunc honorem meritis tuis
uindices, ut qualis ipse es, talem te ab omnibus intellegas
iudicari. Nemo in te transferat odii sui semina. Iam dudum
enim genus artis est ad alendas uires discordiae suae metum
sollicitare potiorum. Non ibo longius, cum mihi inpetratio-
nem spondeat sapientia morum tuorum; quam puto eatenus
responsuram litteris meis, ut non tam ignouisse te Scipioni c.
u. quam nihil de eo adseras credidisse. Vale.

AD SIBIDIVM

CXXIX. SYMMACHVS SIBIDIO

Curam de te meam nolo ex epistula metiaris: pauca salutantis uerba sunt sed uota prolixa. Liceat igitur mihi imitari
erga te parsimoniam religionum, quibus iure amicitia
confertur et officium pium breui pagina tamquam paruo
<aere pectore atque> ore persoluere. Neque enim requirit
dictio excursum. Tibi autem praescribo stili terminos: erunt
mihi quae de te scripseris nimis magna, si laeta sint. Vale.

---

uires *PV*: uirtutes *RF* ‖ metum *codd.*: mot- *coni. Suse* ‖ c. u. *Salmasius*:
cum *P om. ΠVRF* ‖ adseras *Γ, alii F*: -sertias *F 39* adferas *P* asseraris *R,
F 7 31*[1] ‖ XXVI explic̄ ad petronium et patruinum *P*: *om. VRF.*

CXXIX. *PΠΓVR codd. Pithoei et Cuiacii, F 1-3 7-10 13 15-18 21
24 31-32 39.*
incipit ad sibidium *P*: *om. VRF* ‖ salutantis *PΠ*: -antium *VR, F 7 9 16-17
31*[1] *39* et -antium *F 1 3 8 24* -antum *F 2 10 15 21* et -antum *F 18* et -atio-
nis *F 13* ad salutandum *cod. Pithoei, F 31*[2] sacerdotis litantis *coni. Seeck*
‖ sunt *VF*: *post* sunt *lacunam ind. P* sunt et sollemnia *coni. Seeck* ‖ iure
amicitia *Seeck*: -rae a. *P*[1] -ra -tiae *P*[2]*Π* ‖ confertur *Seeck*: confers *PΠ*
consertor *V* conseritur *R, alii F* conseruatur *F 39* ‖ tamquam paruo aere
pectore atque ore *coni. ego*: *inter* tam *et* ac ore *lacunam ind. P* t. pa- o.
ΓV, alii F t. pa- opere *F 13* t. pa- aere *F 18 32 39* t. parua precatione *coni.
Seeck* ‖ dictio excursum *VF*: datio e. *P* d. salutis longiorem e. *coni. Seeck*.

CXXX. *Symmaque à Sibidius (avant 402)*

J'ai mal à l'âme, le temps de m'assurer en toute certitude que vous êtes entré au havre de la santé[1] et je veux que vous donniez satisfaction à cette attente. En effet, l'objet de mes vœux n'est pas l'hommage d'une lettre qui me fasse honneur, mais le soulagement accordé à une grande inquiétude. Adieu.

CXXXI. *Symmaque à Sibidius (avant 402)*

Jamais par l'imitation votre silence ne parviendra à m'entraîner à des dispositions semblables aux vôtres. Je ne pense pas, en effet, aux exigences d'une cause occasionnelle mais à celles d'une amitié pérenne et, arbitre sévère comme je le suis de mes obligations, je crois que vos soins s'interrompent plus souvent par hasard que par lassitude. Cependant, pour éviter qu'une longue suspension[1] de nos entretiens ne me contraigne, malgré mon affection pour vous, à redouter de la négligence, je vous prie de pratiquer avec continuité les devoirs de notre intimité. Comment, en effet, puis-je comprendre que sont agréables les marques de ma déférence, si vous me refusez ce qu'en échange je vous réclame? Adieu.

Lettre CXXX

1. Cf. *supra Ep*. 109, n. 2.

Lettre CXXXI

1. Sens négatif comme en *Ep*. 9, 35; *contra Ep*. 6, 47. Aucune des lettres à Sibidius n'est datable.

CXXX. SYMMACHVS SIBIDIO

Aeger est animus meus, quamdiu fides certa sit quod portum sanitatis intraueris. Huic expectationi satisfacias uolo. Non enim mihi honorem fieri obsequio litterario, sed magnae sollicitudinis tribui leuamen exopto. Vale.

CXXXI. SYMMACHVS SIBIDIO

Numquam efficies silendo ut me ad parem uoluntatem ducat imitatio. Cogito enim non quid temporali causae sed quid perenni amicitiae debeatur, cumque sim mei officii seuerus arbiter, curam tuam casu saepius quam fastidio credo cessare; sed ne longa conloquii intercapedo quamuis tui amantem cogat timere neglectum, quaeso constanter munia familiaritatis exerceas. Quo enim pacto intellegere possum grata esse quae defero, si negaueris quae reposco? Vale.

CXXX. *PΠΓVR, F ut supra Ep. CXIX.*
exopto *om. F 2 9-10 13 15 18 20-21 24 31*[1] *32.*

CXXXI. *P*ΠΓV.*
timere *V*: temere *Π.*
<q̄. au꞉r̄ symmachi ūc̄.> c̄sular: exp<lic̄. lib. VII.> *P.*

LIVRE HUITIÈME

I. *Symmaque <à Eusèbe?> (fin 396)*

Je tiens pour avéré que, quel que soit le sommet de vos honneurs[1], vous n'avez pas coutume de changer vos sentiments, car tout ce qui vient honorer une belle conduite semble une récompense plutôt qu'une faveur. Aussi, j'avoue mon étonnement et ma surprise de ce que, doté de tant de valeur et d'urbanité, vous vous absteniez depuis déjà longtemps de m'offrir une lettre. Bien que les occupations, je pense, plus que la volonté soient cause de l'événement, sans trêve cependant je vous prie de manifester par la régularité de nos entretiens que Votre Équité se souvient de nous. Adieu.

II. *Symmaque à Almachius (fin 396)*

Vous m'avez présenté des cadeaux multiples et variés, mais, je le remarque, votre modestie a fait que vous n'avez pas voulu vous arroger en bloc tout le succès de ces prises au bois. En effet, si vous vous glorifiez d'un lièvre pris à la trace, vous affirmez que le sanglier est tombé entre les mains des esclaves.

Lettre I

1. Le correspondant occupe *iampridem* une préfecture du prétoire, voire de la Ville (cf. *supra Ep.* 7, 91, n. 2). Le terme de *censura* n'a qu'une acception morale, à l'égal de l'*Ep.* 4, 8. Cependant, si comme le juge O. Seeck, *op. cit.*, p. CXCI, cette lettre était contemporaine des deux suivantes, écrites probablement en Campanie à l'automne 396, elle pourrait avoir été destinée à l'irascible Eusèbe alors en poste à Milan, cf. *supra Ep.* 6, 12, n. 2.

LIBER OCTAVVS

I. SYMMACHVS <EVSEBIO?>

Conpertum habeo quolibet honorum culmine animum tuum non solere mutari — quidquid enim bene meritis honestatis accedit, id solutum magis uidetur esse quam praestitum —, et ideo mirari me ac stupere confiteor cur tanta uirtute atque humanitate praeditus iampridem circa me munere litterarum [causis occupationis] abstineas. Quod ego etsi occupatione magis quam uoluntate arbit*r*er accidisse, tamen orare non desino ut censuram tuam nostri memorem frequens sermo declaret. Vale.

II. SYMMACHVS ALMACHIO

Mihi quidem multiplex a te et uarium munus exhibitum es*t* sed aduerti uerecundia factum quod tibi in solidum adsumere noluisti omnem capturae siluestris euentum. Nam tua indage captum leporem gloriatus, aprum

LIVRE VIII

Incipit l<ib. VIII.> *P*.

I. *P*ΠΓV*.
causis occupationis *delet Iuretus* ‖ arbitrer *Seeck*: -ter *PV* -tror *Wingendorp*.

II. *P*ΠΓV*.
exhibitum est *Iuretus*: exhibitum esse *codd. post* esse *lacunam indicans* gratanter agnosco *coni. Seeck* ‖ leporem gloriatus aprum in *Fontaine*: l. g.a. *codd.* g.a. l. *coni. Lectius*.

La bête était-elle d'une si courte taille, qu'elle vous parût ne pas mériter d'être revendiquée pour votre propre gloire[1]?

Mais voilà qui est dit par plaisanterie et vous en rirez. Prêtez maintenant attention à ce que, par ailleurs, vous me demandez: j'ai l'intention de rester à Capoue encore pour le moment un très petit nombre de jours[2]. Puis en changeant d'endroits dans le voisinage, je désire mener la totalité de ce mois jusqu'à son terme. Dès lors, si les Dieux secondent mes vœux, je pourrai reprendre la Voie Appienne, (avant que) ne s'approchent les désagréments de l'hiver[3]. Adieu.

III. *Symmaque à Fructianus (fin 396)*

Depuis déjà un moment dans l'inquiétude, j'ai le cœur suspendu à vos lettres, le temps d'apprendre d'heureuses nouvelles à votre sujet. Les soins des médecins ou bien votre diète ont-ils amené des progrès vers la guérison? l'apprendre est l'objet de mes souhaits. Pour ma part, je suis en pleine possession d'une bonne santé et, si la chance veut bien m'aider, j'ai décidé de rentrer voir la Ville de nos Pères, sans attendre que l'avancée du fort de l'hiver augmente les fatigues du voyage[1]. Adieu.

IV. *Symmaque à Lollianus[1] (avant 402)*

De vous-même, vous m'avez accordé une première lettre; à mes soins de provoquer la seconde. Recevez donc un salut à me retourner généreusement. Je vous promets de même d'être toujours à parité avec vos réponses. Adieu.

Lettre II

1. Envois de gibier, cf. *infra Ep.* 19, 21, 52, mais surtout 5, 68 où on lit: *recuso sententiam quae rem uenaticam seruile ducit officium.* Avec humour, Symmaque constate que son ami ne respecte pas l'habituelle échelle des valeurs cynégétiques. L'ordre des mots n'est pas à changer et Almachius, par autodérision, s'est effectivement vanté de bien peu. Ses forces, l'âge survenant, ont pu le trahir; par gentillesse, l'épistolier préfère invoquer la *breuitas* du sanglier. — Le ditrochée s'imposant, *īncīdīssĕ* appelle la restitution de *in* après *aprum* (remarque de J. Fontaine).

<in> seruiles manus adseris incidisse. An breuitas ferae
indigna tibi uisa est, quam laudi propriae uindicares?

Sed haec ioco dicta ridebis. Nunc alia quae de me
requiris aduerte. Diebus pauculis etiam nunc morari
Capuae destinaui; dehinc mutationibus uicinorum locorum totum hunc mensem cupio producere atque ita, si dii
iuuerint uoluntatem, rel*e*gere Appiam pote*ro*, <ante-
quam> molestiae access*erint* hiemis. Vale.

III. SYMMACHVS FRVCTIANO

Sollicitatus iamdudum litteris tuis pendeo animo,
quamdiu de te secunda cognoscam. Quid igitur uel medicorum curatio uel abstinentia tua ad salutem promouerit
opto cognoscere. Ipse bonae ualetudinis compos reuisere
patriam fortuna suffragante constitui, priusquam labor itinerum processu adultae hiemis augeatur. Vale.

IV. SYMMACHVS LOLLIANO

Primas litteras sponte tribuisti, secundas mea cura
debet elicere. Sume igitur salutationem quam uicissitudine munereris. Polliceor itidem cum responsis tuis paria
me esse facturum. Vale.

breuitas *codd.*: saeuitas *coni. Scioppius* ‖ dicta ridebis *Iuretus*: dictari
debis *Γ* dictare debes *V* ‖ relegere *Iuretus*: relig- *ΓV* ‖ appiam potero
Wingendorp: a. poteris *Γ* a. pateris *V* a. constitui *coni. Seeck* ‖ antequam
molestiae *coni. ego*: m. *codd.* a. itineris crescant m. *coni. Seeck* molestiae
Wingendorp ‖ accesserint *coni. ego*: accessu *codd.* abcessu *coni. Iuretus.*

III. *P*ΠΓV.*
pendeo animo *V*: *om. lacunam indicantes PΓ* tandiu angar *Iuretus*
immo *uel* angor animo *coni. Scioppius.*

IV. *PΠΓVR, F 1-3 7-10 15-18 20-21 24 31-32 39.*
munereris *P*: muneris *alii F om. F 24.*

V. *Symmaque à Priscillien (après 373)*

Votre lettre m'eût été agréable, n'eût-elle rien contenu sur mes mérites en Afrique[1] et leur appréciation louangeuse. Mais autant qu'à moi de la gloire, elles vous ont procuré, à vous, de la joie, à cause de notre mutuelle amitié. Il en est résulté que votre missive est partie dans l'allégresse, car un cœur qui exulte se félicite et ne peut s'empêcher de se manifester tel qu'il est. Veuille donc la bienveillance des Dieux vous récompenser pour une si grande affection à notre égard. Me jugeant, en effet, personnellement incapable de payer, je souhaite avec force que la faveur d'une protection divine vous remercie à ma place. Adieu.

VI. *Symmaque à Sévère (avant 397)*

Vos lettres me sont toujours agréables, mais aujourd'hui leur lecture m'a serré le cœur, car elles m'apprenaient que vous vous consumiez d'une longue maladie. Je prie les Gardiens de la Félicité d'appliquer à votre santé des mains de médecin, de peur qu'en se prolongeant les tracas d'un sénateur excellent ne laissent à penser que le Ciel ne prend soin de rien. Ce n'est pas une opinion que je partage, et je présume que sans plus de délai vous allez, grâce à ces Puissances salutaires[1], être rendu à une solide santé, pourvu que vous-même, plein d'espoir, vous triomphiez de l'adversité par de riantes pensées. Adieu.

Lettre V

1. Symmaque est attesté comme proconsul d'Afrique le 30 novembre 373, cf. *Cod. Theod.* 12, 1, 73 et, comme des inimitiés locales l'avaient privé d'un monument de la reconnaissance publique (d'où dans *Ep.* 9, 115 cette phrase de dépit: *nihil moror statuas et publica falsa titulorum*), il n'en apprécie que davantage le témoignage de Priscillien, sans doute peu éloigné de l'événement. Durant son gouvernement, Symmaque avait suivi de près la campagne de Théodose l'Ancien contre Firmus, cf. *Ep.* 10, 1. *Add. infra Ep.* 20. — À la fin du billet, *dignum* a été écarté car il glose maladroitement *esse soluendo*.

V. SYMMACHVS PRISCILLIANO

Essent mihi gratae litterae tuae, uel si nihil de meis apud Africam meritis ac laudibus continerent; n*unc* ut mihi decus aliquod, ita tibi pro mutua amicitia gaudium praestiterunt. Hinc factum est ut epistulam laetus emitteres. Exultans quippe animus gloriatur et ostentatione sui non potest abstinere. <Pro> tanto igitur in nos amore deorum te benignitas muneretur. Etenim cum ipse me non esse soluendo [dignum] arbitr*er*, ad uicem meae gratiae fauorem tibi praesidii caelestis exopto. Vale.

VI. SYMMACHVS SEVERO

Gratae sunt quidem semper litterae tuae; nunc *autem* legentis animum momorderunt, cum te indicarent morbi diuturnitate macerari. Quaeso custodes bonorum ualetudini tuae medicas applic*en*t manus, ne optimi senatoris longa uexatio fidem faciat nihil curare caelest*es*. A qua ego opinione dissentio teque protinus ope salutarium potestatum solidae sanitati praesumo reddendum, si modo ipse plenus spei la*e*tis cogitationibus elucteris aduersa. Vale.

V. *PΠΓV.*
uel *om. V* ‖ nunc *Rittershusius*: nam *codd.* ‖ hinc *P*: nunc *V* ‖ pro tanto *Rittershusius*: t. *codd.* ‖ dignum *uncis inclusit Rittershusius*: nunc *coni. Havet* ‖ arbitrer *Rittershusius*: -tror *codd.*

VI. *PΠΓV.*
autem *in P paene erasum restituit Seeck* ‖ momorderunt *P*: remor- *V* ‖ custodes *codd.*: c. deos *coni. Iuretus* -dia *coni. Scioppius* ‖ applicent *Iuretus*: -cet *codd.* ‖ caelestes *Iuretus*: -tis *P om. V* ‖ laetis *Iuretus*: latis *P om. V.*

VII. *Symmaque à Capréolus (avant 402)*

À l'arrivée d'Euscius, j'ai espéré une lettre de vous mais le hasard a trompé ma confiance[1]. Je n'ai pu néanmoins imiter votre silence. C'est pourquoi je m'acquitte d'un bonjour que je ne vous devais pas, pour que vous soyez incité à l'exactitude par la nécessité de l'exemple, alors que vous eussiez dû me devancer dans le présent hommage. Adieu.

VIII. *Symmaque à Eusèbe (avant 399)*[1]

Ce doit être l'effet de votre timidité, si jusqu'à présent vous ne m'avez fait porter aucun message. Mais maintenant prenez donc cette confiance que nous vous manifestons pour vous inviter à l'amitié et, par l'assiduité de vos propos, attestez que ma lettre vous a été agréable. Adieu.

IX. *Symmaque à Marcien (avant 388)*

En prenant l'initiative de vous écrire[1], je provoque votre confiance. Aussi, sans inquiétude, franchissez le seuil de notre intimité. La réciprocité de vos hommages fera que, commencée de mon propre chef, notre amitié acquière de la force. Adieu.

Lettre VII

1. À la différence d'Euscius (cf. *supra Ep.* 6, 33, n. 1), Capréolus est inconnu; il devait résider en Sicile comme Titien, cf. *infra Ep.* 68.

Lettre VIII

1. Vraisemblablement le personnage recommandé à Messala en 399-400 (?), cf. *supra Ep.* 7, 86.

Lettre IX

1. Cf. tome II, p. 42 (= 229), n. 2. La lettre inaugure les échanges entre les deux hommes. Voir *infra* les *Ep.* 23, 54, 58 et 73.

VII. SYMMACHVS CAPREOLO

Aduentante Euscio speraui litteras tuas, sed fiduciam casus fefellit; ego tamen silentii ţui imitator esse non potui. Quare indebitis fungor alloquiis, ut qui praesul huius officii esse debueras, exempli necessitate ad diligentiam prouoceris. Vale.

VIII. SYMMACHVS EVSEBIO

Fuerit uerecundiae tuae quod nihil hactenus nobis adloquii detulisti. Nunc sume fiduciam quam tibi ad inuitamentum familiaritatis ingerimus, et gratas tibi fuisse litteras meas sermonis adsiduitate testare. Vale.

IX. SYMMACHVS MARCIANO

Scriptionis auspicio fiduciam tuam prouoco. Quare familiaritatis nostrae aditum securus ingredere. Vicissitudo officii tui faciet ut inchoata per me amicitia conualescat. Vale.

VII. *PΠΓV*.
sed fiduciam *P*: prae -cia *V*.

VIII. *PΠV*.

IX. *P*ΠVR, F 1-3 7-10 15-18 21 24 31-32 39*.
aditum *codd.*: adytum *Rittershusius*.

X. *Symmaque à Irénée (avant 402)*

Vous attendiez ma lettre, je pense, pour me rendre mes hommages en bondissant à mon incitation. Saisissez-vous donc de propos dont vous suiviez l'exemple. Je serai par la suite plus exact à écrire, si la réciprocité répond à nos entreprises[1]. Adieu.

XI. *Symmaque à ... (397)*

Les sentiments pour vous de mon cœur ne sont pas à juger d'après des lettres, car l'attachement réside dans la fidélité de l'affection: la plupart du temps, au contraire, la négligence se cache sous les hommages en paroles. Aussi bien, si ma correspondance vous semble s'être espacée, n'allez pas croire que mon amitié ait quelque peu été entamée[1]. Souvent il arrive aussi que vos gens ne me signalent pas leur départ ni ne réclament un billet de réponse. Mais inutile d'en parler davantage car à l'ami suffit une excuse brève et courte. Je passe à ce qui pour tous deux est l'objet de nos vœux. Je suis joyeux de vous apprendre en bonne santé et, à mon tour, je vous gratifie de quoi vous réjouir, puisque, une fois passé cet affaiblissement de mes forces, mon corps, lui aussi ragaillardi, commence à se redresser[2]. Adieu.

Lettre X

1. O. Seeck, *op. cit.*, p. CXCII-CXCIII, est frappé par des récurrences verbales dans les lettres 5 à 10: *gratae (-tas) litterae (-ras)*: 5, 6, 8; *caelestis (-tes)*: 5, 6; *fiduciam*: 7, 8, 9; *familiaritatis*: 8, 9; *prouoco (-ceris, -catus)*: 7, 9, 10; *uicissitudo*: 9, 10. Il propose donc de regrouper l'ensemble *anno 375*. Cette concentration chronologique — déjà appliquée pour les trois premières lettres du livre 8 — est dès lors présupposée pour toute la dernière partie de la Correspondance, hâtivement classée par Memmius. Dans le cas des *Ep.* 5 à 10, les mots en écho sont pour la plupart attendus et, sans contredire l'argumentation de Seeck, on a préféré poser des *termini ante quem*, à l'exception de l'*Ep.* 5, lettre pivot *post quem*.

X. SYMMACHVS IRENAEO

Expectasse te arbitror litteras meas, ut in mutua officia prouocatus erumperes. Sume igitur sermonem cuius sequaris exemplum. Ero posthac in scribendo diligentior, si coeptis nostris uicissitudo respondeat. Vale.

XI. SYMMACHVS...

Adfectio in te animi mei non litteris aestimanda est. Religio enim fide pectoris continetur: in uerborum officiis latet plerumque simulatio. Quare si tibi in scribendo rarior uideor, nihil aestimes amori esse decerptum. Et saepe euenit ut homines tui nec profectionis suae indicium mihi faciant et mutuas paginas non reposcant. Sed de hoc loqui largius non oportet, quia sufficit amanti breuis et *r*estricta purgatio. Ad ea transeo, quae utrique uotiua sunt. Hilaratus sum sanitatis tuae nuntio et rependo quo gaudeas. Nam mei quoque corporis uigor post infirmam ualetudinem coepit adsurgere. Vale.

X.   *P*ΠV*.

XI.   *P*ΠVR, F 1-3 7-10 13 15-18 20-22 24 31-32 39.*
aestimes (est-) amori *V*: amori (*uel* -re *uel* -ris) aestimes (*uel* est- *uel* ext-) *alii F* amori existimes *F 1 15 31* ‖ esse *om. F* ‖ suae *F 2 20 31- 32*: tuae *ceteri F* ‖ indicium mihi faciant *V*: i. f. m. *F 2 9-10* m. i. f. *alii F* i. f. *F 3 13* ‖ quia *P*: quod *V* ‖ restricta *Mueller*: dest- *P* dist- *V, alii F* distincta *F 3 8 16 17*.

XII. *Symmaque à Pacatus (397)*

Que je vous fasse porter mes lettres ou qu'elles vous rendent réponse, je ne pense pas donner l'impression d'être un paresseux. C'est pourquoi, même si ces derniers jours — et je m'en souviens — mes hommages ont jailli vers vous, je prends soin par ces mots de m'acquitter d'intérêts que je ne vous devais pas. Mais si jamais, un bref moment, cette habitude venait à s'interrompre, je ne voudrais pas que vous pensiez à un refroidissement des égards de notre amitié. L'attachement, en effet, doit se mesurer à la fidélité du cœur plus qu'à l'étalage des discours[1]. Adieu.

XIII. *Symmaque à Apollodore (400)*

La renommée, je pense, m'a devancé, en divulguant que vous voilà libéré du fardeau non seulement de votre charge mais encore de vos soucis[1]. S'il en est de la sorte, je serai donc maintenant celui qui vous confirme un bonheur depuis longtemps désiré. Grâce à Dieu, mes forces et celles de mon fils sont sans failles. Mais à vous nos vœux comme vos mérites assureront la faveur d'une santé vigoureuse et d'un heureux retour. Adieu.

XIV. *Symmaque à Cécilien et Probianus (401)*

Abondance de joie, depuis que je vous sais bien portants et fidèles à notre amitié, au milieu de l'âpreté des affaires. Quand donc arrivera-t-il que des lettres consolatrices pansent les dommages de la privation? Pour ma part, j'eusse voulu que, les premiers, vous vous mêliez aux faisceaux de mon préteur, en étant

XII. SYMMACHVS PACATO

Et in deferendis et in rependendis tibi litteris desidem me arbitror non uideri. Quare etsi memini ad te diebus proximis officia nostra manasse, curaui tamen etiam *in*debito fenore sermonis absolui. Sed si umquam breui interuallo usus iste cessauerit, uelim cogites amicitiarum non frigere respectum. Religio enim magis fide animi metienda est quam ostentatione uerborum. Vale.

XIII. SYMMACHVS APOLLODORO

Praeuenisse <me> arbitror famam quae te absolutum non modo honoris uerum etiam curarum fasce uulgauit. Si ita est, ero tibi nunc confirmator boni olim desiderati. Mea cum filio sanitas ope diuinitatis in solido est; tibi ut salus ualida et reditus felix secundet tam nostra uota quam tua merita praestabunt. Vale.

XIV. SYMMACHVS CAECILIANO ET PROBIANO

Abundo laetitia, postquam ualere uos didici nostraeque amicitiae inter negotiorum dura meminisse. Sed quando fiet ut solaciis litterarum damna abstinentiae sarciantur?

XII. *P*ΠΓV*.
arbitror *codd.*: adnitor *dubitanter coni. Seeck* ‖ indebito *coni. Seeck*: deb- *codd.*

XIII. *P*ΠV*.
praeuenisse me *Seeck*: p. *V* peruenisse *Π* ‖ cum filio *Π*: dum *V* ‖ est *Π*: sit *V* ‖ ut *codd.*: ut et *coni. Scioppius*.

XIV. *P*ΠΓV*.
post meminisse uale *addens desinit V* ‖ abstinentiae *codd.*: absentiae *Iuretus*.

l'ornement de ces festivités qui nous sont communes. Mais je dois accepter que me soient préférés les intérêts du Sénat. C'est pourquoi, dans les mots qui précèdent, il y a l'attestation de mes désirs plus que la plainte d'une séparation. La faveur du Ciel fera que, libérés des commandements de la ville de nos pères[1], vous puissiez heureusement reprendre la route vers les cérémonies de nos jeux. Adieu.

XV. *Symmaque à Alévius (400 ?)*

Une dette produit des propos en réponse, mais le bienfait ceux qu'on présente spontanément. Il ne me reste donc que le rôle de suiveur, votre plume ayant été plus rapide que mon message. Et maintenant qu'est payé le salut que je vous devais en retour, je réclame votre collaboration et vos soins pour ce que Castor aura suggéré de promouvoir à notre avantage et profit[1]. Adieu.

XVI. *Symmaque à Cartérius (avant 402)*

Je tiens pour agréable qu'on n'ait pas douté de mon témoignage et considère comme un gain pour moi que notre fils Auxence, ce jeune homme d'élite, ait été reçu dans votre Maison. À ce compte, notre amitié s'engage plus étroitement sous les lois de la Bonne Foi. Une plus longue expérience, quand vous aurez en lui reconnu davantage de qualités, vous permettra[1] d'avouer que mon attestation de ses mérites reste sous la barre de la vérité. Adieu.

Lettre XIV

1. Pour Cécilien, cf. tome II, p. 44, n. 1 et *supra Ep.* 6, 40, n. 2 ; 7, 108, n. 1 et 109, n. 1 ; en acceptant un certain parallélisme de carrière, puisque les deux hommes participent à la même ambassade sénatoriale, on reconnaîtrait dns le second destinataire Rufius Probianus, futur vicaire de Rome, puis *p. u.* en 416, cf. A. Chastagnol, *op. cit.*, *supra Ep.* 7, 15, n. 1, p. 275-276 et *PLRE*, II, p. 908-909, n°s 1 et 7. — *Abstinentiae* est la *lectio difficilior*, car on a en 7, 40 *absentiae tuae damna sarciantur*, ce qui pourrait appuyer *absentiae*.

Ego autem uos praetoris mei fascibus primos interesse
uoluissem festisque communibus decus facere; sed feram
necesse est anteferri mihi causam senatus. Quare in superioribus uerbis desiderii magis contestatio est quam querella
discidii. Praestabit caelestium fauor ut mandatis patriae abso-
luti iter felix ad ludorum nostrorum sollemne relegatis. Vale.

XV. SYMMACHVS ALEVIO

Ex debito uenit sermo qui redditur, ex beneficio qui
sponte defertur. Secundae igitur mihi partes relictae sunt,
postquam stilus tuus mea scripta praeuenit. Nunc uice
salutationis repensa operam tuam curamque deposco in
his quae Castor ex usu atque utilitate nostra promouenda
suggesserit. Vale.

XVI. SYMMACHVS CARTERIO

Gratum habeo de testimonio meo non esse dubitatum
receptumque esse in familiam tuam Auxentium filium
nostrum lectissimum iuuenem in meo aere duco. Quo
nomine amicitia nostra in artiora fidei iura conuenit.
Praestabit usus longior ut cum in eo bona plura cognoue-
ris, adstipulationem meam de merito eius infra terminos
ueritatis stetisse fatearis. Vale.

absolui *codd*.: -tis *coni. Modius*.

XV.   *PΠ*.
his *codd*.: iis *Seeck*.

XVI.   *PΠΓR*, F *1-3 7-10 13 15-18 21-22 24 31 32 39*.
auxentium *P, alii F*: ax- F *18 21 24 39* a F *2 9-10 13 32* ‖ lectissimum
PΠΓ: laet- (*uel* let-) F *17 21 24 39* lepidissi- F *31* dilect- F *10* doctissi- F
1 ‖ artiora *P, alii F*: maiora F *3 8 15-17 32* ‖ praestabit *P*: et p. *ΠR*, F *1-
2 9 13 15 22 31-32* etiam p. F *3 8* etiam -bis F *16 17* et parabit F *39* ‖ infra
codd.: intra *coni. Latinius* ‖ stetisse *P*: fecisse *R, alii F* fuisse F *9 31*.

XVII. *Symmaque à Rufin (398?)*

Après le déroulement en province de ce procès qu'un appel nécessaire a conduit à l'instruction du Tribunal Suprême, j'ai été enchanté de votre loyauté et de votre empressement; quant au destin de l'affaire, je ne l'ai pas imputé à l'incompétence du défenseur mais aux vœux du juge. Je vous exhorte par conséquent à garder confiance en notre amitié et, vous satisfaisant pour le moment de la garantie de notre témoignage, à employer les bons offices de votre activité d'avocat à protéger notre demeure qu'entoure de ses injures une multitude aboyante[1]. Aussi vrai que d'emblée nous protestons de notre gratitude en des phrases dépouillées et sans apprêt, nous ferons l'effort, si la Fortune nous aide, de vous égaler pour vous rendre la pareille. Adieu.

XVIII. *Symmaque à Patruinus (397)*

Vous vous étonnez de ce que je suis aux champs, mais à meilleur titre me surprend qu'au mépris des loisirs de la campagne vous soyez revenu dans notre commune patrie, à moins peut-être que la reprise du procès ne vous ait apporté motif à rentrer. Autrement, amoureuses comme elles le sont de la détente, vos pensées eussent préféré s'attarder dans les occupations campagnardes. Vivre à proximité des murs est pour moi, qui souffre de mes pieds malades, plus un palliatif qu'un plaisir[1]. Attristée par cette crise, l'humeur n'accepte aucune réjouissance, mais j'espère que, si les Divinités ont égard à l'innocence, vous n'aurez plus besoin de monter la garde au tribunal, et que moi-même, la guérison me réconciliera avec la santé. Plaisant et facile sera alors, ou bien pour moi le retour à Rome, ou bien pour vous l'échappée vers ces champs où je séjourne en cet instant. Adieu.

XVII. SYMMACHVS RVFINO

Prouinciali actione decursa quae ad sacri auditorii
*co*gnitorem necessaria prouocatione peruenit, delectatus
sum fide ac diligentia tua et fortunam negotii non defen-
soris inscientiae sed uoto iudicis inputaui. Hortor igitur ut
amicitiae meae fiduciam geras et testimonii interim nostri
adstipulatione contentus domum nostram, quae multis
circumlatratur iniuriis, forensis industriae tuearis officio.
Nos ut sponte gratiam nudo et simplici protestamur adlo-
quio, ita ad referendam uicissitudinem, si fors iuuerit,
pares esse nitemur. Vale.

XVIII. SYMMACHVS PATRVINO

In agro me esse miraris. At ego iustius stupeo ad communem te patriam spreto ruris otio reuertisse, nisi quod
causam tibi reditus iterata lis adtulit. Alioquin, ut est
mens tua quietis cupida, mallet negotiis rusticis inmorari.
Mihi suburbanitas pedum aegritudine laboranti magis
solacio quam uoluptati est. Nullam iucunditatem tristis
morbo sensus admittit. Sed spero, si innocentiam diuina
respiciunt, et te forensi obseruatione cariturum et me
ualetudinis reconciliatione sanandum. Gratus et facilis
erit aut <mihi> Romam reditus, aut tibi ad agrum, in quo
nunc diuersor, excursus. Vale.

XVII. *PΠΓ.*
cognitorem *Iuretus*: genitorem *codd.*

XVIII. *P*Π.*
tua *Scioppius*: tuae *Iuretus* ‖ morbo *P*: -bi *Iuretus* ‖ mihi romam *Lectius*: in r. *Iuretus.*

XIX. *Symmaque à Patruinus (397)*

1. Je vous préfère en personne aux douceurs de vos paroles, tandis que vous rachetez avec des lettres une absence qui se prolonge. Que serait-ce si avait répondu à votre attente l'abondance des récoltes et que vous eût souri la richesse de la vendange[1]? Vous passeriez dans les loisirs de la campagne toute la suite des saisons, vous qui n'avez pas un regard pour la ville de vos pères quand la famine règne dans les champs.

Est-ce d'aventure que vous n'ayez plaisir qu'à cette capture des oiseaux dont vous me fîtes profiter pour une part[2]? Mais installé à Rome, vous eussiez joui avec autant de libéralité de ces délices du palais, car vous auriez eu à votre disposition aussi bien les produits rachetés au marché de l'épicerie fine que ceux qui vous eussent été rapportés de votre villa proche des murs[3]. **2.** Et que dire du prétexte de cette maladie qui secouerait votre épouse? Si vous prêchez la vérité, ce n'est pas la solitude qui convient à son état de santé. À Rome, en effet, il y a plus de moyens de se soigner et plus nombreux sont les médecins. Prenez donc garde à ne pas encourir une autre sorte de soupçon, si vous laissez loin de tout se consumer dans une retraite vide et un exil peu sûr votre femme assiégée par la maladie[4]. Adieu.

XX. *Symmaque <à Priscillien?> (après 373)*

1. Plus que toutes les autres saisons de l'année, l'été m'enchante, non parce que la course plus longue du soleil étend les heures de jour ou que nos biens et nos comptes s'enrichissent d'une récole nouvelle, mais parce qu'avec la paix de la navigation de fréquents convois transportent vos lettres que je désire.

Lettre XIX

1. Irréel: non seulement manque le blé mais aussi le vin.
2. Cf. *supra Ep.* 2, n. 1.

XIX. SYMMACHVS PATRVINO

1. Ipsum te malo quam delenimenta uerborum; tu contra epistulis absentiae moras redimis. Quid si respondisset opimitas segetis aut uindemiae adrisisset ubertas? Omnium temporum uices in otio ruris exigeres, qui patriam fame in agris dominante non respicis.

An solo iuuaris aucupio cuius me parte donasti? Sed his quoque gulae inlecebris Romae positus largiter utereris. Nam simul tibi et coempta ex foro cupedinario et ex suburbano tuo perlata suppeterent. **2.** Quid quod etiam iactari morbo matronam tuam simulas? Cuius ualetudini, si uera praedicas, solitudo non conpetit. Plura enim Romae salubritatis instrumenta sunt, maior medentium numerus. Vide igitur ne aliud genus suspicionis incurras, si obsessam a morbo coniugem uacuo secessu et intuta ablegatione maceraueris. Vale.

XX. SYMMACHVS <PRISCILLIANO?>

1. Prae ceteris temporum uicibus aestate delector: non quod diurnas horas longior solis meta producit,

XIX. *P*ΠΓR cod. Pithoei, F 1-3 7-10 13 15-18 21 24 31-32 39.*
1. opimitas *P, alii F*: opmut- *F 15* optimi- *R* opportunitas (*uel* opor-) *F 2 9-10 32* ‖ adrisisset *P, alii F*: risi- *F 3 8* risum sed *F 16-17* ‖ exigeres *Π*: ageres *R, alii F* agens *F 2 7 10 13* agitis *F 9* ‖ an *P, F 3*: aut *F 1-2 10 15-18 21 24 32 39* ac *F 31* ‖ *post* et ex *om. F 3 8 17* ‖ tuo *alii F*: tua *F 3 8-9 16-17.*
2. quid quod etiam *Π*: quo e. quod *F 31²* (= *Lypsius*) quid e. *F 7* quid et *F 9 39* quod e. *F 32* quod *F 13* quia e. *F 17* qui e. *R* quin e. *F 3 8 15 24 31¹* quam e. *F 16 18 21* qua et *F 2 10* quamquam *F 1* ‖ secessu *Γ, alii F*: re- *F 3 8 16-17* successu *R, F 2 24 39* ‖ intuta *Π*: induta *Γ* diutna *F 17* diutina *alii F* diuina *F 1 7 16 39* ‖ ablegatione *alii F*: ablig- *Π* abneg- *F 1* obleg- *F 10¹ 32* oblig- *F 39.*

XX. *P*ΠR cod. Pithoei, F ut supra Ep. XVI.*

Et de fait, quel don peut être plus agréable par les plaisirs de l'âme ou mieux adapté aux devoirs de l'amitié que la pratique de ces nombreux échanges qui me font éprouver votre amour à mon endroit? **2.** Aussi, tant que le moment dans l'année y invite, tant que la mer est franchissable, il faut, en quelque sorte, engranger comme pour l'hiver les aliments et la nourriture de notre commune affection. A l'instant où je vous écris, la santé est à ma guise, à bonne mesure, sans nul doute parce que vos souhaits la secondent. En effet, au succès de nos vœux je ne vois pas d'autre cause que ce jugement de Carthage qui nous aime[1]. Adieu.

XXI. *Symmaque à Lucillus (399)*

1. Mes idées étaient fausses, quand je vous croyais de l'indulgence pour le loisir. Bien au contraire, vous vous entraînez l'esprit par la lecture et le corps par l'exercice. En sont témoins et vos écrits ciselés par la plume et ces présents, fruits de vos chasses[1].

Il me faut parcourir la Flaminia, car le généreux consul m'a convoqué pour ses nouveaux faisceaux. Ah! si votre retour pouvait anticiper sur mes préparatifs de départ! Je croirais avoir le soutien d'un extraordinaire viatique. **2.** Mais parce qu'une

Lettre XX

1. La mer était «ouverte» de mars à novembre: dans l'*Ep.* 4, 58, le printemps apporte des nouvelles d'Espagne. Ici, la circulation s'opère du Sud au Nord, de l'Afrique à l'Italie: Carthage est expressément citée et la métaphore puise au registre de l'annone. Comme pour *supra Ep.* 5, une date haute paraît logique et si — ce qui ne semble pas impossible — le correspondant est le même Priscillien, la présente missive serait plus récente d'une ou de plusieurs années.

nec quod res rationesque nostrae noua fruge ditescunt, sed quod pacata nauigatione desideratas mihi litteras tuas frequens inuehit commeatus. Quid enim uel animi uoluptate iucundius uel ad officium amicitiae adcommodatius praestari potest, quam ut te mei amantem usu crebri sermonis experiar? **2.** Ergo dum anni tempus inuitat, dum peruium mare est, pabula quaedam et nutrimenta mutuae adfectionis ueluti in hiemem congerantur. Cum haec scriberem, salus mihi ex sententia suppetebat, tuis uidelicet adiuta uotis. Neque enim nobis alia de causa arbitror optata succedere quam iudicio et amore Carthaginis. Vale.

XXI. SYMMACHVS LVCILLO

1. Indulgere te otio opinionis falsus putabam; tu uero animum lectione, labore corpus exerces. Hoc indicant scripta et munera tua stilo exsculpta et parta uenatu.

Mihi Flaminia emetienda est ad nouos fasces generosi consulis euocato. O si reditus tuus antecaperet profectionis meae molitiones! Iuuari me amplissimo uiatico crederem. **2.** Sed quia multo itinere discernimur et neque mihi

---

1. nec quod *ΠRF*: ne q. *P* ‖ pacata *Π*: plac- *alii F* placato *F 18* plagata *F 21* placida *F 3 8* placita *F 16-17 22* ‖ enim *Π, alii F*: e. mihi *R cod. Pithoei, F 1-2 7 9-10 13 15 18 22 24 32 39* mihi *F 3 8* ‖ mei *R, alii F*: me *F 2 9 om. F 10*.
2. anni *PΠ, alii F*: -num *F 2 9-10 15 18 21* -nuum *F 31*[1] animum *F 1 13 22 32 39* ‖ congerantur *PΠ, alii F*: ing- *R* confer- *F 32* -gregantur *F 1 16*[1] *24 31*[1] -gregentur *F 3 8* coniectant *F 39*.

XXI. *PΠΓR, F ut supra Ep. XX.*
1. exsculpta *P, alii F*: sc- *Π* exculta *F 3 15* exculpata (*uel* exsc-) *F 7*[1] *10 17* ‖ uenatu *P, alii F*: -tus *F 2 9-10* ‖ flaminia *P, F 18*[2] *31*: -niae (*uel* nie) *R, F 1 9 18*[1] *24* -ne *F 2 7 21 32 39* flamme *F 10* familie *F 3 8 16-17* ‖ emetienda *P, F 31*: me- *alii F* ment- *F 3 8 17 24 32 39* ‖ o si *P, alii F*: quod si *F 2 9-10 32* ‖ molitiones *alii F*: -nis *PΓ, F 15 18 21 39*.

longue route nous sépare, qu'il n'est facile ni pour moi
d'attendre ni pour vous de vous hâter, notre lettre me tiendra
lieu de paroles. Bientôt, si d'abord le permettent les Volontés
Divines, le tribunal de la Ville recevra comme préteur mon cher
Symmaque. Aux fêtes qui seront les siennes, je souhaite vivement que participent les plus influents de mes amis et vous êtes
de leur nombre. Accordez cette faveur à celui qui, ces mêmes
jours, sera au loin[2]. C'est favoriser davantage que de donner
aux absents. Adieu.

XXII. *Symmaque à Andronicus (après 370?)*

1. Sur vos lèvres fleurit la Muse de Cécrops, ma langue est
celle du Latium: n'attendez donc pas de ma plume pareille
générosité[1]. Pourtant, si, dans les belles-lettres, nous sommes
les vaincus, en amitié nous tenons tête. Mais j'aurais le droit de
vous répondre ainsi, si vous ne m'aviez adressé qu'une seule
épître. Or, avec l'empressement que vous avez pour vos amis,
vous versez les richesses de vos poèmes dans notre bibliothèque[2]. Que vous rendre qui mérite l'équivalence, quand, de
mon côté, le filet de voix est mince et l'inspiration sans ressources[3]? Je livrerai à l'admiration du public ce que vous
m'avez envoyé à lire et, bien que mon éloge ne soit pas à la
hauteur, je publierai le bonheur du siècle. **2.** De ce fait rien ne
sera retranché à la gloire de votre œuvre, car Homère lui aussi,
nous le savons, fut célébré par des gens qui ne lui ressemblaient
pas. C'est que la renommée des grands hommes manquerait de
louanges, si elle ne se contentait pas de témoignages même

2. Par la Flaminia, Symmaque gagnait Milan pour assister au *processus consularis* de Stilicon. En cette fin de 399, la préture de Memmius n'avait pas encore été décalée et le père se désolait de ne pas
assister à l'*editio* de Rome.

mora neque properatio tibi commoda est, uerbis meis
pagina nostra fungetur. Praefata numinum uenia praeto-
rem Symmachum meum mox urbanum tribunal accipiet.
Festa eius frequentari a potissimis amicorum quibus
adnumeraris exopto. Da istam gratiam procul afuturo iisdem diebus. Gratius est quod defertur absentibus. Vale.

XXII. SYMMACHVS ANDRONICO

1. In tuo ore uernat Musa Cecropia, mihi lingua Latiaris est: ne desideraueris aequa stili mei munera. Litteris
uincimur, amore certamus. Sed haec merito rescriberem,
si mihi solam epistulam detulisses; tu uero, ut es diligens
amicorum, bibliothecae nostrae carminum tuorum diui-
tias intulisti. Quid tibi pro hoc dignum rependam tenuis
ipse facundiae et pauper ingenii? Tradam publicae admi-
rationi quae legenda misisti, et quamquam laudator inpar
bonum saeculi publicabo. **2.** Nihil ex hoc derogabitur
operis tui gloriae; nam et Homerum nouimus a dissimili-
bus praedicari. Careret quippe fama magnorum uirorum

---

2. uerbis meis *codd.*: -bi uices *coni. Seeck* ‖ pagina *RF*: *om. lacunam
indicans P* p. haec *coni. Salmasius* ‖ nostra *PR, alii F*: uestra *F 39* mea
F 22 om. F 3 24 ‖ a *om. ΠRF* ‖ iisdem *Π, F 31*: isdem *P²*, *F 2* hisdem
P¹, *F 1 7-8 16 18 21 24* hiisdem *F 3 15 17 39*.

XXII. *Testimonium*: cf. ARATOR, *Apost. hist.*, 2, 455.
PΠΓR, F ut supra Ep. XX.
1. latiaris *PΠ, alii F*: latialis *R, F 1 7 31* latina *F 3 8 16-17* ‖ ne *P¹*:
nec *P²R, F 7* ‖ munera *PR, alii F*: munia *F 2 9¹-10* ‖ haec *P, alii F*:
hoc *R, F 3 8* ‖ detulisses *PR, alii F*: dedisses *F 3 16* dedisset *F 8 om.*
F 22 ‖ pro hoc dignum *P*: d. p. h. *F 3 8* de h. dignum *R, F 2 7 9-10 13
15 18 21-22 31* de h. digne *F 39* de hac dignum *F 1* ‖ facundiae *PΠΓ*:
-dia *RF* ‖ ingenii *P*: -nio *F* ‖ et quamquam — nam et *om. RF* ‖ laudator *P*: -tori *Γ*.
2. homerum nouimus *P*: n. h. *R, alii F* noui h. *F 3* n. hunc erum (*uel*
her-) *F 2 9-10* n. hominum *F 16-17*.

insuffisants. À quoi bon, cependant, tirer ces propos en longueur, puisque la modestie chez vous requiert la brièveté? Pensez à votre santé et de tout ce qu'ajoutera votre plume donnez sa part à un juge médiocre mais qui vous lit non sans reconnaissance. Adieu.

XXIII. *Symmaque à Marcien (396)*

1. Je prie les Dieux pour que les forces qui en ce moment sont les miennes vous soient disponibles à vous et aux vôtres. Par ce préambule[1], je crois avoir fait le tour complet de ce que j'avais à écrire, c'est-à-dire des vœux pour votre santé et la joie que me donne la mienne. Mais vous ne souffrez pas que les épîtres soient courtes; quel sera donc le thème d'une page plus longue? Où suis-je, qu'ai-je fait? — l'amitié, en effet, est particulièrement curieuse de tels sujets —: voilà, si vous le voulez, ce que je vais développer.

2. Le principal de mes plaisirs naît de ce golfe de Formies, de cette cité jadis habitée, dit-on, par le peuple des Lestrygons[2]. De ces gens-là, nous lisons qu'ils obéissaient à leur ventre et à leur gosier jusqu'à une odieuse sauvagerie. Sur ces bords, j'ai passé quelques jours de plus, mais sans en gaspiller les délices; seules la salubrité du climat et la fraîcheur des eaux me persuadèrent de m'y attarder.

Il y avait là les objets de mon affection; c'est parce que j'avais envie de les voir que je m'étais avancé hors de notre Ville. Et désormais il ne valait plus la peine de poursuivre la route, puisqu'étaient présents ceux que nous recherchions. **3.** Dès lors, à leur guise, j'ai longé le rivage qui sépare Formies des bords de Cumes. Et maintenant, en alternant les invitations, ou bien nous émigrons à Baules, ou bien chez les Nicomaques, au pied du Gaurus[3]. Souvent, il y a pléthore d'amis qui affluent à moi. Pourtant, je ne crains pas de vous paraître me laisser aller au milieu d'un tel charme des sites, d'une telle abondance de biens. Partout nous menons une vie de consulaire[4] et sur le Lucrin nous sommes sérieux: pas de chansons dans les barques, pas de goinfreries à table, pas de fréquentation des thermes, pas de jeunes nageurs provocants. Sachez-le: en matière d'excès il n'y a rien à incriminer dans les lieux. Adieu.

celebritate, si etiam minoribus testibus contenta non esset.
Sed quid haec longius traho, cum breuitatem uerecundia
tua postulet? Cura ut ualeas, et si quid stilo adieceris, cum
mediocri iudice sed non ingrato lectore participa. Vale.

XXIII. SYMMACHVS MARCIANO

1. Deos oro ut quae mihi interim ualetudo est, eadem
tibi ac tuis suppetat. Videor plene hoc anteloquio scribenda
conplexus, de tua sanitate uotum, de mea gaudium. Sed
epistulas breu*es* esse non pateris. Quae igitur ὑπόθεσις erit
paginae longioris? Vbi sim, quid egerim — nam praecipue
amicitia rerum talium curiosa est —, si placet, prosequar.
2. Principium uoluptatum de Formiano sinu nascitur,
quae ciuitas quondam Laestrygonum populo fertur habi-
tata. Hos uentri et gulae usque ad feritatis inuidiam legi-
mus obsecutos. Plusculos in eo litore dies sed deliciarum
parcus exegi tantum caeli salubritate et aquarum frigore
suadentibus moram.

Adfuerunt pignora mea quorum cupiens nostra Vrbe
processeram. Nec fuit operae mox ulterius iter adgredi,
cum praesto essent desiderati. **3.** Illorum dehinc arbitratu
legi oram quae Formias et Cumanum litus interiacet. Nunc
mutuis inuitationibus aut in Baulos aut in Nicomachi Gau-
rana migramus. Amicorum subinde mihi adfluentium largiter est. Non uereor ne me lasciuire in tanta locorum
amoenitate et rerum copia putes. Vbique uitam agimus
consularem et in Lucrino serii sumus. Nullus in nauibus
canor, nulla in conuiuiis helluatio, nec frequentatio balnearum nec ulli iuuenum procaces natatus. Scias nullum
esse in luxuria crimen locorum. Vale.

haec *P, alii F*: hoc *R, F 3 8 15 32* ‖ lectore *P*: -ri *ΠR, F 7.*

XXIII.   *P*ΠΓ.*
1. gaudium *Γ*: studium *Π* ‖ breues *Iuretus*: -uis *P.*

XXIV. *Symmaque à Maximien*[1] *(396)*

Entre votre excellent père et vous il n'y a aucune différence ni de fait ni de sentiments. Par conséquent, vous auriez pu, comme partageant tout avec lui, porter autant à votre acquis cette lettre que je lui ai envoyée en marque de respect. Mais à présent, à vous aussi, nous devons nommément des égards. Par ailleurs, j'ai eu soin d'éviter qu'en échange on ne m'imputât pour une double gratification la réponse d'un seul[2]. Il n'empêche que la brièveté convient à cette page, puisque j'ai déjà cueilli ce qui méritait d'être rapporté. Vous tiendrez donc ces propos pour un témoignage de l'amitié que nous avons pour vous. À vous, au contraire, il appartient d'être bavard, quand vous m'écrirez en retour. La situation, en effet, n'est pas égale: j'ai redoublé ma peine, alors qu'elle était unique pour chacun d'entre vous; il est difficile que d'une seule source se remplissent deux conduits, mais quand on double les prises d'eau, c'est l'abondance qui afflue dans le même canal[3]. Adieu.

XXV. *Symmaque à Albin (396)*

Peut-être, je crois, jugez-vous qu'obsédé par les charmes de la Campanie, j'ai négligé jusqu'à ce jour de vous écrire[1]. Mais ces lieux n'ont pas chance de laisser les préoccupations sérieuses s'ensevelir sous les plaisirs. Tout retentit d'obligations exceptionnelles et les délices ont cédé devant ce fardeau. Voilà pourquoi, au lieu de détente, j'ai trouvé la tension sans pouvoir facilement retourner mon esprit vers les charges de l'amitié. Je promets cependant à votre respectable personne ce que vous préféreriez à ma lettre. Avec un extrême désir, je m'applique à reprendre vers vous la route, car la même cause qui m'a interdit d'écrire me contraint à rentrer[2]. Adieu.

Lettre XXIV

1. Fils du précédent destinataire, il était destiné, avec deux autres amis de Symmaque, Attale et Cécilien, à représenter le Sénat à Ravenne en 409: dernière mise au point de F. Paschoud dans son édition de Zosime, 5, 44, 1 = *CUF*, 1986, p. 65 (= 290-291), n. 101.

XXIV. SYMMACHVS MAXIMIANO

Nihil inter te et optimum parentem tuum re aut adfectione diuisum est. Ergo et litteras quas ad eius reuerentiam misi ut omnium particeps in acceptum referre potuisti. Sed iam colendus es nobis etiam tuo nomine. Praeterea caui ne respondente uno inputaretur mihi uicissim munus duorum. Conuenit tamen breuitas huic paginae, quia relatu digna praecerpsi. Quare sermonem istum tamquam amoris in te nostri testem tenebis. Verum te in rescribendo decet esse prolixum. Neque enim par condicio est a me iterati, utrique autem uestrum singularis laboris. Duos meatus repleri uno fonte difficile est; uni alueo abunde influunt duplicata principia. Vale.

XXV. SYMMACHVS ALBINO

Credo arbitreris circumsessum me Campaniae amoenitatibus scribendi ad te hactenus neglegentem fuisse. Non est ea fortuna horum locorum, ut seriam curam sepeliant uoluptates. Insolitis omnia necessitatibus strepunt et oneri cessere deliciae. Quare negotium pro otio repperi nec possum facile ad haec amicitiae munia animum retorquere. Spondeo tamen reuerentiae tuae quod litteris meis praeferas. Relegere ad uos iter auidissime studeo. Eadem quippe me causa quae uetuit scribere cogit redire. Vale.

XXIV.   *P*ΠΓR, F 1-3 7-10 15-18 21-22 24 31-32 39.*
mihi uicissim *R, F 7 31¹ 32*: *om. lacunam indicans P* alterius litteris fraudarer aut m. *exempli causa coni. Seeck* ‖ praeterea *PR, alii F*: propterea *F 15 18 21 31²* ‖ praecerpsi *PΠ*: -cepisti *F 7* decerpsi *alii F* descripsi *F 39 om. F 22* ‖ testem *PΠΓ, F 9*: interpretem *R, ceteri F.*

XXV.   *PΠΓR, F ut supra Ep. XXIV.*
arbitreris *PR, alii F*: -traris *F 2 31²* ‖ hactenus *P²*: act- *P¹* eat- *RF* ‖ seriam curam *om. F 3 8 16 17* ‖ sepeliant uoluptates *PR, alii F*: -antur -tatibus *F 3 8 16 17* ‖ reuerentiae *PR, alii F*: uerecundiae *F 3 8 16 17* ‖ quod *PR, alii F*: quae *F 31* ‖ me causa quae *alii F*: c. q. *R, F 2 7 9-10 15 21 31* c. *F 32* tua c. *F 17* tuae c. *F 16* metuus aquae *P.*

XXVI. *Symmaque à Grégoire (396)*

J'ai donné à votre père une lettre dont vous auriez pu vous contenter, car aussi vrai que vous vous partagez une seule âme, les mêmes hommages pouvaient ensemble vous satisfaire. Mais j'ai eu peur d'être imité, craignant que dans sa réponse l'un de vous ne me parlât au nom des deux[1]. Aussi, comme on le fait d'habitude dans les cérémonies religieuses, je complète mon geste propitiatoire par une offrande[2], courte je l'avoue et que vous eussiez voulu plus étendue, mais dans les suppléments il n'est pas question de mesure. À vous de rendre abondance pour brièveté, puisque ne doivent allonger leurs lettres d'amitié que ceux qui n'ont pas à les coupler. Adieu.

XXVII. *Symmaque à Censorinus[1] (396)*

1. D'une main avide et prompte, je me suis jeté sur votre lettre, lorsqu'on me l'a tendue, pensant apprendre de bonnes nouvelles. Mais quand j'ai parcouru à la lecture[2] la liste de vos dommages, le choc a succédé au plaisir. Bien sûr, les ennuis qu'avec tant de gens vous avez endurés trouvent, comme le veut la nature humaine, quelque consolation dans la compagnie, tandis que ces coups dévastateurs de la piraterie[3], portés spécialement contre vous par la brutalité du malheur, se sont, je pense, plus profondément enfoncés parce que, sans avoir avec qui les partager, vous les avez vus redoubler votre douleur. **2.** Contre ces accidents l'âme doit s'armer de courage et de raison; il faut aussi se prendre à espérer du mieux: souvent ce

Lettre XXVI

1. Cf. *supra Ep.* 24, n. 2: de même que Maximien est le fils de Marcien, de même Grégoire doit être né de l'Albinus de la lettre précédente. De ce fait, il serait peut-être à identifier avec le Ceionius Contucius *signo* Grégorius, consulaire de Flaminie et du Picénum avant novembre 400 (cf. *PLRE*, II, p. 325-326) et il aurait pour frère le Dèce des *Ep.* 7, 35-41, alors en Campanie.

2. *Honos* a ce sens rituel comme chez Virgile, *Aen.* 3, 406-407: *ne qua inter sanctos ignes in honore deorum hostilis facies occurrat.* Macrobe, en la présence fictive de Symmaque, dans les *Saturnales*, 3, 5, fait gloser Virgile: *Litare quod significat sacrificio facto placare numen.* À la différence de la *litatio* où l'immolation détruit, le *donarium* subsiste dans les réserves des temples.

XXVI. SYMMACHVS GREGORIO

Dedi ad parentem tuum litteras quibus contentus esse
potuisti. Nam ut est utrique uestrum unus animus, ita
satisfaceret idem cultus ambobus. Sed metui imitationem,
ne mihi alter e uobis duorum uice et ore rescriberet.
Quare, ut in honore numinum solet fieri, litationi addo
donarium, breue, fateor, et quod tu prolixius esse
uoluisses, sed in adiectis mensura non quaeritur. Ipse
copiam redde breuitati, quia familiares paginas eos oportet extendere, quibus non est necesse geminare. Vale.

XXVII. SYMMACHVS CENSORINO

1. Prompta et auida manu litteras tuas, cum mihi
offerrentur, inuasi ut prospera cogniturus; sed cum per-
currerem lectione enumerationem dispendiorum tuorum,
uoluptati successit offensio. Et illa quidem aduersa quae
cum plurimis pertulisti more humani ingenii habent ali-
quod de societate solacium, hunc uero piraticae depraedationis ictum quem speciatim casus tibi durus adiecit
inpressum altius puto, quia neque habet participem et
geminauit dolorem. **2.** Contra haec fortuita uirtute atque
ratione animus armandus est, spes quoque adsumenda

XXVI.   *PΠΓR cod. Pithoei, F ut supra Ep. IX.*
imitationem *om. RF* ‖ litationi *P*: litterationi *F* ‖ donarium *P, alii F*:
donatiuum *cod. Pithoei F 8² 31²* solacium *F 8¹* ‖ quia *P, alii F*: quod
F 3 8 15-16 21.

XXVII.   *P*ΠΓR cod. Pithoei, F ut supra Ep. XVI.*
1. offerentur *alii F*: offeren- *R, F 1 2¹ 16 18 21* offerun- *F 13* ‖ hunc
PR, alii F: nunc *F 2 32* ‖ habet *PR, alii F*: -buit *F 2 10 13 31²* -bent *F
3 8 15-18 22 24 32.*
2. adsumenda *Scioppius (Havet)*: a. est *codd.*

qui chancelle redevient stable; rien n'est éternel pour les humains; les biens périssables tournent selon de fréquentes vicissitudes et la vie n'est qu'une fuite de tout[4].

J'ai pu en peu de mots effleurer votre situation car, avec la culture qui est la vôtre, bien davantage peut vous venir secourablement à l'esprit. Maintenant, je réponds à ce que vous avez voulu savoir à mon sujet. Je brûle d'aller au plus tôt visiter Naples à la demande de ses habitants et **3.** là je m'assignerai une pause de deux jours pour honorer cette fidèle cité. Ensuite, si les Dieux aident de justes desseins, nous regagnerons par la route de Capoue notre Rome vénérable et nos Lares[5]. Dans l'intervalle, s'il m'arrive pour mon profit de vous apercevoir et de vous entretenir[6], j'assouvirai ma joie à satiété. Mais si une plus forte contrainte nous refuse la possibilité de vous avoir, je voudrais que, balayant les nuages des soucis, vous ayez la sagesse de reprendre cet allant de l'âme que notre rencontre eût pu sincèrement vous concilier. Adieu.

XXVIII. *Symmaque à Romain*[1] *(après 394)*

Vous vous souvenez, je le sais, de ce que, moi aussi, j'ai été frappé de la même douleur au sujet de notre ami. Mais désormais l'échange de nos propos doit nous consoler. J'écris donc pour que vous soyez forcé de répondre et que, loin des funèbres pensées, vous reveniez aux devoirs des vivants. Votre piété avait été cause de ce que vous n'écriviez pas le premier: vous ne manquerez pas de respect au point de vous abstenir, maintenant que je vous ai lancé cet appel. Adieu.

---

4. À première vue, cette consolation est bien banale (avec emprunt à Sénèque, *Consol. ad Marc.* 10, 4; *fuga uiuere*); pourtant, on devrait remarquer qu'aux yeux de ce champion de l'intangible, non seulement tout est soumis à la mobilité mais encore que ce perpétuel changement est signe de vitalité; *omne quod in cursu est uiget* (*Ep.* 7, 60).

meliorum. Saepe titubantia in solidum reuerterunt; nihil hominibus aeternum est; uoluunt mortalia uices crebrae et omnium rerum fuga uiuitur.

Paucis ista perstrinxerim, cum tibi pro eruditione plura succurrant; nunc ad illa respondeo quae de me scire uoluisti. Quamprimum Neapolim petitu ciuium suorum uisere studeo. **3.** Illic honori urbis religiosae interuallum bidui deputabo. Dehinc, si bene destinata dii iuuerint, Capuano itinere uenerabilem nobis Romam laremque *re*petemus. Inter haec, si mihi euenerit aspectu et conloquio tuo defrui, explebor gaudii satietate; sin maior necessitas negauerit nobis tui copiam, uelim curarum nube detersa eam sapienter resumas animi alacritatem quam tibi congressus noster sedulo conciliare potuisset. Vale.

XXVIII. SYMMACHVS ROMANO

Meminisse te scio quod me quoque idem de amico dolor perculit; sed iam nobis sermonum uices debent esse solacio. Scribo igitur ut respondere cogaris et a funestis cogitationibus redeas in officia uiuentium. Fecerat religiosa causa ne prior scriberes: non eris tam inreuerens, ut prouocatus abstineas. Vale.

---

meliorum *alii F*: -lior *R, F 7 13 24 32* ‖ reuerterunt *Π*: conuersa sunt *R, alii F* uersa sunt *F 3 8 16-17 32* reuersa sunt *F 9 om. F 22* ‖ omnium *codd.*: in o. *coni. Seeck* ‖ fuga uiuitur *ΠΓ*: f. uiuit *alii F* f. iuuit *F 1* f. irruit *cod. Pithoei, F 31²* fuga fuit *R, F 7¹* fuga fit *F 7² 31¹* fugacitas *F 32* ‖ suorum *codd.*: tuorum *Lectius*.
3. repetemus *Havet*: pe- *codd.* ‖ defrui *Π*: frui *RF*.

XXVIII.   *P*ΠΓR, F 1-3 7-10 15-18 20-22 24 31-32 39*.
quod *ΠF*: nam *Γ* cum *Scioppius* ‖ funestis *ΠR, alii F*: mestis *F 3 8 16-17* functis *F 32*.

XXIX. *Symmaque à Salvius*[1] *(399)*

Dans la lettre qu'on vient de me remettre, j'ai vu le pieux contentement de votre affection pour nous, et surpris en pleine clarté tout le plaisir que vous éprouvez au bonheur de vos amis. Je suis donc encore plus empressé à vous chérir, après avoir constaté de mes yeux ce que souhaitent ainsi d'excellents sentiments. Et bien qu'à cet homme éminent, le maître de mon cœur, j'aie moi-même envoyé un mot de gratitude pour l'honneur conféré à votre frère Flavien[2], je vous prie néanmoins de bien vouloir, auprès de l'auteur d'un si ample bienfait, ajouter vous aussi à la grandeur de ma reconnaissance. Adieu.

XXX. *Symmaque à Jovius*[1] *(399)*

Il a convenu à l'intérêt général de vous confier des affaires plus importantes. Aussi le témoignage de ma joie ne doit-il pas être prolixe, pour éviter qu'un soupçon de flatterie ne ternisse la sincérité de mon jugement. Je souhaite donc que, maintenant que vous l'avez reçue, cette charge ait pour vous un cours souriant, bien qu'il me soit impossible de douter que, si votre probité est incapable de changer, les vertus sont encore plus heureusement stimulées par l'aiguillon des récompenses. Adieu.

Lettre XXIX

1. À l'instar de Longinianus et de Patruinus, Salvius (et non Salvinus comme l'imprime Juret) périra dans le coup de Pavie en 408, cf. Zos. 5, 32, 6-7. Il était alors questeur du palais et ami du régent depuis de longues années.
2. Cf. *supra Ep.* 7, 104, n. 4; Stilicon venait de nommer Nicomaque le Jeune à la préfecture urbaine.

Lettre XXX

1. Destinataire aussi des *Ep.* 8, 50 et 9, 59, Jovius paraît à identifier avec le futur patrice de 409, arbitre intéressé entre Honorius et Attale. En 399, en compagnie de Gaudentius — le fils de celui-ci n'est autre qu'Aétius —, il se livra, en Afrique, à une campagne de destruction des temples. Symmaque, qui probablement le félicite pour cette nomination au comitat, devait ignorer quelle mission Jovius avait alors reçue: la lettre est donc antérieure à ces agissements notés par saint Augustin à la date du 19 mars 399: *PLRE*, II, p. 622-624, n°s 2 et 3. — Cl. Lepelley me signale que dès le 20 août 399 (cf. *Cod. Theod.* 16, 10, 17) furent protégées les *aedes inlicitis rebus uacuae*.

XXIX. SYMMACHVS SALVIO

Vidi in litteris nuper mihi redditis religiosum pro
nobis animi tui gaudium et apertissime deprehendi quid
ex amicorum prosperis rebus uoluptatis usurpes.
Promptius igitur te diligo, postquam hoc uotum bonae
mentis inspexi, et quamuis ipse domino pectoris
mei excellentissimo uiro scriptorum gratiam pro
Flauiani fratris tui honore retulerim, nihilominus
tamen quaeso ut etiam <tu> magnitudinem gratulationis meae apud auctorem tanti beneficii digneris
adstruere. Vale.

XXX. SYMMACHVS IOVIO

Interfuit publicae utilitatis ut tibi maiora negotia crederentur. Quare prolixa esse non debet gaudii mei
adtestatio, ne adulationis suspicio deuenustet iudicii
ueritatem. Opto igitur ut tibi suscepti officii cursus
adrideat, quamuis dubitare non possim neque mutari
posse probitatem et bonas artes stimulo praemiorum
felicius incitari. Vale.

XXIX.   *P*ΠΓ*.
te *Lectius*: et *PΠ* ‖ etiam tu *Seeck*: e. *P*.

XXX.   *P*ΠΓR, F ut supra Ep. XVI.*
esse non debet gaudii mei *P, alii F*: n. d. e. g. m. *F 18²* n. d. g. m. e. *F
32* g. m. *F 39* e. g. m. *R, F 7 15 18¹ 21* e. n. -buit *F 13 24* n. est g. m.
F 1 31¹ g. m. e. desinit *F 2 9-10* nolo g. m. *F 22¹* e. nolo g. m. *F 22²* ‖
possim *P, alii F*: -sum *F 7¹-9 15 17 22 24 32* -sit *F 13*.

XXXI. *Symmaque à Eudoxe[1] (avant 402)*

J'ai bondi de joie à cause de cet hommage à l'amitié, lorsque je me suis saisi de votre lettre. Mais dès que notre cher Annius a indiqué que votre état était incertain, l'allégresse a tourné à une grave préoccupation. Je constate, en effet, qu'au déplacement, qui est déjà une sorte de maladie, se sont ajoutées les atteintes à votre santé. Ce qui pourtant console mon anxiété est que la sobriété vous est familière, que vous savez ce qu'est la sagesse, que votre courage est bien plus grand que les adversités de la Fortune. Ces qualités, d'habitude, ramènent la vigueur du corps et une sereine vitalité. J'espère donc à votre sujet des nouvelles plus réjouissantes et déjà je tiens prêtes mes oreilles pour d'heureux messages. La Justice, qui a égard aux gens pieux[2], fera qu'après la rapide traversée de tels ennuis s'étendront plus longuement les prospérités de votre existence. Adieu.

XXXII. *Symmaque à Urbicus (avant 402)*

Vous auriez dû, comme c'est l'usage, prendre le premier l'initiative de m'écrire, puisque le retour du courrier de votre Maison[1] vous engageait à cette exactitude. Mais puisque l'oubli ou les occupations nous ont refusé l'offrande attendue de votre piété, je me saisis de la priorité, quitte à juger dorénavant d'après la rareté ou l'abondance de vos écrits si de propos délibéré ou plutôt par nécessité vous avez omis de mettre cette correspondance sur le métier. Adieu.

Lettre XXXI

1. Annius était porteur d'un billet d'Eudoxe, lequel, néoplatonicien de Syrie (cf. *Athenaeum* 43, 1965, p. 8-9), partit rejoindre Jamblique, le philosophe lié à Libanius, et le fit connaître à Symmaque (*Ep.* 9, 2 avec le commentaire de S. Roda, *op. cit.*, p. 94-97). Quant au *nomen* d'Annius, il est restauré par le *p. u.* Flavius Annius Eucharius Epiphanius en 412-414. Est-ce une présomption d'identification? (*PLRE*, II, p. 399, n° 7).
2. À Rome, dans la 10ᵉ région se dressait le temple de *Fortuna respiciens* (cf. J. Champeaux, *Le culte de la Fortune dans le monde romain*, II, *CEFR*, 64, 1987, p. 102-106), mais comme Eudoxe par sa *pietas* mérite de la chance, Symmaque invoque la Justice qui triomphe *aduersis Fortunae*. — *Valentia* se trouve chez Naevius et Servius, cf. G. Haverling, *op. cit.*, p. 72.

XXXI. SYMMACHVS EVDOXIO

Exultaui gaudio ob amicitiae honorem, cum litteras tuas sumerem. Sed ubi Annius noster quod sis dubius ualetudinis indicauit, in grauem curam laetitia deriuata est. Video enim peregrinationi quae morbi instar est damnum sanitatis adiectum. Solatur tamen sollicitudinem meam quod parsimonia tibi familiaris est, quod cognita sapientia et aduersis Fortunae animus ingentior; quae bona reducere solent ualentiam corporis et uigoris serenum. Spero igitur de te cognitu laetiora et aures iam felicibus nuntiis paro. Faciet Iustitia, quae pios respicit, ut post huius incommodi citum transitum uitae tuae prospera longius porrigantur. Vale.

XXXII. SYMMACHVS VRBICO

Auspicium mihi scribendi prior, ut mos est, facere debuisti, cum te huius diligentiae domestici tabellarii reditus commoneret. Quia nobis uel obliuio uel occupatio religionis tuae desideratum munus inuidit, ego usurpo principium, aestimaturus in reliquum de raritate uel copia scriptorum tuorum utrum uoluntate litteris ordiendis an magis necessitate defueris. Vale.

XXXI. *PΠΓR, F ut supra Ep. XVI.*
gaudio *P*: in g. *RF* ‖ annius *PΠ, alii F*: anneus *F 31*[1] animus *R, F 2 9 18 21 24 32* nuncius *F 3 8* ‖ noster *PΓR, alii F*: uester *F 2*[2] *3 16-17 32* ‖ quod sis *PΓ, alii F*: q. sit *F 39* q. *F 9* quam s. *F 3 8 16-17* q. si *F 1 15 18 21 24* quasi *F 2 10* ‖ adiectum *PΠ, F 31*[2]: additum uel adiectum *F 1 15 21 24 39* additum *R, F 2 7 9-10 18 31*[1] *32 om. F 3 8 16-17* ‖ cognita *P*[1], *alii F*: -nata *P*[2]*Π, F 32 om. F 22* ‖ post *P*: propter *RF* ‖ tuae *alii F*: uiae *P*[1] *quod delet P*[2] suae *F 2 9-10.*

XXXII. *PΠΓ.*
diligentiae domestici *P*[2]: -tia -ica *P*[1] ‖ quia *P*: sed q. *Iuretus.*

XXXIII. *Symmaque à Justinien*[1] *(396)*

Je sais que j'ai tardé à écrire. À dessein, j'ai retenu ma plume, le temps de ranimer mes forces exténuées par la route[2]: ainsi vous aura-t-on remis une page qui correspond à vos désirs et souhaits de prospérité à mon égard. Que ces nouvelles excellentes soient donc la contrepartie de votre attente. À coup sûr, voici la loi que j'édicte aux lettres de mes amis: leur régularité doit attester de leur cœur, et leur qualité délecter le mien. Adieu.

XXXIV. *Symmaque à Eusèbe*[1] *(après 395)*

J'aurais voulu vous écrire auparavant, mais s'il y a de nombreuses allées et venues, le choix, quand on écrit, doit retenir une occasion qui inspire confiance. Vous savez désormais pourquoi mes hommages ont tardé. Si votre humeur s'en satisfait, vous daignerez veiller à ce qu'à moi aussi parviennent vos réponses confiées à des personnes appropriées. Adieu.

XXXV. *Symmaque à Jean*[1] *(avant 402)*

Que je vous écrive avec retard est l'indice d'une tenace amitié dont la souvenance est prouvée par ces hommages que je réclame de temps à autre. Pour ma part, je n'interprète pas non plus autrement votre silence, car bien que je recherche les honneurs de votre plume, assuré comme je le suis de votre fidélité, je ne doute même pas d'une affection qui se tait. Mais je crains que cet avis ne vous persuade de négliger l'écritoire et que, tranquille sur mon jugement, vous ne renonciez à ces devoirs de l'amitié. Je vous engage donc par mes prières à penser vous ranger plutôt du côté où l'assiduité fait naître la gratitude que de celui où l'on promet l'indulgence à la parcimonie. Adieu.

Lettre XXXIII

1. L'avocat Justinien était encore en 408 le confident — malheureux — de Stilicon, cf. Zos. 5, 30, 4.
2. À l'automne 396, Symmaque remontant sur Rome, lui et son fils malades (cf. *supra Ep.* 7, 28 et 32), avait raccourci les étapes, cf. *infra Ep.* 58 et 54, la seconde lettre montrant une assez rapide récupération.

XXXIII. SYMMACHVS IVSTINIANO

Scio me in scribendo tardum fuisse. Consulto distuli stilum, dum refoueo itinere tenuatum uigorem, quo tibi de me laeta cupienti uoto similis pagina traderetur. Fiat igitur ex optimo nuntio morae conpensatio. Certe ego eam dico legem litteris amicorum, ut adsiduitate illorum animos probent, meum bonitate delectent. Vale.

XXXIV. SYMMACHVS EVSEBIO

Scribere ad te ante uoluissem, sed commeantibus multis fidam occasionem debet excerpere scribentis electio. Accepisti causam tardioris officii; quae si animo tuo satisfecit, curare dignaberis ut ad me quoque responsa tua idoneis commissa perueniant. Vale.

XXXV. SYMMACHVS IOHANNI

Quod sero ad te scribo, amicitiae tenacis indicium est, cuius memoria repetitis ex interuallo probatur officiis. Ipse quoque silentium tuum non aliter interpretor. Nam et*si* stili honorificentiam quaero, certus fidei tuae etiam de tacito amore non dubito. Sed uereor ne ista sententia tibi suadeat neglegentiam scriptionis et haec amicitiae munia iudicii mei securus omittas. Hortor igitur quaesoque ut illam potius cogites partem quae adsiduitati gratiam parit, non quae promittit ueniam raritati. Vale.

XXXIII.   *PΠΓ.*

XXXIV.   *P*Π.*
post accepisti *abscisa paginae columna altera periit in P.*

XXXV.   *ΠΓR, F ut supra Ep. XXVIII.*
etsi *Scioppius*: et *Γ, alii F* cum *F 31*[1] ‖ promittit *Π, alii F*: perm- *F 1-2 8 20 22 31*[1] *32* ‖ adsiduitati *Π, alii F*: -ate *R, F 2 7 10 21 32* assiduam *F 3 8 16 17* ‖ raritati *Π, alii F*: -atis *F 2 9-10 32.*

XXXVI. *Symmaque à Quintilien*[1] *(avant 402)*

Afin de vous montrer mon affection à votre endroit, nous vous écrivons ce mot et aussi pour que vous-même, vous soyez invité par l'exemple à me répondre. Puisque j'ai donc rempli mon rôle d'homme pieux, j'attends qu'en échange, vous-même vous acquittiez de votre dette. Adieu.

XXXVII. *Symmaque à Chrysocoma (397?)*

Depuis si peu rendu à mes Pénates[1], encore maintenant je vous ai sous les yeux par l'esprit et la pensée, et tout cet agrément que jusqu'alors je prenais à converser face à face avec vous, je le compense par les délices (d'une lettre). Si à leur tour vos soins y répondent, puisque vous envoyer un mot d'amitié me donne tant de plaisir, comme j'en aurai davantage de celui que vous me renverrez! Adieu.

XXXVIII. *Symmaque à Romulus*[1] *(avant 402)*

La vie de l'objet de notre commune affection est en sécurité et ses études que vous avez confiées à ma sollicitude iront de l'avant[2]. Soyez aussi rassuré sur ma santé et, en échange de pareilles nouvelles, libérez-moi par une réponse analogue des soucis que je me fais pour vous. Adieu.

Lettre XXXVI

1. Le même correspondant, d'un rang égal à celui de Symmaque, est sollicité par *Ep.* 9, 57, en faveur d'un ancien employé de la préfecture urbaine, attaché à la Maison de l'épistolier, cf. S. Roda, *op. cit.*, p. 190.

Lettre XXXVII

1. L'*Ep.* 7, 18 commençait ainsi: *Proxime de Formiano sinu regressus in larem Caelium...* Cette relative similitude est-elle un indice suffisant pour dater la lettre de 397? Chrysocoma, resté présent par la pensée (un lieu commun de l'art épistolaire) doit être un ami de Formies.

XXXVI. SYMMACHVS QVINTILIANO

Ad indicium mei circa te amoris haec scribimus, et ut
ipse ad respondendum prouoceris exemplo. Cum igitur
ego partes religionis inpleuerim, expecto ut ipse etiam
uicissitudinis solutione fungaris. Vale.

XXXVII. SYMMACHVS CHRYSOCOMAE

Proxime penatibus meis redditus etiam nunc te mente
et cogitatione respicio atque omnem illam iucunditatem
quam coram de sermone tuo hucusque capiebam <scri-
bendi> uoluptate conpenso. Cui si mutua cura responde-
rit, cum tanta*m* mihi delata amicitiae scriptio gratiam tribuat, quanto amplius relata praestabit! Vale.

XXXVIII. SYMMACHVS ROMVLO

Salus pignoris communis in tuto est, cuius studia sollicitudini meae delegata proficient. Meae quoque ualetudinis esto securus et ad uicem talium nuntiorum curam de
te meam similibus absolue responsis. Vale.

XXXVI. *ΠΓ*.

XXXVII. *ΠΓ*.
atque omnem illam iucunditatem *Π*: atque amni illam iucunditatem *Γ*
itaque animi illa -tate *Scioppius* ‖ scribendi uoluptate *Lectius*: u. *Π* -
tatem *Γ* u. stili *coni. Seeck* ‖ cum tantam *Lectius*: c. -ta *Π* tum -ta *Γ* ‖
amicitiae *Π*: a. tuae *Γ*.

XXXVIII. *P*ΠΓ*.

XXXIX. *Symmaque à Dynamius*[1] *(avant 402)*

Vous ne pouvez pas vous plaindre de mon silence, quand jusqu'à présent vous ne m'avez concédé aucun mot. Mais si vous attendez semblable initiative de ma plume, prenez exemple sur ces pieux hommages que vous devriez imiter. Je serai par la suite plus prompt à manier la plume, si vous m'encouragez en me laissant profiter d'un échange de propos. Adieu.

XL. *Symmaque à Aventius (avant 402)*

Même sans mot dire, j'ai approuvé que vous vous retiriez; en effet, puisqu'au milieu de la discorde qui survenait, vous ne pouviez être présent aux funérailles de votre beau-frère, on a vu que, par ce départ dans la tristesse, vous avez satisfait à la piété. Moi-même, resté chez moi pendant trois jours, j'ai rempli tous les devoirs à rendre à ce noble concitoyen, non en cherchant à me faire une réputation, mais en songeant aux vicissitudes du destin de l'homme. Et de fait, quoi d'aussi raisonnable que d'accorder à un confrère ce qu'un jour vous souhaiteriez voir les gens de bien vous manifester[1]. Adieu.

XLI. *Symmaque à Antiochus*[1] *(avant 395?)*

Le pied à peine posé sur le seuil de votre charge, vous êtes trop pressé à souhaiter l'arrivée d'un successeur[2]. Je reconnais cette impatience si bien accordée aux caprices à la grecque[3], mais je voudrais que vous la dissimuliez tout au long de l'année, en vous souvenant de votre transfert dans les tribus de

Lettre XXXIX

1. Cf. *supra Ep.* 7, 96, n. 1 et 2; *add. infra Ep.* 67 (nouvel exemple de dispersion des lettres). Le nom du destinataire est restitué par Latinus Latinius à partir de *Dunanio* dans l'édition de 1580.

XXXIX. SYMMACHVS DYNAMIO

Queri de silentio meo non potes, qui nihil scriptorum mihi hucusque tribuisti. Sed si simile stili opperiris auspicium, sume exemplum religio*s*i officii quod debeas aemulari. Ero deinceps ad exercendum stilum promptior, si me fructu mutui sermonis animaueris. Vale.

XL. SYMMACHVS AVENTIO

Secessionem tuam etiam tacitus adprobaui. Nam cum interueniente discordia supremis congeneri interesse non posse*s*, e*a* maesta profectione uisus e*s* *s*atisfecisse pietati. Ipse quantum ciui optimati fuerat deferendum triduo domi commoratus impleui, non famam captans, sed humanae fortunae uices cogitans. Quid enim tam rationabile est quam tribuere collegae, quod tibi quandoque bonos cupias exhibere? Vale.

XLI. SYMMACHVS ANTIOCHO

Nunc primum honoris limen ingressus, nimis inmature aduentum successoris exoptas. Agnosco inpatientiam Graecis deliciis congruentem, qua*m* uelim toto anni orbe

XXXIX. *P*ΠΓ*.
simile *Π*: mei *Kroll* sollemne *dubitanter coni. Seeck* ‖ religiosi *Wingendorp*: relligioni *Π*.

XL. *PΠ*.
posses ea maesta *Iuretus*: posse emaesta *P* p. m. *Seeck* ‖ uisus es satisfecisse *Iuretus*: uisu senatis fecisse *P*.

XLI. *PΠΓ*.
quam *Scioppius*: qua *Γ* a qua *P*.

Romulus. Qu'avez-vous donc subi qui méritât tant de plaintes? Les outrages des soldats ne vous ont pas encore terrassé, vous n'avez pas encore fui, les vêtements en lambeaux, les attroupements de femmes[4], vous n'avez pas encore l'expérience du courtisan qui passe la nuit sans dormir devant la porte d'éminentes puissances[5] et, déjà capricieux et dégoûté, vous n'acceptez plus votre magistrature? Changez-vous le caractère, si vous en êtes capable, et endurcissez-vous pour un an ou deux. Adieu.

XLII. *Symmaque à ... (avant 402)*

1. (J'allègue) une raison plausible. Qui, en effet, gagnant la Sicile en droite ligne, pourrait remettre mon mot à un homme installé dans la lointaine Rudies[1]? Mais tenez pour arrêté que mes soins à votre égard ne doivent pas s'évaluer au nombre des épîtres. Mon exactitude avec les amis demeure inchangée et c'est la rareté des occasions qui rompt la suite de notre correspondance. **2.** Mais en voilà assez là-dessus, je pense. Maintenant, il me faut proclamer la distinction de votre talent et la finesse de vos trouvailles, car vous avez inventé un nouveau genre de mosaïque dont auparavant on n'avait jamais fait l'essai. Nous aussi, malgré notre rusticité, nous tenterons de l'appliquer à l'ornementation des voûtes, en prenant de vous, soit dans le cas de planches, soit dans celui de tuiles, l'exemple qu'en précurseur vous avez imaginé[2]. Adieu.

Lettre XLI

4. Ces récriminations étant suscitées par les difficultés frumentaires (cf. *Epit. de Caes.* 15, 9), on a pensé qu'Antiochus devait être préfet de l'annone (cf. *PLRE*, I, p. 71, n° 7).

5. Vocabulaire assez proche de celui du *Querolus*: *occursus antelucanos* (31), *praeclarior maiorum potestas* (52); nous citons d'après l'édition de C. Jacquemard, *CUF*, 1994.

dissimules ac te migrasse in tribus Romuleas recorderis.
Quid enim dignum conquestione perpessus es? Nondum
te militares contumeliae perculerunt, nondum cateruas
mulierum scissa ueste fugisti, nondum ante ianuas emi-
nentium potestatum uigilem noctem salutator expertus es
et iam delicato fastidio renuis magistratum? Commuta, si
uales, animum teque in annum uel biennium obdura.
Vale.

XLII. SYMMACHVS...

1. Probabilem causam <profero>. Quis enim Siciliam
recto itinere petens sermonem meum potest reddere in
longuinquis *R*udiis constituto? Sed definit*um* tene curam
circa te meam de numero epistularum non debere per-
pendi. Diligentia enim mea erga amicos iugiter manet,
occasionum uero raritas scripta distinguit. **2.** Sed de his
satis dictum puto; nunc elegantia mihi ingenii tui et
inuentionum subtilitas prae*di*canda est. Nouum quippe
musiui genus et intemptatum superioribus repperisti,
quod etiam nostra rusticitas ornandis cameris temptabit
adfigere, si uel in tabulis uel in tegulis exemplum de te
praemeditati operis sumpserimus. Vale.

perculerunt *Scioppius*: rercu- *Γ* pertu- *P* ‖ scissa *P*: a *Γ* ‖ *post* fugisti
desinit P ‖ fastidio renuis magistratum *Π*: fastidior ennius magis era-
tum *Γ*.

XLII. *ΠΓ*.
1. profero *coni. ego*: *om. codd.* ‖ rudiis *dubitanter coni. Seeck*: studiis
codd. stadiis *coni. Lectius* ‖ definitum *Salmasius*: definit *Γ* desinit *Π*
desine et *Mercerus* desino *Modius* desino tu *Scioppius* ‖ raritas *Γ*:
charitas *Π*.
2. his *Π*: hoc *Γ* ‖ praedicanda *Iuretus*: prec- *codd.*

XLIII. *Symmaque à Callistianus*[1] *(avant 402)*

Au nombre des biens de nos parents disparus, il y a aussi, entre autres, à revendiquer l'héritage de l'amitié, et peut-être ce legs d'une intimité est-il à rechercher avec plus de force et d'empressement, car le destin donne les richesses mais le contrat d'affection résulte du jugement. Je veux donc qu'entre nous se fortifie promptement le surgeon de cette alliance avec votre famille. Car il est conforme à la nature que, si vous les entreprenez et que je les approuve, de bons offices croissent à l'unisson. Soyez donc désormais généreux dans vos propos; en échange mes soins ne feront pas défaut pour vous gratifier de ma prose. Adieu.

XLIV. *Symmaque à Pastinatus (avant 402)*

À bon droit, je pourrais comparer vos lettres aux fruits de la terre: en effet, de même que sa production ne trompe pas sur ce qu'elle doit en son temps, de même vos paroles de considération chaque année ne déçoivent pas la fidélité de notre attente. Celle d'aujourd'hui, apportée par nos gens, a été pour moi une satisfaction[1]. J'ai donc lu ces pages et, charmé comme d'un honneur par votre conversation, je me réjouis de votre bonne santé. Et je ne crois pas qu'on me juge inégal dans la réponse. La faveur des Dieux nous accordera que l'âge, en se prolongeant, multiplie entre nous ces échanges de civilités. Adieu.

Lettre XLIII

1. Lettre antérieure à *Ep.* 7, 62. Le père de ce Callistianus était une relation d'Avianius Symmachus.

Lettre XLIV

1. Le parallèle s'établit avec l'*Ep.* 4, 58: même situation, même image; dans la lettre à Euphrasius, les pages, attendues d'Espagne dès le printemps, n'ont été remises qu'à l'automne par les *homines* du correspondant. Cette fois, le courrier est transmis par ceux de Symmaque. Cette modification, qui ne dit rien sur la saison, car la métaphore ne doit pas être serrée de trop près, pourrait conduire à supposer plutôt un ami d'Afrique: chaque année, quand le sénateur de l'*Urbs* reprenait contact avec ses propriétés d'outre-mer, ses gens lui rapportaient un billet de Pastinatus.

XLIII. SYMMACHVS CALLISTIANO

Inter cetera parentum decedentium bona amicitiae quoque adfectanda successio est et fortasse studio ualidiore captanda familiaritatis hereditas, quia facultates fortuna praestat, caritas iudicio foederatur. Volo igitur ut inter nos promptius conualescat familiae tuae propagata coniunctio. Consentaneum quippe naturae est ut officia a te inchoata, a me probata coalescant. Ergo in reliquum sermonis esto munificus; mea cura non deerit, quae te stili uicissitudine muneretur. Vale.

XLIV. SYMMACHVS PASTINATO

Litteras tuas agrorum fructibus iure contulerim: nam ut illorum prouentus non fallit temporis sui debitum, ita fidem nostrae expectationis annuus dignationis tuae sermo non decipit. Huius nunc mihi per homines nostros adportatio satisfecit. Lectis igitur paginis ualere te gaudeo et adloquiis tui honore delector. Nec me arbitror in respondendo inparem iudicari. Praestabit diuinus fauor ut has inter nos officiorum uices aetas prolixa multiplicet. Vale.

XLIII.   *ΠΓR cod. Pithoei, F ut supra Ep. XVI.*
bona *R, alii F*: dona *F 3 8 16-17* ‖ amicitiae *R, alii F*: amicorum *F 2 10* ‖ ut *om. cod. Pithoei* ‖ coalescant *ΠR, alii F*: cal- *F 2 10* conval- *F 3 8 21 31² 39 om. F 32* ‖muneretur *R, alii F*: -ret *Π, F 2* prosequetur *F 22.*

XLIV.   *ΠΓ.*
contulerim *Γ*: -limus *Π* ‖ adloquiis *codd.*: -quii *Seeck.*

XLV. *Symmaque à Piérius (avant 402)*

On m'a remis en quelque sorte la rente annuelle de vos propos[1]. De même à vous cette réponse offrira de notre part la joie traditionnelle. Ce qu'en raison de la distance si grande nous ne pouvons multiplier, en des moments déterminés nous le présentons de toute bonne foi. Que demeure donc cet usage et que, chaque année, des nouvelles de nos santés fondent à nouveau la confiance mutuelle que nous avons l'un en l'autre. Adieu.

XLVI. *Symmaque à Stratégius (396)*

1. Avec les désirs de l'amitié vous m'entreprenez pour que je revienne. Depuis longtemps mon cœur, à la recherche du vôtre, le réclame, mais les atteintes à la santé font obstacle à mes vœux. En effet, une humeur maligne qui s'est infiltrée dans les articulations me retient au lit encore maintenant et à grand peine s'atténue au climat sec de la côte[1]. Accordez donc à ma convalescence le temps que j'avais assigné au plaisir. Je tire vanité de ce qu'après mon départ, au milieu d'une telle multitude de bonheurs, rien ne vous soit agréable comme auparavant. Je crois cependant qu'une pieuse affection vous trompe, car on n'a guère de jugement, quand on aime. **2.** Bien sûr, pour ma part, ce n'est pas cette lettre qui, pour la première fois, me fait connaître vos sentiments sur moi; peu s'en faut cependant que je ne doive rendre grâce à mon absence, puisqu'elle m'a offert en quelque sorte une preuve écrite de votre témoignage[2]. Mais je vais laisser cela de côté et ne retarderai pas votre attente après m'être ménagé des forces. Comme c'est long, toutefois, pour qui a de l'attachement, lorsque j'aurai vu ce que nous possédons à proximité, je précipiterai mon retour. J'espère, en effet, qu'à être sous votre regard[3], mon état gagnera autant que le repos peut lui laisser espérer. Adieu.

Lettre XLV

1. Même teneur que dans la lettre précédente, O. Seeck, *op. cit.*, p. CXCVIII-CXCIX, postule la date de 400 pour les deux *Ep.* 44 et 45, mais les rapprochements de terme à terme sont peu significatifs.

XLV. SYMMACHVS PIERIO

Redditum mihi es*t* annuum quodammodo sermonis tui debitum. Tibi quoque gaudium sollemne de nobis haec responsa praestabunt. Quae quia propter tantam longinquitatem frequentare non possumus, de bona fide certis temporibus exhibemus. Maneat igitur hic usus et quo*tannis* salutis indicio mutua inter nos securitas recondatur. Vale.

XLVI. SYMMACHVS STRATEGIO

1. Agis mecum desiderio amantis, ut redeam. Iamdudum hoc animus meus uestri expetitor efflagitat, sed ualetudo saucia obstrepit uoluntati. Humor enim noxius articulis inlapsus etiam nunc me tenet lectulo et uix litorali siccitate tenuatur. Tribue igitur tempus refectioni, quod ego uindicaueram uoluptati. Prae me autem fero quod tibi in tanta bonorum multitudine post discessum meum nihil, ut ante, iucundum est, sed puto quod pia adfectione fallaris, quia paruum est in amante iudicium. **2.** Et ego quidem non ex his primum litteris quid de me sentias scio, prope est tamen ut agere gratias absentiae meae debeam, quia mihi syngrapham quandam testimonii tui praestitit. Verum haec missa faciam. Non morabor expectationem tuam post conciliationem uigoris; sed quia hoc longum est diligenti, uisis quae in proximo possidemus reditum maturabo. Spero enim tantundem accessurum sanitati meae ex conspectu uestro, quantum sperari possit ex otio. Vale.

XLV. *ΠΓ*.
est *Lectius*: esse *codd.* ‖ *post* debitum *lacunam ind. Seeck* ‖ quia *om. Γ* ‖ de bona *Π*: sed b. *Γ* debita *Seeck* ‖ quotannis *Seeck*: quodam *codd.*

XLVI. *ΠΓ*.
1. tribue *codd.*: -buo *uel* -buendum *uel* tritum *Mueller* ‖ puto quod *Γ*: p. quia *Π* ‖ paruum *Π*: rarum *Γ*.
2. diligenti uisis *Scioppius*: -entius his *Π om. Γ* indigentibus his *Gruterus*.

XLVII. *Symmaque à Valère*[1] *(396)*

Je voudrais vous annoncer que le mal de mon fils s'est
apaisé, mais lorsqu'on s'inquiète, les imaginations ne sont
d'aucune utilité. J'ose cependant espérer une amélioration, car
les fièvres décroissantes ne sont plus loin, grâce à Dieu, de laisser attendre une guérison[2]. Je vous suis reconnaissant de votre
inquiétude à notre sujet et supplie le Ciel Tout-Puissant, afin
qu'en retour une complète prospérité réponde aux sentiments
que vous avez pour vos amis. Adieu

XLVIII. *Symmaque à Maximilien*[1] *(avant 402)*

D'habitude, à cause des ressources de votre talent vous avez
la plume facile, mais depuis que les honneurs de la Cour vous
ont appelé au Quartier Général, vous écourtez aussi votre discours[2] et, comme un soldat armé à la légère, vous imitez les
vélites[3]. Que dois-je faire, moi, vieillard bavard auquel un
jeune homme prescrit son temps de parole? La logorrhée, ce
défaut de la vieillesse[4], nous entraîne mais l'exemple s'inter-
pose: à la brièveté de votre lettre, je devine l'ennui que vous
avez à m'entendre. De fait, pour l'instant je n'ai pas à violer
vos règles dans la correspondance. J'en resterai cependant à me
demander si vous me réclamez d'être abondant en cas de
réponse plus longue de votre part. Adieu

Lettre XLVII

1. Cf. *supra Ep.* 38, n. 1 et *infra* 57, n. 1. Ce Valère a pu parvenir
à la préfecture urbaine dans les dernières années du règne d'Honorius,
cf. *PLRE*, II, p. 223: Junius Valérius Bellicius (nous avons, par scrupule, adopté le point de vue de R. Delmaire, qui doute que Romulus ait
été le correspondant d'Ambroise et d'Augustin; mais il existe un
comes Valérius en 421, cf. *PLRE*, II, p. 1143-1144, n° 3, auquel
Augustin écrit et un Bellicius, «probably identical», *ibid*., p. 223, avec
Junius Valérius Bellicius qui reçoit des lettres d'Ambroise). Romulus
et Valérius étant donc — au dire de Symmaque — des *adfines*, cet
ensemble de coïncidences inviterait à les restituer aux milieux catho-
liques; au demeurant le sénateur païen s'en tient ici à des formulations
monothéistes: *deo auctore, caelestem... potestatem. Add. infra Ep.* 57
pour conforter ce point de vue.

XLVII. SYMMACHVS VALERIO

Vellem sedatam filii mei aegritudinem nuntiare, sed
nihil prosunt figmenta sollicitis. Audeo tamen sperare
meliora. Inminutio enim febrium deo auctore ad fiduciam
sanitatis coepit accedere. Tuae pro nobis sollicitudini gratias ago et caelestem conprecor potestatem, ut tuo circa
amicos animo prosperorum omnium uicissitudo respondeat. Vale.

XLVIII. SYMMACHVS MAXIMILIANO

Soles in scribendo esse prolixus pro ingenii tui uiribus;
postquam te honor aulicus in procinctum uocauit, tu
quoque uerba succingis et tamquam leuis armaturae miles
rorarios aemularis. Quid faciam senex garrulus cui mensura sermonis a iuuene praescribitur? Trahit nos uitium
senile ue*r*bositas, sed occurrit exemplum et fastidia
aurium tuarum de stili breuitate coniecto. Non enim uio-
landa est interim mihi paginae tuae formula. Expectabo
tamen an copiam de me exigas, si plura rescripseris.
Vale.

XLVII.   *ΠΓR, F ut supra Ep. XVI.*
potestatem *ΠΓ*: maiestatem *alii F* sanitatem *F 2 9 10 32* ‖ tuo *F*: tibi
ΠΓ.

XLVIII.   *ΠΓ*.
soles *codd.*: -lebas *coni. Latinius* ‖ postquam *codd.*: p. autem *dubitan-*
ter coni. Seeck ‖ et *om. Π* ‖ rorarios *Γ*: rurarius *Π* ‖ uerbositas *Iuretus*:
ubositas *Π* ‖ enim *codd.*: ergo *uel* igitur *dubitanter coni. Seeck* ‖ si
plura rescripseris *Scioppius*: s. p. -rim *Γ* cui rare scri- *Π*.

XLIX. *Symmaque à Vital*[1] *(avant 402)*

Longtemps à votre lettre à la fois vigoureuse et charmante, conscient de la médiocrité de mon verbe, j'ai hésité à répondre, mais l'obligation a brisé la crainte. J'ai, en effet, préféré vous déplaire par ma plume que par mes dédains. Quel que soit donc le contenu de cette page, je vous prie de le prendre en bien et de vous rabaisser à la médiocrité de mes écrits. Ainsi éviterez-vous que ne s'émousse mon obligeance, tandis que je désespère de vous imiter. Adieu.

L. *Symmaque à Jovius (après 399?)*

Il y a longtemps que j'ai donné une lettre pour vous, sans mériter que vous m'écriviez en retour. Pourtant, je maintiens mon propos et vous renouvelle l'hommage de ces lignes. Je crois, en effet, que la réciprocité refusée à mes premières amabilités pourrait même maintenant être obtenue par leur répétition[1]. Adieu.

LI. *Symmaque à Maximilien*[1] *(avant 402)*

Que la régularité avec laquelle je vous écris vous ennuie, votre parcimonie n'est pas loin de l'affirmer. Vous êtes, en effet, d'une plume exceptionnellement économe. Mais je garde inchangée mon exactitude et ne suis point détourné de mon propos par ce raisonnement. Il vous appartiendra, soit en vous taisant, d'augmenter chez moi ces dispositions, soit par une lettre de les faire disparaître. Adieu.

Lettre XLIX

1. Ce Vital pourrait être le préfet de l'annone de 403, cf. *PLRE*, II, p. 1177, n° 1.

Lettre L

1. Cf. *supra Ep.* 30, n. 1 (les mots *uel nunc* inciteraient à placer le présent billet postérieurement à cette dernière). Pour la construction de *credo* avec *quod* et le subjonctif, cf. G. Haverling, *op. cit.*, p. 244.

XLIX. SYMMACHVS VITALI

Diu sanitati pariter ac uenustati litterarum tuarum
mediocris eloquii conscius respondere dubitaui, sed religio rupit timorem. Malui enim tibi stilo quam superbia
displicere. Quidquid igitur hoc est quod tenet pagina,
quaeso ut boni consulas teque submittas ad mediocrita-
tem scriptorum meorum, ne retundatur officium meum,
dum desperatur imitatio. Vale.

L. SYMMACHVS IOVIO

Iamdudum datis ad te litteris mutua scripta non merui
et tamen propositum meum seruans honorificentiam
scriptionis instauro. Credo enim quod negatam primo
officio uicem uel nunc impetrare possit iteratio. Vale.

LI. SYMMACHVS MAXIMILIANO

Adsiduitatem scriptorum meorum tibi esse fastidio
prope adserit raritas tua; es enim praeter solitum parcus
eloquii. Sed tueor constantiam diligentiae nec a proposito
argumentatione deducor. Erit potestas tua hunc animi mei
habitum uel augere silentio uel litteris amouere. Vale.

XLIX. *ΠR, F ut supra Ep. XVI.*
desperatur *Π*: spe- *RF*.

L. *ΠΓ.*

LI. *ΠΓR, F ut supra Ep. XI.*
eloquii *ΠRF*: adlo- *Γ* ‖ tueor *alii F*: intu- *R, F 7 32* ‖ diligentiae *R, alii
F*: -tiam *F 15 21* -tissime *F 3 8 16-17* ‖ amouere *alii F*: admonere (*uel*
ammo- *uel* amo-) *F 3 8 15-17 22 39* amoliri *F 32*.

LII. *Symmaque à ... (avant 402)*

Vous comprenez à quel point votre absence m'attriste. De fait, pour excuser votre défaillance en matière de civisme, vous m'écrivez que vous êtes tenu par une injonction de mon fils. À vos scrupules il convient de faire l'un ou l'autre de ces deux choix: ou bien envoyer force cerfs ou sangliers, ou bien hâter votre retour sous les yeux d'un ami; car il ne reste plus désormais de justification valable, si tout à la fois vous lui refusez le gibier et à moi la consolation[1]. Adieu.

LIII. *Symmaque à Léporius*[1] *(avant 402)*

Je vous paie les paroles que je devais, car voici quelque temps, un ami commun m'a présenté l'hommage analogue de votre lettre. En observant soigneusement sa modestie et son honorabilité, j'ai eu la preuve qu'il méritait votre affection. Adieu.

LIV. *Symmaque à Marcien (396)*

Je pense que ma lettre vous semblera tardive, mais si vous comptez mes jours de voyage, ce calcul diminuera le décalage. En outre, s'y sont mêlées, comme d'habitude, des souffrances physiques qui, provoquées par les humeurs, m'écartent des devoirs de l'amitié. Mais maintenant, mes forces affaiblies ayant retrouvé la paix, je ne remets pas plus avant ces paroles de salutation, espérant recevoir le prix de mes respects dans la récompense que sera votre réponse[1]. Adieu.

Lettre LII

1. Cette lettre teintée d'humour se comprend sans ouvrir une lacune. Une nouvelle fois (cf. *supra Ep.* 2, n. 1), la chasse est une forme caractéristique de l'*otium*. Symmaque était rentré siéger au Sénat, tandis que son ami — si c'était Almachius, on serait à la fin 396 — s'abritait sans logique derrière Memmius pour rester à la campagne.

LII. SYMMACHVS...

Quatenus me absentia tua contristet intellegis; nam ideo necessitatem tibi a filio meo scribis iniunctam, ut publici negotii excusatione purgeris. Alterum igitur religioni tuae ex utroque faciendum est, ut aut ceruorum aut aprorum copiam mittas aut in conspectum amici celerius reuertaris. Nulla enim satisfactio iust*a* ia*m* suppetit, si et illi uenatum et mihi solacium denegaris. Vale.

LIII. SYMMACHVS LEPORIO

Debitum tibi rependo sermonem; dudum enim parem mihi scriptorum tuorum honorificentiam communis amicus exhibuit. Cuius uerecundia et honestate diligenter inspecta dignum esse quem diligas adprobaui. Vale.

LIV. SYMMACHVS MARCIANO

Seras tibi uideri arbitror litteras meas; sed si itineris mei dies numeras, ratio moram diluet. Interuenit praeterea ex humore solito dolor corporis officiorum familiarium sequestrator. Nunc quia labori et ualetudini quies reddita est, salutationis uerba non differo pretium laturus obsequii de remuneratione responsi. Vale.

LII. *ΠΓ.*
post ideo ferarum conquirendarum *exempli causa coni. Seeck* uenandi *coni. Brakman* ‖ aut aprorum *codd.*: et a. *Scioppius* ‖ iusta iam *Seeck*: iustitia *Γ* iusta *Scioppius* iustitiae *coni. Lectius.*

LIII. *Π.*

LIV. *ΠΓR, F 1-3 7-10 13 15-18 20-21 24 31-32 39.*
diluet *F 31 (= Lypsius)*: diluit *alii F* deluit *F 1 21* demit *F 32* ‖ ex humore solito dolor corporis *alii F*: d. c. e. h. s. *F 2 9 10 32* d. c. e. h. solitus *dubitanter coni. Seeck* ‖ responsi *alii F*: -pondendi *F 2²* -pondi *F2¹ 9¹ 32.*

LV. *Symmaque à Maximilien (avant 402)*

Si vous connaissez bien mes sentiments à votre égard, vous ne pouvez douter que mon mauvais état a jusqu'à ce jour fait obstacle à l'envoi régulier de mes lettres. Justifié de ce côté, je vous envoie par retour cette page de salutation vous attestant ma guérison, maintenant que la bonne santé a écarté ce qui excusait mon silence[1]. Adieu.

LVA. *Symmaque à ... (avant 402)*

Par les assurances de mon fils, je savais que vous alliez venir en Campanie[1]. Voilà pourquoi je me suis abstenu de vous écrire une lettre. Mais le temps que les soucis de la cité ou ses plaisirs vous y retardent, notre attentisme s'est quasiment chargé d'un silence coupable. Je m'acquitte donc envers vous d'un mot de salutation et vous laisse à choisir si vous préférez m'offrir votre venue ou me payer d'une réponse. Adieu.

LVI. *Symmaque à Romain (avant 402)*

J'observe la règle instituée par l'usage des Anciens, selon laquelle ceux qui partent de chez eux doivent prendre l'initiative de la lettre[1], et je vous annonce que je vais bien. De cette dette il s'ensuit que vous avez à payer d'une amicale réponse le cadeau que je vous ai envoyé. Adieu.

Lettre LV

1. Cf. *supra Ep.* 48, n. 1 (la datation présumée par O. Seeck aurait pour elle la similitude partielle de teneur entre les lettres 54 et 55: l'épistolier guéri reprend sa correspondance. Une telle occurrence a dû se produire plus d'une fois).

LV. SYMMACHVS MAXIMILIANO

Si bene in te animum meum nosti, dubitare non potes aduersam ualetudinem corporis mei missitandis hucusque litteris obstitisse. Hac parte purgatus salutatricem tibi paginam reddo, quae testabitur esse me sospitem, postquam sanitas silentii excusationem remouit. Vale.

LVa SYMMACHVS...

Venturum te ad Campaniam filii mei adsertione cognoueram. Hinc factum est ut scribendis litteris abstinerem. Sed dum te aut curae urbanae aut uoluptates morantur, paene culpam silentii expectatio nostra contraxit. Fungor igitur erga te salute dicenda et tibi eligendum relinquo utrum mihi aduentum praestare malis an responsa persoluere. Vale.

LVI. SYMMACHVS ROMANO

Seruo obseruantiam quam mos priscus instituit, ut domo profecti litteras auspicentur et saluere me nuntio. Ex debito uenit ut tu emisso a me muneri soluas amica responsa. Vale.

LV. *ΠΓ.*
missitandis *codd.*: scriptitan- *Iuretus* ‖ *post* sospitem *eius epistulae finem posuit Iuretus.*

LVa. *ΠΓ.*
inde a uenturum *alterius epistulae initium posuit Iuretus* ‖ responsa *Havet*: -sum *codd.*

LVI. *ΠΓ.*
ut tu emisso *Γ*: u. te e. *Π* ut (*uel* uti) e. *uel* ut praemisso *Iuretus.*

LVII. *Symmaque à Valère (avant 402)*

Je convoque mon fils Romulus et vous, vous le retenez ; envers lui je m'arroge le rôle d'un père et vous, vous exercez des droits par alliance[1]. Il me doit d'être présent, parce que de lui-même il s'y est engagé, et vous[2], vous ne cessez de le retenir dans l'espoir de lui faire partager votre voyage. Mais comme j'ai la promesse aussi de votre venue, ce retard pénalisant est rentable[3], car, au lieu d'un seul, il me promet l'un et l'autre. Je cède donc à vos volontés et ne refuse pas de patienter un petit nombre de jours. À votre frère Romulus j'exprime également toutes mes félicitations, puisque, dans une rivalité de pieuse amitié, nous nous sommes dédoublés pour revendiquer les consolations de sa personne. Adieu.

LVIII. *Symmaque à Marcien (396)*

Avec la bienveillante indulgence de Dieu, mon fils est hors de danger mais souffre d'un manque de forces qui va presque jusqu'au malaise. J'ai le dessein de rentrer doucement, en répartissant les étapes sur des distances plus courtes. Moi aussi, en compagnon des miens, j'ai été atteint par la contagion, sans doute, à la suite de ces nuits blanches dont, sur le moment, je me suis fort peu aperçu mais qui par la suite ont dangereusement nui à mon estomac[1]. Par une sobriété attentive, je m'efforce cependant de réprimer la poussée du mal. De la sorte, en appelant le Ciel à nous assister, nous nous préparons à prendre la route. Je rendrais grâce à vos égards[2] envers nous, si l'affection que j'espère et que vous nous devez en échange souffrait les captations de la louange. Adieu.

Lettre LVII

1. Cf. *supra Ep.* 38, n. 1 et 47, n. 1.
2. Autour de Valère, on préférerait que le jeune homme profitât de la compagnie de Romulus, au moins pour les débuts d'un voyage qui commencerait par le mener dans la villégiature de Symmaque. Dans le *Colloque genevois...*, p. 21, n. 17, nous avons interprété *uobis* comme une allusion au couple chrétien constitué — si c'est à lui qu'Augustin dédie le *De nuptiis et concupiscentia* — par Valère et sa femme. La lettre 7, 27 à Macédonius, écrite sans doute en 397, n'est pas sans analogie.
3. Seul emploi métaphorique de *taxatio* dans la Correspondance.

LVII. SYMMACHVS VALERIO

Filium meum Romulum ego accerso, tu retines; ego in eum mihi personam parentis adrogo, tu ius adfinis exerces; mihi ex uoluntaria sponsione praesentiam suam debet, a uobis spe sociandi itineris retentatur. Sed cum mihi etiam tuus promittatur aduentus, quaestuosa taxatio est morae, quae mihi pro uno utrumque promittit. Cedo igitur uoluntati tuae et paucorum dierum patientiam non nego. Fratri quoque tuo Romulo nimis gratulor, cuius nobis ambo solacium pio et amico certamine uindicamus. Vale.

LVIII. SYMMACHVS MARCIANO

Filius meus cum bona dei uenia periculo caret, sed defectum uirium patitur prope usque ad aegritudinem. Redire consilium est paulatim mansionibus in spatia minora diuisis. Ego quoque meorum contagio socius accessi, credo ex uigiliis nocturnis quarum in praesentia exiguus fuit sensus, noxa post cruduit. Conprimere tamen nitor diligentia et parsimonia ingruens malum. Ergo caelestibus aduocatis iter paramus ordiri. Vestrae in nos diligentiae grates referrem, si se amor speratus et ex mutuo debitus lactari laude pateretur. Vale.

LVII. *ΠΓR, F ut supra Ep. XVI.*
retentatur *ΠΓ*: retinetur *RF* ‖ tuus *F 31 (= Lypsius)*: mutuus *R, alii F*
munus *F 1* inuitus *F 3 om. F 39* ‖ taxatio *R, alii F*: t. uel existimatio
(*uel* aesti-) *F 3 8 16 17* uexatio *F 24.*

LVIII. *ΠΓ.*
aegritudinem *Π*: -nis magnitudinem *Γ* ‖ sensus *Γ*: usus *Π* ‖ mutuo
debitus *Γ*: m. *Π.*

LIX. *Symmaque à Romain (396)*

J'eusse voulu multiplier mes lettres et j'avais promis qu'il fallait s'y attendre mais la santé de mon fils, oscillant long-temps dans l'incertitude, m'a enjoint de surseoir à ce genre de civilités. Aussi à peine a-t-il, avec l'appui des Puissances salu-taires, commencé à reprendre pied qu'immédiatement le recours à la plume a suivi la fin des soucis[1]. Recevez donc volontiers le salut que j'exprime; si la chance seconde nos sou-haits, nous-même le suivrons bientôt. Adieu.

LX. *Symmaque à Servius*[1] *(avant 402)*

À ce que je comprends, vous attendez ma lettre comme si vous-même ne deviez pas être en tête dans ces devoirs de l'amitié. Peut-être vous servirez-vous des excuses d'usage, puisque la plupart des gens sont persuadés que l'initiative des salutations est à la charge de ceux qui s'en vont[2]. Je vous absous par observance de la coutume ou parce que la paresse fait loi. Il suffira pour me donner pleine satisfaction qu'ayant renoncé à me devancer en première position, vous m'écriviez en suivant du moins mon exemple. Adieu.

LXI. *Symmaque aux amis, à Rome (396)*

Nous poussons notre route vers Capoue[1]. Peut-être imagi-nez-vous que la longueur du chemin va provoquer l'oubli des habituelles obligations à votre endroit. En effet, et cela relève d'un proverbe bien connu, une fois passé le cap Malée, on efface de sa mémoire ceux qui sont laissés à la maison[2]. Mais moi, où que je porte mes pas, m'accompagne le souci de mes amis. Espérez donc que persiste l'hommage de mes devoirs envers vous, si du moins la Fortune s'accorde à mes souhaits. Adieu.

Lettre LIX

1. Cf. *supra Ep.* 28, n. 1 et 58, n. 1.

LIX. SYMMACHVS ROMANO

Ad scribendum creber esse uoluissem et hoc sperandum esse promiseram, sed ualetudo fili mei diu in dubio uersata cessationem mihi ab huiusmodi officiis imperauit. Qui ubi primum suffragio salutarium potestatum coepit emergere, secutus est ilico scribendi usus securitatem. Accipe igitur libens a me dictam salutem quam, si fors optata iuuerit, mox sequemur. Vale.

LX. SYMMACHVS SERVIO

Opperiris, ut intellego, litteras meas, quasi ipse familiaris officii praesul esse non debeas. Fortasse allegatione moris uteris, quoniam plerisque persuasum est auspicium salutationis profectis esse capiendum. Absoluo te consuetudinis obseruantia aut lege pigritiae. Satis erit mihi ad plenam satisfactionem, si auersatus scribendi occupare principium saltem sequaris exemplum. Vale.

LXI. SYMMACHVS AMICIS ROMAM

Iter Capuam promouemus. Forsitan suspicemini interuenturam soliti in uos officii obliuionem per longitudinem uiae; uulgati quippe prouerbii est, enauigato Maleo oblimari eorum memoriam, quos domi reliqueris. Me, quoquo uersum pedem tulero, amicorum cura comitatur. Sperate igitur honorem huius muneris circa uos esse mansurum, si optatis fortuna consenserit. Valete.

LIX. *ΠΓ.*
post potestatum e periculo *exempli causa coni. Seeck.*

LX. *ΠΓ.*
uteris *codd.*: ueteris *Scioppius* ‖ quoniam *codd.*: quo iam *Scioppius.*

LXI. *Π cod. Pithoei.*

LXII. *Symmaque à Romulus (avant 402)*

Aucune incertitude dans mon esprit: mes lettres sont atten-dues; car à moi aussi vos épîtres font pareillement éprouver l'impatience du désir. Il n'y a donc qu'un seul motif à nos pro-pos, c'est de mériter les vôtres. Comme aux fontaines où l'on s'abreuve, la soif qu'ils provoquent grandit à proportion de la douceur du goût[1]. Adieu.

LXIII. *Symmaque à Lampadius (398)*

Quand naguère j'ai quitté la Ville[1], vous m'avez averti que, si je voulais ouvrir un accès à vos écrits, ma lettre devait com-mencer la première. Je satisfais à votre volonté qui s'attache à observer l'usage antique[2]. Dégagé par conséquent de vos scru-pules, allez vite m'offrir un mot d'amitié et communiquez-moi tout ce que le bien public vous a fait exécuter pour servir la protection de la Ville[3]. Et que la modestie de votre plume n'ôte rien à la vérité, afin que la retenue de cette épître ne me gâche pas mon plaisir. Adieu.

LXIV. *Symmaque à Denis (398)*

Vous nous aviez choqué, en anticipant votre départ d'une façon prématurée. La Fortune a lavé sa faute, en vous restituant aux gens de bien avec une hâte égale. Mais à quoi me sert le retour d'un ami si je suis absent? Consolez mon malheur par des lettres répétées. Écrivez-moi ce qu'en Ville vous a permis la mission confiée à vos soins. Ainsi, dès qu'un temps moins avare m'aura promis l'espoir de visiter Votre Excellence, je pourrai moi aussi plus longuement profiter d'une quiétude à peine recouvrée après mes ennuis de citadin[1]. Adieu.

Lettre LXII

1. Cf. *supra Ep*. 38, n. 1. Autres métaphores sur *epistula fons. v.g. Ep*. 7, 60 et 8, 24 (pour *sapor*, cf. aussi *Ep*. 9, 89).

LXII. SYMMACHVS ROMVLO

Non sum opinionis ambiguus expectari litteras meas.
Nam ego quoque parem desiderii inpatientiam de epistulis tuis patior. Vna igitur est nostri causa sermonis, ut
tuum merear; cuius, ut in potu fontium, ideo maior est
sitis, quia sapor dulcior. Vale.

LXIII. SYMMACHVS LAMPADIO

Admonueras, cum proxime Vrbe digrederer, si uellem
tibi aditum scriptionis aperire, ut prior litteras inchoarem.
Satisfacio uoluntati tuae quae obseruantiam prisci moris
amplectitur. Absolutus igitur hac religione erumpe in
familiaris stili munera mecumque communica quidquid
in administranda Vrbis tutela ex bono publico feceris.
Nec quidquam uero scribentis detrahat pudor, ne uoluptati meae damno sit epistulae uerecundia. Vale.

LXIV. SYMMACHVS DIONYSIO

Offenderat nos quod inmature ante discesseras. Diluit fortuna peccatum suum, quae bonis te pari festinatione restituit.
Sed quid me iuuat amici reditus absentem? Solare hunc litteris frequentibus casum. Scribe etiam quid tibi apud Vrbem
mandata cura permiserit, ut cum mihi spem uisendae eximietatis tuae promiserit dies largior, ego quoque uix post
urbanas molestias usurpato otio longius fruar. Vale.

LXII. *ΠΓR, F 1-3 7-10 13 15-18 20-22 24 31.*
igitur *Π*: enim *alii* F ergo F *3 8 16-17.*

LXIII. *ΠΓ.*
obseruantiam *Wingendorp*: -tia *Π.*

LXIV. *ΠΓR, F 1-3 7-10 15-18 21 24 31-32.*
bonis *Π*: nobis *RF* ‖ etiam *alii F*:: igitur F *2 9-10 32* ‖ largior *ΠΓ*:
longior *RF.*

LXV. *Symmaque à Lampadius (398)*

En m'indiquant que la Ville était calme, vous m'avez, en quelque sorte, prolongé les moments où profiter de mon repos. Et de fait, une durable absence m'est permise par cette tranquillité de mes concitoyens, née, grâce à vous, d'une politique qui a ramené le petit peuple à la retenue et aux remords. Maintenant donc, après la fuite de tous les soucis, il me sera possible, pour ainsi dire, d'arrondir plus avant mes vacances[1]; pourtant, la pensée ne doit pas préjuger de ce qui reste incertain, car je suis conscient de la tendre affection que je vous porte, ainsi que de la frustration qui m'amène à préférer à tous les plaisirs de la vie, sans exception, l'amour de la ville de mes pères[2]. Adieu.

LXVI. *Symmaque à Herculius*[1] *(avant 402)*

Je serais généreux à vous rendre grâce d'avoir le premier présenté vos salutations, alors que je venais de vous quitter[2], si l'espoir d'un bienfait accru ne revendiquait pour lui cette gratitude. On dit, en effet, que vous allez venir et j'avoue qu'à ce titre je suis engagé envers vous d'une manière encore plus reconnaissante. Je voudrais toutefois par un mot de votre part, étayer ma foi en ce bonheur espéré, pour que, charmé d'une telle pensée, je puisse me réjouir bien davantage, en étant rassuré par cette confirmation. Adieu.

Lettre LXV

1. Cette lettre, postérieure à l'*Ep.* 63, l'est même à la précédente, car Symmaque a désormais la certitude que la situation lui permet des vacances sereines. Les dernières lignes, d'un style assez compliqué, indiquent cependant l'intention de rentrer à Rome, cf. *supra Ep.* 6, 66.
2. Le désir de revoir Lampadius et son frère Mallius Théodorus (*uos*), de même qu'un sentiment de solidarité civique abrégèrent effectivement le séjour dans la demeure de la *uia Ostiensis* et, au mois de mars, il était au Vatican, toujours cependant à écart des *urbanas turbas* mais prêt à se rendre aux convocations du Sénat, cf. *supra Ep.* 7, 21 et 6, 58.

LXV. SYMMACHVS LAMPADIO

Indicio quietis urbanae tempus quodammodo usur-
pandi otii prorogasti. Abesse enim longum placiditas me
ciuium sinit consiliis tuis parta, quibus plebs redacta est
in paenitendi uerecundiam. N*unc* ergo post curarum
omnium fugam producere mihi ferias, ut ita dicam,
pingues licebit, quamuis praecipere animo incerta non
debeam, qui sim mihi conscius tenerae in uos adfectionis
et illius desiderii quo <prae> cunctis uitae uoluptatibus
patriam meam diligo. Vale.

LXVI. SYMMACHVS HERCVLIO

Agerem tibi largiter gratias, quoniam me haud dudum
a uobis profectum dicenda salute praeueneris, nisi hanc
sibi gratulationem meam spes auct*i*oris beneficii uindica-
ret. Ipse enim diceris adfuturus, cuius rei nomine uadari
me tibi in maioris gratiae modum fateor. Velim tamen
scriptis tuis sperato bono adstrui fidem, ut qui tali opinion*e* delector, multo amplius gaudeam confirmationis
securitate. Vale.

LXV. *ΠΓ*.
nunc *Iuretus*: nec *Π* ‖ animo *Γ*: a. tuo *Π* ‖ prae cunctis *Modius*: c. *codd*.

LXVI. *Π*.
auctioris *Mercerus*: -toris *Π* ‖ opinione *Scioppius*: -ni *Π*.

LXVII. *Symmaque à Dynamius*[1] *(avant 402)*

Votre amour désire mes lettres mais notre fils commun me fait paraître manquer de régularité en ne réclamant pas de réponse. Qu'il suffise toutefois d'avoir dit ceci en passant, parce que je ne veux pas que ma justification aggrave sa timidité. À présent, je m'acquitte de l'honneur de vous saluer, sans réclamer ce que de vous-même vous allez faire, c'est-à-dire engager nos mutuels entretiens. En effet, ces échanges me sont promis à la fois par la coutume et les scrupules de votre cœur. Adieu.

LXVIII. *Symmaque à Titien (avant 402)*

Sans doute ai-je volontiers reçu votre lettre si attendue, mais à connaître vos activités dont Euscius fut autant le témoin que le narrateur, j'ai reçu un plaisir plus nourri. Aussi je vous engage de mes avis à ne pas abandonner ce qui a été heureusement entrepris, et à rechercher par cette conduite honorable la récompense d'un éloge. Je parlerais, en sus, des soucis des miens, si j'avais à m'adresser à quelqu'un d'autre, mais puisque vous faites de votre propre initiative ce que mes paroles pourraient solliciter de vous, je laisse de côté mon rôle de parrain[1]: tout ce qu'on présume d'une fidèle amitié a plus d'agrément, si le don en est spontané. Adieu.

Lettre LXVII

1. Cf. *supra Ep*. 39, n. 1. Le fils de Dynamius, en correspondance avec Symmaque, paraît lui avoir répondu sans la chaleur attendue et l'épistolier qui aimait bien se faire prier est resté silencieux. Avec le père qui a donc essayé de rattraper la maladresse, la situation est aplanie à demi-mot (*strictim*).

LXVII. SYMMACHVS DYNAMIO

Litteras meas amore desideras, sed infrequentem me
uideri communis filius facit, qui rescripta non repetit.
Hoc tamen strictim dixisse sufficiat, ne illius uerecundiae
oneri sit nostra purgatio. Nunc tibi honorem salutationis
inpendo nec exposco, quod sponte facturus es, ut nos
mutu*o* adloquaris, cum mihi hanc uicem et religio animi
tui et consuetudo promittat. Vale.

LXVIII. SYMMACHVS TITIANO

Desideratas quidem litteras tuas libens sumpsi, sed
cognitio actuum tuorum quorum testis atque narrator
Eus*c*ius fuit uberiorem mihi adtulit uoluptatem. Itaque
hortor ac moneo ut bene coepta non deseras et praemium
laudis honestate secteris. Subiungerem curam meorum, si
mihi esset alius adloquendus, sed cum facias ultro quae
meus sermo posset expetere, partes commendationis
omitto; quia quidquid ex fiducia amicitiae praesumitur,
plus habet gratiae, si sponte praestetur. Vale.

LXVII. *ΠΓR, F 1-3 7-10 15-18 21-22 24 31-32.*
amore *R, alii F*: ex a. *F 3 8 16 22 32* et a. *F 17* ‖ oneri *R, alii F*:
honus *F 3 8 16 17* honori *F 21* crimen *F 2* omnia *F 10*[1] sed laudi *F
32* ‖ nunc *F 7*: nec *ΠR, ceteri F* ‖ exposco *alii F*: rep- *F 2*[1] *9 32* te
posco *F 2*[2] ‖ nos mutuo (*uel* litteris) *Rittershusius*: n. -tuis *alii F* n.
mitius *F 2 9 10* n. mutius *F 24* nuncius *F 32* ‖ adloquaris *alii F*: a.
sermonibus *F 7.*

LXVIII. *ΠR, F 1-3 7-10 13 15-18 21 24 31-32.*
narrator *alii F*: en- *F 2-3 8-10 13 16-17 24* ‖ euscius *Iuretus*: eustius
ΠR, F 1 3 7-8 16-17 21 24 e *F 2 9-10* h *F 13* fustius *F 31 om. F 32* ‖
honestate *codd.*: -stae *Modius.*

LXIX. *Symmaque à Valérien*[1] *(avant 391)*

Vous m'affirmez faire le campagnard et choyer une verte vieillesse[2] en alignant vos vignes ou en greffant vos arbres. Votre lettre n'a pas ce goût-là, à moins peut-être que votre Gaule n'ait emmené l'Hélicon[3]. Votre plume, ligne par ligne, soulève d'autres sillons[4], elle plante d'autres rangées. Quant à moi, puisque vous désirez savoir ce qui nous regarde, au domicile de l'éloquence latine, je m'engourdis à ne rien faire comme à étudier[5]. Mais les Dieux feront croître les années de mon petit garçon, et si la Fortune commence par y consentir, lui m'appellera à partager ses études. En attendant, stimulez ma paresse par la régularité de vos billets, car, après l'amer échec de mes discours[6], ce genre de littérature est le seul encore qui puisse m'attirer à pratiquer l'écriture. Adieu.

LXX. *Symmaque à Romain (396)*

À présent seulement je déborde de joie, à l'annonce que vous avez éliminé vos soucis, car jusqu'à présent l'amertume de votre situation me rongeait. C'est pourquoi j'implore les Dieux qui veillent sur la santé pour que jamais des pensées tristes n'assombrissent vos billets. En attendant, il me faut rembourser le prix d'une pareille missive. Recevez donc à votre tour de quoi vous réjouir (à mon sujet). Nous sommes en bonne condition physique et projetons de reprendre (la route vers) les parages de la Ville[1]. Veuille la bienveillance de la Fortune permettre que demeurent entre nous ces échanges où les réponses s'accordent à d'heureuses nouvelles. Adieu.

Lettre LXIX

1. Valérien est vraisemblablement celui qui, quelque dix ans plus tard, réclame à Symmaque une copie complète, corrigée, de Tite-Live, cf. *Ep.* 9, 13 (au moment de l'*apparatus praetorius*). Il ne paraît pas assuré que ce lettré ait occupé la préfecture de la Ville en 381, cf. *PLRE*, I, p. 938, n° 6.
2. Épithète virgilienne: *Aen.* 6, 304. Le compliment est véridique, si, comme on le suppose à la note précédente, les activités intellectuelles de Valérien n'ont pas faibli en une décennie.

LXIX. SYMMACHVS VALERIANO

Rusticari te adseris et ducendis uitibus aut arboribus inserendis crudam senectutem fouere. Non hoc litterae tuae sapiunt, nisi forte Gallia tua dedux Heliconis. Alios sulcos stilo intermoues, alios ordine*s* pangis. Ego autem, quoniam scire nostra desideras, in domicilio Latiaris facundiae otio et studio torpeo. Dii dabunt incrementa annorum paruulo meo. Ipse me praefata Fortunae uenia ad studiorum suorum societatem uocabit. Interea frequentibus epistulis desidiam meam stimula. Vnum quippe hoc litterarum genus superest, post amaros casus orationum mearum, quod me ad usum scribendi possit adlicere. Vale.

LXX. SYMMACHVS ROMANO

Nunc demum adfluo uoluptate, quod te curarum uacuum nuntiasti, nam me hactenus rerum tuarum amaritudo mordebat. Itaque salutis praesides deos conprecor, ne umquam paginas tuas mens tristis infuscet. Interea talibus litteris pretium rependendum est; quare uicissim sume, quo <de me> gaudeas. In bono statu ualetudinis sumus et relegere <iter in> Vrbi propinqua meditamur. Sinat fortunae benignitas hoc inter nos manere commercium, ut prosperis scriptis responsa consentiant. Vale.

LXIX. *ΠΓ*.
non *Γ*: nam *Π* ‖ tua dedux heliconis *Π*: t. d. sit ab h. *Γ* t. redux sit ab h. *Wingendorp* riuos deduxit h. *Havet* ‖ ordines *Scioppius*: -ne *codd.* ‖ desidiam meam *Γ*: -deria mea *Π*.

LXX. *ΠΓR, F ut supra Ep. LXVII.*
adfluo *alii F*: diffluo *F 3 8 16-17* ‖ itaque *alii F*: ideoque *F 3 8 16-17* ‖ sume *alii F*: summe *F 16-17* sumas *ΠR, F 7* ‖ quo de me gaudeas *Iuretus*: quod d. m. g. *Scioppius* quo g. *ΠR, alii F* quod g. *F 3 8* congaudeas *F 16-17* ‖ statu *om. Iuretus (1604)* ‖ iter in urbi *Seeck*: urbi *alii F* urbis *F 18* ‖ sinat fortunae *Π, F 31²*: uult namque *F 1 31¹ om. F 2¹ 9-10 15 18 21 24 32* ‖ consentiant *ΠΓ*: conueniant *RF*.

LXXI. *Symmaque invite plusieurs personnes à la préture*[1]
(400)

Si la Divinité s'y déclare favorable, à mon fils Symmaque vont échoir aux Calendes de Janvier les faisceaux de la préture urbaine. Par cette demande qui vous vient en partage nous souhaitons vivement que sa prise de fonction soit honorée de votre présence. Adieu.

LXXII. *Doublet*[1] *(400)*

S'il plaît à la faveur divine, mon fils Symmaque va aux Calendes de Janvier recevoir la magistrature de la préture urbaine. Je vous prie d'honorer, vous aussi, notre fête de votre présence. Adieu.

LXXIII. *Symmaque à Marcien (396)*

Il ne faut pas m'imputer comme un vice mon silence, car au milieu de l'adversité on néglige de pratiquer les obligations de l'amitié. Mais puisqu'il est donné à mon cher Symmaque un espoir de récupérer peu à peu une bonne santé[1], le courage me revient pour les devoirs de l'affection, et de la sorte, si, en me taisant, je vous avais causé quelque crainte, mes paroles dénuées d'inquiétude vous en délivreront. Adieu.

Lettre LXXI

1. Cf. tome II, p. 139, n. 1.

Lettre LXXII

1. L'*Ep.* 71 était un «carton» d'invitation délibérément impersonnel. Celle-ci était-elle un autre projet de rédaction ou bien Symmaque, par politesse, a-t-il prévu une variante? Même dans ce cas, on aurait affaire à un vrai faire-part, ce qui, semble-t-il, ne se rencontre pas dans les autres corpus épistolaires.

LXXI. SYMMACHVS AD PRAETVRAM MVLTOS INVITAT

Praefato diuinitatis fauore, urbanae praeturae fasces filius meus Symmachus kalendis Ianuariis sortietur. Praesentia tua ornari eius officium participata petitione deposcimus. Valete.

LXXII. SIMILIS

Diuinitatis honore praemisso filius meus Symmachus kalendis Ianuariis praeturae urbanae accipiet magistratum. Quaeso ut praesentia tua festa nostra cohonestet. Valete.

LXXIII. SYMMACHVS MARCIANO

Silentium mihi duci uitio non oportet; familiarium quippe usus officiorum inter aduersa neglegitur. Sed quia spes datur Symmacho meo integrandae paulatim bonae ualetudinis, redit animus ad amicitiae munia, ut si quem tibi taciturnitas mea metum fecerat, securitas sermonis absoluat. Vale.

LXXI. *ΠΓ*.

LXXII. *Π*.

LXXIII. *ΠR, F ut supra Ep. LXVIII.*
redit *alii F*: redi *F 24* cor r. *F 3* corrodit *F 8 16* concedit *F 17* ‖ animus *ΠR, F 3 7-8 16-17 31²*: *om. ceteri F* ‖ securitas sermonis *R, F 3 7-8 16-17 31²*: sermonis securitas *Π* securitas *ceteri F*.

LXXIV. *Symmaque à Antiochus*[1] *(avant 402)*

Je tiens pour sûr que dans votre estime rien ne passe avant mes lettres, car, moi aussi, j'en pense autant sur l'agrément de vos propos. J'ai bien fait de saisir l'occasion de cet amical hommage. Si à poids égal vous me le rendez, mon zèle sera aiguisé par les incitations de votre scrupuleux attachement. Adieu.

Lettre LXXIV

1. Cf. *supra Ep.* 41, n. 1.

LXXIV. SYMMACHVS ANTIOCHO

Certum habeo nihil te litteris meis antiquius aestimare;
nam mihi quoque eadem de tui sermonis iucunditate sententia est. Merito amicitiae munus adripui; quod si pari
lance reddideris, studium meum incitamento religionis
acuetur. Vale.

LXXIV.   *ΠΓR, F 1-3 7-10 13 15-18 20-22 24 31-32*.
certum — aestimare *om. F 3 8 16-17* || merito *codd.*: m. ergo *Modius*.

NOTES COMPLÉMENTAIRES

COMMENTAIRE DU LIVRE VI

P. 2

1. La correspondance avec les Nicomaques a été étudiée par A. Marcone, *Commento storico al libro VI dell'epistolario di Q. Aurelio Simmaco*, Pise, 1983: notre propre annotation empruntera donc l'essentiel à cet ouvrage, quitte à s'en séparer sur des points secondaires; nous avons également réfléchi à ce livre VI dans un article du *Colloque genevois sur Symmaque* de 1984, édité en 1986 par F. Paschoud: «Symmachus Nicomachis Filiis: vouvoiement ou discours familial?», p. 17-40: il y est montré que la fille de Symmaque, si elle n'existe plus qu'en tant qu'épouse de Nicomaque Flavien *iunior* (sur celui-ci bref résumé in tome I, p. 234), participe en revanche à l'ensemble des occupations privées et politiques de son mari. La plupart des lettres datables sont antérieures au retour en faveur de Nicomaque le Jeune en 399. Le gendre et son épouse, sans renoncer à revenir parfois à Rome, préféraient résider à Baïes ou dans les Champs Phlégréens au pied du Gaurus, aujourd'hui le Monte Barbaro: des raisons de santé se mêlaient aux mobiles politiques. Durant ces années, sauf en 396, Symmaque, pour sa part, ne quittait la Ville que pour des *suburbana*, et plus au sud, sa chère maison de Formies.

2. Le blé manque à Rome à l'automne 395, cf. *Cod. Theod.* 1, 15, 14 du 19 décembre, et *infra Ep.* 12, 14 (traditionnellement, cf. Leo, *Sermones, SC*, 200, p. 13, le mois de décembre est celui où on engrange).

3. Nicomaque, préfet de ville sous Eugène, avait en 393-394 garanti le ravitaillement à la faveur de la neutralité de Gildon.

4. Cette rancune d'une partie de l'aristocratie (la plèbe — on notera l'archaïsme de *plebes* — n'est pas en cause) maintiendra le gendre de Symmaque dans la disgrâce jusqu'au terme de 398. À comparer avec la maxime qui ouvre l'*Ep.* 9, 97: *Solet bonis liuor obstrepere*.

5. Nicomaque a pour devoir de survivre grâce au culte de son père et pour maintenir ce culte. Dans la pensée de Symmaque — et officiellement dans celle de Théodose, cf. *CIL* VI, 1782 —, Nicomaque *senior* n'a pas été frappé de *damnatio memoriae*: son consulat a été effacé des Fastes, cf. *Cod. Theod.* 15, 14, 11 (21 avril 395), mais l'armistice qui suit, le 18 mai, écarte toute *notam infamiae* (*ibid.* 15, 14, 12). Voir encore *infra Ep.* 72.

P. 3

4. Le vocable d'*unanimitas* exprime aussi bien l'union des deux époux — leur mariage a probablement quelque sept ans — que celle qu'ils forment ensemble ou séparément avec Symmaque (*add.* dans le livre VI les *Ep.* 5, 7, 10, 12, 19, 23, 24, 27, 38, 44, 46, 60, avec alternance *tua / uestra*). — Voir aussi J. Fontaine in Sulp. Seu., *Vita sancti Martini, SC*, 133-134, 1967, p. 248-249 et 365-366, pour l'adjectif *unanimis*.

1. Fulvius est inconnu, mais Pompéianus doit être l'homonyme du propriétaire un moment en contestation avec Symmaque (*infra Ep.* 9) et dans lequel on reconnaît Gabinius Barbarus Pompéianus, le futur préfet de la Ville lapidé en 409: *PLRE*, II, p. 897-898 et S. Roda, *Commento storico al Libro IX dell'epistolario di Q. Aurelio Simmaco*, Pise, 1981, p. 106-108. Rien ne permet de fixer une date précise, dans le laps de temps où Symmaque a pu écrire à ses enfants.

P. 5

1. Literne est située au sud de Cumes: *RE* 13, 1, 1926, col. 746; Sévérien, qui autrement n'a pas laissé de traces, appartenait à l'élite municipale des *principales*, cf. A.H.M. Jones, *The Later Roman Empire, 284-602*, Oxford, 1964, p. 731, 747, 757-762.

2. Sévère (cf. *Ep.* 38, 49 et 7, 111) venait de sortir de magistrature, au moment où Symmaque préparait les jeux prétoriens de son fils, d'où un *terminus ante quem* de 401. L'arbitrage demandé à Nicomaque est d'ordre privé, Symmaque préférant le règlement hors des tribunaux d'un litige entre personnes de bonne compagnie.

1. Remise à Nicomaque par les appariteurs du vicariat de la Ville, une nouvelle lettre de son beau-père l'informe du double jugement rendu au bénéfice d'un pupille apparenté. Antérieurement, Symmaque avait réagi à un billet des *Nicomachi*, en demandant au Vicaire la publication des actes de ces deux procès en première instance et, pour obtenir leur confirmation en appel devant le Consistoire, était intervenu auprès du questeur Félix (*Ep.* 5, 52, cf. tome II, p. 189, n. 1) et du *magister epistularum* Patricius (cf. *infra Ep.* 7, 65). La sentence définitive était en attente (*ibid.* et *infra Ep.* 10).

2. Ces affaires privées, alléguées encore *infra Ep.* 52 et 59, ont permis à O. Seeck, *op. cit.*, p. CLXIV, de dater la lettre, car Symmaque y souhaitait également la venue de son gendre à des fins politiques: Nicomaque devait siéger au Sénat le 13 juin pour, à l'instigation du préfet de la Ville — à l'époque, Florentin, cf. tome II, p. 129, n. 1 —, tenter de parer aux initiatives antiromaines de Fl. Mallius Théodorus. De fait, ce dernier réussit à capter au profit de Milan les fêtes, en 398, du IVe consulat d'Honorius. *Add. infra Ep.* 7, 39.

3. À nouveau, la fille de Symmaque n'allait pas bien, cf. *infra Ep.* 8 (Nicomaque lui-même, non plus, cf. *infra Ep.* 56 et 59). Le participe-adjectif *cupiens*, ici au superlatif, est aussi construit avec le génitif en 8, 23.

P. 6

1. Cf. *infra Ep.* 19, où les circonstances empêchent l'épistolier de mobiliser ses relations au service de cet ami des Nicomaques.

2. Cinquième refus connu en 26 années de correspondance: déjà en 389, ce casanier avait fort poliment décliné l'invitation d'un autre empereur. Cependant, s'il ne s'était pas dérangé pour fêter Probus (371), Ausone (379), Syagrius (381), Valentinien II et Néotérius (390), Honorius (398), Mallius Théodorus (399), Symmaque prendra la route de Milan afin d'honorer le consulat de Stilicon en janvier 400.

3. Durant de longs mois à partir du printemps 397, Symmaque souffre des reins et des intestins, puis de la goutte; la crise politique l'avait empêché de partir se soigner en Étrurie, cf., outre l'*Ep.* 6, 16 (où la chronologie est étayée), 4, 54; 6, 19, 28, 51, 76; 7, 39, 73.

4. Rusticiana, encore vivante en 384-386 (cf. tome I, p. 74, n. 2), devait être morte depuis quelque temps (*add. Ep.* 5, 5).

5. Témoignages concordants de Claudien (*De Bell. Gild.* 1, 40-43; *In Eutr.* 2, 1-8 et 24-30), de Philostorge (*H.E.* 11, 6-7), d'Augustin (*Serm. de Vrbis exc.* 7-8 = *PL.* 40, col. 722).

6. Ce jeune rejeton d'une antique famille partit avec un mot de recommandation pour Patruinus, alors influent dans l'administration palatine, cf. *infra Ep.* 7, 112 (*filio meo Arcentio spectabili uiro*).

7. Comme Pirata, *Ep.* 3, 36, Évangélus paraîtrait plutôt un sobriquet, d'autant que le personnage figure dans les *Saturnales* de Macrobe, 1, 7, 2, tel un médisant amer *sine dilectu cari uel non amici*, mais le nom est attesté ailleurs (*PLRE*, I, p. 286, n° 2) pour un bâtisseur de temple à Apollon. Si l'animosité manifestée envers Nicomaque a son origine dans le débat religieux, il resterait à imaginer le prosélytisme outrancier d'un individu assumant les virtualités de son *cognomen*.

P. 7

1. Cf. *supra Ep.* 6, n. 1-3 pour la date; le bref séjour évoqué *infra* par l'*Ep.* 66 se situera, en revanche, dans l'hiver de 398; sur ce domaine le long du Tibre, voir tome I, p. 71 (= 216), n. 3 (pour une expression similaire: *de quarto Latinae uiae*, voir *Ep.* 9, 69 et S. Roda, *op. cit.*, p. 204).

2. À l'égard du *puer*, le ton est amusé *infra Ep.* 78, et même bien-veillant en 5, 33.

1. L'affaire de mitoyenneté à Baïes — sur ce *praetorium*, voir tome I, p. 67, n. 2 et pour le mot, *ibid.*, p. 74, n. 1 — fut par arbitrage, réglée

comme le voulait Symmaque, cf. *infra Ep.* 11. Censorinus pourrait être le consulaire de Numidie attesté sous la dynastie valentinienne: *PRLE*, I, p. 196, n° 1 et *infra Ep.* 8, 27. Juret (1604) n'a pas tort d'indiquer un passage relativement analogue chez Sidoine Apollinaire, *Ep.* 6, 12, 3: ... *ut dubitet inspector meliusne noua opera consurgant an uetusta reparentur.*

2. Pompéianus, cf. *supra Ep.* 3, n. 1; Félix, cf. *supra Ep.* 6, n. 1. Castor paraît avoir été un homme de confiance de Symmaque: *infra Ep.* 18 et 8, 15.

3. Appellation réservée aux *Nicomachi*, cf. en outre, *infra Ep.* 12, 19, 30, 35, 37, 39, 41, 42, 52, avec alternance *tua / uestra.*

4. Déjà J. Godefroy dans son édition, en 1665, du Code Théodosien, I, p. 420 (= 4, 24, 1) avait rapproché le passage symmachien de la loi de 423, *Cod. Iust.* 8, 10, 11, prescrivant un intervalle de 10 pieds, soit 2 m 95, entre les édifices privés, pour éviter l'incendie. Pour la date, cf. *infra Ep.* 11. — *Add.*, en dernier lieu, C. Saliou, *Les lois des bâtiments*, *IFAPO*, Beyrouth, 1994, p. 264-265, où la lettre est traduite et commentée.

P. 8

1. Mallius Théodorus vient, dit-on, d'envoyer les billets d'invitation pour sa prise de consulat, le 1ᵉʳ janvier 399 (cf. aussi *infra Ep.* 30, 35 et 36). Symmaque, encore sous les secousses de l'année 397 et toujours inquiet d'abandonner son fils (*Ep.* 5, 5), compte répondre par la négative: il n'ira pas à ces fêtes auxquelles s'attache, pour nous, le Panégyrique dû à Claudien. À l'inverse, avant même que ne soit arrivé le courrier impérial, il engage son gendre à partir pour Milan, puisque son nom a été retenu par Stilicon (*Ep.* 4, 6 = tome II, p. 89, n. 1) et qu'ainsi s'achèvera officiellement sa disgrâce. Nicomaque pourtant hésite, car — sans doute dans l'affaire du tuteur, cf. *supra Ep.* 6 — la décision du Consistoire lui a été défavorable. Finalement — et aussi dans l'espoir d'aménager ce problème privé — il rejoindra la cour, muni de recommandations de son beau-père à l'adresse de Stilicon (*Ep.* 4, 6), du nouveau consul (*Ep.* 5, 6) et des représentants de la haute administration (*Ep.* 4, 39; 7, 47, 95 et 102; 9, 47). *Sub occasione*, cf. *infra Ep.* 52, 9, 85 et *Rel.* 21, 3, alterne avec simple ablatif: *Ep.* 1, 44 et *Rel.* 40, 4.

2. Hispanus, un proche ami, semble-t-il, de Nicomaque, fut exclu du privilège accordé au membre de la famille symmachienne (*Ep.* 6, 36).

1. D. Vera, *Colloque genevois sur Symmaque*, Paris, 1986, p. 263, remarque avec justesse que dans cette occasion Symmaque est acheteur d'une *domus* qu'il est peut-être plus correct de distinguer du *praetorium* de l'*Ep.* 1, 10. *Noscentia*, mot rare restitué par Juret, apparaît

chez le Pseudo Marius Victorinus, *Hymn.* 3, p. 1146A. Gerd Haverling, *Studies on Symmachus' Language and Style*, Göteborg, 1988, p.
71-72, à qui nous devons cette référence, aimerait mieux adopter la
normalisation: *in notitiam*; de même *infra Ep.* 32; pour *ad notitiam*,
cf. *Ep.* 3, 67 et 5, 48.

2. Les fermiers ne payant pas, on a saisi le matériel, mais la procédure traîne. Comment ne pas rappeler une autre lettre, elle aussi vieille
de quelque vingt années: *Res familiaris inclinat et nobis usque quaque
uisenda est, non ut quaestuum summa ditescat, sed ut spes agri uolun-
tariis dispendiis fulciatur. Namque his usus in nostram uenit aetatem
ut rus quod solebat alere nunc alatur?* (*Ep.* 1, 5, avec renvoi à 5, 87;
6, 81 et 7, 126 = tome I, p. 70, n. 2).

3. A. Marcone, *op. cit.*, p. 79, s'appuyant sur *Cod. Theod.* 6, 4, 21,
préfère rendre *exhibitio* par «esecuzione», «messa in atto». Notre traduction se range sur l'emploi du mot dans les deux autres occurrences
chez Symmaque: *infra Ep.* 29 et 2, 41.

P. 9

1. A. Marcone, *op. cit.*, p. 193, traduit «riguardo alla mia necessità
di un periodo di distenzione», en considérant *usurpanda* comme un
vrai adjectif verbal.

2. Après le 15 juin 395, le préfet devait être Eusèbe, antérieurement
comte des largesses sacrées: *PLRE*, I, p. 306, n° 32, corrigé par R. Delmaire, *Les responsables de l'administration financière au Bas-Empire
(IVᵉ-VIᵉ s.)*, Coll. Latomus 203, Bruxelles, 1989, p. 135-137. *Add. infra
Ep.* 8, 1.

3. La leçon *angustae* est conservée, bien que la formule *Vrbs
Augusta* se lise chez Prudence, *Perist.* 11, 199 et Paulin de Nole, *Ad
Auson.* 1, 252 (*Augusta ciuitas* in *Cod. Theod.* 15, 1, 27 en 390). À
signaler cependant que dans *La Moselle*, au vers 421, c'est de Trèves
qu'il est question.

4. Le 1ᵉʳ janvier 396, Honorius revêtit la trabée consulaire pour la
troisième fois, ce qui date la lettre.

5. À cause de l'*Ep.* 6, 26, immédiatement postérieure et où on lit
carnis oblatio, nous suivons la correction de Juret de *curio* en *caro*.
Même juxtaposition des deux termes in HA, *Alex. Sev.* 22, 7: *interro-
gat per curionem quam speciem caram putarent. Illi continuo excla-
mauerunt carnem bubulam atque porcinam.*

6. L'effet d'annonce joue au bénéfice du préfet de la Ville, Florentin, l'ami de Symmaque (= tome II, p. 129, n. 1). Eusèbe, devancé,
avait exprimé son irritation au *princeps senatus*.

7. La délégation orientale, venue assister aux fêtes du consulat,
put entendre Claudien célébrer la concorde, alors effective, entre les
deux parties de l'Empire, cf. Claudian., *De III cons. Honor.* 144-
162.

P. 10

8. La *praeceptio iterata* était une nouvelle sommation pour exiger de Nicomaque le Jeune la restitution des salaires perçus par son père durant la tyrannie d'Eugène, mais le frère de Nicomaque le Jeune — A. Marcone, en accord avec S. Roda, l'identifie non pas avec Vénustus, cf. *infra Ep.* 74, n. 2, mais avec un Clémentianus *parens* de Nicomachus Dexter, le réviseur de Tite-Live — refusait de se déclarer codébiteur. Il demandait un partage suivi de mises aux enchères. Symmaque propose d'échelonner les paiements dûs au fisc. Quant au patrimoine de Nicomaque l'Ancien, qui devait être sous séquestre en garantie de la dette, il semble déjà pouvoir être réparti entre les deux héritiers en vertu de dispositions prises de son vivant par le défunt.

9. Symmaque, inquiété par la crise frumentaire qui avait commencé à l'extrême automne de 395, avait décidé d'envoyer son fils chez les Nicomaques et, pour ce faire, avait emprunté à sa fille ses *basternarii* (*infra Ep.* 15). Finalement, la situation s'améliorant, l'enfant ne partira pas et le père renverra homme, bêtes et matériel en Campanie (*infra Ep.* 26). Comme l'indique cette dernière lettre, il y eut trois gestes de la part du Sénat: une première contribution — en espèces plutôt qu'en nature, cf. *Ep.* 7, 68 — permit un sursis de vingt jours; une seconde assura du pain pour un laps de temps supplémentaire; enfin de la viande promise dans les premiers jours de janvier ne tarda pas à réconforter la population.

10. Comazon réapparaît *infra* dans les *Ep.* 41 et 66; il devait transiter par la Campanie lors de ses déplacements de Rome vers la Sicile, cf. *PLRE*, II, p. 305, nº 1.

11. Les subsides du Sénat n'étant que des palliatifs, il fallut envisager l'envoi d'une délégation à Milan (ce sera l'occasion de déchirements internes, cf. *infra Ep.* 26 et 22). Au début de 396, le comte Stilicon, entre deux expéditions orientales, se trouvait alors sur le Rhin (= tome II, p. 109, n. 1).

12. Symmaque, qui non sans raison (cf. *Ep.* 9, 29) comprend que le blé d'Apulie peut être réquisitionné pour l'Urbs, se laisse persuader de prendre les devants et, dans sa zone de refuge préférée, il constitue des stocks pour lui et sa famille; l'hypothèse d'une opération spéculative sur le marché romain paraît moins probable. Au contraire, il semble qu'on ait redouté une *coemptio* autoritaire, cf. *infra Ep.* 8, 25, n. 2.

1. Comme le nom propre n'est pas indiqué, mais que l'intermédiaire connaît d'assez près Symmaque pour être bien informé sur lui, cette personne pourrait être un intime de la famille, par exemple Dèce, cf. *infra Ep.* 23: *spectabili uiro filio meo Decio commeante qui de nobis apud religionem uestram plura narrabit, quam posset paginarum textus amplecti* (en ce sens, on a traduit par «notre voyageur» le bien sec participe *commeanti/e*, employé à nouveau de façon anonyme dans une lettre de recommandation (7, 43).

P. 11

3. Depuis 321/324, *aerarium*, une dénomination antérieurement réservée à la caisse du Sénat, désigne le trésor impérial (*Cod. Theod.* 13, 3, 1) et plus précisément la *Res priuata*, cf. R. Delmaire, *Largesses sacrées et 'Res Privata'. L'«aerarium» impérial et son administration du IVe au VIe siècle, CEFR* 121, Rome, 1989, p. 4-9 et 599. — Construction de *ambigere* avec la proposition infinitive en *Ep.* 4, 28. au lieu de *quod* suivi du subjonctif comme chez Ulpien, *Dig.*, 37, 1, 12.

4. Pour cette crise de 395-396, de la fin de l'automne au printemps, les subsides accordés par le Sénat, l'appel au «divin» pouvoir central, voir *supra* l'*Ep.* 12, qui relate une phase immédiatement précédente, ainsi que l'*Ep.* 7, 68, où l'on constate que malgré la réouverture de la mer les convois d'Afrique n'arrivent pas.

1. G. Haverling, *op. cit.*, p. 85-86 et 94, après avoir noté que *basternarius* — sous-entendre ici *mulus* — est un hapax, explique *basterna* par deux définitions complémentaires tirées des glossaires: 1) *Gloss.* 5, p. 348, 5: *similis curru, de coriis facta tota et portatur semper ab hominibus uel asinis, nullam rotam habens*; 2) *ibid.*, p. 520, 24: *genus uehiculi quo nobiles Romanorum matronae uel uirgines uehebantur* (cf. Hier., *Ep.* 22, 16, en 384 et Amm. 14, 6, 16). L'épisode situe la lettre avant l'*Ep.* 12, dans l'automne de 395, à une date proche de celle (cf. *supra Ep.* 4) où est évoquée la mauvaise santé de la fille de Symmaque.

P. 12

1. À la différence d'autres lettres du livre VI (*Ep.* 28: *famae licentia*; 73: *maior fama*), celle-ci indique un *discrimen salutis* supérieur à ce qui en a été dit: exceptionnellement d'ailleurs, Symmaque demande à ses enfants de rentrer le voir à Rome. Par conséquent, si sont en cause les graves coliques signalées dans deux billets (*internorum dolorem* et *rienun dolore*), l'*Ep.* 73 qui minimise *a priori* est le *prior sermo* et l'*Ep.* 28 où est contremandé un retour précipité des *Nicomachi*, la troisième, subséquente à celle-ci. *Add.* encore *infra* l'*Ep.* 75 et 76. Sur la base des lettres 4, 54 (*me quoque ab tali commercio diu infirma ualetudo reuocauit... sed quid mihi insusurras frugi Africanae tenues commeatus? Absit ut praesens annus imitetur fortunam superiorum*, 6, 75 (*erit igitur in arbitrio Fortunae ratum facere, ut a. d. quintum kalendas Augustas Formiana sede recreemur*), 6, 10 (*domi manere sententia est post anni superioris labem*) et 6, 7 (*fractam ualetudinem meam nostis... eruptiones fluminum usque ad metum diluuii comperistis*),O. Seeck, *op. cit.*, p. LXI et LXIII-LXIV, convainc que la santé de Symmaque a donc été fortement ébranlée à la fin du printemps et au début de l'été 397.

1. Comme les jeunes gens ici recommandés paraissent venir pour la première fois en Campanie mais qu'ils ne sont pas des inconnus pour Nicomaque Flavien, ce dernier a pu les rencontrer à Rome en 399-400. Dans cette simple hypothèse, la lettre ne serait pas d'avant le printemps de 401.

2. Si Auxence — de Marianus, peut-être son frère, on ne sait rien — est un des deux préfets de la Ville connus l'un après 425, l'autre en 441 et 445 (cf. *PLRE* II, p. 205, n° 6), la cure de Stabies lui aurait réussi.

3. Lait de vache et surtout lait humain sont prescrits aux phtisiques; cf. D. Gourévitch, *Hist. des sc. médicales*, 24 (2), 1990, p. 93-98 et *ANRW, II*, 37, 2, 1994, p. 1319-1336; Stabies, cf. *E.A.A.*, VII, 1966, p. 459-463, était connue pour ses eaux thermales (reconnaîtra-t-on en *herbarum salubrium fomenta* une allusion à des bains plus ou moins «balsamiques»? ce n'est pas sûr, car Symmaque se contente peut-être de souligner la qualité des herbages). — *Armentalis* ressortit à la langue poétique.

P. 14

1. Les enfants du sénateur Entréchius, un inconnu qui devait résider loin de Rome, y avaient été envoyés pour des raisons que nous ignorons (études? débuts de carrière?) et la Campanie était la première étape sur le chemin d'un retour au-delà des mers. La date probable est à la charnière de 395/396 (cf. *supra Ep.* 12 et 15), quand Symmaque s'interrogeait aussi sur l'évacuation de Memmius hors de la capitale; l'arrêt normal de la navigation obligeait cependant à une attente chez les Nicomaques jusqu'au mois d'avril.

P. 15

1. Cf. *supra Ep.* 2, n. 2: Marciana, la *domina quaestionis*, agissait sous l'emprise d'un mondain de villégiature qui, laisse entendre Symmaque, espère ses faveurs (citation malicieuse de Virgile, *Buc.* 6, 26, cf. *AJPh* 104, 1983, p. 395-397).

2. Les biens contestés, mis d'abord sous scellés, avaient indûment été rendus disponibles à la partie adverse, mais une décision de justice a, de nouveau, gelé la situation jusqu'à ce que soit rendu l'arbitrage de Symmaque. Pour *dissignare*, cf. *Th. LL*, V, 1, 1469.

3. Cf. *Ep.* 4, 52 (cf. tome II, p. 131 = 240, n. 1): le projet d'ambassade et les débats sur sa composition, la médiation de Symmaque revenu de villégiature, mais son refus de participer à la délégation sont à placer avant les ides de novembre 395. Toutefois, en janvier 396 (cf. *supra Ep.* 12), l'affaire traînait encore, car, la commission étant paritaire, elle devait tenir compte du calendrier de Stilicon. Outre le *princeps senatus* sont en cause deux personnages précédemment introduits dans la Correspondance (tomes I, p. 191, n. 1 et II, p. 54, n. 1); *Paulinus*, pour sa part, était un chrétien du puissant clan des Anicii: *PLRE*, I, p. 678, n° 12.

P. 16

4. La traduction avancée pour *monumenta* s'appuie sur l'*Ep.* 1, 13, tome I, p. 77, n. 7, mais cette acception n'est pas exclusive d'un emploi plus banal: *Ep.* 9, 150.

1. Le bénéficiaire de la recommandation n'est pas identifiable. Date inconnue. On dispose désormais de l'étude d'ensemble de S. Roda, «Polifunzionalità della Lettera Commendaticia: Teoria e Prassi nell'Epistolario Simmachiano», *Colloque genevois sur Symmaque*, Paris, 1986, p. 177-202 (la formule *primus aditus* — doublet *nouo aditu* en 6, 17 et 7, 111 — est reprise dans le billet suivant, cf. aussi 1, 72).

P. 17

1. Par confrontation avec 1) l'*Ep.* 9, 3 où Euscius est recommandé à Zénodore; 2) les *Ep. infra* 33, 42 et 66, S. Roda, *op. cit.*, p. 97-99, invite à placer entre la fin de 398 et la première moitié de 401 ces quelques lignes adressées à ce *corrector* de Lucanie-Bruttium, signalé par une inscription de Reggio (*AE*, 1916, 102).

2. Pour *mystagogus* voir tome II, p. 200, n. 1.

1. Cf. *supra Ep.* 12, n. 9 et 15, n. 1 avec les indices de datation. La *carnis oblatio* répond à une situation conjoncturelle et complète la distribution gratuite de porc allouée pendant les cinq mois de la mauvaise saison: S. Mazzarino, *Aspetti sociali del quarto secolo*, Rome, 1951, p. 220-232 et 412-415. — La restitution proposée par Seeck pourrait s'expliquer ainsi: *sufficientium* → *superficientium* → *perficientium* → *proficientium*.

2. Cf. *supra Ep.* 22, n. 3. A. Marcone, *op. cit.*, p. 101, est, comme nous, conscient de la difficulté que soulève la datation à quelque trois mois d'intervalle des lettres 22 et 26. Non que l'absence de Stilicon ne puisse pas excuser les lenteurs du Sénat, mais à comparer les libellés: 1) *Ep.* 22, 3: *nam principio Postumianum et Pinianum duobus aulae summatibus iunxit electio... Interiectis diebus, cum mandata ordinis tractatus expenderet, Paulinum illis studia priuata iunxerunt*; 2) *Ep.* 26, 2: *nam Postumiano et Piniano quos a principio mandatis suis senatus agnouerat, tertius Paulinus adseritur et diuisis in studia partibus adhuc differtur utilitas*, on serait porté à juger quasi simultanées les deux missives. Tout se passe comme si le dossier, gelé un temps, était rouvert dans les mêmes termes.

P. 19

3. À la différence de J.A. Mc. Geachy, *Q. A. Symmachus and the Senatorial Aristocracy of the West*, Chicago, 1942, p. 149-150 et de

J.F. Matthews, *The Letters of Symmachus*, in *Latin Literature of the Fourth Century*, ed. J.W. Binns, London, 1974, p. 193, F. Paschoud, *Roma Aeterna*, Neuchâtel, 1967, p. 94, pense, semble-t-il à juste titre, à l'intervention de prêtres païens plutôt qu'à celle de l'Église. La vraisemblance voudrait qu'Atellanus, un dépendant de Symmaque, ait été frappé d'une sanction dictée, en réalité, par de la jalousie à l'encontre de son patron. Après avoir songé à une riposte en justice, le beau-père, conscient des enjeux, recherche un compromis grâce à l'arbitrage d'un gendre (la conversion officielle de ce dernier ne devait abuser personne).

P. 21

1. Symmaque possédait au moins trois villas suburbaines: une au Vatican, mentionnée au printemps 398 (*Ep.* 6, 58 et 7, 21), la seconde sur la *uia Ostiensis*, occupée à la même saison (*Ep.* 6, 66), une troisième dite sans doute par exotisme l'*Arabiana* et peut-être identifiable à celle qui était proche de la *uia Appia* (cf. tome I, p. 192, n. 2): l'épistolier paraît bien (cf. *infra Ep.* 60) y avoir résidé à la fin de l'année 398, ce qui pourrait dater la lettre. Toutefois, si, en raison du ton tellement différent de celui de l'*Ep.* 5, 97, il ne saurait y avoir d'identification avec le retour *ad suburbana* à l'extrême automne 394, un passage de l'*Ep.* 8, 18: *mihi suburbanitas pedum aegritudine laboranti* (cf. *supra Ep.* 29, n. 1) laisse également possible une datation en 397.

2. Galla n'était pas enfant unique (cf. *infra Ep.* 34, 40) et peut-être est-ce son anniversaire qui est évoqué dans la dernière lettre (81) du livre VI. G. Haverling, *op. cit.*, p. 77, observe que *nepticula* est un hapax, comme d'ailleurs, avec une suffixation identique, *bibliothecula* (4, 18) et *precicula* (9, 133).

1. Euscius surveillait les intérêts de Symmaque en Sicile et, entre autres opérations, participa activement à la mise sur pied des jeux prétoriens de Memmius, cf. *supra Ep.* 25, *infra Ep.* 42, 66 et 8, 7, 68; 9, 3, 5, 30, 152.

2. L'*Ep.* 42 permet de reconstituer l'épisode. Euscius a embarqué des artistes depuis un port sicilien à destination de la Campanie. Aucune arrivée n'étant signalée, Symmaque commença par recourir à l'administration (sur *apparitor* voir S. Roda, *op. cit.*, p. 287; la surveillance des côtes était gérable, le cas échéant, *v.g. Cod. Theod.* 9, 23, 1); ensuite, l'impatience le gagnant, il demande à son gendre de faire fouiller tous les rivages campaniens jusqu'à Salerne, de regrouper les passagers à Naples avant de les réexpédier par mer au plus vite. Puisque Nicomaque emploie pour les recherches ses propres *homines*, la lettre se situe en 401 après sa préfecture de la Ville. Les jeux étant les *ludi Apollinares* de juillet — répartis entre six jours pour la *functio*

theatralis et deux pour le cirque —, il est même loisible, en raison de tous les détails, y compris de l'entraînement, de placer le billet après le mois de mai. Ajoutons que par *scaenici* sont désignés tous les gens du plateau: mimes, ballerines, mais aussi acrobates, dompteurs (à l'exception, cependant, des chasseurs des *uenationes*).

3. Symmaque qui pourtant prône une modération relative dans les dépenses des jeux (*Rel.* 8, 1-2, en 384, *Ep.* 9, 126 de 395-396), se déjuge dès que la gloire de son fils semble l'exiger: de Stilicon (*Ep.* 4, 8, cf. tome II, p. 90 = 233, n. 1), il sollicitera donc l'usage de l'amphithéâtre désormais réservé aux jeux consulaires, et cela *propter capacitatem loci*; de fait, qu'ils se soient ou non limités à des *praelusiones* (cf. *ibid.*, p. 91, n. 1), les spectacles de la gladiature attiraient la foule. Le *iudex*, successeur de Nicomaque à la Préfecture de la Ville était-il déjà Protadius (cf. tome II, p. 97 = 237, n. 1)? Sa démarche, en tout cas infructueuse, amena Symmaque à écrire en son propre nom.

P. 22

1. Pour une histoire de la sensibilité romaine, il ne serait pas inutile de commenter cette notation par un trait de la Vie d'Antonin le Pieux, 10, 5: ... *cum Marcus mortuum educatorem suum fleret reuocareturque ab aulicis ministris ab ostentatione pietatis, ipse dixerit: «Permittite, inquit, illi ut homo sit. Neque enim uel philosophia uel imperium tollit affectus;* maestitudo est moins classique que *maestitia*.

2. Après avoir été comte des largesses sacrées en 395, puis maître des offices de 397 à 399, l'Égyptien Rufius Synésius Hadrianus, interpellé par son compatriote Claudien (*Carm. min.* XXI-XXII), exerça deux mandats à la préfecture du prétoire d'Italie et d'Afrique, dont le second, en 413-414, est hors de nos limites; le premier, particulièrement long puisqu'il s'acheva à l'automne de 405, avait commencé en février 401, quelques mois avant cette échéance de juillet qui, une fois encore, tourmente Symmaque. Quand on constate qu'en 384, Milan s'était adressé à Rome pour trouver un rhéteur (en l'espèce Augustin, cf. *Conf.* 5, 13, 23), on s'étonne qu'en 401 le processus ait été inversé et que la demande n'ait pas été effectuée auprès du préfet de la Ville, alors peut-être Protadius (cf. *supra Ep.* 33, n. 3). Selon une proposition de R. Bonney, «A New Friend for Symmachus?», *Historia* 24, 1975, p. 357-374, les *Ep.* 7, 42-59 — à ce jour acéphales — auraient Hadrianus pour destinataire. On reviendra *in loco* sur cette hypothèse.

3. Symmaque, qui avait failli devenir l'élève de Libanius (Liban., *Ep.* 1004), reçut en définitive «les préceptes de la rhétorique» de la bouche d'un *senex... Garumnae alumnus* (*Ep.* 9, 88), Tibérius Victor Minervius, pense-t-on généralement, car ce Bordelais était à la mode à Rome dans les années 350: *PLRE*, I, p. 603, n° 4; un demi-siècle plus tard, l'épistolier, entretenu dans son jugement favorable à l'éloquence gauloise par ses relations avec Ausone et Pacatus, souhaitait maintenir

cette tradition au profit de la nouvelle génération; entre-temps, le réseau scolaire s'était enrichi, cf. *Cod. Theod.* 13, 3, 11 (376). Voir encore *infra Ep.* 8, 69.

4. Probablement le *frater noster* de l'*Ep.* 4, 22 (tome II, p. 104, n. 2), sinon le *facundus et eruditus uir Eusebius rhetor inter Graecos praestans omnibus idem nostra aetate professis, doctrinae Latiaris haud inscius*; Macr., *Sat.* 1, 2, 7.

5. Était aussi concerné le fils de Nicomaque, sensiblement plus jeune que Memmius.

6. D'après Olympiodore, frgt 44, Symmaque dépensa 2000 livres d'or.

7. Pour ces robes distribuées aux différents vainqueurs, voir tome II, p. 90 = 235, n. 5; Symmaque avait aussi en Afrique procédé à des achats de *uestes*, cf. *Ep.* 9, 15 et S. Roda, *op. cit.*, p. 126-127. — *Quamquam* est suivi du subjonctif comme *infra Ep.* 68.

1. Cf. *supra Ep.* 10, n. 1 et 30, n. 1 (reproches voilés à la fin du billet); sur 13 occurrences de *deprecor*, seule l'*Ep.* 59 *infra* atteste aussi un sens négatif du verbe.

2. Cf. *supra Ep.* 12, n. 8: au bout de quatre années, la succession de Nicomaque *senior* n'était ainsi pas encore complètement réglée.

3. Corriger tome II, p. 41, n. 2 par O. Pecere, «La tradizione dei testi latini tra IV e V secolo attraverso i libri sottoscritti», *Società romana e Impero tardoantico*, IV, ed. A. Giardina, Rome-Bari, 1986, p. 19-81 et 210-246 [p. 30-34 et 217-218]: l'émendateur, un jeune élève d'Endéléchius, doit plutôt être le fils de Salluste. Ce *Sallustius iunior*, à en croire L. Canfora, *ibid.*, p. 14-16 et 210, serait l'auteur des deux lettres, très controversées, *ad Caesarem senem de re publica*.

P. 23

1. Cf. *supra Ep.* 10, n. 1 et 2, 30, n. 1 et 35, n. 1.

2. Voir tome II, p. 178, n. 1; le *domnus frater meus* admiré par Néotérius doit être le consul invitant Mallius Théodorus mais, en dépit de la reprise du prédicat, *praecelsus uir*, la seconde fois, désigne Stilicon, cf. *supra Ep.* 10.

3. Explicitement Symmaque confirme que la retraite campanienne des *Nicomachi*, entre 394 et 398, correspondait à une sorte de bannissement; en mettant à leur disposition l'étape de Formies, il exerce une bienveillante pression.

4. Sans doute un notaire, cf. *Ep.* 5, 39; l'affaire pourrait concerner la tutelle à laquelle font allusion *supra* les lettres 6 et 10.

1. Outre le fils, les anniversaires célèbrent soit le *pater familias* (*Ep.* 2, 48, 67), soit la fille (*Ep.* 79, 80), soit un petit-enfant (*Ep.* 81) et s'accompagnent de cadeaux; parfois à l'absent est envoyée une part du repas.

2. Symmaque devait avoir prévu au menu poissons, crustacés ou coquillages (cf. *infra Ep.* 71). La disparition des marins-pêcheurs pourrait avoir pour cause la crainte, soit d'un raid de Gildon sur les côtes du Latium, soit d'une réquisition liée à cette rébellion africaine; dès lors, il aurait fallu recourir aux viviers des Nicomaques en Campanie. Cette reconstitution des faits demeure hypothétique, car on s'étonne de lire ensuite, dans un tel contexte: *de publicis scribenda non suppetunt.*

3. Ébranlé par le choc d'un véhicule, un immeuble dans la zone du Forum de Trajan s'est effondré et la mort des occupants a suscité la réaction du peuple de Rome. À partir de là, deux interprétations: si, avec Latinio, on corrige *rectore* en *rector* pour donner un sujet évident à *utatur*, on pensera que le *rector* (et là Symmaque joue sur l'ambiguïté du mot), empruntant le carrosse officiel de la préfecture de la Ville, a été le responsable de l'accident et que, pour ne pas envenimer la situation, il a recours dorénavant à sa voiture personnelle; si le texte est conservé — *inuidia plebeia* étant susceptible de régir un second verbe —, l'opposition, plus qu'obvie entre *uehiculi publici* et *priuato rectore*, conduirait à l'hypothèse d'un boycottage du transport en commun. On hésite à imaginer cette situation très moderne et, puisque la clausule ne joue pas, notre traduction en reste à la première possibilité. Sur cette *quaestio uexata*, cf. D. Vera, *Commento storico alle Relationes di Quinto Aurelio Simmaco*, Pise, 1981, p. 53-59 et déjà J. Godefroy, *Codex Theodosianus*, Lyon, 1665, 5, p. 218-219: si la requête formulée par la *Relatio* 4, en 384, par laquelle Symmaque demandait que pour le char de la préfecture le *cultus insignior* fût écarté, avec retour au *nobilis modus* antérieur, eut sur le moment gain de cause, cette lettre, où l'auteur éprouve une discrète satisfaction, démontre que l'innovation introduite par Gratien l'avait en définitive emporté. En dernier lieu, se référer à notre contribution aux *Mélanges R. Chevallier*, Luxembourg, 1994, p. 122-132, et à la communication de Ph. Bruggisser à l'*Historiae Augustae Colloquium Barcinonense* de 1993 (à paraître).

P. 25

1. Voir A. Chastagnol, «Observations sur le consulat suffect et la préture du Bas Empire», *RH* 219, 1958, p. 221-253: le consul *suffectus* conserve les insignes traditionnels mais n'est plus qu'un magistrat de second rang; nommé après la préture par le Sénat, il entrait en charge aux *Parilia* du 21 avril. Pour les Romains, la plupart du temps privés de l'inauguration du consul ordinaire, la cérémonie du *dies natalis* constituait une sorte de compensation (équivalence entre *toga picta* et *palmata*, cf. Isid., *Etym.* 19, 24, 5 et, avant lui, Sidon., *Carm.* 5, 5 et *Ep.* 8, 6, 6).

2. Cf. tome II, p. 44, n. 1: Cécilien avait été dépêché à la Cour par le Sénat.

3. Cf. *supra Ep.* 34, n. 7 (*Add. Ep.* 33, n. 2 et tome II, p. 90 = 234-235, n. 3) et *infra Ep.* 67.

1. Les deux autres lettres (*Ep.* 12 et 66) où figure Comazon datent de 396 et de 398; pour un choix plausible, cf. *infra Ep.* 7, 32. A. Marcone, *op. cit.*, p. 120, remarque que Comazon, appelé *filius* la première fois, se trouve ici traité de *frater* (mélecture d'abréviations?). Construction archaïsante de *digredior* avec le simple ablatif, comme en *Ep.* 5, 30 et 73; 8, 63. — *Add. infra Ep.* 45.

P. 26

2. Cf. *supra Ep.* 6, n. 1 et 9, n. 2. Félix séjournait en Campanie à titre privé, ce qui n'est pas contradictoire avec l'emploi du mot *annonae*, terme technique pour désigner la ration alimentaire, devenue l'unité de base dans l'évaluation des traitements civils et militaires.
3. Amm. 14, 6, 25: *quod est studiorum omnium maximum, ob ortu lucis ad uesperam sole fatiscunt uel pluuiis per minutias aurigarum equorumque praecipua uel delicta scrutantes.* Noms d'auriges, cf. *op. cit. supra* n. 1, p. 187-204. À noter encore la curieuse *uariatio: ad Campaniam... Campaniam* après un verbe de mouvement. Servius, *ad Aen.* 1. 2, blâmait l'emploi sans préposition.

1. Ainsi, et sans doute pour des raisons de santé, le 13 juillet les Nicomaques n'étaient pas encore arrivés à Rome, manquant les jeux prétoriens de Memmius. Symmaque a la courtoisie de ne pas exprimer sa déception. Peu après eurent lieu les noces du même Memmius avec Galla, non la fille mais la nièce de Nicomaque le Jeune. Entre juillet 401 et février 402, beau-père et gendre ne semblent plus s'être quittés.
2. Des crocodiles avaient été montrés à Rome pour la première fois en 58 av. J.-C. (Plin., *NH*, 8, 96). Leur long jeûne a ici sa cause dans la traversée depuis l'Égypte jusqu'au *uiuarium* de la porte de Préneste (cf. J.P.V.D. Balsdon, *Life and Leisure in Ancient Rome*, Londres, 1969, p. 312-313). Aussi bien l'Histoire Auguste (*Anton. Pius* 10, 9; *Ant. Heliog.* 28, 3) que Symmaque lui-même insistent sur le rehaut de renommée apporté par de telles exhibitions: *prae ceteris autem quae Romana spectacula desiderant, crocodillos functio theatralis efflagitat* (9, 141); *me crocodillos et pleraque peregrina ciuibus exhibere et aliorum hortantur exempla et propria compellit animositas* (9, 151). Sur la foi d'un contorniate où les chevaux de *Sol Inuictus* foulent aux pieds un crocodile, A. et E. Alföldi, *op. cit. supra Ep.* 42, n. 1, p. 112, verraient volontiers dans l'animal un symbole du nouvel obscurantisme. On hésitera à créditer Symmaque de telles arrière-pensées.
3. Il paraît opportun de suivre A. Marcone, *op. cit.*, p. 122, qui comprend «le deuxième des deux jours destinés aux *ludi circenses*» et, effectivement, Symmaque dit bien que les crocodiles ont déjà été exhi-

bés dans le théâtre, c'est-à-dire au cours des *ludi scaenici* qui, eux, duraient six journées (cf. *Pompeianae cauae, Rel.* 6, 2). La traduction par «lors des seconds jeux» s'imposerait plutôt avec un comparatif: *posterioribus ludis.*

P. 27

1. Correspondant de Symmaque (*Ep.* 8, 66), le sénateur Herculius, avocat du barreau de Rome, souhaitait épouser la fille d'un certain Julien (difficilement identifiable avec Sextus Rusticus Julianus, mort en 388, préfet de la Ville sous l'usurpateur Maxime, cf. *PLRE*, I, p. 479, n° 37). Mais le futur beau-père ergotait sur les clauses matrimoniales, s'adressant à ce propos à Valentin qui pourrait être un parent de notre épistolier (*RE* VII A 2, 1948, col. 2275, où W. Ensslin met aussi en jeu l'*Ep.* 9, 133). Peine perdue: le verdict de Valentin coïncide avec les vues de la famille symmachienne; Nicomaque n'aura donc aucune difficulté à emporter une adhésion, d'ores et déjà considérée comme acquise. En réalité, malgré des fiançailles favorisées et certifiées par d'autres témoins, Symmaque dut, dans l'*Ep.* 9, 43, revenir à la charge, pour empêcher Julien de rompre ses engagements: S. Roda, *op. cit.*, p. 171 (qui se réfère à L. Havet, *La prose métrique de Symmaque et les origines métriques du cursus*, Paris, 1892, p. 69, n. 1). La lettre n'est pas datable.

1. *Aph.* II, 46, «Deux peines n'occupent pas le même terrain; la plus forte efface l'autre» (à soi seule, la citation d'un proverbe prouve peu sur la connaissance d'une langue et d'une culture). La lettre, spécialement adressée à la *domina*, double l'*Ep.* 41: comparer *postquam filiam meam conperi consueto dolore uexari* (41) et *postquam te iactatam conperi dolore consueto* (45). Add. *supra Ep.* 41 et *infra* 7, 42.
2. Dans le livre VI, autres mentions d'additif aide-mémoire en *Ep.* 2, 40, 48, 55 et 65.

P. 29

2. Cf. *supra Ep.* 45, n. 2. Le mot *indiculus*, voir aussi *Ep.* 7, 82, est tardif: G. Haverling, *op. cit.*, p. 77). La lettre, si l'*Ep.* 2 se place à l'automne 395, pourrait dater de 397 ou de 398, cf. *infra Ep.* 67.

1. Cf. *supra Ep.* 5, n. 2 (Sévère qui, dans l'occurrence, ne demande rien pour lui, reçoit force compliments). *Abitere* est une proposition ingénieuse de L. Havet (archaïsme).
2. Au milieu du Ve s., Palladius, 1, 39, 4, conserve à *piscinalis* sa valeur adjectivale et le joint au substantif *cella*. À peine plus tard, Sidoine Apollinaire, *Ep.* 2, 2, 6, tout en indiquant qu'il n'a pas suivi cet usage, nous apprend que les murs du *frigidarium* sont en général recouvert de peintures, représentant des corps nus ou des scènes de

mimes et de pugilat. Symmaque, quant à lui, préférait la mosaïque
dans les thermes, s'intéressant aux techniques d'utilisation de ce maté-
riau, cf. *Ep.* 8, 42 (*add. MEFRA* 105, 1993, p. 753).

3. Valerius Messala Aviénus, célébré par Rutilius Namatianus pour
l'ancienneté de sa famille — les Publicolae —, sa carrière, son œuvre
d'écrivain et d'orateur (*De Reditu*, 1, 267-276; *add.* Sidon., *Carm.* 9,
305), reçoit de Symmaque les lettres 7, 81-92 qui datent du temps où,
de février 399 à novembre 400, il fut préfet du prétoire d'Italie, *PLRE*,
II, p. 760, n° 3 (où est aussi rappelée la présence de ce brillant *adulescens* dans les *Saturnales* de Macrobe).

4. Différente de l'ambassade du début de 396 (cf. *supra Ep.* 22,
n. 3), celle-ci pourrait être la première démarche — entamée alors
le 4 mars 397 — afin de bloquer les initiatives de Mallius Théodorus et des «provinciaux» de Milan, cf. *infra Ep.* 52 (le séjour commun de Symmaque et de Nicomaque à Préneste n'est pas daté avec
assez de précision par O. Seeck, *op. cit.*, p. LXV, pour qu'il constitue une objection valable). Quelle est, par ailleurs, la *domus* si hos-
pitalière, dont l'influence aurait pu atténuer les revendications de
l'aristocratie romaine, en soutenant tacitement les intérêts milanais?
Probablement une famille liée à Mallius Théodorus, puisque
Lampadius, le propre frère de ce dernier, succédera, en fin 397, à
Florentin comme préfet de la Ville (autre interprétation cf. *infra Ep.*
58, n. 2).

P. 30

1. Sibidius reviendra de Campanie à Rome avant avril 398, cf.
infra Ep. 58. Le cursus de ce personnage est connu par une inscription
rédigée par son fils (*CIL* VI, 1678): Acilius Glabrio Sibidius Spédius
fut légat en Achaïe, *consularis* de Campanie, vicaire des Sept-Pro-
vinces, et *sacri auditorii cognitor*. Il avait fondé un forum à Rome et
reçut de Symmaque les lettres 7, 129-131.

1. Symmaque revint à Rome en 397 pour les ides d'octobre mais,
ne s'attardant pas au Coelius, le quitta pour une villégiature suburbaine, sans doute sa propriété du Vatican, cf. *Ep.* 7, 18 et 74. Pour le
souci, manifesté en cet automne, à l'égard de Memmius, cf. *supra Ep.*
7, n. 4 (et la note 3 relative à la très mauvaise santé de l'épistolier
durant cette année-là).

1. La lettre reprend, avec plus de détails, un premier billet déclassé
infra en *Ep.* 63. *Add. supra* les *Ep.* 6, n. 2 et 3, 47, n. 1 et 49, n. 4; pour
Mallius Théodorus voir tome II, p. 157 = 241, n. 1. Honorius ne viendra dans la capitale oubliée qu'en 404 pour son sixième consulat, soit
quinze ans après la visite de son père Théodose. — Gerd Haverling,
op. cit., p. 224, dénombre 5 occurrences (*add.* à la présente lettre les

Ep. 1, 38; 3, 87; 5, 34 et 7, 110) où Symmaque écrit *litterae super re*, et non, comme Cicéron, *litterae de re*.

2. L'entente semblait réelle entre le Sénat et Stilicon: Gildon de fait, sera proclamé, par les *Patres*, *hostis publicus* à la fin de l'automne 397 (l'armée, dit expressément Claudien, *De cons. Stilich.* I, 326, attendit le décret sénatorial pour passer la mer; or les mesures sur le recrutement s'étalent — pour l'essentiel — entre le 24 septembre et le 12 novembre, *Cod. Theod.* 7, 13, 13-14). Nicomaque le Jeune ne put, à cause de la mauvaise santé de sa femme, participer à l'infructueuse ambassade, màis cette absence, peut-être également calculée, lui valut d'être invité un an plus tard aux fêtes consulaires de Mallius Théodorus. *Add. infra Ep.* 63, n. 1.

P. 31

1. Cf. *supra Ep.* 16, n. 1; 29, n. 1; 46, n. 1 et 47, n. 1 pour le mauvais état de santé de Symmaque en 397; les lois sur le recrutement sont précitées, *supra Ep.* 52, n. 2: le 24 septembre, le Sénat avait obtenu la possibilité d'adérer les *tirones* à 25 sous chacun, *post initam uidelicet sumptuum rationem et uestium et pastus*. Pour l'emploi fiscal du mot *oblatio* et la suite de l'affaire, voir *infra Ep.* 64.

P. 32

1. Revenus à Rome pour entreprendre le règlement de la succession paternelle, les Nicomaques, dans un climat politique bien reflété, *supra*, par *Ep.* 1, ont regagné la Campanie, car l'état de santé de la jeune femme demeure préoccupant (cf. *supra Ep.* 4 et 20). Pour les pièces jointes, voir *supra* l'*Ep.* 45, n. 2. *Add. supra Ep.* 4, n. 1, sur les rhumatismes articulaires. *Ciuicus amor*: l'adjectif recouvre un génitif qui, ici objectif, a une valeur subjective chez Sidoine Apollinaire, *Ep.* 4, 24, 4.

1. Cf. *supra* — et en suivant l'ordre chronologique probable — les *Ep.* 49 (n. 4: première ambassade sur la *pompa consularis* d'Honorius), 52 (n. 1: deuxième ambassade) et 6 (n. 2 et 3: refus de Nicomaque pour cause de maladie). À présent le préfet insiste à nouveau et les Nicomaques semblent aller mieux. Pour la suite de l'épisode, voir *infra* l'*Ep.* 59 (pour la place de l'*Ep.* 63, cf. *supra Ep.* 52, n. 1). — La correction de *his* en *bis* aurait le mérite de la clarté, puisque Nicomaque est approché à la fois par le Préfet et son beau-père.

P. 33

3. Sens absolu et technique de *experior*: Cic., *Quinct.* 75. Symmaque est tellement affecté par l'impôt extraordinaire de l'*aurum tironicum* (cf. *supra Ep.* 52, n. 2 et 54, n. 1) qu'il présage, de toutes façons, une ruine complète pour le domaine en litige.

1. Cf. *supra Ep.* 50, n. 1 (pour Sibidius); la fille de Symmaque est presque constamment malade: elle l'est en 395 (*Ep.* 4, 20, 55); on est moins renseigné pour l'année suivante qu'elle passe en grande partie avec son père; les malaises ont recommencé en 397 et se poursuivent en 398 (*Ep.* 6, 8, 29, 32, 41, 45, 54, 56, 58).

2. Cette *legatio*, sûrement datable de mars 398, est-elle la même que celle qui, au dire de l'*Ep.* 49, cf. la note 4, s'ébranle un 4 mars? On serait tenté de le croire et, par conséquent, de descendre de 397 à 398 la lettre 49; Messala et les autres auraient été envoyés à Milan, non à propos de l'affaire du consulat d'Honorius, mais pour plaider le dossier des recrues du *Bellum Gildonicum*. Après hésitation, nous laissons se succéder deux ambassades à quasiment un an d'intervalle, à cause du propre commentaire de Symmaque, au terme de l'*Ep.* 49: des aristocrates romains peuvent avoir cédé devant les vanités milanaises; il est moins facile d'imaginer qu'une *domus* de la capitale ait pu tenter de rompre l'unité du Sénat, face à des exigences budgétaires. Au demeurant, Messala paraît bien avoir été le chef de la délégation dans un cas, et Attale, dans un autre, cf. *Ep.* 7, 54 et 113-114 (la seconde mention du *rus Vaticanum* date aussi de cette fin d'hiver 398: dans l'*Ep.* 7, 21, Symmaque, alors dans cette «campagne», remercie Attale d'un mot envoyé sur la route de Rome à Milan). — Pour *defruemur*, cf. *infra Ep.* 71, n. 1.

3. En septembre 397 (cf. *supra Ep.* 52, n. 2 et 54, n. 1) le choix avait été laissé entre la fourniture des hommes et une compensation en espèces; en mars 398, deux nouveaux *praecepta* avaient paru, mais entre-temps (cf. *infra Ep.* 64), Florentin, après le 26 décembre 397, avait laissé la préfecture de la Ville à Lampadius, qui, lui-même, avant le 6 mars, se trouve remplacé par Félix, l'ami de Symmaque (sur celui-ci, cf. *supra Ep.* 6, n. 1). La teneur des décrets impériaux demeure inconnue, mais les premières victoires sur Gildon éliminent d'un seul coup tout le contentieux, cf. *infra Ep.* 62 et Claudian., *De bello Gild.* 16: *quem ueniens indixit hiems, uer perculit hostem.*

P. 34

2. La génération de Nicomaque l'Ancien ne plaidait pas pour la réconciliation.

3. À l'évidence Symmaque pense à Stilicon, engagé dans sa deuxième campagne de Grèce en 397. Cette indication est d'autant plus intéressante que F. Paschoud, dans son édition de Zosime, tome III 1 = 5, 7, 1-3, p. 13 et 99, n. 12, écrit de «la seconde intervention de Stilicon à l'Est qu'aucune source ne [la] date avec précision». Nicomaque ne voyait aucun intérêt à se déplacer à la cour, en un moment où le principal responsable politique n'était pas présent (le 4 avril, jour de la mort d'Ambroise, cf. Paulin., *Vita Ambros.* 45, le généralissime n'avait pas encore quitté Milan: cf. E. Demougeot, *De l'unité à la division de*

l'Empire romain, 395-410, Paris, 1955, p. 170, n. 272, et notre contribution aux *Mélanges R. Chevallier*, Luxembourg, 1994, p. 122-132).

4. Ces motifs personnels de remonter vers le Nord étaient bien
réels: allusions de Symmaque dans les lettres 6 et 52 (les mauvaises
langues jugeaient que Nicomaque profitait ainsi du *cursus publicus* à
des fins privées; en l'espèce, les dernières séquelles du règlement de la
succession paternelle).

5. Le texte corrigé de *P*: *deuotionis magnitudinem praetulit* satisfait au sens et à la clausule. (Pour *nudus* suivi du génitif, voir G.
Haverling, *op. cit.*, p. 195).

P. 35

2. Cf. *supra Ep.* 32, n. 1. Nicomaque est en voyage et sa femme est
attendue de son propre côté. O. Seeck, *op. cit.*, p. LX, voyait derrière
les *dies solemnes* les fêtes consulaires de Mallius Théodorus en janvier
399. Mais, si Nicomaque, parti de Campanie pour Milan, n'est pas
encore parvenu à l'étape intermédiaire de Rome, comment expliquer
que la fille de Symmaque le précède ainsi sur le même itinéraire de
Rome? Un autre schéma est envisageable: le gendre, parti seul de
Campanie, a vu au passage son beau-père et maintenant, de retour de
Milan, il est espéré à nouveau à Rome où il va rejoindre la *domina filia*
venue l'attendre à l'*Arabiana*, sans doute à l'occasion d'un anniversaire familial.

1. Au début de l'hiver 398, Symmaque, en étant à la fois présent et
absent en Ville, espérait ainsi répondre aux exigences simultanées du
civisme et de la prudence: la population, qui souffrait des conséquences du *Bellum Gildonicum* sur le ravitaillement de Rome, mar-
quait de l'hostilité au prince du Sénat qui avait déclaré l'Africain *hostis publicus* (cf. *Ep.* 4, 5 et *infra* 66); quant aux notables, ils faisaient
retomber sur lui la responsabilité des tracas que leur causaient les
recrutements imposés.

2. Voir tome II, p. 158, n. 1 = *Ep.* 5, 5 où à l'automne de la même
année 398 l'*institutio* de Memmius est mise en avant pour décliner une
invitation à Milan; un an plus tôt, cf. *supra Ep.* 51, Symmaque avait
plaisir à constater les progrès de son fils. — Emploi poétique de *longum*, cf. 4, 62.

3. Même formule dans la lettre suivante: *saepe urbanam commorationem proximo rure distinguimus.*

4. Voir tome I, p. 72 (= 217), n. 4 et p. 153, n. 1.

5. Symmaque souffrait certainement de la séparation et attend
d'être réconforté par des lettres; la première éventualité est donc teintée d'amertume. En comparant avec le schéma parallèle utilisé dans
l'*Ep.* 8, 51: *erit potestas tua hunc animi mei habitum uel augere silentio uel litteris amouere*, on voit combien, ici, la fausse symétrie est arti-

ficielle: si les Nicomaques s'accommodent de la distance, leurs messages optimistes, au lieu de se présenter comme des consolations, magnifieront un état jugé par eux tout à fait acceptable. Symmaque espère le contraire, c'est-à-dire leur venue.

P. 37

2. Le mot *seruitia* crée une hésitation: d'une part, les deux autres occurrences (*Ep.* 1, 11; *Rel.* 48, 1) désignent sans ambages des esclaves; d'autre part, il est généralement admis que les *serui* ne sont pas appelés à l'armée. Partant de l'hypothèse que le *seruitium* regroupe tous ceux qui *inseruiunt terrae*, nous nous sommes rabattu sur une traduction dont le seul mérite est de signaler le problème posé. Voir aussi A. Marcone, «Il lavoro nelle campagne», *Storia di Roma*, ed. A. Schiavone III, 1, *L'età tardoantica, Crisi e trasformazioni*, Turin, 1993, p. 823-843, p. 843, n. 105.

3. La brève préfecture de Lampadius — sur ce frère de Mallius Théodorus choisi à dessein par Stilicon, voir tome II, p. 165, n. 1 — s'achève en mars 398: *PLRE*, II, p. 654-655, n° 1. Dès le 24 septembre 397, *Cod. Theod.* 7, 13, 13, l'adhération d'un *tiro* à 25 sous — soit 5 livres d'argent selon la *ratio* en vigueur de 1 à 14, 4 — avait été accordée aux sénateurs qui préféraient garder leurs colons. Mais à présent, l'*oblatio* étant versée, cf. l'*Ep.* 54, n. 1, l'*ordo* était en passe de fournir quand même des recrues. C'est dire que cette lettre est antérieure aux *Ep.* 58 et 62. — Le tour *aegre est* est un archaïsme, G. Haverling, *op. cit.*, p. 128-129.

P. 38

1. La lettre 8, 65 à Lampadius montre qu'avant le terme de l'hiver 398 Symmaque avait dû quitter la Ville devant l'hostilité de la population; ce billet rappelle, en effet, que le préfet alors en poste sut calmer les esprits: *abesse enim longum placiditas me ciuium sinit consiliis tuis parta, quibus plebs redacta est in paenitendi uerecundiam*. La même aventure était arrivée à son père: Amm. 27, 3, 3; Sym., *Ep.* 1, 2 et 44; 2, 38; *Or.* 5, 1. Le domaine de la *uia Ostiensis*, à proximité de Rome, est différent du *praedium Ostiense* des *Ep.* 2, 52 et *infra* 72. — *Quo, lectio difficilior = Qua in re*.

2. Pour Comazon, voir *supra Ep.* 12, n. 10; le *Siculum negotium* dès Nicomaques était à l'examen du préfet du prétoire, cf. *supra Ep.* 57.

P. 39

3. Symmaque, comme *supra in Ep.* 11, se repose sur son gendre de ses responsabilités de gestion, mais alerté par Euscius (cf. *supra Ep.* 33, n. 1), il met en garde Nicomaque contre Nectaire, un *conductor* qui doit être surveillé sans trop de préjugés favorables (*Ep.* 9, 52).

A. Marcone cite ici à bon droit, dans son commentaire (p. 148), le début de la lettre 9, 6: *actores absentium quibus res longinqua committitur tamquam soluti legibus uiuunt.*

4. Villégiature déjà mentionnée en 2, 26 et 5, 93, Symmaque, qui s'intéresse à la construction (*v.g. Ep.* 1, 10; 2, 60; 6, 70 et 77; 7, 18; 8, 42), souhaite en l'occurrence l'installation d'un plan incliné qui facilite ses déplacements de goutteux.

1. On rapprochera HA, *Alex. Sev.* 26, 9-10: ... *et in Baiano palatium cum stagno quod Mammaeae nomine hodieque censetur* (cf. *Travaux du Centre d'Arch. méditer. de l'Acad. Polonaise des Sc.* 18, 1976, p. 144-158). *Fecit et alia in Baiano opera magnifica in honorem adfinium suorum et stagna stupenda admisso mari.* Même tableau par antiphrase en *Ep.* 8, 23: *In Lucrino serii sumus. Nullus in nauibus canor, nulla in conuiuiis helluatio, nec frequentatio balnearum nec ulli iuuenum procaces natatus.* — La conjecture de Mueller *tempori inseruitur* offrant une clausule inhabituelle, alors que *temporum uiuitur* constitue un dicrétique, nous incluons après *cessante* et peut-être sous une forme abrégée *condicione* plusieurs fois ailleurs (cf. *Ep.* 2, 36; 5, 98; 9, 143, *Or.* 3, 7) déterminé par *temporis/-rum.*

2. Symmaque, il est vrai, ne donne jamais dans ses lettres les noms de sa femme et de sa fille, mais cette réserve, dictée par l'usage, ne l'empêche nullement de les associer à ses pensées. L'image de la fileuse a pour elle tout le poids de l'historiographie, de la comédie, de l'élégie. En pratique, l'épouse de Nicomaque dirige un véritable *gynaeceaeum* où sont fabriqués, outre d'occasionnels cadeaux, les vêtements destinés aux jeux de Memmius (cf. *supra Ep.* 40). Définition de *forago* par Paul Festus (p. 80): *filum quo textrices diurnum opus distinguunt, a forando dictum.* Même topique en milieu chrétien: Aug., *serm.* 9, 3.

3. *Aduenticia... genuina:* terminologie quasi juridique où l'union de deux familles, bien distinguées l'une de l'autre, renforce néanmoins l'unité du couple. Pour la date, cf. *supra Ep.* 48, n. 2.

P. 41

1. Un autre séjour à Tibur se définit *infra* de l'*Ep.* 81. Mais il n'est pas certain que les données chronologiques coïncident: dans l'*Ep.* 81, Symmaque réfléchit aux fermages, ce qui serait plus plausible lors d'un bilan de fin d'année; notre billet, au contraire, parle de travaux de maçonnerie d'ordinaire effectués au printemps (si on additionne les trois informations de la lettre: la situation est calme, Symmaque est à Rome, ses enfants vont bien, 395 — plutôt que 397, cf. *infra Ep.* 76 — serait possible).

2. Le *conditor primus* qui était pressé et voulait loger beaucoup d'invités a multiplié les cloisons mal jointes et, par conséquent,

sujettes à l'éboulement. Comparaison avec les travaux de Lucullus, voir tome I, p. 194, n. 3; voir encore *ibid.*, p. 62, dans un vers de Symmaque, la *iunctura: otia lenta*.

1. Poissons et crustacés pouvaient être conservés le temps d'un transport jusqu'à Rome, puisque, dans l'*Ep.* 37, Symmaque demandait à sa fille de s'occuper du repas d'anniversaire de Memmius. Il n'est donc pas nécessaire de supposer un séjour commun en Campanie des deux générations. *Add. infra* pour un raisonnement de même type l'*Ep.* 81: là aussi l'occasion est donnée par une fête de famille, mais sans précision sur le menu. Lettre aussi peu datable que *supra* les *Ep.* 68 et 69 (exception faite de la préfecture de Nicomaque en 399-400). — Emplois archaïsants de *pollucibilem* et de *defruimur*, cf. G. Haverling, *op. cit.*, p. 83-84 et 99.

P. 43

2. *Parens* ne peut être lu *stricto sensu*, comme désignant Nicomaque *senior*, à moins de consentir une seconde dérogation à la chronologie générale du Livre VI. L'hypothèse, par exemple, d'un oncle paternel n'est pas à exclure: ce pourrait être le fils de Volusius Vénustus (*PLRE*, I, p. 949, n° 5) et le père du Vénustus auquel Symmaque écrit en 9, 17 (cf. *supra Ep.* 12, n. 8 et rectifier en conséquence tome I, p. 164, n. 2). Le praticien Prosdocius est inconnu par ailleurs (simple homonymie en *PLRE*, I, p. 751, en 391, chez Libanius).

1. Symmaque, parti à la rencontre de ses enfants, ajoute, devant le retard de ceux-ci, une étape supplémentaire à Fundi, alors que (cf. *Ep.* 2, 3) l'on allait d'une seule traite dans la journée de Terracine à Formies.
2. Cf. tome II, p. 206, n. 1 pour la date et ses références sur Formies (à préciser qu'un an plus tôt, en 396, un rendez-vous analogue avait eu lieu au même endroit, cf. *Ep.* 8, 23).

P. 44

1. Lettre postérieure aux *Ep.* 73, 16, 28 et antérieure à la précédente. En effet, après la crise de coliques néphrétiques, Nicomaque — était-il avec sa femme? — est venu tenir compagnie à son beau-père non à Rome ou dans une résidence suburbaine, mais franchement plus au frais à Préneste: *Ep.* 7, 35. Puis, chacun est reparti de son côté, Symmaque dans la capitale ou à Ostie, cf. *supra Ep.* 8, le gendre, vers la Campanie. À la fin de juillet, de nouvelles retrouvailles étaient fixées à Formies, cf. *supra Ep.* 75. Ainsi, contrairement à A. Marcone, *op. cit.*, p. 155, mais en accord avec O. Seeck, *op. cit.*, p. LXVI, nous supposons que le présent billet, au lieu d'être écrit de Fundi, l'a été de Préneste au début de la saison chaude. Voir aussi *supra Ep.* 70.

1. Ainsi, en ces derniers jours de juillet 397, les *Nicomachi* n'avaient pas rejoint Formies, conformément à l'attente de Symmaque, mais de surcroît ce dernier subissait une nouvelle crise (probablement de goutte); pour la séquence *aduersa tenuari*, voir *infra Ep.* 7, 74. — Le parallèle de l'*Ep.* 4, 13 recommande la correction de Juret.

P. 45

1. La lettre est indatable; pour une étude de colliers consulter P. Bastien et C. Metzger, *Le trésor de Beaurains (dit d'Arras)*, Wetteren, 1977, p. 160-192 et C. Brenot et C. Metzger, «Trouvailles de bijoux monétaires dans l'Occident romain», *Cahiers Ernest Babelon* 4, 1991, p. 315-371. À proprement parler, *linea* doit être un rang de perles, cf. Ulpian., *Dig.* 9, 2, 27, 30. A. Marcone, *op. cit.*, p. 157, observe que la topique du *munusculum* revient sous le stylet de Symmaque dans les *Ep.* 93, 104 et 107 du livre IX. — G. Haverling note, *op. cit.*, p. 108, que Symmaque seul recourt à la forme *ingrauatus* (cf. aussi *Ep.* 2, 29 — traduction dès lors à rectifier — et 9, 94), mais que l'adverbe correspondant apparaît chez Ammien en 17, 10, 10; elle signale aussi (p. 209) l'emploi adverbial de l'accusatif duratif *aeuum*.

P. 46

1. L'enfant célébré est peut-être la Galla de l'*Ep.* 32 *supra*. On doit être à l'automne (cf. *supra Ep.* 70, n. 1) de 397. Il n'est pas certain que Symmaque ait été le propriétaire à Tibur: il pouvait être reçu par ses amis Macédonius, Attale ou Atticus.

2. Les colons sont sur place si mal dirigés qu'ils ne peuvent ni assurer la production, ni, par conséquent, payer les fermages, cf. tome I, p. 70, n. 2, tome II, p. 219 (= 246), n. 1 et *supra Ep.* 11, n. 2. On ajoutera, de D. Vera, deux substantielles études: «Simmaco e le sue Proprietà. Struttura e Funzionamento di un Patrimonio Aristocratico del Quarto Secolo d.c.», *Colloque genevois sur Symmaque*, Paris, 1986, p. 231-276, et «Forme e funzione della rendita fondiaria nella tarda Antichità», *Società Romana e Impero Tardoantico*, I, ed. A. Giardina, Rome-Bari, 1986, p. 367-447 et p. 723-760.

3. Au total, 50 lettres du livre VI semblent à peu près datables:

	395	396	397	398	399	401	
hiver		3	1	1	1		6
printemps			15	4		4	23
été	1		4			1	6
automne	6		5	4			15
	7	3	25	9	1	5	50

172   *P. 47-48*

COMMENTAIRE DU LIVRE VII

P. 47

1. Né en 383-384, soit quelque douze ans après sa sœur aînée, l'épouse de Nicomaque *iunior* (cf. tome I, p. 71, n. 2), Memmius Symmachus ne marque guère sa vie d'adulte que par son mariage et sa préture (il avait été questeur sous Eugène), deux événements intervenus un an avant la mort d'un père dont il va éditer les papiers. La correspondance garde de lui, par conséquent, l'image d'un adolescent, sans doute tôt privé de mère, et qui, par sa santé et son éducation, entretient l'inquiétude paternelle. Il disparaît encore jeune, soit de maladie, soit peut-être dans les remous qu'entraîne l'exécution de Stilicon: *PLRE*, II, p. 1046-1047.

2. Cf. tome II, p. 90 (= 233-235), n. 1 et 3 pour le report d'un an (401) dû à la convocation de Symmaque au *processus consularis* de Stilicon (400); également pour la distinction à opérer entre la prise de faisceaux du préteur (janvier) et l'*editio praetoria* de Memmius (juillet). De la sorte, dix-huit mois supplémentaires étaient concédés à la préparation des jeux.

1. O. Seeck, *op. cit.*, p. CLXX, propose de dater ce billet de l'ultime voyage de Symmaque en 402: une probabilité qui est à retenir, car de même que les *Ep.* 13 et 14 (cf. *Colloque genevois*, p. 20, n. 11), il est adressé à un couple, vraisemblablement Memmius et sa femme.

P. 48

1. Cf. *infra Ep.* 7: le calendrier des fêtes consulaires de Stilicon fut bouleversé par les pluies, d'où un retard et seulement l'espoir pour Symmaque d'une fin des cérémonies avant le 5 février. En principe, trois types de divertissements, tous évoqués sur les contorniates, se succédaient: après les courses du cirque et avant les *munera* de l'arène qui, outre les combats de gladiateurs, désignaient aussi les *uenationes*, cf. Lactant., *diu. inst.* 6, 20, avaient lieu les *ludi*, à entendre comme *ludi scaenici*, cf. *Rel.* 8, 3 et *Cod. Theod.* 6, 4, 4 (329): mimes, danseurs, chanteurs et autres musiciens se produisaient alors sur le théâtre (à utiliser les recherches iconographiques d'A. et E. Alföldi, *op. cit., supra Ep.* 6, 42, n. 1, p. 184-227). On remarquera que si son prédécesseur, Mallius Théodorus, avait opté, en 399, pour les *ludi molles* (cf. A. Chastagnol, *BHAC* 1972-1974, p. 75-80), l'ambiguïté, ci-dessus mentionnée, du terme *munera*, laisse dans le vague le programme offert en 400 par le généralissime (*add. infra Ep.* 8).

1. La comparaison avec *infra, Ep.* 69: *De Formiano ad te scribo integer ualetudinis... mulos paulisper tenebo* démontre que le terme

d'un voyage effectué par Symmaque sans son fils n'est pas obligatoirement Milan; entre 399 et 402, l'épistolier a pu gagner seul sa chère propriété de Formies, laissant Memmius, soit célibataire sous la protection des *Nicomachi*, soit après 401 en compagnie de sa nouvelle belle-fille.

P. 49

1. Cf. *supra Ep.* 4.

1. Cf. *ibid.*; en écrivant *arenae editio*, Symmaque évite, à nouveau, de dire clairement s'il y eut ou non, en 400, des combats de gladiateurs (voir tome I, p. 185, n. 3; tome II, p. 196, n. 1 et p. 198, n. 2: il n'use plus de l'adjectif *gladiatorius* après 393).

P. 50

1. Annius doit être l'ami du philosophe Eudoxe, cf. *infra Ep.* 8, 31. Pour une date vraisemblable, voir *supra* l'*Ep.* 5.
2. La restitution par Seeck de l'épithète *praesentium* a l'appui des lettres 5, 17 et 6, 69 et la caution de L. Havet.

P. 52

1. À comparer avec Claudian., *De Bell Poll.* 561-562: *obsessi principis... nefas*; Alaric barrait l'accès direct à Milan.
2. Notre traduction respecte une négligence de style: répétition de *cura*. La lettre écrite dans des conditions difficiles double donc la précédente rédigée au même moment mais acheminée sans attendre que fonctionne le *cursus publicus*.

P. 53

2. Citation de Virgile, *Aen.* 7, 630 (qualificatif requis à la fois par la position du site et le prestige culturel); autres mentions de cette propriété acquise récemment par Attale, *infra Ep.* 18, 19 et 20. Les rapports entre les deux hommes sont expressément indiqués comme ceux de père à fils.
3. Athénée vante les uns et les autres dans les *Deipnosophistes* 2, 29; 4, 61 et 14, 81. Sur le thème des belles-lettres et de la cynégétique chez Pline, Fronton et bien sûr Symmaque, cf. Ph. Bruggisser, *op. cit.*, *supra Ep.* 9, n. 1, p. 397.
4. Cf. HA, *Aurel.* 20, 2: *deinde aliis manus porrigentibus, aliis pedibus in sententias euntibus, plerisque uerbo consentientibus conditum est senatus consultum.*
5. Cf. tome I, p. 118, n. 1; la forme archaïsante *uomis* a été délibérément choisie: voir *Testimonium* pour l'*exemplum*.

P. 55

1. Dans les *Ep.* 3, 12 et 88, Symmaque avait déjà signalé qu'il
habitait sur cette colline, où l'on a retrouvé les deux inscriptions (*CIL*,
VI, 1699 et 1782) rédigées par Memmius en l'honneur de son père et
de Nicomaque Flavien l'Ancien, le grand-père de sa femme. Au dire
de l'Histoire Auguste, les princes et l'aristocratie privilégiaient ce
séjour qu'illustrera, à son tour, la papauté de Latran: *M. Ant. Phil.* 1,
5; *Comm. Ant.* 16, 3; *Tyr. Trig.* 25, 4, cf. *RE*, 3, 1899, col. 1273-1274.

2. Cf. tome I, p. 148, n. 3. Le vicaire d'Asie, attesté le 28 janvier
398: *Cod. Theod.*, 7, 1, 16.

3. Cf. tome II, p. 206, n. 1. Symmaque, malade, avait été se reposer à Formies, cf. *supra Ep.* 6, 7, 10 et 75; à l'automne, revenu à
Rome, il repart, comme le note O. Seeck, *op. cit.*, p. CLXXII, à courte
distance de l'*Vrbs*, peut-être dans sa campagne des Laurentes (*supra
Ep.* 15). Théophile accompagnait son ami depuis Formies; pendant que
ce dernier faisait sa halte à Rome, il est allé porter un message à Tibur
et maintenant il a rejoint Symmaque dans sa seconde villégiature.

4. Cf. *supra*, n. 2 à l'*Ep.* 15; la forme *Tiburs* est toujours préférée
au qualificatif *Tiburtinus*, cf. *infra Ep.* 20 et 26. — Pour la leçon *uersando*, cf. Plaut., *Bacch.* 766.

5. Récit de navigation de Cumes à Formies: *Ep.* 2, 4 (*add.* 8, 23).

6. Emploi caractéristique d'*edulium*, voir aussi *Ep.* 1, 7 et 6, 49:
dans les environs de Rome, le Latium du Sud ou en Campanie, le
domaine a pour fonction d'alimenter la table du maître et de ses invités, cf. D. Vera, «Simmaco e le sue Proprietà...», *art. cit. supra Ep.* 6,
81, n. 2, p. 236. Attale demande un vrai rapport d'intendant sur cette
villa «au sol infécond»: *Ep.* 1, 8 (*add.* 1, 11 et 7, 37).

P. 56

7. À cause de l'*Ep.* 8, 23: *ubique uitam agimus consularem et in
Lucrino serii sumus*, il paraît possible de donner ici à l'adjectif *consularem* une valeur attributive, l'interrogation s'opposant en quelque
sorte à la précédente question.

8. Ce goût de l'écriture chez Attale serait encore mieux compré-
hensible, s'il était le fils de L. P(riscus?) Ampélius, l'auteur, admiré
par Sidoine Apollinaire (*Carm.* 19, 304), du *Liber memorialis*: l'hypothèse, il est vrai, est combattue par le dernier éditeur de cet opuscule,
cf. M.P. Arnaud-Lindet, *CUF*, 1993, p. XXI.

9. Reprise peut-être des *Fastes* d'Ovide, 6, 133-135: les Stryges,
stantes oculi... nocte uolant. Voir aussi Pers. 5, 62: *At te nocturnis
iuuat impallescere chartis*.

10. Cf. *supra Ep.* 15, n. 3.

11. Dans la *Silve* 1, 3, 81, Stace, décrivant la villa tiburtine de
Vopiscus (un nom qui sonne aux oreilles du lecteur de l'Histoire

Auguste), en loue les *Alcinoi... pomaria* (cf. aussi la lettre suivante).
Dans ce poème, v. 43-46, est évoqué un *caldarium* branché sur les
eaux de l'Anio. Il devait en être de même ici, mais à partir d'un seul
four.

12. Attale doit à ses origines un bilinguisme en passe de devenir
rare; à la différence des Nicomaques, ni Symmaque, ni son père
ne parlent le grec, cf. Ph. Bruggisser, *Ancient Society* 21, 1990,
p. 17-31.

1. Chronologie identique. Globalement, la Colchide renvoie à
Médée, et la Thessalie aux *Métamorphoses* d'Apulée, mais, dans un
contexte de guérison, on songe à la séquence *cantuque manuque* de
Virgile, *Aen.* 7, 794.
2. Culte d'un Hercule oraculaire à Tibur, cf. Stat., *op. cit. supra*, v.
79; J. Bayet, *Les origines de l'Hercule romain*, Paris, 1926, p. 312-
317; *RE* 2 R, 6, col. 827-831. Au demeurant honorée en ce lieu sous
l'épiclèse de Curitis, Junon est ici la parèdre d'Hercule en tant que *pro-
nuba*, puisqu'il y a mariage: celui de l'*amicus*, mais déjà, quelque
temps plus tôt, celui d'Attale. Les torches, en effet, étaient portées
devant la nouvelle épousée, cf. Claudian., *De raptu Proserp.* 3, 409;
Petr. Chrysol., *sermo*, 22, *PL* 52, col. 262 et, bien avant, Horat., *Carm.*
3, 11, 33.
3. Le jour suivant la noce, l'époux offrait un repas à sa parenté,
voir le même Horace, *Sat.* 2, 2, 60 et Auson., *Ep.* 9, 50 (au sens négatif de beuverie chez Apulée, *Apol.* 59, 3 et *De mundo* 367). Pour les
pomaria de Tibur, voir la lettre suivante, n. 1; *add.* Propert. 4, 7, 81-
85, Sil. Ital. 4, 224-225, Columel. 10, 138.

P. 57

2. Deux sites de Béotie vénéraient Hésiode: l'Hélicon, montagne
des Muses où se dressait une statue du poète (Pausan., 9, 29, 1 et 30,
3) et Orchomène (*ibid.*, 28, 3), où ses ossements avaient été transférés de Naupacte: cette seconde sépulture donna naissance à la
légende du rajeunissement d'Hésiode: χαῖρε δὶς ἡβήσας καὶ δὶς
τάφου ἀντιβολήσας Ἡσίοδε, cf. *RE*, 8, 1913, col. 1172. Par
contamination, les Muses sont dites orchoméniennes et tous les arts
contribuent à la restauration de la villa. Voir aussi tome I, p. 115
(= 226), n. 4 et Ph. Bruggisser, *op. cit.*, p. 398, n. 10, qui renvoie
encore aux commentaires d'Aélius Donat et de Philargyrius à *Buc.*
6, 70-71.

1. La *raeda* est «la diligence antique», cf. R. Chevallier, *Voyages
et déplacements dans l'Empire romain*, Paris, 1988, p. 36-37.
2. Pour la datation en mars 398, cf. *supra* la note 2 à l'*Ep.* 6, 58 (où
Symmaque parle aussi du *rus Vaticanum*).

P. 60

2. À Tibur, Macédonius est chez lui, car dans l'*Ep.* 27 qui, semble-t-il, fait corps avec celle-ci, il est dit retenir Attale. Mais ce dernier n'est pas nécessairement son hôte, les deux amis, chacun propriétaire de son côté, profitant de leur voisinage. La date de 397 — à l'automne — dès lors serait envisageable, comme elle le paraît *supra* pour l'*Ep.* 15, où Symmaque, conviant Attale à le rejoindre, oppose aussi *superbum Tibur* à *Laurentibus siluis*. Ce ton narquois serait inadapté si le signataire était lui-même résident à Tibur: le début de la lettre indique plutôt que Symmaque, ayant été reçu par Macédonius, a voulu lui rendre la politesse à Lavinium.

1. Même date probable. La construction avec *quod* et le subjonctif après un verbe déclaratif est plutôt rare chez Symmaque, cf. G. Haverling, *op. cit.*, p. 243.
2. À cause de la différence des générations, mais aussi par une affection particulière, Symmaque parle toujours d'Attale comme d'un fils, cf. *supra Ep.* 2, 82 et *infra* 7, 54, 113 et 114.
3. Connivence amusée avec un collègue, sans doute aussi d'âge égal, à moins que *pontificium* n'ait qu'un sens figuré comme dans l'*Ep.* 3, 17, cf. tome II, p. 31, n. 2.
4. Pour *delenificis*, cf. tome I, p. 95, n. 1 (d'Ausone à Symmaque).
5. Macédonius qui espère le retour de Symmaque, en ce moment loin de lui, sera plus rapidement exaucé s'il laisse Attale quitter sa compagnie: faute de venir lui-même, il ferait ainsi plaisir en se privant de l'ami commun. La formulation n'est pas qu'un jeu sur les mots mais exprime ici une sensibilité délicate et chatouilleuse.

P. 61

1. Nonius Atticus Maximus pourrait avoir été apparenté à Symmaque par alliance; après avoir été préfet du prétoire d'Italie — c'était en 384, une année glorieuse pour la famille —, il fut le consul occidental pour 397; les *Epigrammata Bobiensia* 48 et 57 lui sont adressés, ainsi qu'une courte lettre (n° 88) de saint Ambroise: *PLRE*, II, p. 586-587, n° 34 et tome II, p. 26, n. 4.

P. 62

1. Comme Attale et Macédonius, Atticus possède une campagne à Tibur, et à l'égal du premier (cf. *supra Ep.* 18), il s'est préoccupé d'y aménager des thermes, cf. *Epigr. Bob.* 48 et W. Speyer, *Zetemata*, 41, 1959, p. 38-42 et 74-84.
2. La lettre aurait sa place en 396, car cette année-là (cf. *supra Ep.* 24), Symmaque lançait (d'ailleurs en vain) des invitations à Formies; le retour inopiné d'Atticus dans la vieille capitale serait alors en rap-

port avec les prodromes de sa désignation au consulat; on est au cœur de la chaleur estivale.

1. Pour la date, cf. *supra Ep.* 28, n. 1 et *infra Ep.* 8, 58, n. 1; les lettres 6, 41 et 45, liées entre elles par la *iunctura: dolore consueto* et pour lesquelles on hésite entre 396 et 398, se classeraient mieux en 398; car la première fait état d'un projet de départ vers le Sud en vue de rejoindre les *Nicomachi* (*iter ad uos inchoare*), ce qui diffère totalement de la remontée commune vers Rome (*relegere iter*), afin d'assister au *processus* d'Atticus; l'alternance de *uestrum* et de *tuae* choquait L. Havet, mais les individus sont, particulièrement ici, indissociables de leur entourage familial, cf. *Colloque genevois*, p. 21, n. 21.

1. La métaphore de la dette est soigneusement filée: *reddisti, solutionem, fenus, repensum, debetur*, cf. tome I, p. 85, n. 6. Le billet saluant les «prospérités» d'Atticus serait-il contemporain de son consulat, lorsque Naucellius, *Epigr. Bob.* 57, 2, l'apostrophait en tant que *columen Vrbis*? Le parallèle avec l'*Ep.* 5, 58 dissuade d'une surinterprétation.

P. 63

1. De la carrière d'Atticus, on ne connaît que deux étapes; au contraire de son collègue au consulat, il n'a pas laissé de traces dans le cursus administratif après 397; on laissera ouverte une large fourchette. *Add. supra Ep.* 6, 53, n. 1.

1. Cf. *supra Ep.* 6, 23, n. 1, à compléter par A. Chastagnol, *op. cit.*, *supra Ep.* 15, n. 1, p. 257-260 et R. Bonney, *art. cit., supra Ep.* 6, 34, n. 2, p. 364-365: Dèce est alors proconsul de Campanie. Cf. *infra Ep.* 36, 38 et 40.

2. Cf. *supra Ep.* 6, 76: Symmaque, au début de l'été 397, est à Préneste avec son gendre; sans être chasseur, il aime les forêts qui rafraîchissent son organisme de valétudinaire (*add.* tome II, p. 55, n. 2; la mode cependant portait vers les stations de la côte campanienne). *Iam diu defruor*: la clausule ne fait pas obstacle à la forme à préverbe également employée *infra Ep.* 8, 27.

P. 64

1. Cf. *supra Ep.* 24 (immédiatement postérieure): Symmaque écrit de Campanie à Dèce revenu probablement à l'automne 396 dans les environs de Rome. Le correspondant est encore *priuatus*.

2. Cf. tome I, p. 194, n. 3; *add.* M.A. Wes, *Das Ende des Kaisertums im Westen des römischen Reichs*, La Haye, 1967, p. 145.

3. Thématique au diapason de la fin de l'*Ep.* 35, laquelle, en fait, suit le présent billet: Dèce, repu du luxe de la côte, était parti pour une

destination moins confortable; mais à présent, après cette cure, il doit avoir envie de rejoindre Symmaque en Campanie. Au cas où il persisterait dans son régime, ce serait à Symmaque de rentrer pour partager l'humeur de son ami. Le badinage a de la finesse et de l'ironie, surtout si l'on considère que, d'une lettre à l'autre, on est passé de l'*otium* à une magistrature, il est vrai dans cette même Campanie, cf. *infra Ep.* 38 (notre traduction a choisi de gloser, comme si devant *alienas* il y avait *iam tibi*).

1. Dèce s'était arrêté à Formies, puis a continué vers Naples où l'attendent ses proches; puisque Symmaque ne parle pas de le suivre, on préférera 397 à 396. Les *steriles Formiae* (*Ep.* 1, 8) rapportent peu mais tiennent la première place dans le cœur d'un homme qui s'astreint à ne pas toujours penser en termes de fermage.

P. 65

1. Divergences sur l'interprétation du *diu uersatus in castris*: O. Seeck, *op. cit.*, p. CLXXXII, à l'avis de qui se rangent A. Chastagnol, la *PLRE* et A. Marcone, pense à un emploi de «tribun et notaire» dans un *officium*; R. Bonney, *art. cit.*, p. 364, préfère le consulariat de Numidie, expressément attesté. Cependant l'adverbe *diu* laisse la possibilité de plusieurs échelons dans ce qui relevait — même si le *togatus* Symmaque pratique la confusion — de la *militia inermis*. D'autre part, à en croire l'épistolier, celui-ci était sur le point d'aller en personne rechercher Dèce pour le ramener à Rome. Sa magistrature terminée, l'ancien consulaire s'attardait dans une région qui, avant comme après les *curae publicae* qu'il y avait assumées (cf. *infra Ep.* 40), était pour lui une terre d'élection. Pour *militum arma*, cf. la note suivante.

2. Gildon ayant été tué le 31 juillet 398, cf. *PLRE*, I, p. 395-396, la lettre est d'assez peu postérieure à la fin de la révolte. Symmaque, redescendu avec les *Nicomachi* vers le Sud (cf. *Ep.* 6, 62), avait pu constater par lui-même l'état de la circulation sur l'*Appia*.

3. La disparition de Gildon n'a pas entraîné du jour au lendemain la reprise des transports frumentaires depuis l'Afrique; pour l'heure, les palliatifs doivent s'accompagner de la présence réconfortante des membres du Sénat, et Dèce, en cet été 398, doit imiter Symmaque en rejoignant l'*Vrbs*.

4. La proposition de Kiessling implique la lecture de *stipulatur* comme passif d'un verbe *stipulo* attesté par l'*Ep.* 1, 11.

1. Pour la chronologie, cf. *supra Ep.* 6, 7, n. 3 et 76, n. 1: printemps 397. Symmaque, après avoir renoncé à une cure en Étrurie, décommande maintenant son départ pour la Campanie à cause des troubles en ville. Ses regrets de n'avoir pu revoir ses enfants aux environs de Rome seront apaisés à l'automne, quand Nicomaque viendra

assister à Préneste son beau-père convalescent. Voir *Ep.* 6, 6: ... *iter ad proxima Vrbi praedia distulistis.* — Jusqu'à *retentus* le début de la lettre a été deux fois transcrit sur *V*, cf. tome I, p. 44, n. 1 (avec interversion indue de 5, 97 en 5, 79) et tome II, p. 213, n. 1.

P. 66

1. Le développement, semblable à celui de l'*Ep.* 40, date la lettre de l'été 398.
2. Cf. *infra Ep.* 8, 23: *ubique uitam agimus consularem.* À l'inverse, Dèce le Campanien devait se sentir proche d'Épicure. Non sans humour, Symmaque le menace d'une dénonciation devant le Sénat qui, il est vrai (cf. *Ep.* 6, 49), devait regretter une aussi bonne table où aller dîner; il mentionne aussi le peuple, pour que la parodie soit complète.

P. 67

1. A. Bonney, cf. *supra Ep.* 35, n. 1, a donc démontré que les lettres 42 à 59 (dépourvues d'adresse à la suite d'un accident codicologique — faisons, en effet, l'économie d'une *damnatio memoriae*) sont envoyées par Symmaque à l'Alexandrin Hadrien, déjà cité dans l'*Ep.* 6, 34, cf. *supra* p. 159, n. 2. Le meilleur argument est produit par l'*Ep.* 50 qu'il convient de commenter dès à présent. Malgré deux lacunes, on comprend que Symmaque remercie le prince pour deux bienfaits: l'honneur d'une préfecture décernée au correspondant, la décharge de ses fonctions accordée à Nicomaque Flavien. Il paraissait logique de faire de l'un le successeur de l'autre, bien que Dèce ne soit attesté comme *p. u.* qu'en décembre 402 et que la dernière mention de Nicomaque remonte au mois de novembre 400, soit deux ans auparavant. Cette démonstration d'O. Seeck, *op. cit.*, p. CLXXXIII, n'a pas l'agrément d'A. Chastagnol, *op. cit.*, p. 253-260, qui loge dans l'intervalle Protadius et Flavius Macrobius Longinianus. À quoi il est possible d'acquiescer, à une réserve près: l'*Ep.* 50, qui pourrait d'une façon erratique avoir été détachée de l'ensemble des lettres adressées à Protadius (*Ep.* 4, 17-34) — un parallèle existe pour Ausone —, en réalité ne le concerne pas, car le nouveau promu est un préfet du prétoire, non un préfet de la Ville. De cette interprétation, la preuve évidente est donnée *infra* par l'*Ep.* 110: *Duo ad me bona parilis uoluptatis recentes nuntii pertulerunt et uos iustis honorum creuisse processibus et domino ac filio meo Flauiano fructum priuati otii esse delatum.* De nouveau, dans une lettre de félicitation, Symmaque exploite la concomitance avec l'heureuse retraite de Nicomaque, mais ni Pétrone, ni Patruinus qui reçoivent la missive ne prennent le poste du gendre; si on ignore l'office dévolu à Pétrone, Patruinus apparaît en 401 en tant que *comes sacrae largitionis*, cf. *PLRE*, II, p. 843-844 et 862-863, n° 1; R. Delmaire, *op. cit.*, *supra Ep.* 6, 12, n. 2, p. 164-169. De fait, le

parallélisme institué par Symmaque semble acceptable: Nicomaque Flavien part entre le 1er janvier et le 21 avril, Patruinus et Hadrien sont en fonction, le premier après le 27 février, le second avant le 27 février.

2. Avant la préfecture du prétoire d'Italie en 401, Hadrien avait été comte des largesses sacrées de 395 à 397, puis maître des offices de 397 à 399; parce que ces deux premières charges paraissent s'être suivies sans intervalle et que, dans les deux années 395-397, Symmaque, gêné par la succession des *Nicomachi*, ne devait être guère le familier d'un fonctionnaire financier, il est probable que la *cessatio* s'est produite entre 399 et 401: R. Delmaire, *op. cit.*, *supra*, p. 137-141 (qui ne prend pas en compte, par prudence, le dossier des *Ep.* 42-59).

1. Cf. *supra Ep.* 6, 29, n. 1: datable, croyons-nous, à cause de cette attaque de goutte, de l'été 397, la lettre appartiendrait à la première phase de la correspondance avec Hadrien entre 397 et 399. Symmaque se reposait à ce moment-là à Formies, cf. tome II, p. 206, n. 1.

P. 69

1. Cf. tome II, p. 122, n. 1 (avec substitution à Dèce d'Hadrien, à cette date maître des offices — et en tenant compte de la correction apportée à la note précédente). À la fin de 398, le contentieux public de la succession de Nicomaque devait avoir été apuré, et Symmaque, avec quelque exagération, pouvait invoquer une *uetus amicitia*, cf. A. Marcone, *op. cit.*, *supra* p. 149, n. 1; p. 41-49, 54-56 et 59-63.

P. 70

3. La première opération s'exprime comme ici par le verbe *excerpere* (*add. Ep.* 4, 60; 5, 82; 9, 18), avec les variantes: *edecumare* (*Ep.* 5, 83 et 9, 12) ou *electio* (*Ep.* 4, 58-59 et 5, 82), voire *iudicium* (*Ep.* 4, 63); la seconde s'effectue grâce aux *equorum tractoriae* accordées par le préfet du prétoire Mallius Théodorus (*Ep.* 9, 25), cf. S. Roda, *op. cit.*, *supra Ep.* 6, 3, n. 1, p. 144-145.

4. Sur place, en Espagne, les hommes de Symmaque utiliseront les chevaux du *cursus publicus*. Ne restant pas groupés, ils ont besoin de deux permis supplémentaires, puisque la péninsule compte cinq provinces. Voir l'ensemble des dispositions de *Cod. Iust.* 12, 50 et, pour les πάριπποι, *Cod. Theod.* 8, 5, 14 et les lettres de l'empereur Julien, 34, 41 et 46.

5. Comme *v. g. supra Ep.* 14, allusion à Stilicon, dont Hadrien est ainsi le protégé.

P. 71

2. Cf. *supra Ep.* 42, n. 1 l'interprétation du passage; Nicomaque avait été *p.u.* plus de 18 mois. — En insérant *te* après *differri*, Lectius néglige le «saut du même au même» à partir de *quiete* (*VM*).

P. 77

1. Patrice est désigné sans ambages comme *magister epistularum*; faute d'allusions précises et de cohérence interne, on se contentera de supposer que les relations épistolaires avec ce bureaucrate s'inscrivent dans la dernière décennie de la vie de Symmaque; cf. R. Bonney, *art. cit.*, *supra Ep.* 6, 34, n. 2, p. 365, qui pose la question d'une éventuelle identification avec l'homonyme cité dans les lettres 2, 11 et 90, antérieurement à la mort de Nicomaque l'Ancien.

2. Attaché au service de la personne sacrée de l'Empereur, Patrice officie comme le *tibicen* lors du sacrifice. Puis la lettre, qui avait commencé par une comparaison rituelle sur les dettes de l'amitié, se fait plus inventive: elle met en parallèle les eaux mortes du lac et le cours d'une rivière au sortir de la source (la proximité du prince stimule le talent de Patrice); autre image dans ce registre, cf. *infra Ep.* 8, 24; sur le fond, cf. *infra Ep.* 8, 27, n. 4.

P. 79

1. Cf. tome II, p. 104, n. 3 (à rectifier, en prenant en compte les *Ep.* 49 et 52).

1. Cf. *supra* la note 1 à l'*Ep.* 6, 6 (où est également invoquée la lettre 5, 52, envoyée à Félix: pour la deuxième fois, cf. *supra Ep.* 63, Félix et Patrice sont sollicités de concert). — Le texte est restitué selon le parallèle de l'*Ep.* 9, 139.

P. 80

3. Cf. *Ep.* 9, 129: *... ut noueris pro absentibus dominis rectorem suscipere debere partes defensionis*, interprété par S. Roda, *op. cit.*, p. 291-292, qui s'appuie sur *Cod. Theod.* 4, 22, 1, de 326 (défense par l'administration des propriétaires non résidents).

4. Comme il le fera dans l'affaire de Minucien (*Ep.* 5, 63), Symmaque incrimine d'abord les agents d'exécution. Néanmoins l'*ignauia* du gouverneur oblige à demander l'intervention de son supérieur hiérarchique.

1. Symmaque correspond avec Alypius, ou bien parce qu'il est à Rome et son ami en Campanie (cf. *infra Ep.* 68), ou bien à cause de la situation inverse (cf. *infra Ep.* 70). On a l'impression d'être plutôt dans le premier cas de figure et la lettre pourrait précéder de peu la suivante, avant la descente vers le Sud, dans l'été 396.

P. 81

1. Val. Max. 8, 2, 4: *multus sermo eo etiam iudicio manauit, in quo quidam furti damnatus est, quod equo, cuius usus illi usque Ariciam*

commodatus fuerat, ulteriore eius municipii cliuo uectus esset. Quid aliud hoc loci, quam uerecundiam illius saeculi laudemus, in quo tam minuti a pudore excessus puniebantur; Gaius, *Instit.* 3, 196: ... *aut si quis equum gestandi gratia commodatum longius eum aliquo duxerit.* Les chevaux castrés, comme l'écrit Varron, *Rust.* 2, 7, 15, sont *quietiores* et plus recommandés *in uiis.*

P. 87

1. Cf. *supra Ep.* 6, 49, à propos de son ambassade de 397. L'affaire Jucundus, traitée ici et dans les lettres 83 et 89, se déroule en 399-400, dans les limites de la préfecture de Messala: l'intéressé était convoqué à Milan, mais Symmaque demandait un dessaisissement au profit du vicaire de Rome, car Jucundus était trop faible pour se prêter au déplacement. Il s'agissait d'instruire un procès plaidé en première instance et, entre la demande initiale (réitérée avec force dans l'*Ep.* 89) et l'*Ep.* 83, une dérogation signée de l'Empereur aura, en principe, donné satisfaction à la requête de l'impétrant. Symmaque alors de s'étonner d'une lenteur apparentée à de la mauvaise volonté; la pression du milieu romain a pu, cependant, paraître faire obstacle à une saine justice, d'autant plus que le vicaire est *a priori* de moins forte stature que le préfet (en 399-400, le vicariat était occupé par Turranius Décentius Bénignus, un obligé de Symmaque, cf. l'*Ep.* 9, 42 et S. Roda, *op. cit.*, p. 168). On constate que Jucundus, *amicus, amicissimus, unanimus,* n'est pas un clarissime.

P. 88

1. L'acharnement de la préfecture, en dépit du rescrit obtenu par Jucundus, contredit l'attitude habituelle de Messala et n'a donc pas pour raison le refus, même provisoire, de rétrocéder à un inférieur un droit de juridiction: on est donc bien devant un cas d'espèce et Symmaque se garde d'intervenir sur le fond.

2. Cf. *infra Ep.* 89.

P. 89

1. Eusèbe, lui, est un clarissime qui, pouvant se targuer de l'estime des *optimi uiri*, permet à Symmaque de s'en tenir aux impératifs de la morale et de la solidarité. Aucune demande matérielle n'est formulée. La *PLRE*, I, p. 306, nº 30, identifie le recommandé avec un *u. c.* homonyme, en faveur duquel en 386-387, l'*Ep.* 4, 66 était déjà adressée au prédécesseur de Messala. Il serait pourtant étonnant qu'en une douzaine d'années un notable ne se soit pas mieux assuré les complaisances d'une même administration. *Add. infra Ep.* 8, 8.

P. 90

1. Ce Grégoire doit avoir été le destinataire des *Ep.* 3, 17-22 (cf. tome II, p. 31, n. 1), d'où un fils *non obscurus ortu*.
2. Dès avant 382, cf. *Ep.* 5, 16, Symmaque considérait que la carrière d'avocat, notamment au barreau d'une préfecture, était une excellente façon de faire ses classes *ad spem processus*.

P. 92

1. Messala était un païen. La lettre ne peut être datée. Pour la construction de *nuntiare*, voir *supra Ep.* 61, n. 1.

P. 93

1. Si, ce que ne fait pas R. Delmaire, on accepte d'attribuer la lettre parallèle acéphale (cf. *supra Ep.* 46) au préfet du prétoire Hadrien, il devient logique de placer en 401-402 cette *commendatio* de Didier, qui donc s'adresserait simultanément au titulaire de la préfecture de la Ville. R. Bonney, *art. cit.*, p. 361-362, admet que, même présent à Rome, notre auteur a pu communiquer par écrit avec le premier magistrat de la cité. Parallèle envisageable *infra Ep.* 101.
2. Cf. A. Chastagnol, *La préfecture urbaine à Rome sous le Bas Empire*, Paris, 1960, p. 105, pour les notions difficiles de *momentum* et de *reformatio momenti*, peut-être mises en application dans ce cas de dépossession (*iactura*).

P. 94

1. Longianianus, semble-t-il, appuyait comme rapporteur (*testis*) l'*adlectio* au Sénat de Dynamius (destinataire probable des *Ep.* 8, 39 et 67) et il demandait à Symmaque d'être l'un des deux parrains: A. Chastagnol, «Le Sénat dans l'Œuvre de Symmaque», *Colloque genevois sur Symmaque*, Paris, 1986, p. 73-96, p. 78-79.
2. Contrairement à A. Chastagnol, je ne pense pas que Dynamius appartienne déjà à l'administration (laquelle, on le sait, est fictivement militarisée, d'où les mots *militiae* et *castrensis*). Il convient donc de l'incorporer, au moins pour ordre; ceci fait, il aura droit à une solde, à des transports gratuits et surtout à un statut comportant des immunités.
3. Reçu à ce niveau dans la Curie, Dynamius sera dispensé des épuisants *senatoriis sumptibus*, cf. *Cod. Theod.* 6, 35, 7 (367). De la sorte, Symmaque fait litière de la morale et de ses propres intérêts, parce qu'il connaît l'impétuosité de l'ami de Stilicon.

P. 95

4. Le comte des largesses sacrées a mis à l'amende l'*officium* de la préfecture, Flavien lui-même n'ayant pas été sanctionné (Juret, dans

son édition de 1604, p. 207, produit néanmoins avec raison ces lignes de Tertullien, *De anima*, *PL* 2, col. 719-720: *Grauior inuidia est in praesidem, cum officia pulsantur. Plus caeditur qui iubet quando nec qui obsequitur, excusatur*). L'*arca uinaria*, alimentée par les distributions payantes dont le produit était ensuite converti en *solidi* selon un tarif imposé, réglait les dépenses afférentes, mais, à cause de ses fortes liquidités, elle en était arrivée à financer la construction à Rome. De là des déficits comptables ou réels et, par conséquent, des scandales qui, une ou deux fois, avaient entaché la réputation d'Orfitus, le beau-père de Symmaque, cf. A. Chastagnol, *op. cit. supra Ep.* 94, n. 2, p. 341-345; D. Vera, *op. cit.*, *supra Ep.* 6, 37, n. 3, p. 254-261 et 268, qui renvoie à *Cod. Theod.* 12, 6, 26, du 12 juin 400: à cette date l'enquête sur les quittances avait déjà commencé.

5. Au terme de la lettre, Symmaque tente, au nom de l'âge, de récupérer un semblant d'autorité, mais il est possible que la retraite de Flavien ait été une séquelle de l'incident, bien que ce soit Bénignus (cf. *supra Ep.* 81, n. 1) qui ait reçu le texte du Code.

1. Cf. *supra Ep.* 48. Dès le début de l'année, Symmaque avait alerté ses amis. Cette lettre prouve que, pour sa part, Longinianus n'avait pas tardé à s'entremettre. Était-il déjà comte des largesses sacrées? R. Delmaire, *op. cit. supra*, p. 156, imagine une nomination à l'été 399.

1. Cette déclaration ne marque pas nécessairement le début de la correspondance avec Longinianus.

P. 97

1. Des 27 lettres qui suivent — c'est le bloc le plus important du livre VII (et là-dessus nous suivons R. Delmaire, *op. cit.*, *supra*, p. 164-169) — six sont envoyées conjointement aux deux frères (*Ep.* 102, 104, 110, 119, 123 et 127), Pétrone reçoit seulement les *Ep.* 106, 109, 114; tout le reste revient au seul Patruinus. Ce Patruinus, peut-être le fils de l'homonyme de l'*Ep.* 1, 22, cf. tome I, p. 86 (= 220), n. 3, était déjà en 397 influent dans l'administration palatine (cf. tome II, p. 195 [= 243], n. 1 et l'*Ep.* 6, 7, n. 6), en raison de son intimité avec Stilicon; promu comte des largesses sacrées en 401, il le demeure jusqu'à la tuerie de 408, victime alors de la soldatesque comme Longinianus; son frère Pétrone avait été vicaire d'Espagne de 395 à 397, avant de revenir au *comitatus*; sa préfecture des Gaules et son épiscopat à Vérone sont postérieurs à la disparition de Symmaque.

P. 98

1. Le gendre de Symmaque fut préfet de la Ville sous Eugène, l'usurpateur.

2. Antérieurement au 6 juin 399, date de sa première attestation comme *p. u.* d'Honorius.

P. 99

1. Cf. *supra Ep.* 48, n. 1-3 (pour la date, la complémentarité des *euectiones* et du *transitus*, ainsi que pour l'expression *in rem missos*).

P. 100

1. Cf. *supra Ep.* 6, 53, n. 1.

P. 101

1. Cf. *supra Ep.* 108, n. 1. L'arrangement signé en 397 avait entraîné pour Cécilien une perte de capital.
2. Métaphore analogue en *Ep.* 3, 11; 7, 49 et 130; 9, 38. — Nous avons suivi la suggestion de Havet, car devant un mot commençant pas «f» Symmaque écrit toujours *ac*.

P. 102

1. Pour Sévère, cf. *supra Ep.* 6, 5, n. 2.

P. 105

1. Devenu comte des largesses sacrées à la fin de l'hiver 401, Patruinus devait avoir moins de temps pour répondre à Symmaque.

P. 106

1. Voir *supra* 6, 3 et 44; *infra* 9, 7 et 43, Symmaque en qualité de «marieur»: de même qu'il protégeait les héritiers, le sénateur favorisait les unions entre clarissimes. Dans le cas d'Athanase — mais il y a une suite, cf. *infra Ep.* 125 —, le fiancé avait déjà dû verser les *arrhae sponsaliciae*, cf. *Cod. Theod.* 3, 5, 6, en 380, commenté par S. Roda, *op. cit.*, p. 289-290 (à propos de l'*Ep.* 9, 127).

P. 107

1. Pour les ours dans les *editiones* — Libanius les juge aussi nécessaires aux jeux d'Antioche — cf. *supra*, tome II, p. 198, n. 3 et S. Roda, *op. cit.*, p. 297: ossements de plantigrades découverts sur le Colisée. En apparat critique, O. Seeck écrivait: *forte ex Praeualitana*. L. Havet, *op. cit.*, *supra Ep.* 6, 44, n. 1, p. 38-39, objecte que cette province ressortissait à la *Pars Orientis*; il ne lui échappe pas que dans l'*Ep.* 9, 142, il est question du transport d'ours de Dalmatie et dans l'*Ep.* 9, 135, de leur arrivée en Apulie *ex transmarinis locis* — voir aussi l'*Ep.* 2, 46 —; il propose donc de corriger, au plus court, *Italia* par *Apulia*. À notre avis,

la présence du mot *transitum*, à prendre au sens de «traversée» (cf. *supra Ep.* 48, n. 2), engage à suggérer de préférence la leçon *Dalmatia* que le copiste aura mal lue, par attrait de la *lectio facilior*.

2. Par conséquent 401, plutôt que 400.

1. Voir *Testimonium*.

P. 108

1. Outre les deux frères, cet *officialis* est encore recommandé par l'*Ep.* 9, 60 à Probinus, proconsul d'Afrique en 397 (lettre isolée, à joindre aux *Ep.* 5, 67-71 probablement contemporaines). La *Romana simplicitas* implique un style direct, cf. Martial, *Epigr.* 11, 20, 10; on a eu l'occasion de dire (cf. *Colloque genevois...*, p. 20, n. 15 et p. 33, n. 75) avec quel discernement Symmaque distribue l'appellatif *unanimitas uestra*.

1. Patruinus a aidé le fils de son ami au moment où s'organisaient les jeux prétoriens.

2. L'anonyme appartient aux *scrinia ab epistulis* où sont traitées «les lettres et consultations émanant des gouverneurs et des ambassades des villes» (A. Chastagnol); cependant la section *a libellis* pourrait être concernée.

P. 109

1. *PLRE*, I, p. 775-776, n° 11: ce *p. u.* en 376, qui en 363 avait été l'ami païen de Libanius, serait le *sanctissimus senex* loué par Ambroise, *De off.* 3, 7, 46-48.

2. Le sénateur intervient pour les *c.f.*: *v.g. Ep.* 1, 74; 4, 68. En Apulie, une province où Symmaque et les *Nicomachi* sont propriétaires (*Ep.* 2, 34; 6, 12), les terres sont trop imposées *ob inanem famam fecunditatis* (*Ep.* 9, 29). Le *comes sacrarum largitionum* doit accepter une minoration des taxes, car les surfaces n'ont pas un rendement proportionnel à leur étendue. — La leçon *uinctas* a été préférée, car la lettre finale a pu sauter devant *salutaris* (remarque de J. Fontaine).

P. 110

1. Cf. *supra* tome II, p. 200, n. 1. Ses adversaires ont discrédité Scipion, en le présentant dans leurs calomnies comme un homme dangereux pour le pouvoir. Mettait-on en avant les prétentions de sa généalogie?

COMMENTAIRE DU LIVRE VIII

P. 114

2. Pour l'achat d'une maison à Capoue, cf. *supra Ep.* 6, 11; pour le passage par cette propriété, cf. *infra Ep.* 8, 27 et 9, 111 et 125.

3. Rarissime, la clausule spondée-anapeste éveille la méfiance de L. Havet. L'interversion de deux mots ne serait guère plus satisfaisante: dès lors *accēssĕrīnt hĭĕmĭs* devient plausible.

1. Même idée et donc même date que la lettre précédente.

1. Malgré la date probable de la lettre suivante, on hésite à se rallier à l'hypothèse d'O. Seeck, *RE*, 13, col. 1373, n° 12, selon laquelle ce Lollianus serait le jeune aristocrate supplicié sous Valentinien Ier, cf. Amm. 28, 1, 26. Le milieu doit être cependant celui des clarissimes et l'interlocuteur vient de nouer une correspondance avec Symmaque.

P. 115

1. Cf. *supra Ep.* 7, 116, n. 1. La *PLRE*, I, p. 837, n° 29 donne Valérius Sévérus pour chrétien sur la foi de *ILCV* 1592, mais A. Chastagnol, *op. cit.*, *supra Ep.* 7, 15, n. 1, p. 210-211, a raison d'attribuer cette inscription à son fils, le beau-père de Mélanie. Il n'y avait donc aucune incongruité de la part de Symmaque à employer des expressions polythéistes comme *caelestes* et *salutarium potestatum*. Dans la célèbre *Relatio* 3, 8, les *custodes* sont les Génies, Anges Gardiens des cités (*add. Th. LL. s.u.* col. 1576-1577).

P. 117

1. À nouveau O. Seeck, *op. cit.*, p. CXCIII, note l'analogie des développements dans les *Ep.* 11 et 12, avec même le strict parallélisme: *religio... fide... uerborum*; bien que Symmaque soit capable de se recopier à des années de distance (cf. *supra Ep.* 7, 53, n. 1 et 113, n. 1), il y a là une présomption de contemporanéité, chez quelqu'un qui écrit autant.

2. Seeck, *ibid.*, date la lettre de la fin de 397, l'année des tracas de santé.

P. 118

1. Le panégyrique de 389 en l'honneur de Théodose a fait plus pour la renommée de Latinius Pacatus Drépanius que les lettres de Symmaque — celle-ci et *Ep.* 9, 61, 64 — ou les dédicaces d'Ausone 3, 1, 13; 17, 1, 2; 23, 5, 2 et 14, 21. Après sa prestation oratoire (*Pan.* 12), cet Agenais (cf. Sidon., *Ep.* 8, 11, 2) reçut le proconsulat d'Afrique en 390 et dirigea en 392-393 le département oriental des *res*

priuatae, cf. R. Delmaire, *op. cit.*, *supra Ep.* 6, 12, n. 2, p. 125-128. À ce lettré, Symmaque offre des métaphores: outre le banal *indebito fenore... absolui*, les deux verbes moins fréquents: *manasse* et *frigere*.

1. Apollodore, proconsul d'Afrique en 399-400, a quitté sa charge après le mois de mars; Symmaque lui adresse au moins les *Ep.* 9, 14 et 51: l'une parle de la difficile «soudure» du ravitaillement à l'été 399, l'autre intervient pour deux curiales d'Hippone (mais aucune mention de l'évêque du lieu, l'ancien rhéteur Augustin, protégé par l'épistolier, en 384!): *PLRE*, II, p. 119, n° 2; était-ce la question de l'annone? Apollodore avait eu hâte d'achever sa mission, avant d'affronter à nouveau les mois critiques. Même type d'*incipit* en *Ep.* 2, 27.

P. 119

1. Alévius a la gentillesse (cf. *Ep.* 9, 65) de veiller pour Symmaque à la confection d'un *carpentum* (on ne trouvait donc pas de bon carrossier à Rome); au contraire de Castor, il n'est pas au service de Symmaque (cf. *Ep.* 6, 9, n. 2), mais celui-ci ne le traite pas sur un pied d'égalité. Si précisément Castor vient demander à Alévius de s'occuper du véhicule et si ce dernier est destiné aux jeux de Memmius, O. Seeck a raison de situer le billet en 400.

1. Dans l'*Ep.* 9, 7, Symmaque avait écrit à Cartérius en faveur d'Auxence, un excellent futur gendre: sur Cartérius, cf. tome II, p. 182, n. 2; sur l'avocat Auxence, cf. *Ep.* 9, 5. O. Seeck, *op. cit.*, p. CXCV, rassemble les lettres 13 à 16 à cause d'un recours au verbe *praestare*: *praestabunt* 13, *praestabit* 14 et 16.

P. 120

1. En première instance, Symmaque a perdu un procès en province (la Sicile? cf. déjà en 389 l'*Ep.* 2, 28); pour la plaidoirie en appel, il renouvelle sa confiance à l'avocat Rufin. Le ton soutenu adopté: *domum nostram quae multis circumlatratur iniuriis* amène à proposer le début de 398, lorsque finalement Symmaque sera contraint de quitter la Ville (le verbe *circumlatrare* chez Ammien Marcellin, 22, 12, 4 et l'Anonyme *de Rebus Bellicis*, 6, est employé respectivement à propos des détracteurs de Julien et des barbares qui assiègent l'Empire).

1. Ce Patruinus semble être lui aussi un avocat du barreau de Rome (*iterata lis... forensi obseruatione*). Cette lettre fait couple avec la suivante: en effet, dans la première, Patruinus est en ville, Symmaque à Lavinium (cf. *supra Ep.* 7, 15 et 26); dans la seconde, probablement

plus tardive, la situation s'est inversée: Symmaque est rentré dans la capitale, tandis que Patruinus chasse, installé dans une ville suburbaine où se repose sa femme tombée malade. Les deux missives sont de l'automne 397, au moment crucial de l'affaire gildonienne et quand notre sénateur souffrait de sa goutte chronique (cf. *supra Ep.* 6, 29, n. 1 et 7, 73, n. 1).

P. 121

3. Grâce à l'autarcie domaniale, Patruinus aurait été ravitaillé par les *culta... pomeria*, cf. Prudent., *Perist.* 11, 153-154 (*add. supra Ep.* 6, 12, n. 12). Les denrées à haut prix n'étaient pas touchées par la crise. Les glossaires, cf. *Th.LL, s.v.*, indiquent pour *cuppedinarii* l'équivalence: *lautiores cibos uendentes*. Notre traduction a été suggérée par la note de R. Turcan in HA, *Ant. Heliog.* 30, 1, ed. *CUF*, 1993, p. 108 (= 221-222), n. 158. Voir aussi G. Haverling, *op. cit.*, p. 85.

4. Patruinus veut pour sa femme du bon air ou du calme, Symmaque croit aux techniques thérapeutiques et il connaît des médecins: Eusèbe, Dusarius, Denis, cf. *infra Ep.* 64 et 2, 18; 5, 36; 9, 4 et 44; au total, depuis Valentinien Ier, l'*Vrbs* disposait de 17 praticiens, cf. *Rel.* 27 et D. Vera, *op. cit.*, p. 198-202.

P. 122

1. Cf. *supra Ep.* 7, 15, n. 3 et 8, 2, n. 1. Selon R. Delmaire, *op. cit., supra Ep.* 6, 12, n. 2, p. 122, ce Lucillus pourrait être le comte des largesses sacrées célébré par Rutilius Namatianus, *De reditu*, 1, 607-617. Probablement en poste avant 394, il avait écrit des satires supérieures à celle de Juvénal, *ibid.*, 603-604: le jugement de Rutilius rejoindrait donc celui de Symmaque. Toujours d'après le *De reditu*, 1, 597-602, son fils, Dèce, administrait la Toscane en 417, et R. Delmaire d'ajouter que ce nom «pourrait indiquer une appartenance à la grande famille des Decii» (cf. *supra Ep.* 7, 35-41). — *Falsus* et le génitif, cf. G. Haverling, *op. cit.*, p. 181.

P. 123

1. Avec Andronicus, on touche aux milieux antiochènes que le père de Symmaque avait connus en 361, cf. Ph. Bruggisser, *art. cit., supra Ep.* 7, 18, n. 12: ce poète égyptien — il était curiale d'Hermoupolis — échappa aux condamnations de 359 à Scythopolis (cf. Amm. 19, 12, 11), puis sous l'égide de Thémistius et de Libanius concilia l'administration et les belles-lettres (Liban., *Ep.* 77); en 378, il était à Antioche assez réputé pour qu'on lui demandât un panégyrique d'Hypatius nommé *p. u.* (Id., *Or.* 1, 180): *PLRE*, I, p. 65-66, n° 5. Très vraisemblablement la lettre de Symmaque appartient aux années 370: elle est

donc contemporaine de l'*Ep.* 20, mais non de la 21. — Arator a la *iunctura*: *Cecropidae... uernare* dans un contexte culturel.

2. «Tragédies, épopées, dithyrambes», au dire de Thémistius, cf. G.W. Bowersock, *Hellenism in Late Antiquity*, Cambridge, 1990, chap. V: Greek Literature in Egypt, p. 55-69 (période subséquente).

3. L. Cracco Ruggini, «Simmaco e la poesia», *La poesia tardoantica: tra retorica, teologia e politica*, Erice, 1981 = Messina, 1984, p. 479-521, p. 509: «dopo il 375 la vocazione di Aurelio Simmaco per il verseggiare non ebbe piu storia».

P. 124

1. Pour Marcien, cf. *supra Ep.* 9, n. 1. Cette lettre est particulièrement travaillée avec l'emploi de mots et de tournures non classiques: *anteloquio, plusculos, natatus*; ablatif sans préposition après *processeram, largiter est* suivi du génitif; et même intrusion du grec ὑπόθεσις, cf. Haverling, *op. cit.*, p. 62, 92, 105, 134, 172 et 220.

2. Les Lestrygons de Formies sont cannibales: Hom., *Odyss.* 10, 81-132 et 23, 318-319; Ouid., *Pont.* 2, 9, 41; Plin., *NH* 3, 59 et 7, 9; Iuuen. 15, 18; Gell. 15, 21, 1, cf. *RE*, 6, 1909, col. 2857-2858.

3. Symmaque, au printemps 396, retrouve les *Nicomachi* à Formies; de là, il navigue en leur compagnie jusqu'à Cumes (remontée en sens inverse, cf. *Ep.* 2, 4, en 383). À Baules, il est chez lui (cf. *Ep.* 1, 1 et 8 pour le Gaurus; en 389, Pacatas, *Pan.* 12, 4, 4 faisait de ce deuxième séjour la gloire de la région campanienne: *Campania censeatur monte Gaurano*). *Add.*, sur cette aire pouzzolane, G. Camodeca, «Ricerche su Puteoli tardoromana (fine III-IV secolo)», *Puteoli, Studi di Storia Antica*, 4-5, 1980-1981, p. 59-128.

4. Cf. *supra Ep.* 7, 18, n. 7. Par antiphrase, Symmaque suggère les attirances de la villégiature. Déjà Martial, 4, 57, 1, laissait rêver: *Dum nos blanda tenent lasciui stagna Lucrini...*

P. 125

2. Voir dans notre contribution au *Colloque genevois...*, p. 23, les conséquences qu'à propos de Nicomaque le Jeune nous avons tirées de cet usage voulant qu'une lettre envoyée au *pater familias* fût tenue pour écrite à tous ceux alors logés sous le même toit. Si l'épistolier a rédigé une lettre complémentaire, c'est qu'il craignait que la politesse ne se retournât contre lui: à une adresse implicitement plurielle avait répondu une double signature — peut-être sous la forme d'un postscriptum —, ce qui faussait la chatouilleuse comptabilité des amis entre eux.

3. Métaphore — on l'a déjà dit, cf. *supra Ep.* 7, 60, n. 2 — particulièrement élaborée, mais sans recours à des termes trop techniques. La date est celle de la missive précédente.

1. Probablement, le commensal de Symmaque dans les *Saturnales*,
le *p. u.* de 389-391: *PLRE*, I, p. 37, nᵒ 15. Puisque le fils, Dèce, reçut
sept lettres (*Ep.* 7, 35-41), on doit même s'étonner que ce billet soit la
seule trace, dans la Correspondance, des relations unissant les deux
sénateurs traditionalistes. — Parataxe: *credo arbitreris*, cf. *Ep.* 4, 63 et
G. Haverling, *op. cit.*, p. 229.

2. À l'automne 396, Symmaque, avant son étape napolitaine,
avait été confronté au problème de l'aqueduc de Gaète, cf. *Ep.* 9,
111, 125 et 131. Cependant, ce n'était pas là son principal souci et
la dernière phrase amène à supposer qu'en fait la Campanie souffrait, comme la capitale et même à cause d'elle, d'un ravitaillement
insuffisant. Le retard des convois (cf. *Ep.* 7, 68), lors de la réouverture de la navigation, n'avait pas permis de reconstituer les
stocks pour subsister jusqu'à la moisson et, en octobre, la désorga-
nisation continuait. L'accalmie viendra au printemps 397 (cf. *Ep.*
6, 47). En attendant, Symmaque, qui avait fait transporter du
blé d'Apulie *ad Campaniam* (cf. *Ep.* 6, 12, n. 12), paraît craindre
la réquisition. Pour l'emploi de *uos*, cf. *Colloque genevois...*, p. 21,
n. 21.

P. 126

1. Cf. *supra Ep.* 6, 9, n. 1: le différend sur le bornage à Baïes est
déjà oublié.

2. Même tour de phrase *supra Ep.* 7, 78 et *infra Ep.* 31.

3. Peut-être à rapprocher de l'*Ep.* 3, 36, à peu près contemporaine,
où, dans une affaire de succession, l'adversaire qui se targue de l'appui
de saint Ambroise est appelé «le Pirate». Censorinus aurait été le seul
condamné, à la différence des autres co-inculpés.

P. 127

5. Voyage de retour à l'automne 396, cf. *supra Ep.* 2, n. 2 et 25, n.
2. Naples est une *urbs religiosa*, comme déjà en 375 (cf. *Ep.* 1, 3)
Symmaque disait de Bénévent que dans leur majorité ses habitants
vénéraient les dieux. À quelque vingt ans de distance, le sénateur poly-
théiste persévérait dans ses tournées «pastorales» (au demeurant Nicomaque était le patron de Naples, cf. *ILS* 8985). À nouveau multiplication des préfixations en *de*: *deputabo, defrui, detersa* (pour ce dernier
radical métaphorique, cf. *supra Ep.* 6, 72).

6. À Baïes, entre voisins. — À deux reprises dans cette lettre nous
avons adopté les modifications suggérées à L. Havet par les clausules
(la première fois Scioppius l'avait précédé).

1. Les lettres à Romain sont éparpillées dans ce livre VIII, cf. *infra*
Ep. 56, 59 et 70. Connu de Symmaque dès avant 375 (cf. tome I, p.

119, n. 1), comte d'Égypte en 391, ce personnage avait peut-être exprimé sa peine après la disparition de Nicomaque Flavien qui avait aidé à sa carrière (cf. *Ep.* 2, 15 et 20). Sur le chagrin de Symmaque, cf. *Ep.* 9, 10. — Construction de *meminisse* avec *quod* et l'indicatif, cf. G. Haverling, *op. cit.*, p. 245-246.

P. 129

1. *Domestici tabellarii reditus*: à cause du parallèle de *Ep.* 5, 33, nous pensons que c'est le courrier d'Urbicus — et non pas celui de Symmaque — qui, revenu avec une réponse, aurait dû entraîner une poursuite de la *uicissitudo*. À vrai dire, d'habitude *domesticus* est substantivé et accompagné d'un possessif; de surcroît, le texte n'est pas tout à fait sûr.

P. 130

1. Trois Eusèbes, de rang clarissime, ont des relations avec Symmaque: l'un particulièrement intime figure dans les *Ep.* 4, 22 et 66, ainsi qu'en 6, 34; le second est recommandé à Messala et reçoit l'*Ep.* 8, 8; le troisième est le préfet de 395, cf. *Ep.* 6, 12, n. 2. Ce dernier semble être le destinataire, outre l'*Ep.* 9, 55 et l'anonyme billet qui ouvre le livre VIII, de la présente missive. Cette tripartition repose, reconnaissons-le, sur des nuances dans le libellé; elle est, par conséquent, d'appréciation fort subjective.

1. Aussi bien que Jovius, Jean interviendra dans l'usurpation d'Attale, dont il sera le maître des offices; auparavant il avait fait carrière parmi les notaires; ensuite il «rebondira» comme préfet du prétoire d'Italie en 412-413; voir en dernier lieu la note 93, apud Zos. 5, 40, 2, ed. F. Paschoud, *CUF*, III, 1, 1986, p. 272-273.

P. 131

1. Flavius Pisidius Romulus et son parent Valère (cf. *infra Ep.* 57) sont de jeunes amis de Symmaque. Après deux fonctions provinciales, dont la première dans l'Emilie-Ligurie en 385, et le comitat des largesses sacrées pour l'Orient en 392, Romulus, en tant que *p. u.* en 406, eut à élever à Stilicon *statuam ex aere argentoque*, cf. R. Delmaire, *op. cit.*, *supra Ep.* 6, 12, n. 2, p. 123-125; *add. infra Ep.* 62.

2. Dans l'*Ep.* 9, 62, Symmaque confirme à Romulus la réussite scolaire du jeune homme: une nomination impériale, en le rappelant de la ville universitaire qu'est Rome, en sera une bonne preuve.

P. 132

1. On aimerait individualiser et le correspondant (le *decessor meus* de la *Rel.* 23, 4?) et son beau-frère. Mais telle quelle, cette lettre laisse

deviner un drame familial, peut-être une disgrâce où Aventius avait sa
part de responsabilité. À ces déchirures, Symmaque oppose la solidarité entre sénateurs et la dignité du rite. Le nom *congener*, un *hapax*
(sauf dans un glossaire) désignerait le mari de la sœur, cf. G. Haverling, *op. cit.*, p. 106-107.

    1. *Add. infra Ep.* 74 adressée au même Antiochus, généralement
tenu pour le proconsul d'Achaïe qui en 395 laisse passer Alaric en
Grèce, cf. Zos. 5, 5, 2-5, commenté par F. Paschoud, n. 6, p. 89. S'il en
était ainsi, la lettre serait d'une date antérieure.

    2. Thématique déjà développée dans le Livre I, *Ep.* 42 et 58.

    3. Algarade traditionnelle réalimentée par la coupure linguistique
grandissante: malgré son nom Symmaque se veut Romain de Rome.

P. 133

    1. La lettre est séparée de la précédente depuis l'édition Scioppius
en 1608 et, de fait, celui à qui est destiné le billet séjourne en Italie du
Sud, à l'écart de la route côtière menant en Sicile. Pour cette raison, O.
Seeck corrige *studiis* en *Rudiis*, c'est-à-dire Rudiae de Calabre, près de
l'actuelle Lecce. L'hypothèse, possible pour le paléographe — L.
Havet a un avis positif —, aurait aussi pour elle l'intérêt porté par
Symmaque aux Pouilles, cf. *supra Ep.* 7, 126, n. 2.

    2. Nous avons signalé ce passage à H. Lavagne qui le discute à la
page 407, n. 10 de sa thèse *Operosa antra, Recherches sur la grotte à
Rome de Sylla à Hadrien*, *BEFAR*, 272, Rome, 1988. La traduction en
a largement bénéficié, mais le sens de «planche» pour *tabula* nous
paraît devoir être conservé. Palladius, au chapitre de la salle de bain, 1,
39, 4, écrit: *Camerae in balneis Signinae fortiores sunt; quae uero de
tabulis fiunt, uirgis ferreis transuersis et ferreis arcubus sustinentur.*
Sur les curiosités de Symmaque en matière de construction, surtout
thermale, voir *supra Ep.* 6, 49, n. 2.

P. 135

    1. Cf. *supra Ep.* 7, 73, n. 1, avec un choix possible entre 396 et
397; on optera plutôt pour 396 bien que dans l'*Ep.* 7, 43 de 397 soit
constatée, de façon analogue, l'influence bénéfique du climat. En
effet, à la fin de la lettre, Symmaque manifeste l'intention de visiter
ses propriétés *in proximo*. Puisqu'il possède des terres pour le moins
à Baules, Baïes, Pouzzoles et Naples (son père en avait sans doute
davantage), on le verrait mieux en Campanie qu'à Formies. De là
une datation conforme à l'hypothèse d'O. Seeck, *op. cit.*, p. CXCIX.
Stratégius deviendra vicaire d'Afrique en 403, cf. *PLRE*, II, p. 1033,
n° 2.

    2. Trois remarques d'écriture: *puto* se construit avec une subordon-
née au subjonctif; *expetitor* serait un néologisme, partagé avec saint

194 P. 135-137

Augustin, cf. G. Haverling, *op. cit.*, p. 55; la *syngrapha* — on sait l'attirance de Symmaque pour le vocabulaire juridique — est une convention rédigée en double exemplaire (quatrième occurrence dans la Correspondance après 3, 13; 4, 63 et 5, 63).

3. Pour l'emploi de *uester*, cf. *Colloque genevois...*, p. 21, n. 21.

P. 136

2. La maladie de Memmius, encore présente *infra* dans les *Ep.* 58-59 et 73, se date grâce à l'*Ep.* 7, 32 adressée à Atticus, consul désigné pour 397: on comparera *interuallis breuibus mansionum* (7, 32) avec *mansionibus in spatia minora diuisis* (8, 58).

1. La *PLRE*, II, p. 740-741, n°s 1 et 3, distingue le Maximilien des lettres 8, 48, 51, 55 et 9, 52 de Symmaque de celui mentionné par Zos., 5, 45, 4, qui en 409 tombera captif des Goths et sera racheté pour l'énorme somme de 30 000 *solidi* par son père Marinien. Or ce Marinien est un ami de l'orateur qui apprend (cf. *Ep.* 3, 24) la même année 383 et son mariage et la naissance d'une petite fille. Si Maximilien était le puîné, il aurait pu avoir quelque dix-huit ans en 402. À cet âge, il pouvait servir à l'État-Major de Milan et — cf. *supra* 9, 52 —, à titre privé ou public, faciliter le passage en Sicile d'un agent de Symmaque. En guise de comparaison, il semble bien que la carrière administrative de Pétrone Maxime, cf. *PLRE*, II, p. 749, n° 22, ait commencé très tôt. La possibilité reste cependant faible et l'on comprend qu'à la suite de la *PLRE* F. Paschoud, dans son commentaire de la *CUF*, notes 101, p. 291 et 104, p. 296, ait préféré identifier le prisonnier de 409 avec un autre personnage, un peu plus jeune que le correspondant de Symmaque. En tout état de cause, la datation de 396 par O. Seeck, *op. cit.*, p. CXCIX, ne s'appuie que sur l'expression *aduersam ualetudinem* de l'*Ep.* 55 (cf. *infra ad loc.*).

2. Peut-être comme *tribunus et notarius*, si on poursuit le rapprochement avec Pétrone Maximus. Par l'homophonie: «cour», «écourtez», nous imitons Symmaque qui de propos délibéré écrit après *procinctum* (cf. tome I, p. 103, n. 1) *succingis* (sur la *breuitas succincta*, cf. *Ep.* 1, 15 et 5, 37).

3. Varr., *Ling.* 7, 58: *Rorarii dicti ab rore qui bellum committebant, ideo quod ante rorat quam pluit.*

4. Cic., *Cato* 55: *senectus est natura loquacior.*

P. 137

1. Cf. *supra Ep.* 48, n. 1. Les parallélismes de vocabulaire, relevés par O. Seeck, *op. cit.*, p. CXCIX, avec les lettres 50 et 53 ne concernent pas des expressions vraiment significatives.

P. 138

1. Léporius, à ce qu'il apparaît de l'*Ep*. 9, 10, devait en 394 être responsable du vicariat de Rome, cf. *PLRE*, I, p. 504. L'amitié entre lui et Symmaque a pu se poursuivre après ce *terminus*.

1. Cf. *supra Ep*. 9, n. 1. Symmaque souffre de la goutte en 396 et 397, mais le voyage de retour fut particulièrement long la première de ces deux années, cf. *supra Ep*. 7, 73, n. 1 et 8, 47, n. 2. Selon G. Haverling, *op. cit.*, p. 56, l'usage figuré de *sequestrator* serait sans parallèle.

P. 139

1. F. Juret a deviné que l'*Ep*. 55, telle qu'elle était transmise par les manuscrits, n'était pas homogène. Il semble plausible que *filius meus* désigne effectivement Memmius. En cette hypothèse, l'anonyme pourrait être le chasseur de l'*Ep*. 52, et la mention de la Campanie plaiderait pour l'année 396, à une date quelque peu antérieure; en effet, est alors attendu celui qui, plus tard, se verra reprocher un séjour prolongé loin de Rome.

1. Cf. *supra Ep*. 28, n. 1. Le thème revient souvent sous la plume de Symmaque (liste des passages *supra Ep*. 6, 60, n. 1): tantôt il prévient la lettre du voyageur, tantôt il s'exécute pour ses propres déplacements, même à de courtes distances de Rome. De ce fait, le billet n'est pas nécessairement de 396.

P. 140

1. Cf. *supra Ep*. 9, n. 1; la maladie de Memmius en cet automne 396 préoccupe encore Marcien *infra* dans l'*Ep*. 73; pour le voyage par étapes, voir *supra Ep*. 47, n. 2 (dans ce dernier billet, on avait remarqué, n. 1, la *caelestem... potestatem*, dont se distinguent ici les *caelestibus aduocatis* et dans la lettre suivante, toujours sur le même sujet, les *salutarium potestatum*). La fatigue de Symmaque a pu se compliquer d'une attaque de goutte, cf. *supra Ep*. 54, n. 1).

2. Le possessif pluriel indique que Maximien, le fils de Marcien, est partie prenante, cf. *supra Ep*. 24, n. 2.

P. 141

1. Ce Servius pourrait être le commentateur de Virgile, commensal de Symmaque dans les *Saturnales* de Macrobe qui, *ca* 384, «contraint de représenter le *grammaticus* sous les traits d'un *adulescens... [*le*] revêt de la notoriété qu'il a atteinte à la *matura aetas*»,

cf. Ph. Bruggisser, «Précaution de Macrobe et datation de Servius», *MH* 41, 1984, p. 162-173, qui place l'ἀκμή de Servius «entre 394 et 409».

2. Cf. *supra Ep.* 56, n. 1 (lettre apparentée par le sujet).

1. Cf. *supra Ep.* 27, n. 5 (même circuit déjà vers 385, cf. *Ep.* 2, 26). Lettre circulaire? voir *infra Ep.* 71.

2. À la pointe de la Laconie, le cap Malée était célèbre pour les naufrages à ses abords, d'où le proverbe Μαλέας δὲ κάμψας ἐπιλά-θου τῶν οἴκαδε, cité par Strabon, 8, 6, 20.

P. 142

1. Cf. tome II, p. 165, n. 1 et *supra Ep.* 6, 58, n. 3; 61, n. 1; 64, n. 3; 66, n. 1.

2. Cf. *supra Ep.* 56, n. 1.

3. Si le temps du verbe *feceris* n'exprime qu'une antériorité relative par rapport à l'impératif *communica*, la lettre ainsi qu'*infra* l'*Ep.* 65 date de l'hiver 398, quand Lampadius est encore *p. u.*

1. Denis, peut-être le professeur de médecine dont les leçons sont sollicitées par les élèves venus de Sicile (*Ep.* 9, 4), avait dû écourter une villégiature suburbaine non loin de Symmaque, alors fréquemment hors des murs (*Ep.* 6, 61). Il aurait été appelé en Ville pour des raisons professionnelles et à cette occasion pouvait avoir observé l'état des esprits. Entre-temps l'épistolier avait dû se résoudre à quitter la capitale: il s'était installé sur la *uia Ostiensis* et n'avait pu revoir Denis de retour. Si les deux amis, établis l'un et l'autre dans la campagne romaine en des lieux différents, pouvaient se rencontrer, Symmaque, heureux et rassuré, prolongerait une retraite bienfaisante. — Autre interprétation, plus politique, dans notre contribution aux *Mélanges R. Chevallier*, Luxembourg, 1994, p. 122-132.

P. 143

1. Cf. *supra Ep.* 6, 44, n. 1 (antérieure, si *uobis* suggère que le correspondant a pu, depuis, se marier).

2. En vertu des conventions, c'était à Symmaque d'écrire à Herculius (cf. *supra Ep.* 56, n. 1).

P. 144

1. Avec justesse, S. Roda, dans son commentaire du livre IX, p. 168, dissocie ce Titien de ses deux homonymes, le *uir deuotissimus* des *Ep.* 2, 80 et 9, 41 et le *lectissimus uir* de l'*Ep.* 5, 74. Puisqu' Euscius, l'agent sicilien de Symmaque (cf. *supra Ep.* 6, 33, n. 1), a été

témoin de la réussite du correspondant et qu'à ce dernier il est demandé une intervention bienveillante, il devient probable que Titien est un *consularis Siciliae*, comme l'avait été Fabius Titianus (cf. *PLRE*, I, p. 918, n° 6), peut-être son grand-père. À l'instar de quelques autres (cf. *supra Ep.* 41, n. 2), le jeune magistrat s'ennuyait dans sa charge. La lettre n'est pas datable, à moins que — et la présence d'Euscius renforce cette idée — par *meorum* Symmaque n'entende ses émissaires chargés de la préparation des jeux prétoriens de Memmius (voir en ce sens, l'*Ep.* 9, 135, adressée à un *corrector Apuliae*). Quant aux rapports lexicaux relevés par O. Seeck, *op. cit.*, p. CCI, avec le billet précédent, ils paraissent de peu de conséquence: *desideras / desideratos, adloquaris / adloquendus.*

P. 145

3. G. Haverling, *op. cit.*, p. 92, indique que *dedux* — construit avec le génitif de relation — est un *hapax*. L. Havet, *op. cit.*, § 83, propose de lire: *Gallia riuos deduxit Heliconis* (on a chez Manilius, 2, 10 la *iunctura*: *deducere riuos*). On a le choix entre deux images: ou bien la Gaule a capté les sources de l'Hélicon, ou bien une colonie «héliconienne» a été fondée en Gaule. Sur l'estime de Symmaque pour le culte des belles-lettres dans cette province, cf. *supra Ep.* 6, 34, n. 3.

4. Autre mot rare dans cette lettre très élaborée: le *Th.LL.* VII, 1, 2230, 50-53, glose ainsi *intermoueo*: *mouendo efficere aliquid inter aliquid*; d'où notre essai de traduction. D'habitude, Symmaque se moque des chasseurs «en chambre», cf. *supra Ep.* 7, 15, n. 3: ici, il brocarde un pseudo-vigneron.

5. *Otio et studio*: les deux mots sont placés en juxtaposition, comme pour défier l'idéal de l'*otium litteratum.*

6. O. Seeck, *op. cit.*, p. VI, n. 9, voit là une allusion au panégyrique prononcé le 1er janvier 388 en l'honneur de l'usurpateur Maxime, cf. Socrat. 5, 14. La lettre serait par conséquent écrite à une époque où, de fait, Memmius n'a pas encore atteint le cycle «secondaire» du grammairien. Symmaque retournera à l'éloquence à l'occasion de son consulat en 391. On le sent, en cette fin de missive, très conscient de la différence et de la hiérarchie des genres.

1. Cf. *supra Ep.* 28, n. 1. Ce billet suit probablement l'*Ep.* 59 où déjà était envisagé le retour à Rome. Ce sera chose faite en cet automne 396, les difficultés de santé du père et du fils une fois surmontées: comparer avec *supra Ep.* 54 (à Marcien): *nunc quia labori et ualetudini quies reddita est... pretium laturus* (la métaphore s'appliquant tantôt à l'épistolier, tantôt à son correspondant). En 397, Symmaque rentra directement au Caelius (cf. *Ep.* 7, 18, n. 1).

P. 146

P. 146

1. Cf. *supra Ep*. 47, n. 2 et 58, n. 1. L'ordre chronologique des lettres à Marcien est le suivant: 9, 23, 73, 58, 54. Pour la maladie de Memmius *add.* tome II, p. 174, n. 2.

TABLE DES MATIÈRES

COLLECTION DES UNIVERSITÉS DE FRANCE
DÉJÀ PARUS

Série grecque
dirigée par Jean Irigoin
de l'Institut
professeur au Collège de France

HIPPOCRATE. (7 vol. parus).

HOMÈRE.
L'Iliade. (4 vol.).
L'Odyssée. (3 vol.).
Hymnes. (1 vol.).

HYPÉRIDE.
Discours. (1 vol.).

ISÉE.
Discours. (1 vol.).

ISOCRATE.
Discours. (4 vol.).

JAMBLIQUE.
Les mystères d'Égypte.
(1 vol.).
Protreptique. (1 vol.).

JOSÈPHE (Flavius).
Autobiographie. (1 vol.).
Contre Apion. (1 vol.).
Guerre des Juifs.
(3 vol. parus).

JULIEN (L'empereur).
Lettres. (2 vol.).
Discours. (2 vol.).

LAPIDAIRES GRECS.
Lapidaire orphique. - Keryg-
mes lapidaires d'Orphée. -
Socrate et Denys. - Lapidaire
nautique. - Damigéron. - Evax.
(1 vol.).

LIBANIOS.
Discours. (2 vol. parus).

LONGUS.
Pastorales. (1 vol.).

LUCIEN. (1 vol. paru).

LYCURGUE.
Contre Léocrate. (1 vol.).

LYSIAS.
Discours. (2 vol.).

MARC-AURÈLE.
Pensées. (1 vol.).

MÉNANDRE. (2 vol. parus).

MUSÉE.
Héro et Léandre. (1 vol.).

NONNOS DE PANOPOLIS.
Les Dionysiaques. (7 vol.
parus).

NUMÉNIUS. (1 vol.).

ORACLES CHALDAÏQUES.
(1 vol.).

PAUSANIAS.
Description de la Grèce.
(1 vol. paru).

PHOCYLIDE (Pseudo-).
(1 vol.).

PHOTIUS.
Bibliothèque. (9 vol.).

PINDARE.
Œuvres complètes. (4 vol.).

PLATON.
Œuvres complètes. (26 vol.).

PLOTIN.
Ennéades. (7 vol.).

PLUTARQUE.
Œuvres morales. (17 vol.
parus). - Les Vies parallèles.
(16 vol.).

POLYBE.
Histoires. (11 vol. parus).

PORPHYRE.
De l'Abstinence. (3 vol.).
Vie de Pythagore. - Lettre à
Marcella. (1 vol.).

PROCLUS.
Commentaires de Platon. -
Alcibiade. (2 vol.). - Théologie
platonicienne. (5 vol. parus). -
Trois études. (3 vol.).

PROLÉGOMÈNES A LA PHI-
LOSOPHIE DE PLATON.
(1 vol.).

QUINTUS DE SMYRNE.
La Suite d'Homère. (3 vol.).

SALOUSTIOS.
Des Dieux et du Monde.
(1 vol.).

SOPHOCLE.
Tragédies. (3 vol.).

SORANOS D'ÉPHÈSE.
Maladies des femmes.
(3 vol. parus).

STRABON.
Géographie. (9 vol. parus).

SYNÉSIOS DE CYRÈNE.
(1 vol. paru).

THÉOGNIS.
Poèmes élégiaques. (1 vol.).

THÉOPHRASTE.
Caractère. (1 vol.)
Métaphysique. (1 vol.).
Recherches sur les plantes.
(3 vol. parus).

THUCYDIDE.
Histoire de la guerre du Pélo-
ponnèse. (6 vol.).

TRIPHIODORE.
La Prise de Troie. (1 vol.).

XÉNOPHON.
Anabase. (2 vol.).
L'Art de la Chasse. (1 vol.).
Banquet. - Apologie de
Socrate. (1 vol.).
Le Commandant de la Cavale-
rie. (1 vol.).
Cyropédie. (3 vol.).
De l'Art équestre. (1 vol.).
Économique. (1 vol.).
Helléniques. (2 vol.).

XÉNOPHON D'ÉPHÈSE.
Ephésiaques ou Le Roman
d'Habrocomès et d'Anthia.
(1 vol.).

ZOSIME.
Histoire nouvelle. (5 vol.).

Série latine

dirigée par Paul Jal

Règle et recommandations pour
les éditions critiques (latin).
(1 vol.).

ACCIUS.
Œuvres. Fragments. (1 vol.).

AMBROISE (Saint).
Les devoirs. (2 vol. parus).

AMMIEN MARCELLIN.
Histoires. (5 vol. parus).

L. AMPÉLIUS.
Aide-mémoire. (1 vol.).

APICIUS.
Art culinaire. (1 vol.).

APULÉE.
Apologie. - Florides. (1 vol.).
Métamorphoses. (3 vol.).

Opuscules philosophiques.
(*Du Dieu de Socrate - Platon
et sa doctrine - Du monde*) et
Fragments. (1 vol.).

ARNOBE.
Contre les Gentils. (1 vol.
paru).

AUGUSTIN (Saint).
Confessions. (2 vol.).

AULU-GELLE.
Nuits attiques. (3 vol. parus).

AURÉLIUS VICTOR.
Livre des Césars. (1 vol.).

AURÉLIUS VICTOR (Pseudo-).
Origines du peuple romain.
(1 vol.).

AVIANUS.
Fables. (1 vol.).

AVIÉNUS.
Aratea (1 vol.).

CALPURNIUS SICULUS.
Bucoliques. CALPURNIUS
SICULUS (Pseudo-). Éloge de
Pison. (1 vol.).

CATON.
De l'Agriculture. (1 vol.).
Les origines. (1 vol.).

CATULLE.
Poésies. (1 vol.).

CÉSAR.
Guerre d'Afrique. (1 vol.).
Guerre d'Alexandrie. (1 vol.).
Guerre civile. (2 vol.).
Guerre des Gaules. (2 vol.).

CICÉRON.
L'Amitié. (1 vol.).
Aratea. (1 vol.).
Brutus. (1 vol.).
Caton l'ancien. De la vieil-
lesse. (1 vol.).
Correspondance. (10 vol.
parus).
De l'invention (1 vol.).
De l'Orateur. (3 vol.).
Des termes extrêmes des Biens
et des Maux. (2 vol.).
Discours. (22 vol.).
Divisions de l'Art oratoire.
Topiques. (1 vol.).
Les Devoirs. (2 vol.).
L'Orateur. (1 vol.).
Les Paradoxes des Stoïciens.
(1 vol.).
De la République. (2 vol.).
Traité des Lois. (1 vol.).
Traité du Destin. (1 vol.).
Tusculanes. (2 vol.).

CLAUDIEN.
Œuvres. (1 vol. paru).

COLUMELLE.
L'Agriculture, (3 vol. parus).
Les Arbres. (1 vol.).

COMŒDIA TOGATA.
Fragments. (1 vol.).

CORNÉLIUS NÉPOS.
Œuvres. (1 vol.).

CORIPPE.
Éloge de l'Empereur Justin II.
(1 vol.).

CYPRIEN (Saint).
Correspondance. (2 vol.).

DRACONTIUS.
Œuvres. (3 vol. parus).

ÉLOGE FUNÈBRE D'UNE
MATRONE ROMAINE.
(1 vol.).

L'ETNA. (1 vol.).

FIRMICUS MATERNUS.
L'Erreur des religions
païennes. (1 vol.).
Mathesis. (2 vol. parus).

FLORUS.
Œuvres. (2 vol.).

FORTUNAT (Venance).
(1 vol. paru).

FRONTIN.
Les aqueducs de la ville de
Rome. (1 vol.).

GAIUS.
Institutes. (1 vol.).

GERMANICUS.
Les phénomènes d'Aratos.
(1 vol.).

HISTOIRE AUGUSTE.
(2 vol. parus).

HORACE.
Epîtres. (1 vol.).
Odes et Epodes. (1 vol.).
Satires. (1 vol.).

HYGIN.
L'Astronomie. (1 vol.).

HYGIN (Pseudo-).
Des Fortifications du camp.
(1 vol.).

JÉRÔME (Saint).
Correspondance. (8 vol.).

JUVÉNAL.
Satires. (1 vol.).

LUCAIN.
La Pharsale. (2 vol.).

LUCILIUS.
Satires. (3 vol.).

LUCRÈCE.
De la Nature. (2 vol.).

MARTIAL.
Épigrammes. (3 vol.).

MINUCIUS FÉLIX.
Octavius. (1 vol.).

NÉMÉSIEN.
Œuvres. (1 vol.).

OROSE.
Histoires (Contre les Païens).
(3 vol.).

OVIDE.
Les Amours. (1 vol.).
L'Art d'aimer. (1 vol.).
Contre Ibis. (1 vol.).
Les Fastes. (2 vol.).
Halieutiques. (1 vol.).
Héroïdes. (1 vol.).
Les Métamorphoses. (3 vol.).
Pontiques. (1 vol.).
Les Remèdes à l'Amour.
(1 vol.).
Tristes. (1 vol.).

PALLADIUS.
Traité d'agriculture.
(1 vol. paru).

PANÉGYRIQUES LATINS.
(3 vol.).

PERSE.
Satires. (1 vol.).

PÉTRONE.
Le Satiricon. (1 vol.).

PHÈDRE.
Fables. (1 vol.).

PHYSIOGNOMONIE (Traité
de). (1 vol.).

PLAUTE.
Théâtre complet. (7 vol.).

PLINE L'ANCIEN.
Histoire naturelle. (35 vol.
parus).

PLINE LE JEUNE.
Lettres. (4 vol.).

POMPONIUS MELA.
Chorographie. (1 vol.).

PROPERCE.
Élégies. (1 vol.).

PRUDENCE. (4 vol.).

QUÉROLUS. (1 vol.).

QUINTE-CURCE.
Histoires. (2 vol.).

QUINTILIEN.
De l'Institution oratoire.
(7 vol.).

RHÉTORIQUE À HEREN-
NIUS. (1 vol.).

RUTILIUS NAMATIANUS.
Sur son retour. (1 vol.).

SALLUSTE.
La Conjuration de Catilina. La
Guerre de Jugurtha. Frag-
ments des Histoires. (1 vol.).

SALLUSTE (Pseudo-).
Lettres à César. Invectives.
(1 vol.).

SÉNÈQUE.
L'Apocoloquintose du divin
Claude. (1 vol.).
Des Bienfaits. (2 vol.).
De la Clémence. (1 vol.).
Dialogues. (4 vol.).
Lettres à Lucilius. (5 vol.).
Questions naturelles. (2 vol.).
Théâtre. (2 vol.).

SIDOINE APOLLINAIRE.
(3 vol.).

SILIUS ITALICUS.
La Guerre punique. (4 vol.).

STACE.
Achilléide. (1 vol.).
Les Silves. (2 vol.).
Thébaïde. (2 vol. parus).

SUÉTONE.
Vie des douze Césars. (3 vol.).
Grammairiens et rhéteurs.
(1 vol.).

SYMMAQUE.
Lettres. (3 vol. parus).

TACITE.
Annales. (4 vol.).
Dialogue des Orateurs.
(1 vol.).
La Germanie. (1 vol.).
Histoires. (3 vol.).
Vie d'Agricola. (1 vol.).

TÉRENCE.
Comédies. (3 vol.).

TERTULLIEN.
Apologétique. (1 vol.).

TIBULLE.
Élégies. (1 vol.).

TITE-LIVE.
Histoire romaine. (23 vol.
parus).

VALÈRE MAXIME.
Faits et dits mémorables.
(1 vol. paru).

VARRON.
L'Économie rurale. (2 vol.
parus).
La Langue latine. (1 vol.
paru).

LA VEILLÉE DE VÉNUS (Per-
vigilium Veneris). (1 vol.).

VELLEIUS PATERCULUS.
Histoire romaine. (2 vol.).

VIRGILE.
Bucoliques. (1 vol.).
Énéide. (3 vol.).
Géorgiques. (1 vol.).

VITRUVE.
De l'Architecture.
(6 vol. parus).

Catalogue détaillé sur demande

CE VOLUME

LE TROIS CENT VINGT CINQUIÈME

DE LA SÉRIE LATINE

DE LA COLLECTION DES UNIVERSITÉS DE FRANCE

PUBLIÉE PAR

LES ÉDITIONS

LES BELLES LETTRES

A ÉTÉ ACHEVÉ D'IMPRIMER

EN AVRIL 1995

PAR L'IMPRIMERIE ORIENTALISTE

B-3000 LOUVAIN

BELGIQUE

DÉPÔT LÉGAL: 1er TRIMESTRE 1995

N° IMP. 9072 N°. D. L. ÉDIT. 3215